现代通信
网络技术丛书

CELLULAR V2X FOR CONNECTED AUTOMATED DRIVING

蜂窝车联网与网联自动驾驶

[瑞典] 迈克尔·法尔格伦 (Mikael Fallgren)
[德] 马库斯·迪林格 (Markus Dillinger)
[英] 托克塔姆·马哈茂迪 (Toktam Mahmoodi)
[瑞典] 汤米·斯文森 (Tommy Svensson)

编著

葛雨明 龚正 译

U0336847

机械工业出版社
CHINA MACHINE PRESS

图书在版编目（CIP）数据

蜂窝车联网与网联自动驾驶 /（瑞典）迈克尔·法尔格伦（Mikael Fallgren）等编著；葛雨明，龚正译 . —北京：机械工业出版社，2022.12
（现代通信网络技术丛书）
书名原文：Cellular V2X for Connected Automated Driving
ISBN 978-7-111-72462-9

Ⅰ.①蜂…　Ⅱ.①迈…②葛…③龚…　Ⅲ.①汽车 - 智能通信网 - 自动驾驶系统
Ⅳ.① U463.67

中国国家版本馆 CIP 数据核字（2023）第 009880 号

北京市版权局著作权合同登记　图字：01-2022-0859 号。

蜂窝车联网与网联自动驾驶

出版发行：机械工业出版社（北京市西城区百万庄大街 22 号　邮政编码：100037）	
策划编辑：朱　捷	责任编辑：冯润峰
责任校对：薄萌钰　王明欣	责任印制：常天培
版　　次：2023 年 5 月第 1 版第 1 次印刷	印　　刷：北京铭成印刷有限公司
开　　本：186mm×240mm　1/16	印　　张：17.5
书　　号：ISBN 978-7-111-72462-9	定　　价：119.00 元

客服电话：(010) 88361066　　　　　　　　　版权所有·侵权必究
　　　　　(010) 68326294　　　　　　　　　封底无防伪标均为盗版

译者序

车联网产业是汽车、信息通信、交通运输等行业深度融合的新型产业形态，是 5G 等新一代信息通信技术在汽车、交通等行业应用的重要赋能。我国长期坚持智能化与网联化协同发展路径，旨在充分发挥信息通信技术与产业基础优势，促进汽车、交通产业转型升级，并探索形成新的产业集聚。车用（Vehicle to Everything，V2X）无线通信技术作为实现"人 – 车 – 路 – 云"信息交互和数据共享的重要使能型技术，将有助于提升车辆的自动驾驶能力，改善交通运输和管理的智能化水平，为公众提供更加安全、高效、便捷的出行服务，支撑车路云一体化融合创新发展。凭借技术先进性、持续演进性和产业链完备性等优势，蜂窝车联网（Cellular Vehicle to Everything，C-V2X）无线通信技术已成为全球多个国家和地区的共同选择。

在推动 C-V2X 技术创新、产业化研发和应用推广的过程中，如何加强跨行业企业和从业人员之间的相互理解和共同协作是富有挑战性的工作。这既需要熟悉不同行业领域的相关基础知识，又需要能够准确洞察跨行业融合的实际应用服务需求，更需要通过不断的探索实践来凝练可持续发展模式。作为欧盟"地平线 2020" 5GCAR 项目的重要产出成果，本书全面梳理并总结了 C-V2X 技术的发展历程、核心技术、应用服务和商业模式等学习和开展车联网领域相关工作的重要内容。本书的作者分别来自信息通信、汽车行业领域的领军企业、科研机构和中小型企业等，具有丰富的车联网领域研究基础和工作经验，能够深入浅出地带领读者进一步理解车联网的内涵及其应用价值。

本书的内容组织可以划分为两个部分：第一部分（第 1～3 章和第 10 章）从 C-V2X 发展历程、网联自动驾驶和协作式智能交通等应用服务需求、潜在市场机遇与业务模式、标准化进程和生态系统构建等多个维度进行阐述，适合从事车联网政策法规研究、规划设计以及市场开拓等相关人员全面综合了解车联网；第二部分（第 4～9 章）分别从无线信道、无线电接口、网络增强、应用配置、定位、信息安全和隐私等多个方向对 C-V2X 所涉及的技术进行详细介绍，包括发展现状、面临的挑战和下一阶段演进，适合从事车联网技术研究、标准制定和产品研发的相关科研人员、在校学生等阅读。值得说明的是，本书还包含了很多方法论方面的工作，例如空中下载（OTA）服务与移动通信运营商流量的关联分析、从不同利益相关者视角看生态系统构建等，都值得我们在阅读的过程中进一步探索与研究。

我很荣幸能够与龚正博士、林琳博士和房骥博士等共同合作，这不仅让我更加系统和清晰地了解 C-V2X 及相关领域的知识，还让我更深层次地理解和把握 C-V2X 的跨行业融合发展需求及面临的挑战。与此同时，欧盟 5GCAR 项目的组织运行模式以及书中所提到的相关联应用实践活动也都值得我们在日常工作当中借鉴和思考。迈入"十四五"，我国 C-V2X 技术与产业化发展已经走在了世界前列，但是仍然面临着基础设施覆盖率不足和车载终端普及率低等挑战，需要我们在深化"车－路－网－云－图－安全"技术创新基础上，协同跨行业各方进一步做好应用场景、基础设施建设运营和商业模式等方面的探索性工作，共同推动我国车联网产业的规模化应用部署。

葛雨明

贡献者名单

姓名	单位	地点
Taimoor Abbas	华为技术有限公司	瑞典隆德
Jesus Alonso-Zarate	加泰罗尼亚电信技术中心（CTTC/CERCA）M2M 通信部	西班牙巴塞罗那
David Armand	Orange Labs Services 安全部	法国沙蒂永
Mate Boban	华为德国研究中心	德国慕尼黑
Hellward Broszio	维斯科达有限公司	德国汉诺威
Jose Leon Calvo	爱立信研究院	德国黑措根拉特
Hanwen Cao	华为德国研究中心	德国慕尼黑
Massimo Condoluci	爱立信研究院	瑞典斯德哥尔摩
Kai Cordes	维斯科达有限公司	德国汉诺威
Markus Dillinger	华为德国研究中心	德国慕尼黑
Hieu Do	爱立信研究院	瑞典斯德哥尔摩
Mikael Fallgren	爱立信研究院	瑞典斯德哥尔摩
Antonio Eduardo Fernandez Barciela	标致雪铁龙集团	西班牙维戈
Gabor Fodor	爱立信研究院及瑞典皇家理工学院	瑞典斯德哥尔摩
Nil Garcia	查尔姆斯理工大学电气工程系	瑞典哥德堡
Charalampos Kalalas	加泰罗尼亚电信技术中心（CTTC/CERCA）M2M 通信部	西班牙巴塞罗那
Efstathios Katranaras	赛肯通信公司	法国巴黎
Hyowon Kim	汉阳大学	韩国首尔
Apostolos Kousaridas	华为德国研究中心	德国慕尼黑
Marc Lacoste	Orange Labs Services 安全部	法国沙蒂永
Andres Laya	爱立信研究院	瑞典斯德哥尔摩
YunXi Li	爱立信	瑞典斯德哥尔摩
Zexian Li	诺基亚贝尔实验室	芬兰埃斯波
Per Lindberg	沃尔沃汽车	瑞典哥德堡
Jian Luo	华为德国研究中心	德国慕尼黑
Maliheh Mahlouji	伦敦国王学院工程系	英国伦敦
Toktam Mahmoodi	伦敦国王学院工程系	英国伦敦
Konstantinos Manolakis	华为德国研究中心	德国慕尼黑
Laurent Mussot	Orange Labs Networks	法国沙蒂永

（续）

姓名	单位	地点
Keerthi Kumar Nagalapur	爱立信研究院	瑞典哥德堡
Mikael Nilsson	沃尔沃汽车公司	瑞典哥德堡
Yvan Rafflé	Orange Labs Services 安全部	法国卡昂
Stephan Saur	诺基亚贝尔实验室	德国斯图加特
Malte Schellmann	华为德国研究中心	德国慕尼黑
Panagiotis Spapis	华为德国研究中心	德国慕尼黑
Erik Ström	查尔姆斯理工大学电气工程系	瑞典哥德堡
Tommy Svensson	查尔姆斯理工大学电气工程系	瑞典哥德堡
Rémi Theillaud	Marben Products	法国叙雷讷
Ricard Vilalta	加泰罗尼亚电信技术中心（CTTC/CERCA）光网络与系统部	西班牙巴塞罗那
Fuxi Wen	查尔姆斯理工大学电气工程系	瑞典哥德堡
Henk Wymeersch	查尔姆斯理工大学电气工程系	瑞典哥德堡
Yunpeng Zang	爱立信研究院	德国黑措根拉特

序 一

2020 年，经过近十年对应用于网联自动驾驶（Connected Automated Driving，CAD）的蜂窝技术的研究和创新努力，汽车制造商正式宣布首批搭载 C-V2X 的车辆量产。2020 年成为 CAD 的发展元年，并将为全自动驾驶奠定基础。基于 C-V2X 的 CAD 应用将有助于显著降低道路伤亡风险、改善交通出行环境、降低碳排放、降低人员和运输成本，具有巨大的社会和环境发展价值。

受益于高吞吐量、低延迟、高可靠性等特点，5G 有望成为网联自动驾驶发展的重要引擎。5G 将支撑车辆、道路基础设施和行人的实时数据交换，从而支持实现交通出行和运输领域的高级用例。

2013 年，欧盟委员会描述了 5G 的发展愿景，并推出了 5G 基础设施公私合作伙伴关系（5G infrastructure Public Private Partnership，5G PPP）——信息和通信技术行业在研究与创新领域的一项联合倡议——为第五代移动通信提供技术、架构、解决方案和标准。这项倡议在 2014～2020 年期间的总预算为 7 亿欧元。它由欧盟 R&I 计划（2014～2020 年）的"地平线 2020"（Horizon 2020）项目资助，并有至少 3～5 倍的产业配套投资。

2016 年 9 月，欧盟委员会通过了"网联一揽子计划"（connectivity package）。这是一项雄心勃勃的战略，旨在通过分配特定频谱以及投资促进措施等电信监管框架改革，将欧洲带入千兆连接时代。该计划于 2018 年 12 月获批，并制定了 5G 行动计划，为 2020 年在欧洲推出 5G 奠定了明确的框架基础。这些行动包括在成员国之间分配 5G 先导频段的日程规划，以及在 2025 年前在欧洲主要交通干道上普及 5G 连接。

作为 5G PPP 第二阶段（2017～2019 年）的一部分，垂直行业的测试、试验和演示对 CAD 用例的定义和验证起到了很大的推进作用。在这里要尤其感谢 5GCAR 项目，这个由"地平线 2020"资助的为期两年的项目证明了 C-V2X 在高级 CAD 用例中的有效性，并为 C-V2X 技术规范的标准化和业务模式定义做出了重大贡献。

继 5G PPP 计划的第二阶段之后，第三阶段（同时也是最后一个阶段）的大规模试验和预部署项目分别于 2018 年 11 月和 2020 年 9 月启动。在此阶段，试验验证高速公路、铁路、内陆水路和海上公路环境的 CAD 用例，其测试的重点是 5G 覆盖区域的切换部分。这一扩展的泛欧大规模试验在各种地理情况和道路条件下测试 CAD 和相关业务模式的 5G 连接解决方案，包括多模式联运和运输用例。这都得益于 5G 技术的多类别服务网络平台特性。

这些大规模试验聚集了不同行业的利益相关者，特别是移动网络运营商、电信设备供应商、通信塔公司、公共和私人道路运营商、汽车制造商，以及它们的原始设备制造商。除了测试、演示和验证服务于 CAD 的 5G 解决方案外，它们还将定义和评估为 CAD 提供专用 5G 连接服务所需的各种业务模式，并定义 5G 在交通出行和运输领域的生态系统。这些跨境 5G 试验的结果将有助于在欧盟大规模部署 5G 项目，并得到拟议的"欧洲数字互联设施基金 2"（Connecting Europe Facility 2 Digital，CEF2 Digital）的财政支持，其额度在 2021 ~ 2027 年期间可达 18 亿欧元，同时还有希望从"恢复和复原力基金"（Recovery and Resilience Facility）中获得额外的资金。

对于 2021 ~ 2027 年的多年度财务框架，欧盟委员会提议在 5G PPP 的基础上，启动一个新的伙伴关系项目，从而涵盖 5G 以外相关联研究以及扩大部署范围。目标在于不断完善价值链，涵盖物联网环境中的连接性和设备，以及向网络边缘迁移的分布式计算环境中的服务。超密集网络中的太赫兹（THz）和 LiFi 通信等多项技术正在向云原生架构发展，边缘计算和网络已被确定为未来研究与创新的主题，包括支持网络管理和用户应用的人工智能与区块链技术。预计欧洲伙伴关系还将在协调 CEF2 Digital 部署计划，特别是 5G 部署方面发挥战略作用。综合来看，欧盟委员会积极推动下一代 CAD 的发展。此外，能源效率、网络安全和信任等方面也将得到特别关注。

本书深入浅出地阐述了 CAD 的不同维度、相关技术和业务挑战，通俗易懂地介绍了 CAD 与 C-V2X 技术的各个方面，包括潜在应用和业务模式，以及无线电、系统和网络设计技术等。作为 C-V2X 的参考书，本书的编辑和作者均为欧盟"地平线 2020"5GCAR 项目中的关键人物，本书也是他们主要工作成果的呈现。

Christian Micas

欧盟委员会通信网络、网络数据和技术总司（DG CNECT），未来连接系统部　高级政策官

序　二

互联网时代，当每一个新事物都可以相互关联时，我们的日常生活中仍然存在许多无法互联的事物，尤其是在交通方面，例如汽车、火车和飞机等。我们在汽车当中配备了大量的电子器件以使它们更安全，但这些汽车仍然在网络上与世界其他事物相隔绝。通过设计，汽车可以从大量传感器收集信息，然后智能地融合数据，继而创建自己及其周围环境的高清、实时、语义化的图像描述。这个处理过程非常谨慎，以避免任何可能的灾难性故障。如今，即使低配版本汽车也配备有雷达、摄像机等传感器，支持实现紧急制动等安全功能。这表明基于传感器的高级驾驶辅助系统（Advanced Driver-Assistance System，ADAS）得到了成功应用。

在网联方面，截至 2021 年已有 1.3 亿辆汽车通过移动通信网络连接到互联网，即车辆与网络通信（Vehicle-to-Network，V2N）。目前来讲，虽然不是每一辆车都能够为智能交通系统和服务提供有用的数据，但已经具备了良好的联网基础，并且车辆配备车联网能力的趋势正在增加，大多数汽车制造商已经宣布打算将其所有车型都连接到云或后端服务。同时，5G 的到来将进一步保障联网的服务质量以及所需的低延迟特性。在过去的宣传中，随着一些市场整合，这将为车辆在其生命周期内的运营带来巨大的附加值，例如，移动性、保险、驾乘舒适性、交通效率、物流、维护、软件更新、产品改进和娱乐。5G 所带来的网联能力正将汽车从一次性交付的产品转变为可以响应不同需求的多类别服务载体。

目前，5G 汽车协会（5G Automotive Association，5GAA）正在确保所有参与者都朝着同一个方向努力：更快、更及时地商业部署第三代合作伙伴计划（3rd Generation Partnership Project，3GPP）标准，从 LTE-V2X 开始，包括蜂窝移动通信网络和短程通信。随着 5G 移动通信网络、新无线电（New Radio，NR）和 5G NR 短距离技术的加入，行业将拥有新的方法来填补 ADAS 和自动驾驶中尚存的问题。但是，一旦车联网的数据涉及车辆的控制与驱动层面，功能安全领域的复杂性就会提升。目前，制造商、车主、用户、保险公司和社会都不太可能接受自动驾驶汽车依赖于车外执行的数据或者计算。因此我们需要改变范式，在边缘计算、超可靠低延迟通信方面做进一步的工作，从而为依赖外部数据和计算的自动驾驶汽车的运行提供更多支撑。可以预见的是，在网络连接的可靠性和边缘计算的可用性得到保证之前，关于自动驾驶用例应该使用哪个通信信道的争论将继续存在。在车辆所需的计算和可以外包的计算之间很难找到平衡。目前，在车外运行的服务将能够支持和提高汽车自动化能力及安全性，但不会单独用于做决策。

在上述技术挑战之外，还存在大量的非技术挑战。首先，在组织方面，应由谁来部署基于商用移动通信网络的安全功能？其次，在用户接受度方面，如何获得消费者对处理私人数据服务的信任？这不仅是网络安全层面的设计，还需要考虑以用户为中心的设计，并需要让用户直接感知到价值。此外，网联能力可以使制造商以及车主获取更为精确的实时车况，这对于制造商来说将是另一方面的挑战，因为它们对于车辆的质量问题有了更加无可推卸的责任。同样，制造商也可以通过分析所收集的数据，更及时地检测到缺陷，并且快速采取行动以减少潜在的安全风险。

包括 C-V2X 在内的 5G 是打造全连接车联网的新机遇，同时我们也面临许多挑战。5GCAR 项目开启了欧洲资助的新项目工作，包括通信研究人员与汽车电子工程师共同开展的创新性合作，即在数十亿美元的移动通信网络投资基础上，实现具体的网联汽车部署。这也将促进欧洲工业更加强大。

我很高兴能与本书中概述的重要成果联系起来，并希望未来会有更大的进步。最重要的是，我们需要在网联汽车业务的主要市场参与者之间进行更多的双赢合作：汽车和电信行业携手合作以拓展新服务，开辟新市场。值得期待！

Maxime Flament 博士

5GAA 首席技术官

序 三

2018 年 4 月以来，在欧洲 eCall（紧急通信）的监管框架下，顺应网联汽车发展趋势，标致雪铁龙集团已为客户提供了多年的 eCall 服务。但毫无疑问，近年来，网联汽车已在技术上得到了提升，并在市场上取得了大力发展。

网联能力可以有力推动汽车应用中的三大支柱：信息娱乐、原始设备制造商（Original Equipment Manufacturer，OEM）用例和协作式智能交通系统（Intelligent Transport System，ITS）。随着数字时代的信息娱乐巨头的加入，镜像解决方案、语音识别引擎和个人助理等技术已广泛投入使用。这种融合在操作系统的选用中也有很明显的体现，行业的部分工作正在从 Linux 操作系统迁移到 Android 操作系统。车载网联通信也正从客户提供的网联能力发展到汽车内置的网联能力。嵌入式 SIM 卡（embedded SIM，eSIM）和拆分计费等也是关键的推动因素。未来，移动网络运营商（Mobile Network Operator，MNO）的业务逻辑也可能由流量计费发展衍生出其他的业务模式。

OEM 用例主要关注基于车辆的拓展功能。基于网联能力，汽车可以连接到 OEM 云，并且可以双向交换数据以进行软件更新、维护、车载传感器数据交互等。OEM 云为数据提供计算能力，并成为连接服务的中心，实现远程操作、车队管理等。

最后，协作式 ITS 可以改进高级驾驶辅助系统的网联能力。网联能力使得一个新传感器能够弥补车载传感器（激光雷达、摄像机和雷达）的局限性，从而提高各个级别自动驾驶 ADAS 应用的实现可能性。

5G 是第一个从一开始就考虑垂直行业需求的移动通信技术。汽车行业就是一个例子，标致雪铁龙集团调动了大量资源来参与这项新技术的研究。公司在 5G 计划的多个方向进行布局，以开放创新为基础，以 5GCAR 为依托，开展了多个项目的研发工作。标致雪铁龙集团正在与移动网络运营商、电信设备供应商和技术提供商合作，在关注车载能力限制和行业成本敏感性基础上，构建适应汽车需求的技术组件。这项工作也将在未来几年随着新的 3GPP 版本而继续下去。

同时，5GAA 作为国际合作组织在推动网联汽车过程中发挥了重要作用，协调 OEM 在网联通信标准化机构中进行发声，而在以前，汽车行业与这些机构没有关联。5GCAR 存续期中的一个重要事件是欧盟委员会对授权法案（Delegated Act）的否决，这说明了在汽车领域采用 5G 并非易事。必须从技术和业务角度证明车载调制解调器的高成本是合理的：基础设施的部署是促进汽车安装的必要条件，但它在成本和延迟方面遇到了阻碍。直连通信[⊖]是一种很有发展前景的通信选择，可以填补一些基础设施空白，但该授权法案提出的技术可能会阻碍 5G 的部署。而由于该法案被否决，与北美和中国等其他地区相比，欧洲在 5G 网联汽车方面将保持竞争力。

5G 开启了网联汽车的全新时代，汽车将不再是一种商品，而是新驾驶功能和 OEM 用例的推动者。直连通信新无线电技术的商用、毫米波的部署和采用，以及设备与基础设施之间的新模式仍然面临诸多挑战。本书为了解汽车和交通领域中的网联新角色提供了基础诠释，包括用例、无线电接口和核心架构演进等，并展望了业务的挑战和影响。

El Khamis Kadiri
法国标致雪铁龙集团创新网联汽车负责人

⊖ 此处原文为"sidelink"。出于习惯性称呼，本书将不再特意区分"sidelink"这一技术与"direct communication"这一功能的差异，在不造成歧义的前提下统一译为"直连通信"。——译者注

序 四

沃尔沃汽车自 1927 年由 Gustaf Larsson 和 Assar Gabrielsson 创立以来，就一直关注安全问题。1958 年，Nils Bohlin 成为沃尔沃汽车的第一位专职安全工程师，并于一年后设计了三点式安全带。几年后，这家瑞典公司放弃了专利权，让所有汽车制造商都可以使用安全带。据估计，这一行为可能在全球挽救了超过 100 万人的生命。

九十年过去了，我们沃尔沃员工仍在不断挑战自己，以遵循我们的安全愿景——它已经刻在了我们的 DNA 中。当今的车辆配备了各种安全传感器，这些传感器具有出色的检测物体、跟踪物体，以及使用摄像机、雷达和激光雷达检测视距（Line-Of-Sight，LOS）内危险场景的能力。此外，沃尔沃汽车从 2001 年开始提供网联安全计划，首先是 eCall，它可将有关事故、车辆位置等紧急求救信息发送到警报中心。2016 年推出的网联安全功能可告知其他车辆前方道路上的危险和湿滑情况。自 2020 年以来，所有车型均提供了 Volvo on Call 这项便利服务。

作为当今安全技术的补充，正在进行的 V2X 无线通信技术的研究可以评估如何进一步提高道路的安全性、交通效率和驾驶舒适性。V2X 传感器可用作补充传感器，以覆盖估计大于 400 米的 LOS 和 NLOS（Non-Line-Of-Sight，非视距）场景，并支持 V2X 传感器之间的协作。部署一个提供全球、区域基础设施的生态系统是充分利用 V2X 技术的先决条件。作为原始设备制造商，沃尔沃汽车需要保障系统可靠性、互操作性、高性能和安全性，车辆必须配备 V2X 传感器才能获得车辆与车辆（Vehicle-to-Vehicle，V2V）和车辆与基础设施（Vehicle-to-Infrastructure，V2I）通信的优势。

十多年来，欧盟一直在为协作式智能交通系统（Cooperative Intelligent Transport System，C-ITS）的研究和部署提供大量支持。车辆间通信联盟（CAR 2 CAR Communication Consortium，C2C-CC）等团体已经为协调 C-ITS 服务做出了贡献。在欧洲，C-ITS Day 1 和 C-ITS Day 1.5 服务列表中定义了诸多应用，涵盖危险位置通知和标牌应用。

近年来，市场上的发展已经支持多个 V2X 接入层：IEEE 802.11p、3GPP LTE-V 和最新的 3GPP 5G NR-V2X。在欧洲，正在进行关于使用哪种技术的辩论，并且正在调研它们是否可以在相同的专用无线电频谱中共存。

作为 OEM，5G NR-V2X 技术的一个关键优势是它可以在无线传感器之间实现 5G 短程通信的组合，同时支持使用相同硬件的传统上行链路/下行链路。此外，5G NR-V2X 可以提供边缘计算以减少延迟和保护带宽，这是我们对 C-ITS 和连接服务要求的一些关键性能指标

（Key Performance Indicator，KPI）。

在当下的十年中，我们的车辆将从独立产品转变为一类"庞大系统中的系统对象"，即 C-ITS。移动边缘计算（Mobile Edge Computing，MEC）和网络切片等 5G 特性可能是 C-ITS 的关键推动力。

在商业方面，尚存在诸多市场挑战，例如，我们需要了解商业格局和新的供应链，比如谁将部署 MEC，以及网络切片将如何影响业务模式。网络上的客户需要一种无缝的网络订阅方法，与他们驾驶的区域无关，并保障可靠、安全及低成本。由于车辆可在不同移动网络运营商（Mobile Network Operator，MNO）网络、区域（城市和乡村地区）和国家 / 地区中行驶，为了充分利用 5G 的优势，车辆被期望在任何位置和任何时间都能获得全面的服务。实现无线电频谱的全球统一以支持 V2X 技术将有利于简化和降低组件成本。

定位是许多使用全球定位系统（Global Positioning System，GPS）作为参考的 C-ITS 服务的挑战，因为当前的定位精度需要进一步提高。在 C-V2X 覆盖模式下，5G NR 网络可以提供补充定位信息（用于区域内的相关 V2X 传感器）和有关潜在危险场景的通知。在没有基础设施的情况下（在 C-V2X 覆盖范围外模式下），当只有 GPS 可用且 GPS 精度较差时，我们将如何处理需要精确定位的场景？

对于车辆需要在很短的时间内传输（上传或下载）大量数据的用例，或者作为定位的补充技术，具有更高频段的 5G 毫米波可能更适合城市地区而不是乡村地区。对于这两个领域，仍然存在部署基础设施所需时间的挑战以及 NG-RAN（下一代无线电接入网）和 5G 用户设备（例如实施 3GPP Rel 15 或更高版本的车辆）之间通信距离的技术挑战。

Magnus Eek
瑞典沃尔沃汽车有线和无线通信技术产品负责人

前　　言

移动通信行业正在通过无线通信连接各类车辆和道路交通参与者。汽车行业和各种交通系统在不断地融合发展，车辆越来越多地通过各种类型的集成车载和外部传感器感知其周围环境。车辆获得的信息可以在本地由不同类型的短程通信装置共享，而远程通信解决方案可以提供具有额外价值的附加信息。借助来自邻近和远处的相关信息，车辆可以根据前方情况调整其驾驶行为，从而做出更合理的决策。

在车辆自动化发展的不同阶段，网联都是车辆实现安全、高效自动驾驶的主要推动力。因此，移动通信行业和汽车行业紧密协作，为未来的自动驾驶提供新的功能和能力。此外，为了向车载用户提供汽车云服务，对大容量移动宽带的需求也在不断增长。移动通信和汽车两个行业的这种转变也需要与其他利益相关者和相关研究同步，以实现能够满足交通安全和提高驾驶舒适度需求的解决方案。

多年来，在全球范围内，通信行业、汽车制造商、交通参与者、智慧城市和其他利益相关者已经认识到利用通信来提高驾驶安全性、交通效率和降低能源消耗与污染的价值。在接下来的十年中，蜂窝车联网将会是实现这些社会和经济目标的重要推动力，各行业协会和标准制定组织正在共同推动第五代（5G）移动网络应用于汽车辅助驾驶和自动化。

5G通信汽车研究与创新（The 5G Communication Automotive Research and innovation，5GCAR）项目于2017年6月至2019年7月实施，在促进通信与汽车两个行业的互补配合上发挥了开创性作用，并为推动发展共同愿景做出了重大贡献。在这个项目启动之时，我们就讨论了以一本书的形式总结5GCAR的项目成果。我们觉得是时候收集项目中涉及的所有工作经验，并进行传播和推广了，以方便除了那些经常阅读我们项目可交付成果和科学出版物的人之外的读者也可以了解到该项目的工作成果。但直到2018年我们才开始更多地着手这本书的写作计划。在IEEE Globecom 2018期间，我们开始与Wiley的Sandra Grayson交谈，我们觉得彼此对一本关于网联和自动驾驶的书有着相同的愿景。

本书的读者也应该有兴趣了解承载了众多工作的5GCAR项目是如何启动的：它可以追溯到欧洲资助5G研究的早期阶段，该研究由欧盟委员会第七框架计划（Framework Program 7，FP7）以及"构建2020年信息社会的无线通信关键技术"（Mobile and Wireless Communications Enablers for the Twenty-Twenty Information Society，METIS）项目发起，该项目始于2012年11月。6个月后，发布了METIS诸多方面的用例，包括交通效率、安全提升、缓解交通拥堵、盲点检测和移动终端的实时远程计算。在当时，电信行业已经意识到一组互补的需求与潜力，即电信行业保持持续增长的需求，以及使更多的设备网联化以实现更智能的信息和通信技术解决方案的潜力。在这个阶段，有几个领域受到了特别的关注，例如工业生产系统（工业 4.0）、智能电网、智慧城市、更安全和更高效的交通系统、农业，以及信息通信技术在健康领域的应用（电子健康）。在此基础上，移动通信基于其数字化能力，有着在宏观上推进可持续发展的巨大潜力。2015 年初，5G PPP 的四份白皮书和下一代移动网络（Next-Generation Mobile Network，NGMN）联盟的一份文件总结了对 5G 的一些想法和早期要求。自那时起有关 5G 的各类出版物便如雨后春笋般涌出。网联汽车、智能电网和智能制造系统被认为是最有希望及早落地的领域。总的来说，电子健康和智能电网尚未启动，实现安全高效运输的智能交通系统和实现更高效、更敏捷制造的工业 4.0 都具有良好的发展势头。在这一点上，对 5G 最有力的证明来自制造业和汽车行业。出于这些原因，5G PPP 中开始协调提案，来与确定的垂直关键行业密切合作。在与汽车行业合作中，最关键领域是协作式 ITS、网联自动驾驶和网联道路交通参与者（Connected Road User，CRU）服务。例如，市场上的许多汽车已经在使用移动互联网数据以及宽带接入服务。因此，5G 汽车协会于 2016 年 9 月成立。5G 汽车协会在电信和汽车行业的融合中发挥了重要作用，5GCAR 项目的成立是早期的项目规划成果之一。

通过这种参与，汽车行业开始意识到汽车数字化是一个艰巨的任务，尤其在车载处理能力转移（offloading of on-board processing）等需要依赖外部行业合作伙伴方面还面临着巨大挑战。网联能力、数据存储和处理在目前来看是比较受认可的发展方向。我们相信 5GCAR 项目通过创建一个电信与汽车研究人员以及工程师密切合作的研究环境，能够在电信和汽车行业寻找共同解决方案的融合中发挥重要作用。我们相信通过将人们聚集在一起解决问题这样的共同创造是实现真正转变的方式。标致雪铁龙集团的 El khamis Kadiri 这样总结："5G CAR 是一个成功案例，阐明了不同部门如何合作构建新的解决方案，网联能力和 5G 是应对未来几年移动出行领域巨大挑战的关键技术。"沃尔沃汽车公司的 Magnus Eek 补充说："地平线 2020 5GCAR 最终展示了在 5G 网络系统和网联汽车之间共享 V2X 传感器数据的好处，从而帮助预测和避免各种危险情况。"

本书的内容便是 5GCAR 中这种密切合作的成果，由项目合作机构的研究人员提供。因此，作者来自电信行业（爱立信、华为、诺基亚和 Orange）、汽车行业（标致雪铁龙集团和沃尔沃汽车）、工业设备供应商（博世）、学术界（伦敦国王学院和查尔姆斯理工大学）、研究机构（CTTC 和 CTAG）以及中小型企业（赛肯通信、Marben 和 VISCODA）。2019 年 6 月，这组研究人员以 5GCAR 联盟的形式展示了协作驾驶这一应用，以实现高速公路上的协作式并道、路况透视和远程传感器共享方面的协同感知，以及对弱势交通参与者的安全保护。

最后，我们要感谢所有确保项目成功完成的 5GCAR 项目合作伙伴，特别感谢所有为本书做出贡献的作者或编辑。我们很高兴在 5GCAR 项目和本书中与大家一起工作！

本书的目标读者与读者指南

本书的目的是促进近年来关于 C-V2X 通信解决方案的电信－汽车产业联合研究，以支持其标准化，并加速其商业可用性和提升全球市场普及率。愿景是通过辅助和自动驾驶、无处不在的服务获取以及与智能交通集成等应用解决社会移动网联和道路安全需求方面的问题。本书旨在提供有关移动网联如何为自动驾驶汽车铺平道路的基础知识和拓展知识。为此，本书除了面向电信和汽车行业的学术界专家，还面向工业、频谱监管机构和道路交通管理部门的专家和管理人员。我们相信，移动网络运营商、电信设备供应商、汽车制造商及其供应商，以及包括汽车和自行车行业在内的所有车辆制造商，将在未来十年采用先进的 5G网联自动驾驶解决方案。因此，我们预计到 21 世纪末，由蜂窝网络支持的道路将有很大的市场普及率。我们希望本书能够吸引大量读者并激励希望联合创新和开发项目的工程师，从而在未来几年内实现集成解决方案、互操作性测试、大规模试点和预商用部署。

本书涵盖非技术和较为深入的技术主题，从业务模式和频谱到无线电、网络以及 C-V2X的安全和隐私。本书总结了该领域的现状，并为下一步工作提供了一些建议，最后还给出了对未来的展望。如果你只想阅读本书的特定部分，以下是我们建议的阅读顺序：

- **工程师、研究员以及学生**：第 1 章、第 4～9 章、第 2 章、第 3 章及第 10 章。
- **政策制定者、市场人员、商务人员以及管理者**：第 1～3 章、第 10 章、第 4～9 章。

最后，请考虑访问 Wiley 的本书网站以获取背景和补充材料。

我们希望你喜欢阅读本书，就像我们喜欢写这本书一样！

Mikael Fallgren、Markus Dillinger、Toktam Mahmoodi 和 Tommy Svensson

目　　录

第 1 章

概　　述

Mikael Fallgren$^\ominus$、Markus Dillinger$^\ominus$、Toktam Mahmoodi$^\ominus$、Tommy Svensson$^\text{四}$、Charalampos Kalalas$^\text{五}$、Erik Ström$^\text{四}$和 Antonio Fernandez Barciela$^\text{六}$

在近几十年中，移动宽带通信已成为我们日常生活中的重要组成部分。许多行业和企业也依靠无线移动通信连接其站点、服务、设备和用户。这种连接可以增强设备的认知能力，即设备可以根据周围的其他信息做出更佳决策。这种认知能力可以为车辆驾驶员提供包括全自动驾驶在内的不同程度的辅助，即所谓的网联自动驾驶（CAD）[1]。

CAD 是在车载传感器、网联通信和云平台的基础上为进一步提高认知能力与驾驶性能而提出的自动驾驶发展模式。我们认为，第五代移动通信技术（5G）及未来移动通信网络将在支持 CAD 任务服务方面发挥关键作用。移动通信网络技术使得车辆能够连接其他车辆、网络和道路基础设施，即车联网（V2X）。本书主要讨论支持 V2X 的移动通信网络，即 C-V2X，重点讨论如何支持实现 CAD 服务，以及其他网联道路交通参与者（CRU）服务。

本章 1.1 节简要介绍 C-V2X、CAD 和 CRU 服务的背景、意义以及关键技术术语。1.2 节描述电信和汽车行业制定 CAD 联合路线图的愿景。1.3 节详细介绍 CAD 所依赖的通信技术以及对应的标准化组织。最后，1.4 节概述本书的结构。

㊀　爱立信研究院（瑞典）。
㊁　华为德国研究中心（德国）。
㊂　伦敦国王学院（英国）。
㊃　查尔姆斯理工大学（瑞典）。
㊄　加泰罗尼亚电信技术中心（西班牙）。
㊅　标致雪铁龙集团（西班牙）。

1.1　C-V2X 的背景与意义

在本节中，我们首先从智能交通系统（ITS）入手，给出发展 C-V2X 的背景和意义。接着我们将讨论 CAD 与 CRU 服务。

1.1.1　智能交通系统

ITS 是一个广义术语，其涵盖了旨在使交通系统更安全、更高效的诸多应用。由于它具有悠久的历史渊源，所以我们很难给出 ITS 的确切定义。尽管如此，欧盟委员会（EU）在指令 2010/40/EU 中进行了如下阐述：

ITS 将电信、电子和信息技术与交通工程集成在一起，以规划、设计、操作、维护和管理交通系统。信息和通信技术在道路运输部门的应用及其所提供的与其他运输方式的接口将大幅改善环境效能、效率（包括能源效率）、道路运输（包括危险货物的运输）的安全与安保能力、公共安全以及旅客和货物的流动性，与此同时，还可以确保内部市场的正常运作、提高行业竞争力以及提振就业水平。但是，ITS 的应用不应损害国家安全，也不应与国防相关领域产生利害冲突。

车辆和道路基础设施协同的应用被称为协作式 ITS（Cooperative-ITS，C-ITS）。C-ITS 可分为两大类：交通安全类应用和交通效率类应用。交通安全类应用旨在减少道路事故的数量和严重性；而交通效率类应用则旨在减少燃料消耗、尾气排放，以及更高效地利用道路基础设施（例如增加现有道路的交通流量）。C-ITS 的其他潜在益处还包括提高驾驶员的舒适性[2-3]等。自 2018 年以来，欧洲的汽车就已经提供了早期的 C-ITS 服务，即紧急呼叫（emergency Call，eCall）服务。

2014 年，欧盟委员会建立了一个 C-ITS 部署平台，作为一个包括了政府主管部门、C-ITS 利益相关者和欧盟委员会的合作框架，为欧盟内 C-ITS 的互操作部署制定共同愿景[3]。该框架的目的是为欧盟 C-ITS 的发展路线图和部署策略提供政策建议，并确定针对关键挑战的可行解决方案。进一步地，在 2016 ～ 2017 年间，该平台制定了欧盟 C-ITS 向协作、网联和自动化出行（Cooperative，Connected，and Automated Mobility，CCAM）发展的互操作部署共同愿景。C-ITS 部署平台的最终目标是在欧盟内实现支持互操作的交通数字化建设，特别关注在公路、铁路、海上和空中运输以及内陆导航中的应用。

正如我们已经描述的那样，ITS、C-ITS 和 CCAM 是广义的术语，涵盖了道路交通参与者以外的众多运输系统。这意味着它们覆盖了许多不同类型的交通运载工具，例如汽车、电车、火车、轮船、无人机、飞行的士等。尽管如此，C-ITS 重点关注车辆和固定道路基础设施的通信，因此没有涉及其他道路交通参与者，特别是以行人为代表的弱势道路交通参与者（Vulnerable Road User，VRU）。

在本书中，我们重点介绍在移动通信网络（即 C-V2X）支持下，服务于道路运载工具（例如汽车、摩托车、公共汽车和卡车等）的 C-ITS 解决方案。有了 C-V2X，就有机会将 VRU 也涵盖进系统中。在本书中，我们将这些类型的解决方案和系统称为 CAD[1]，通过移动通信网络，车辆可以进行通信并从所有类型的 CCAM 设备中获取信息。

1.1.2　网联自动驾驶

为使 CAD 从高级驾驶辅助系统（Advanced Driver-Assistance System，ADAS）延伸发展至全自动驾驶汽车［表达同样意思的名词还有自主驾驶汽车（self-driving car）、自动驾驶汽车（Autonomous Vehicle，AV）、网联自动驾驶汽车（Connected and Autonomous Vehicles，CAV）、无人驾驶汽车（driverless car）、机器驾驶等］，电信和汽车行业一直朝着相似的方向进行发展与协作，使得 C-ITS 的功能聚焦于公路车辆，尤其是汽车。为此，欧洲电信标准化协会（European Telecommunications Standards Institute，ETSI）、ITS[41] 和 3GPP 标准发布版[5-7] 确定了广泛的 CAD 用例，分类归纳如下：

- 自动驾驶：此类用例针对全自动驾驶，其中车辆能够协调它们的行驶轨迹或策略以避免碰撞或自动超车。此用例类别对延迟和可靠性有着严格的要求，以确保极低的数据包错误率以及较高的定位准确性。
- 协同感知：此类用例通过从不同来源捕获到的信息增强车辆感知能力，使其超越车载传感器的性能，从而帮助驾驶员或自动驾驶汽车执行关键操作和安全导航。低延迟和高数据速率构成了此类用例的关键要求。
- 交通安全：包括有关保护弱势道路交通参与者、道路危险警告以及避免碰撞等关键任务用例。此用例类别在延迟 / 可靠性和定位准确性方面具有较高的性能要求。
- 交通效率：包括涉及更新路线和动态数字地图的用例。通常，交通效率用例不要求严格的延迟与可靠性指标，但是需要高数据速率来实现高效的路网规划。

要使 CAD 服务全面发展，除了解决技术难题外，还需要多方面的利益相关者共同参与，包括汽车制造商、道路基础设施运营商、移动网络运营商（Mobile Network Operator，MNO）、标准化组织、政策制定者和终端用户。新的移动生态系统会引入大量值得研究的问题，而多边关系中的和谐协作和紧密协同是解决该问题的关键，同时亦可以缩短新技术的上市时间并促进其早日落地。

提高交通安全和交通效率是形成多方合作的两个主要推动力。除此之外，该合作的推动力还包含提升驾乘体验等牵引性愿景。因此，了解 CAD 的主要推动者的行业愿景和观点具有非常重要的意义，我们也将在本书中对此进行详细介绍。

1.1.3　网联道路交通参与者服务

C-V2X 不仅可以支持 CAD，还支持许多其他网联道路交通参与者服务，例如信息娱乐、空中下载、用于主动维护和诊断的原始设备制造商云服务、天气预报、污染监测、过路费收缴、道路维护、停车场业务支持、与停车相关的服务（例如停车效率、汽车充电和汽车保护）、保险业务、广告、车队管理、共享汽车和物流[8]等。在单个网络上提供这种集成服务可以最小化移动网络运营商的网络部署和运营成本。

在这些服务中，信息娱乐是汽车移动宽带服务的主要驱动力。信息娱乐用例通过为汽车带来网联能力、智能导航功能以及信息娱乐内容（例如电影和游戏）来增强驾驶员和乘客的体验——这需要汽车支持高分辨率多媒体传输。尽管可靠性和延迟对于信息娱乐来说并不重要，但把汽车移动宽带服务集成并纳入 C-V2X 中有益于降低整体的成本。无论从技术实施还是从业务模式考虑，先进的 CAD 服务将使驾驶员能够更自由地在路途中使用信息娱乐和其他 CRU 服务。对公共汽车和有轨电车等车辆而言，其主要通信需求则是为乘客提供的通用移动宽带服务以及车载监控摄像机，这些服务与 C-V2X 的集成度相对较低。

正如这里所强调的，CRU 服务面临几个具体的挑战。在本章的后续部分，我们将重点介绍 CAD 的 C-V2X 领域的内容，其中许多技术对 CRU 服务也同样重要。

1.2   迈向网联自动驾驶的通信与汽车联合发展路线图

尽管各类传感器技术已经广泛应用于 ITS 服务，但是在非视距情况和某些天气条件下，性能会受到较大影响。因此，无线电技术被认为是 ITS（尤其是关于 CAD）的关键赋能技术。本节概括性地介绍电信行业对网联驾驶的期望、汽车行业对自动驾驶的追求，以及 CAD 联合发展路线图。

1.2.1   电信行业对网联驾驶的期待

电信和汽车行业之间不断增进的协同旨在促进将现有的交通运输系统从根本上转变为全自动、智能、互联的系统，从而满足社会对网联交通和道路安全的需求。具备集成传感、计算和数据存储功能的车载传感器（例如摄像机、雷达、激光雷达和其他测距设备）的大规模部署正在逐步将车辆变成复杂的计算和网络枢纽。这些设备与功能集成使车辆能够获得对于周围环境详细的感知与理解。但正因如此，车辆之间、车辆和其他道路交通参与者之间（例如行人和骑行者）以及车辆和日益智能化的路侧基础设施之间（例如交通信号灯和电子路标等）会有大量的实时信息获取、处理以及交换过程。为了更好地满足车辆网联的需求，路侧基础设施还在不断升级，包括增加监控交通状况的摄像机、检测温度和驾驶状况的传感器以及临时道路施工标志。

通常，C-V2X 需要支持三大类用例。分类与示例如下：
- 驾驶安全类：紧急电子刹车灯。

- 交通效率类：局部危险警告，高精度（High-Definition，HD）地图。
- 自动驾驶支持类：远程自动驾驶，轨迹比对。

这些用例涵盖了未来十年时间的发展需求。还可以预见的是，3GPP 将为获得更好的驾驶体验而进行改进。

依靠功能强大的无线通信技术实现无处不在的 V2X 连接已成为 ITS 发展演进的重要基础[9]。汽车行业由于在终端用户、利益相关者和技术的异质性方面具有独特的特点以及多样化用例和所面临的前所未有的连接性挑战[10-11]而成为新兴通信系统（即 5G 和其后继演进技术）的利益相关者之一。大约每 18 个月进行一次版本更新的 3GPP 将持续推进新的解决方案和功能，从而改善自动驾驶性能。

在过去的三十年中，汽车行业已经描绘了对协同驾驶和自动驾驶的愿景，这离不开车载传感器、远程传感器以及云和网络服务发展的支持。但是，要实现这一愿景，就必须克服电信行业在低延迟、高可靠性、宽覆盖范围、高数据速率、高可用性和可扩展性（即大规模连接）、安全性和定位精度等方面的挑战。经过近二十年的不断发展，电信行业逐步满足了车辆通信各个方面的性能指标要求，并支持用例带来的日益苛刻的要求以及逐步增加的传感器功能（例如支持更高的视频分辨率）。

正在进行的标准化工作旨在确立 V2X 的无线电技术特性，例如，电气与电子工程师协会（Institute of Electrical and Electronics Engineers，IEEE）802.11p 和蜂窝网络技术的特性；标准化工作还提供潜在技术的解决方案，例如精准定位、轨迹共享、实时位置更新和协同驾驶[11-12]等先进自动驾驶服务的赋能技术，即使当前这些技术还无法完全实现。此外，针对 C-V2X 的 5G 无线通信技术的无线电接入和网络架构增强功能（如灵活的帧结构、多天线和分集技术、基于服务的网络架构、直连通信模式、网络编排等）均有望实现，并为新的移动发展模式[13-14]提供坚实的基础。除了增强连接功能外，5G 技术有望带来当下网络运营模式的重大转变。与前几代通信标准不同的是，5G 系统不仅单独为终端用户提供服务，还特意为包括汽车、交通运输等行业领域进行了设计，以满足多样性的性能需求。这对用于通信的频谱类型也将产生影响。在免授权频谱（例如 ITS 频谱）中，无须用户识别模块（Subscriber Identity Module，SIM）就可以进行短程通信，从而减少了订阅费用的支出，但是这样会失去控制同时使用频谱与用户数量的能力。在授权频谱中，频谱所有者将分配用户频谱资源，同时可通过 SIM 卡对用户进行跟踪（请参阅1.3 节）。

在未来，CAD 服务的设计目标是协同和全自动驾驶，因此需要不断实现技术创新，突破性能瓶颈。随着驾驶自动化水平的提高，对于端到端延迟（小于 3 毫秒）、可靠性（高于 99.999%）和定位精度（低至 5 厘米）这些为了驾驶安全而设定的性能指标要求也越发严格[6]。当考虑传播环境的快速变化以及由于车辆的移动特性而导致不断变化的网络拓扑时，这些要求变得更具挑战性。

1.2.2 汽车行业在自动驾驶领域的愿景

在过去的十年中，汽车行业展开了一场变革，其中包括对传统业务模式进行改变。大多数 OEM 厂商都已在行业中深耕多年，甚至其中一些公司仍属于最初创始人家族。然而，随着新时代年轻人的观念从拥有汽车转向共享出行，驾驶者行为和用户肖像正在发生变化。数字化正在影响整个行业，这个影响体现在第四次工业革命的生产制造环节，也体现在销售渠道向线上转移与提供预购等服务上。更进一步地，在所有变革趋势之上，自动驾驶的出现更是一个重要颠覆。

汽车工程师协会（Society of Automotive Engineers，SAE）引入了 L0 ～ L5 六个不同级别的驾驶自动化等级[15]，按自动化程度从高到低的顺序进行了定义：在 L0 ～ L2 中，人负责监控驾驶环境；而在 L3 ～ L5 中，自动驾驶系统负责监控驾驶环境。在 L0 中，没有自动化功能，人需要执行所有的驾驶任务。在 L1 中，驾驶辅助功能可以辅助人类驾驶员驾驶（例如巡航控制）。在 L2 中，部分功能可以自动完成，而人需要监控所有驾驶任务，并可以选择随时介入控制，而车辆则可以进行自主转向和加速。L3 代表有条件自动化，其中车辆可以执行大多数驾驶任务并具有环境感知功能，而人类仍能随时接管车辆。L4 代表车辆具有高度自动化，车辆可以在特定情况下执行驾驶，而人类仍可以随时选择介入驾驶过程。L5 则实现了完全自动化，车辆可以执行所有驾驶任务，不需要人工干预。因此，从人类驾驶员的角度来看，L5 才是完全无人驾驶的表现。

尽管明确定义了不同的自动化级别，并且全世界范围内都在进行诸多测试，但是自动驾驶仍然存在许多法律、法规和技术挑战。首先，将驾驶责任从驾驶员转移到 OEM，这是自动驾驶系统向 SAE 级别（L3 及以上）落地的关键制约。每个 OEM 对于这些自动化级别的实现都有自己的时间计划。可以预见，高级别自动驾驶将首先在高速公路上使用，然后逐步扩散至城市、郊区和乡村地区。其次，自动驾驶的业务模式还没有完全被探索明确。最后，自动驾驶在技术上的挑战是巨大而多样的，这使得很难为自动驾驶建立一个确定的技术发展路线图。

当前，基于车载传感器的 ADAS 功能已经能够实现 L2 自动驾驶，主要依靠摄像机、雷达和激光雷达三种传感器。每种传感器虽然都有自己的优势，例如，有的传感器分类能力更强，有的传感器速度估计或定位能力更强，但是它们也有共同的局限性。首先，视距被限制在几百米之内，并且取决于诸如天气、光照、地形、植被和人工障碍物（其他车辆、建筑物等）之类的自然条件；其次，感知信息的可用角度受到视场（Field of View，FoV）限制。FoV 限制可能会在具有复杂角度的交叉路口或曲线道路中产生困难。可以通过增加连接性能力实现 CAD，将 LOS 和 FoV 的限制降低到最小，以非车载（off-board）传感器的形式拓展车载传感器感知能力。

除了扮演非车载传感器的角色之外，网联能力在汽车运行维护环节也非常重要。例如，网联能力提供了 OEM 相关用例所需的功能，包括远程诊断、OTA 更新以及传感器数据回传等。

1.2.3 网联自动驾驶联合发展路线图

我们从电信行业对于网联驾驶发展的期待和汽车行业对于自动驾驶的愿景可以看到不同利益相关者的共同努力和合作愿望。在驾驶安全和高效交通等明确服务需求的牵引下，CAD 的发展路线图正在成形，这里技术发展和协同会促进解决方案形成，实现这些服务。在定义用例方面，3GPP、5G 汽车协会和 SAE 等不同机构已经构思了不同的 V2X 要求和关键绩效指标（Key Performance Indicator，KPI），不过相关工作仍然处于研究阶段。当前，基于已有研究工作，我们可以对是否满足用例需求开展评估和分析，但并不意味着取得了结论。

车辆的车载传感器（即车辆内部的传感器以及车辆上外装的传感器）与非车载传感器（即不在该车辆上的传感器，例如其他车辆或道路基础设施上的传感器）可以协作收集相关信息，从而支持车辆实现自动化。然而，我们需要解决不同传感器信息如何同步汇聚的问题，以及何时从原始数据切换到结构化数据的问题。原始数据通常包含更多更全面的数据，而结构化数据数据量较少，但存在检测错误或无法检测对象的风险。

图 1.1 展示了在 5GCAR 项目中提出的 CAD 联合发展路线图[16]。其中，自动化级别（L）和 3GPP 版本（Rel）标识在路线图的底部。不同的发布版本基于计划制定日期表示，直到预期在汽车市场中应用的时间结束。顶部是各个国际移动通信（International Mobile Telecommunications，IMT）解决方案的时间线和相关频段。路线图中标识的用例类和服务位于白色和突出显示的框内，分为以下三类：基于网络协作的决策和控制（例如，私人道路上的无人驾驶车辆）、基于网络协作的感知［例如，协作式自适应巡航控制（Cooperative Adaptive Cruise Control，CACC）］和网络辅助的信息交换（例如，OTA 和信息娱乐服务）。图中突出显示的条目在 5GCAR 中进行过分析：特定区域远程驾驶、开放道路远程驾驶、协同驾驶、弱势道路交通参与者保护（Vulnerable Road User Protection，VRUP）、协同感知和高清地图。

在自动化级别中，无人驾驶（L5）先于条件自动化（L3）和高度/全自动化（L4），因为无人驾驶级自动化已经部署在特定道路和园区中，例如相应的接驳车。由于环境的复杂性以及法规和商业因素等，开放道路上的 L5 自动驾驶技术还尚未成熟。而对于 L3 自动驾驶，即使该级别的法律框架尚未完善，某些 OEM 也可能将其视为可应用实现。如今，绝大多数汽车中都可以使用诸如巡航控制之类的 L1 驾驶辅助和基于 ADAS 的 L2 部分自动驾驶。我们预计高速公路和市区也将支持 L3 或 L4 的自动驾驶。自动驾驶的确切进程时间表取决于不同的 OEM，通常是不公开的。

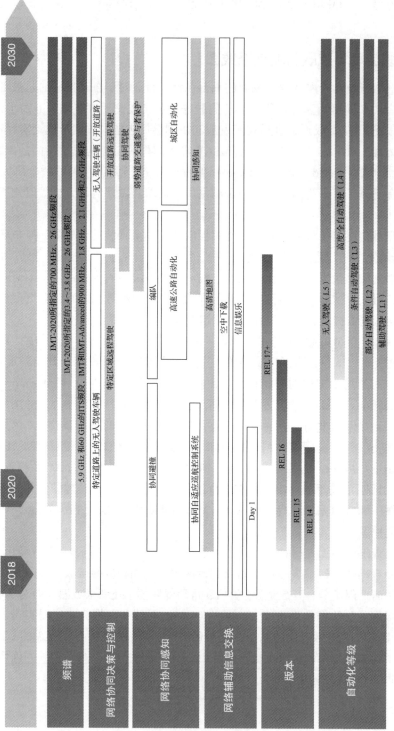

图 1.1　5GCAR 项目中提出的 CAD 联合发展路线图 [16]

1.3　网联自动驾驶中的通信技术

不同的 CAD 用例对于连接性有着多种多样的要求。一些用例具有较为宽松的延迟要求（秒级、分钟级甚至小时级），而其他用例则需要非常低的延迟通信（毫秒级）。可靠性要求、数据速率要求也各不相同。因此，CAD 中存在多种连接技术方案，其可分为以下几类：

- 车辆与车辆（Vehicle-to-Vehicle，V2V），在彼此靠近的车辆之间使用短程通信或直接通信交换信息。
- 车辆与基础设施（Vehicle-to-Infrastructure，V2I），使用短程通信或直接通信实现车辆和路侧基础设施（例如交通信号灯）之间的信息交换。
- 车辆与行人（Vehicle-to-Pedestrian，V2P），使用短程通信或直接通信实现车辆和 VRU 携带的移动设备之间的信息交换。VRU 包含行人、骑行者、宠物或者另一辆车上的驾驶员或乘客。
- 车辆与网络（Vehicle-to-Network，V2N），使用广域通信实现车辆与移动网络或基于互联网的云服务（例如网络中的后端远程服务器，以获得地图更新、数据收集和汽车云服务）之间的信息交换。

直连通信可以在不涉及任何网络或基础设施的情况下实现。短程通信无论有或没有移动网络支持均可实现，而远程通信则依赖于移动网络。一般而言，所有道路交通参与者都将受益于本地（V2V、V2P），与附近路侧基础设施（V2I）以及网络或云服务（V2N）的通信。下面我们概述了当今能够支持 V2X 通信的主要无线电接入技术。

第一个用于车辆直连通信的技术基于 Wi-Fi 标准。2004 年，IEEE 802.11p 工作组成立，为 V2X 通信的专用短程通信（Dedicated Short-Range Communication，DSRC）奠定了基础，特别是对于车辆安全服务和依托汽车进行的商业交易等应用。2008 年，欧盟委员会分配部分 5.9GHz 频段优先用于运输安全应用以确保通信的可靠性。许多研究表明，802.11p 可以满足毫秒级的延迟[17]。

与此同时，移动通信行业开始塑造基于蜂窝网络的 V2X 愿景，2014 年，基于第四代移动通信技术（4G）的长期演进（Long-Term Evolution，LTE）版本设计了第一个 C-V2X 标准（也被称为 LTE-V2X）。未来几代，例如 5G-V2X，也属于 C-V2X。提供有保障的服务已成为移动通信技术设计的核心，因此 C-V2X 继承了这一特性，提供了满足以下性能指标的服务能力，包括低延迟、高可靠性以及高容量。此外，C-V2X 可以提供与网络的远程通信（V2N）。与另一辆车、行人或道路基础设施的短程通信固然很重要，但具备与网络通信的能力势必可以带来额外的优势。这种通过移动网络确立的优势确保了车辆永远在线的能力。3GPP 定义的 C-V2X 允许根据不同类别业务的需求，混合使用短程和远程通信。

IEEE 和 3GPP 的通信技术在过去几年中不断发展和成熟。虽然它们都有各自的优点和局限性，但它们也可以结合使用来满足 CAD 的各种需求。在后文中，我们将详细阐述这两种 CAD 技术的演变以及 IEEE 和 3GPP 标准化工作进展。

1.3.1　IEEE V2X 标准化

　　IEEE 标准协会在 ITS 和运输等许多方面有着悠久的工作历史。802.11（无线局域网）系列标准不断发展[18]以支持快速变化移动环境中的自组织 V2X 通信和网络，以及 IEEE 1609 车载环境无线接入（Wireless Access in Vehicular Environment，WAVE）标准系列。为 V2X 通信而专门设计的 802.11p（或简称为 11p）的 IEEE 802.11 系列标准协议于十年前启动，在 802.11p-2010 文档[19]中标准化，其主要创新是允许在基本服务集的上下文之外进行通信。这使得 IEEE 802.11p 基站无须事先加入 802.11 网络即可进行通信，从而免去身份验证和关联所需的时间。该标准工作在 ITS 专用的 5.9GHz 频段⊖。

　　IEEE 802.11p 包含了 IEEE 802.11a 正交频分复用（Orthogonal Frequency Division Multiplexing，OFDM）物理层（Physical Layer，PHY）的修改版本，使用 10MHz 信道间隔选项[18]。从常用的 20MHz 转向 10MHz 信道间隔的变化主要用于应对室外车辆环境中可能出现的较长延迟扩展。11p 的介质访问控制（Medium Access Control，MAC）层基于增强型分布式信道访问（Enhanced Distributed Channel Access，EDCA），这也同样被用于 IEEE 802.11e 标准。EDCA 协议是基于竞争的，使用带有冲突避免的载波侦听多路访问机制［Carrier Sense Multiple Access（CSMA）with Collision Avoidance，CSMA/CA］。它提供了四种不同的访问类别，使用竞争窗口大小的特定参数与每个访问类别帧间空间的特定参数来确定数据流量的优先级。由于 802.11 只定义了 PHY 和 MAC 层，IEEE 802.11p 需要辅以高层协议和安全层才能形成一个完整的系统。基于 IEEE 802.11p 的 PHY 和 MAC 实现的主要系统有两个：美国的 DSRC[20] 和欧洲的 ITS-G5[21] ⊖：

- DSRC 标准集主要由美国交通部和汽车制造商联盟开发。在协议栈中，DSRC 对 PHY 和 MAC 层使用稍做修改的 IEEE 802.11p 版本，以实现多通道操作，而 WAVE 的 IEEE 1609.x 标准集则用作高层协议。在协议栈之上，SAE[15] 规定了 V2X 消息集和相关性能要求。

- ITS-G5 标准主要由 ETSI 和欧洲标准化委员会（European Committee for Standardization，CEN）及其相关技术委员会制定。近年来，ITS-G5 经历了完整的标准化过程和广泛的现场试验以测试其性能。ETSI 已启动预标准化研究，目的是指定适用于 ETSI ITS 第 2 版标准开发框架中的新 ITS 服务[22-23]。除了 CSMA/CA 和 EDCA，ITS-G5 还引入了 ETSI 技术规范（Technical Specification，TS）102687[24]中规定

⊖　在日本，755.5 ~ 764.5MHz 频段中的单个 9MHz 频道也被指定分配用于 V2V 和 V2I 通信的 ITS 安全相关应用。

⊖　命名中的 "G5" 是由所使用的 5.9GHz 频段而来。

的分布式拥塞控制（Decentralized Congestion Control，DCC）的 MAC 层功能，旨在保持网络稳定性、吞吐量效率和分配给 ITS 基站的资源公平性。

IEEE 的下一代 V2X（Next-Generation V2X，NGV）（也被称为 IEEE 802.11bd）标准也在不断演进发展，在 11p 的 PHY 和 MAC 层引入了增强功能，例如，自适应重传方案以及自适应调制和编码，同时与 11p 保持了兼容。

在欧洲和美国制定标准的同时，日本的研究和标准化组织日本无线工业和商贸联合会（Association of Radio Industries and Businesses，ARIB）STD-T109[25]制定了在 700MHz 频段运行的驾驶安全支持系统的标准。该标准使用与 IEEE 802.11p 类似的 PHY 层，但采用了物理载波侦听功能（即 CSMA/CA 方案）与时隙访问相结合的 MAC 层，以保留专供路侧单元（Road-Side Unit，RSU）使用的时隙。

1.3.2　C-V2X 的标准化和法规

在接下来的两节中，我们将介绍已发布的 3GPP 版本及其未来要求，包含 Rel 17 及其之后的版本。同时我们也将提及现有法规和未来需求。值得注意的是，第 10 章同样也将讨论 CAD 的未来，描述未来标准化工作中的无线电和网络要求。

1. 现有的 C-V2X 版本与法规

近年来，3GPP 提出了重新设计下一代移动网络以有效支持 V2X 连接的需求。自第 14 版以来，3GPP 一直致力于 C-V2X 技术的开发，因为基于 LTE 标准规范[6, 7, 10, 13, 14, 20, 26-28]，所以通常被称为 LTE-V2X。2016 年 3 月发布的 3GPP TS 22.185（最近更新于 2017 年），即 Rel 14 文档，定义了安全领域和非安全领域（例如交通效率）服务的关键 CAD 用例和服务要求[7]。后来，3GPP 开发了 Rel 15（TS 22.186，于 2017 年 3 月发布），关注了增强用例场景，例如车辆编队和远程驾驶，并对前期标准规范中无法实现的高级功能进行了更严格的要求。一般来说，C-V2X 无线电增强包括具有 Uu 空口的基于基础设施的解决方案［即用户设备（User Equipment，UE）和基站之间］，以及具有 PC5 接口的基于直连通信的解决方案（即车辆之间）。Uu 空口的主要优点是它通过利用蜂窝核心网络进行 V2X 消息的大范围传播。最初，由于固有的网络延迟，Uu 空口更多用于对延迟不太敏感的服务，例如动态高清地图、软件更新和信息娱乐服务。但是通过多接入边缘计算（Multi-access Edge Computing，MEC）等架构增强，Uu 空口的延迟可以大大减少。另一方面，PC5 接口允许网络实体（即车辆、RSU 和其他道路交通参与者）之间的直接通信，而无须消息通过移动基站。因此，PC5 接口更适用于需要低延迟连接的时间敏感型驾驶安全用例。在无论移动基站是否存在以及蜂窝网络是否覆盖的情况下，车辆都可以使用 PC5 接口。当前，一些汽车用例已经可以通过 4G 实现，但高级 CAD 服务仍然需要 5G 甚至更先进的技术。通常，CAD 用例可以同时使用或独占使用 Uu 和直连通信连接。

3GPP Rel 14 和 15 中指定的 PC5 接口是在设备到设备（Device-to-Device，D2D）邻

近服务（ProSe）版本框架上完成的标准化工作。3GPP Rel 14 通过添加模式 3 和模式 4 扩展了 C-V2X 连接的邻近服务功能，这两种模式的不同之处在于将传输资源分配给车辆的方式。在蜂窝覆盖下的模式 3（网络控制）中，资源选择由基站管理和调度，从而实现通过所有通信实体的中心组织来最小化冲突。相比较，在蜂窝覆盖范围外的模式 4（车辆控制）中，每个车辆依赖自己的信道感知使用资源预留算法自主选择通信资源，以确保其他车辆及时预留正交资源 / 或频率以减少数据包冲突。

3GPP 丰富了管理车辆与网络通信（即 Uu）和车辆之间直连通信（即 PC5 或直连通信）的协议，以支持更低延迟和更高可靠性。直连通信需要在蜂窝频谱或专用频段上运行。随着 2017 年 3GPP Rel 14 规范的正式发布，C-ITS 社区拥有了一个 3GPP 标准化解决方案。此方案支持远程和短程通信，满足 CAD 的初始要求。

在 2020 年，随着 5G 无线通信协议（5G protocols for new radio，5G NR）的发布，版本 16[26] 中兼容 V2X 的 5G NR 补充了版本 14 中的 LTE-V2X 部分，并提供了低延迟、单播 / 多播新功能、直连通信综合服务质量（Quality of Service，QoS）框架以及直连通信覆盖范围外解决方案[29-32]。从版本 14（LTE-V2X 第 I 阶段）到版本 15[5]（第 II 阶段），再到版本 16（5G NR 或第 III 阶段），演进的一个重要方面是确保共存方面的兼容性[13, 32]。

在欧洲，ITS 频谱在 ETSI 标准中被规定为 5855 ～ 5925MHz[33]，IEEE 标准 802.11p 选择作为具备主动安全功能的通信堆栈。通常该频段在非排他的、免许可频率的基础上指定了用于道路安全的 ITS 和其他 ITS 服务。之后，政府、汽车行业和道路运营商为了测试和道路试验部署了更大规模的通信基础设施。除了各种研究原型和测试部署外，少量车辆和 /RSU 已商业化地配备了无线发射机 / 接收机。

欧盟行政令以技术中立的方式定义了该频段的频谱使用条件。2020 年 7 月，欧盟委员会的无线电频谱委员会宣布，将 C-V2X 作为 EC 所采用的 ITS 频段中的一种短程通信技术[34]。欧盟委员会最初的授权法案于 2019 年 7 月被否决，因为该提案在无线电技术方面不是中立的。

在中国，政府相关部门已在 5.9GHz ITS 频段中预留了 20MHz 的频谱，计划在不久的将来完成对大城市和主要高速公路 90% 以上的覆盖[35]。

在美国，政府相关部门已将 5850 ～ 5925MHz 频段分配给非排他的、基于授权许可的 V2X。美国法规对 IEEE 802.11p 进行了规范性引用，其中一个信道分配给控制，其他信道分配给共享信道的 V2X 服务[36]。然而，美国联邦通信委员会（Federal Communications Commission，FCC）决定移除 DSRC 并选择 C-V2X 作为首选的 ITS 技术[37]。

2. 未来的 C-V2X 版本和法规的要求

本书的重点内容是 C-V2X，这里简单讨论该技术的未来发展趋势，第 10 章将重点讨论 C-V2X 对于无线电和网络的要求。新兴的 CAD 用例提出了现有标准改进难以满足的性能要求，C-V2X 开发也有望成为 3GPP 规范的未来版本（如即将发布的 Rel 17 和 18 或更高版本）的主要议题之一，例如，适用于传感器共享和网络处理任务的高数据量和确定性延迟服务。正在进行的 3GPP 工作的目标是在 NR 框架的背景下增强 C-V2X 技术[11]。3GPP 预计将引入分布式车载终端，通过提高频谱效率以应对 V2N 服务中预期增加的频谱需求。特别是，Rel 16 包括 V2V 广播、多播和单播直连通信接口的设计，以支持更加严格的性能指标需求，例如，远程驾驶的可靠性、延迟，以及协同感知的数据速率等。正在考虑的其他领域还包括 C-V2X 消息传输最佳接口（LTE 直连通信、NR 直连通信、LTE Uu 和 NR Uu 等）选择机制、使用 NR Uu 接口的直连通信资源的配置和分配，以及基于 LTE 的 C-V2X 与基于 5G NR 的 C-V2X 的单设备共存。5G NR 考虑将毫米波频段用于 C-V2X 应用，尤其是需要短程和极高吞吐量的应用。尽管基于 5G NR 的 C-V2X 产品仍处于起步阶段，但是基于 5G NR 的 C-V2X 可行性研究已经成功完成，3GPP 确定了几种技术解决方案[14]。在频谱方面，C-V2X 直连通信应该使用哪些频段，以及定位（绝对和相对）技术构成了 Rel 17 中未来标准化工作所关注的其他主题。像往常一样，3GPP 力求确保旧版本和新版本之间的兼容性，即旧设备（车辆）可以与新设备（车辆）通信，并且反之亦然。

我们在此提议相关组织应定义额外的频谱要求并确定频段资源，以便提供全面的 CAD 服务支持。5GAA 发布了一项关于 ITS 频谱需求的研究[38]，其中引入 Day 1 和高级 ITS 用例（如 CAD）所需的带宽量预计是：用于远程通信时为 50MHz（当频段小于 1GHz 时）和 500MHz（当频段处于 1 ~ 7GHz 时）；用于短程通信时为 75MHz（当频段处于 5.9GHz 时）。

1.4 本书结构

本书共由 10 章组成，描述了围绕 CAD 的生态系统，包括业务方面、标准化，以及从通信角度成功交付此类系统的技术解决方案。本书每章均附有小结，整体的结构如下：

第 2 章 讨论 5GV2X 所需的部署条件、不同利益相关者的角色、投资、业务模式以及 CAD 服务的预期利润等。高清地图支持、高速公路驾驶、远程驾驶以及高度甚至全自动驾驶等 CAD 服务预计将在 3GPP Rel 16 的 5G 网络的支持下实现。本书将描述基于 5G NR 的 V2X 生态系统和利益相关者关系、网络基础设施的不同共享模型、业务设置，以及最后对投资的技术经济评估。本章将深入分析和讨论 CAD 服务的业务模式、基于 5G NR 的 V2X 部署成本和潜在收入。本章内容参考了 5G 公私合作伙伴关系（5G Public Private Partnership，5G PPP）、标准化机构和其他联盟中可用的研究和正在进行的讨论。本章的出发点是，由于 CAD 服务中存在大量新的技术要求，所谓的"5G 数字化高速公路"等建设项目成为一个主要的推进动力。这类示范性高速公路环境提供的技术点主要包括 5G 无线基站站点和光纤回传连接。进一步地，我们可以假设这项投资可以在一定程度上用于提供与 CAD 服务相关的移动宽带服务。本章旨在依靠已有且正常运作的商业假设和估计确定最恰当的投资模式，但由于这些业务案例是未来几年市场发展的结果，因此本书并不预判

CAD 业务案例的经济可行性的有效水平。第 2 章概述 5G CAD 主要利益相关者的格局和关系。而且，还提出了一种投资和业务模式来描述相关参与者之间的价值流：它显示了在不同投资成本、用户费用和用户数量等情况下，可以期待怎样的 5G 数字化高速公路的投资。此外，当网络基础设施在不同运营商之间共享时，我们期待展示一个积极正向的业务案例。特别是 5G 网络部署初期，公私部门可以合力加快部署，以使更多用户以更低的费用获得 CAD 服务，最终使道路更加安全、运输效率更高。

第 3 章涵盖 V2X 标准化方面的现状和进展。首先简述 V2X 通信标准化涉及的主体机构，以一个 3GPP 标准化工作进程作为示例，帮助读者理解通信标准化所需的各种程序。接着，本章讨论当前世界不同地区 ITS 的法规进展，以及与 ITS 相关的无线电频谱方面的考虑。然后我们给出已有通信解决方案的概述，以及区域级别更高层的 ITS 标准化工作进程，其中特别关注 3GPP C-V2X 标准化细节，包括 4G 解决方案的发展简史、当前 5G 在 LTE 和 NR 技术方面的进展（即版本 15 和 16），以及未来版本的规划。最后，我们概述用于 V2X 消息安全与隐私保护的 IEEE 和 ETSI 标准。更具体地说，我们涵盖 V2X 终端实体（例如车辆和道路基础设施）用于与公钥基础设施（Public Key Infrastructure，PKI）进行通信的协议，以及证书和安全消息格式。

第 4 章讨论两个与 V2X 通信相关的重要主题。本章首先概述 V2X 频谱涉及的内容，包括频段、基于 LTE 的 V2X 和基于 NR 的 V2X 的频谱分配、从 4G 中吸取的经验教训以及频谱协调。然后介绍用于 V2X 通信的信道建模相关工作，包括 LoS 阻塞分析、路径损耗和阴影衰落建模以及快速衰落建模。本章基于现有工作描述 V2X 的相关传播环境，并根据 V2X 信道建模的完整解决方案对所需的关键技术进行分析。本章涵盖链路级和系统级仿真的信道模型，其包含用于 6GHz 以下和 6GHz 以上频段（最高 100GHz）的单链路和多链路模型。

第 5 章提供关于 V2X 通信无线电接口设计的建议。无线电接口技术设计的主要挑战是如何提供稳定、高可靠的通信链路，满足用户的高移动性需求。首先重点介绍在毫米波频谱中使用窄波波束成形技术的应用，包括快速波束跟踪和调整。我们提出三种不同的波束成形方案，分别为单播、多播和广播。接下来，我们详细阐述底层协议栈的扩展，以解决在高移动性环境中大量分布式车辆之间通信带来的挑战，提出了导频开销与频谱效率之间权衡的理论分析，以及相应的稳定接收机设计。随后本章介绍 V2V 直连通信设计的最新进展，涵盖参考信号设计、同步、调度和功率控制。最后，我们提出基于 V2V 直连通信的短程通信的新概念，涵盖上下行链路传输中邻近用户合作，以合理的系统成本提高传输可靠性，以及灵活的双工模式，允许用户同时发送和接收。

第 6 章从端到端的角度讨论 5G 中为了支持汽车应用和通信设想所需要的主要网络突破。首先，我们介绍车载通信给网络带来的挑战，引出本章其余部分有关网络增强的需求。引入网络切片是为了让移动服务提供商以最稳定、最可靠的方式提供 QoS。然后，我们讨论软件定义网络和网络功能虚拟化对未来网络的决定性影响，这些概念对于网络服务的动态分配及其自动化管理和编排至关重要。网络功能的"软件化"意味着部署在云基础设施上，在本章中，我们将从核心网和无线接入网的角度介绍软件化内涵及特定挑战。车载通信的特点是多种类型共存，每一种都需要传达不同类型的信息。一些消息需要被发送到远程服务器，而其他消息则用于支持驾驶安全相关联的自动驾驶用例，以尽可能短的延迟传递给附近的其他道路交通参与者。因此，我们需要讨论不同类别用例的端到端路径。此外，为了使本地通信有效，注册到不同移动网络运营商的道路交通参与者必须能够在彼此之间建立低延迟的本地通信链接，为此我们将讨论多运营商支持的挑战并提供克服这些挑战的建议。

第 7 章重点介绍 QoS 框架。V2X 的 QoS 处理带来了几个前所未有的挑战。首先，庞大的 V2X 服务包括大量具有异构 QoS 要求的用例，不同级别的带宽、可靠性和延迟之间存在显著差异。例如，由道路交通协调器协调的车辆车道合并、弱势道路交通参与者检测和用于自动停车的远程驾驶等服务大多需要高可靠性和低延迟，而基于其他移动车辆报告（如路况透视和高清本地地图采集）等服务包含了大量传感器数据，因此需要更高的带宽。此外，V2X 的服务交付中引入了在处理 QoS 时需要额外考虑的内容，例如，车辆移动模式、基于位置的服务、用例相关的 QoS，以及不同技术的联合使用，例如远程通信和短程通信（如 Uu 和直连通信）。本章的目的是讨论与 V2X 服务的 QoS 管理的独特性，包括对 5G QoS 框架的一系列可能的增强，以促进 CAD 用例中 QoS 的实现。我们将概述 3GPP QoS 框架，介绍接入和核心网络中的关键组件，这些组件已经在 5G 系统中被指定用于 QoS 管理。本章将讨论提升用例和网络之间交互的重要性，包括相互共享信息以促进 QoS 管理，以及为提高用例对特定区域或时间窗口内网络能力的认识。为此，我们将讨论如何利用增强的网络交互来实现用例敏感的 QoS 管理，以帮助实现特定的 V2X 服务（例如车辆的全车道合并）完成之前的 QoS，以及如何使用车辆轨迹信息来优化调度机制。本章还将重点介绍长短程通信联合应用的几个方案，其中包括在应用层实现的解决方案以及在 3GPP 协议栈中实现的解决方案。

第 8 章通过无线电信号和摄像机图像解决了网联驾驶中的定位问题。在过去的十年中，非卫星定位作为基于位置服务的关键推动因素吸引了研究人员和工业界的兴趣。在这方面，业内已经针对家庭、办公室、仓库、工业和医院环境等多种应用场景开发了多种解决方案和商业产品。3GPP 标准化小组启动了一项关于此主题的工作，旨在为 5G 技术赋能，以实现可随时随地使用的可靠、准确的定位系统。本章概述可用于网联自动驾驶汽车的无线电和基于图像的定位技术，进一步阐述传统解决方案的技术和性能要求以及基于时间、角度和视觉的定位技术细节。其中一些建议方案与 LTE/NR 标准相关联，其他的则是更创新的解决方案，可以达到厘米级的定位精度。最后，本章通过模拟实验介绍每一种解决方案的优缺点。

第 9 章简要介绍网联驾驶在信息安全和隐私方面的关键指标，并介绍在 C-ITS 领域的信息安全和隐私威胁以及漏洞。本章首先概述技术创新、标准协议以及欧盟委员会授权法案证书和安全政策。其次，讨论通用数据保护条例（General Data Protection Regulation，GDPR）及其对 C-ITS 的影响，以及履行 C-ITS 承诺的一些建议。接着，本章回顾 V2N 5G 连接中的三级结构——车内侧、网络侧和边缘侧，以及云侧的安全挑战，重点关注各个独立车载网络切片之间的挑战。最后，本章阐述当前提出的一些安全和隐私策略的实际操作问题，并给出替代解决方案。

第 10 章分析和预测 C-V2X 在更广泛的 CAD 和 CRU 服务中的研发和标准化演进需求，并提出加快 CAD 生态系统在法规、建设和运营方面发展的建议。本章指出并进一步阐述 CAD 以及 CRU 服务中仍然存在的挑战，包括连接性解决方案、设备设计、大系统（即超越网络运营商和原始设备制造商等的技术系统）以及法律法规。在关于面向 CAD 的 C-V2X 面临的挑战和机遇方面，本章进一步阐述未来几年 C-V2X 发展的必要性，其内容涵盖从 5G 到 6G。最后，本章展望一些对 CAD 和 CCAM 的一些未来需求，例如，提高卫生标准或对抗全球变暖的措施等。

参考文献

1 CAD. (2020). Connected automated driving (CAD). https://connectedautomateddriving.eu/about-cad.
2 European Traffic Safety Council (ETSC). (2017). Cooperative Intelligent Transport Systems (C-ITS).
3 European Commission. (2020). Intelligent transport systems: Cooperative, connected and automated mobility (CCAM). https://ec.europa.eu/transport/themes/its/c-its_en.
4 ETSI. (2009). Intelligent transport systems (ITS); vehicular communications; basic set of applications; definitions. TR 102 638, V1.1.1.
5 3GPP. (2015). Study on LTE support for V2X services (Release 14). TR 22.885, V1.0.0.
6 3GPP. (2017). Service requirements for enhanced V2X scenarios (Release 15). TR 22.186, V15.0.0.
7 3GPP. (2017). Service requirements for V2X services; Stage 1 (Release 14). TS 22.185, V14.3.0.
8 Fallgren, M., Dillinger, M., Alonso-Zarate, J. et al. (2018). Fifth-generation technologies for the connected car: Capable systems for vehicle-to-anything communications. *IEEE Vehicular Technology Magazine* 13 (3): 28–38.
9 ETSI. (2020). Automotive intelligent transport systems (ITS).
10 3GPP. (2018). Service requirements for the 5G system; Stage 1 (Release 16). TS 22.261, V16.4.0.
11 3GPP. (2019). Study on vehicle-to-everything (Release 16). TR 38.885 V1.0.1.
12 IEEE. (2020). Next generation V2X study group project authorization request. P802.11.
13 3GPP. (2018). Study on enhancement of 3GPP support for 5G V2X services (Release 16). TR 22.886, v16.2.0.
14 3GPP. (2018). Study on NR V2X. RAN#80.

15 SAE. (2014). Taxonomy and definitions for terms related to on-road motor vehicle automated driving systems.

16 5GCAR. (2019). Executive summary. Version 1.0. https://5gcar.eu/wp-content/uploads/2019/12/5GCAR-Executive-Summary-White-Paper.pdf.

17 Xu, Z., Li, X., Zhao, X. et al. (2017). DSRC versus 4G-LTE for connected vehicle applications: A study on field experiments of vehicular communication performance. *Journal of Advanced Transportation.*

18 IEEE. (2016). Standard for information technology – Telecommunications and information exchange between systems local and metropolitan area networks – specific requirements – Part 11: Wireless LAN medium access control (MAC) and physical layer (PHY) specifications. IEEE Std. 802.11-2016 (revision of IEEE Std 802.11-2012), 1–3534.

19 IEEE. (2010). Standard for information technology – Local and metropolitan area networks – Specific requirements – Part 11: Wireless LAN medium access control (MAC) and physical layer (PHY) specifications amendment 6: Wireless access in vehicular environments. IEEE Std. 802.11p-2010.

20 Kenney, J.B. (2011). Dedicated short-range communications (DSRC) standards in the United States. *Proceedings of the IEEE* 99 (7): 1162–1182.

21 E. G. Ström. (2011). On medium access and physical layer standards for cooperative intelligent transport systems in Europe. In: *Proceedings of the IEEE* 99 (7): 1183–1188.

22 ETSI. (2016). Intelligent transport systems (ITS); platooning; pre-standardization study. TR 103 298.

23 ETSI. (2016). Intelligent transport systems (ITS); cooperative adaptive cruise control (C-ACC); pre-standardization study. TR 103 299.

24 ETSI. (2011). Intelligent transport systems (ITS); decentralized congestion control mechanisms for intelligent transport systems operating in the 5 GHz range; access layer part. TS 102 687, V1.1.1.

25 ARIB. (2013). 700 MHz band intelligent transport systems. STD T109-v1.2.

26 3GPP. (2016). Initial cellular V2X standard completed (Release 14). Initial C-V2X specification.

27 3GPP. (2016). Technical specification group services and system aspects; study on enhancement of 3GPP support for 5G V2X services (Release 15), V1.1.0.

28 Intelligent Transport Systems (ITS). (2014). Radiocommunications equipment operating in the 5 855 MHz to 5 925 MHz frequency band; harmonised standard covering the essential requirements of article 3.2 of Directive 2014/53/EU.

29 3GPP. (2020). Evolved Universal Terrestrial Radio Access (E-UTRA) and Evolved Universal Terrestrial Radio Access Network (E-UTRAN); Overall description; Stage 2 (Release 16). TS 36.300.

30 3GPP. (2018). Proximity-based services (ProSe); Stage 2 (Release 15). TS 23.303.

31 3GPP. (2014). Study on LTE device to device proximity services; radio aspects (Release 12). TS 36.843.

32 3GPP. (2016). Study on NR vehicle-to-everything (V2X) (Release 16). TR 38.885.

33 ETSI. (2017). Intelligent Transport Systems (ITS); Radiocommunications equipment operating in the 5 855 MHz to 5 925 MHz frequency band; Harmonised Standard covering the essential requirements of article 3.2 of Directive 2014/53/EU.

34 EU Radio Spectrum Committee. (2020). Draft commission implementing decision on the harmonised use of radio spectrum in the 5 875-5 935 MHz frequency band for safety-related applications of intelligent transport systems (ITS) and repealing decision 2008/671/EC.

35 Lawson, S. (2018). C-V2X's momentum in China may drive connected-car development. TU Automotive.

36 Fletcher, B. (2019). FCC looks to dedicate 5.9 GHz for Wi-Fi, C-V2X use. Fierce Wireless.

37 W. Wiquist. (2020). FCC Modernizes 5.9 GHz Band for Wi-Fi and Auto Safety. *FCC News.*

38 5GAA. (2020). Working group standards and spectrum study of spectrum needs for safety related intelligent transportation systems – day 1 and advanced use cases. TR S-200137, version 1.0.

第 2 章

业 务 模 式

Mikael Fallgren[⊖]、Markus Dillinger[⊜]、Toktam Mahmoodi[⊜]、Tommy Svensson[⊗]、Charalampos Kalalas^⑤、Erik Ström[⊗]和 Antonio Fernandez Barciela[⊖]

　　汽车行业的竞争非常激烈且利润有限，在新技术的采用上必须权衡考虑其盈利能力和合规性。基于现有的第二、第三和第四代（2G、3G、4G）通信技术，汽车已经实现了部分网联能力。为了促进第五代（5G）通信技术在汽车垂直行业领域的部署，实现网联自动驾驶（CAD）和网联道路交通参与者（CRU）服务（参见 1.1 节），必须明确 5G 的优势，不仅针对汽车制造商（OEM），还有整个价值链——例如移动网络运营商、道路运营商、移动服务提供商、云运营商、电信设备供应商和基础设施供应商等。因此本章主要展示各类 OEM、MNO 参与这个产业的可能性。

　　为了在网联汽车生态系统中寻找到解决方案，行业参与者需要明确他们的位置，建立起业务关系，并协调所需的活动。为此汽车和电信行业参与者需要通力合作，将各自行业的传统价值链重塑为价值网络，参与者需要共享知识和资源以实现新的服务。这种转型以及可能涌现的新生态系统如图 2.1 所示[1]。取决于协调业务关系的主要参与者（突出显示的圆圈），图中展示了四种不同的可能性。本章将主要针对蜂窝车联网（C-V2X）这一领域展开，即使其中的一些业务和技术具有不限定于这一领域的更广泛的适用性。

　　在本章中，2.1 节首先给出当前市场分析，2.2 节包含现有服务的服务定义、自动驾驶功能和便捷性服务，2.3 节突出展示关键技术的组成部分，2.4 节概述实际应用，2.5 节介绍车联网（V2X）的市场机会，2.6 节介绍 5G V2X 组件的业务模式分析，2.7 节总结本章内容。

　　㊀ 标致雪铁龙集团（西班牙）。
　　㊁ 华为德国研究中心（德国）。
　　㊂ 加泰罗尼亚电信技术中心（西班牙）。
　　㊃ 爱立信研究院（瑞典）。
　　㊄ 沃尔沃汽车（瑞典）。

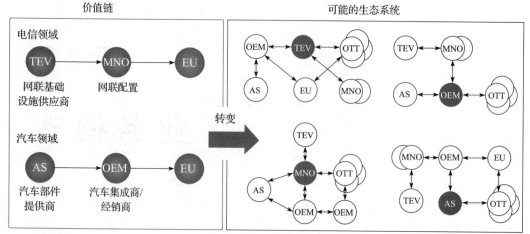

AS：汽车供应商　　　　　MNO：移动网络运营商
OEM：原始设备制造商　　OTT：通过互联网直接向用户提供服务的供应商
TEV：电信设备供应商　　EU：终端用户

图 2.1　关于网联和新型服务如何改变汽车和电信产业价值链的不同观点[1]

2.1　市场分析

本节将详细介绍当前 V2X 市场的情况，并重点展示目前市场参与者已经测试或实现过的内容。

电气与电子工程师协会 802.11p 技术目前尚未被广泛采用[2]，只有少量汽车原始设备供应商进行了试验，或宣布计划在车辆中部署 IEEE 802.11p 标准。在欧洲，2017 年 5 月凯迪拉克演示了车辆和交通信号之间的基于 802.11p 的车辆到基础设施通信；2019 年大众开始将基于 802.11p 标准的网联能力作为高尔夫 8 车型的标准功能，并计划提供嵌入式移动网联解决方案。相对应地，中国和美国则决定使用基于 C-V2X 的网联通信技术。

网联通信技术已经在车辆中部署了相当一段时间[2]。一些 OEM，例如宝马，已经实现了基于 LTE 版本 14 标准的车辆与车辆通信。BMW 互联驾驶推出于 2001 年，允许设备在车内通过无线获取信息；2008 年宝马成为第一家允许车内无限制地使用互联网的汽车厂商；2015 年以来，一些市场上的所有新型号宝马车辆均配备了 BMW 互联驾驶功能。其标准功能涵盖了通过智能手机应用程序访问车辆信息和远程控制功能，以及实时信息礼宾、远程个人助理和信息娱乐等高级功能。2014 年以来，梅赛德斯奔驰为其大部分新车提供了包含导航、信息娱乐和远程客户支持等移动互联服务的整套服务。

高通是第一家宣布推出 LTE 直连模式 / 邻近服务直连通信接口 5（PC5）的芯片组制造商，用于短距离蜂窝直连通信；海思、三星、大唐等其他公司也相继发布了他们的产品。标致雪铁龙集团进行了干扰信号测试：测试主体为两辆车，其中一辆紧急服务车辆向另一辆车靠近时会发出警报。这些测试体现了标致雪铁龙集团为了提高汽车安全性在智能交通系统方面所做出的努力。2020 年初，C-V2X 在车辆中进行商业部署的准备已经就绪。5G 汽车协会通过汇集来自不同行业的不同参与者（汽车原始设备制造商、供应商、运营商和监管机构）共同研究和测试 C-V2X 相关协议与规范。

中国在 2020 年下半年启动了首个 C-V2X 的商用部署（基于版本 14 的 C-V2X 车辆和基础设施）。欧洲预计将在 2020 ~ 2025 年进行支持 C-V2X 的车辆和基础设施部署。

若没有法规的推动，C-V2X 落地进程将只能依赖汽车原始设备制造商根据自己的时间考虑在自己的新车当中推广。尽管众多汽车制造商尚未宣布部署时间，但 5GAA 推动各方就 C-V2X 采用的市场路线图达成了一致。关于 C-V2X 的现状，5GAA 成员的芯片组供应商（大唐、华为、英特尔、高通和三星）已承诺会提供 C-V2X 芯片组[2]。到 2017 年底，3GPP Rel 14 芯片组已可用于测试，这与汽车产业中的供应商（Automotive Supplier，AS）和 OEM（奥迪、大陆、福特、日产、标致、上汽等）所计划的测试验证时间符合。此外，供应商和 OEM 之间还在 2018 年进行了互操作性测试。

基于 5G 的 C-V2X 技术（3GPP Rel 16 及以上）有望实现 C-ITS 服务——包括路况透视、车辆编队、远程自动驾驶（Teleoperated Driving，TOD）、高度自动驾驶（Highly Automated Driving，HAD）和全自动驾驶（Fully Automated Driving，FAD）——但 5G V2X 部署所迫切需要的初始投资、业务模式和盈利模式目前仍不明晰。在没有明显收益的情况下，MNO（包括道路基础设施运营商）很难下定决心开始部署用于支撑 CAD 和 CRU 的 5G 服务。5G 基础设施公私合作汽车工作组（Working Group，WG）提供了一份白皮书，其中包括关于 5G V2X 部署成本的第一手见解，以及对经济和社会有益的商业化的收入分析[3]。

为了从业务模式视角说明 5G 进入汽车行业的潜力，我们选择了空中下载和自动驾驶这两个有代表性的应用。在每个应用中，我们将追踪从传统业务模式到伴随 5G 的技术组件所实现的新可能性的演变。

2.2　CAD 与 CRU 的服务定义

在本节中，我们将研究可以用来验证业务模式的一系列高级别服务。研究考虑了为了构成完整业务模式的所有元素，并特别关注了 5G 所独有的，前几代移动技术所不具备的新功能。5G 实现了消费现有服务和新服务的新方式。本节中所叙述的服务仅仅作为示例被选用，并不能够代表所有服务。它们主要分为三类：

- 现有的 CAD 与 CRU 服务
- 新兴的 CAD 服务
- 新兴的 CRU 服务

目前网联汽车市场已经可以提供 CAD 和 CRU 服务。针对这类服务，5G 技术有机会提高其服务质量、降低其服务成本或以其他方式改变其交付和使用的价值链。

新兴的 CAD 服务是一系列旨在提供车辆自动驾驶的服务。其中一些自动驾驶功能可能是更高级别的自动驾驶功能的基础，其他服务则可以提升用户体验。对于这些服务的支持能力是对 5G 新的业务模式元素的很好验证。

新兴的 CRU 服务并不都是与通勤等这类"运输"任务直接相关的，它也包含了提高车内用户体验的便捷服务。在某些情况下，这些服务只能通过 5G 提供；而其他可通过前几代通信技术实现的服务则可通过使用 5G 得到增强。

2.2.1 现有的 CAD 与 CRU 服务

在接下来的小节中，我们将详细介绍现有的与安全、驾驶员便捷性以及远程维护相关的 CAD 和 CRU 服务。根据业务模式的不同，其中一些是消费者可以从汽车经销商处购买的服务（价格可能包含在购车价格当中），另一些可能是向买家提供的售后服务。

1. 紧急呼叫

紧急呼叫是 CAD 内安全服务的一部分（参见 1.1 节）。当车辆内的其他系统被事故触发时，它会自动报告这一紧急情况。事故相关的信息会被发送给可以为车辆乘员提供帮助的相关执行机构，可以是私人或公共的呼叫中心。5G 技术可以通过提供以下内容来完善这项服务：

- 到呼叫中心或紧急服务中心的高可靠链接能力。
- 通过支持高清视频通信以改善紧急服务的部署和运营。
- 通过支持语音通话之外的数据通信，提供事故发生前的车辆和环境信息。

2. 远程诊断

远程诊断是可以远程分析车辆信息并尝试修复某些故障的能力。该服务由三个部分组成：从车辆到移动网络（即服务中心）的上行数据传输网络；在服务中心进行的智能数据处理；以及连接车辆的下行链路通信，其功能包含修改车辆参数或向用户提供信息等。需注意远程诊断服务与日常的预防性维护的区别是远程诊断是由终端用户主动请求并发起的。5G 技术可以通过提供以下项目来提升这项服务：

- 车辆与服务中心之间的低延迟、高数据速率、高可靠的连接。
- 基于移动边缘计算的本地分布式服务中心。

3. 共享汽车

共享汽车是指一辆车在多个用户之间共享的服务。在特定用户使用汽车时，给定用户的偏好、背景信息以及具体配置可以根据用户的资料进行加载。5G 可以通过提供大规模连接能力扩大这种业务的规模，并通过安全、低延迟、高带宽的通信能力快速将用户偏好设定至汽车上。另一方面，当汽车在运行时可以收集相关的用户数据，以服务于简化计费（例如基于实际行驶距离和速度进行收费）等应用。

4. OTA 软件升级

OTA 软件升级包括升级或修改汽车中的某个软件，而无须将车开到修理厂。前代的通信系统（2G 和 3G），OTA 升级需要用户在家中将软件下载至 U 盘中，然后将 U 盘插入汽车以进行软件升级。在 5G 加持下，OTA 软件升级将成为真正的 OTA，即便用户不主动参与该过程（用户可能仍需要批准更新）。使用无线 5G 进行高速、可靠的数据传输，以便高效可靠地执行 OTA 升级，甚至包括至关重要的嵌入式软件。

5. 预防性维护

预防性维护是指通过分析车辆和车辆零部件的状态以预测车辆的任何故障、失效或不良表现。基于传感器、车辆数据监控、机器学习、大数据分析和多源信息处理（车辆历史、保修等），预防性维护系统可以提供几乎实时的警告信息，或者更简单地直接向用户发送维护消息。5G 技术可以向此类服务提供的增强包括：

- 实时或后台（低速率、低功耗）地进行传感数据收集。
- 利用移动边缘计算可减少车辆和网络之间的传输延迟，通过将数据分析转移至移动边缘计算平台以降低车辆自身的数据分析任务。
- 数据融合和网络切片。

6. 实时交通管理与车辆导航

该服务可为车辆提供自动驾驶所需的所有信息。它的覆盖范围是从交通管理智能决策的基本信息（根据当地交通信息或道路状况选择合适的行程等），到车辆附近事件的几乎实时的信息。5G 技术将通过向车辆提供低延迟和大量可靠的位置感知信息来增强现有的信息交换。

2.2.2　新兴的 CAD 服务

以下小节，我们将详细阐述对于高级别自动驾驶来讲至关重要的基础服务（参见 1.2.2 节）。并且，当今后符合要求的高级别自动驾驶车型发布时，仍需要针对这些基础服务开发相关的业务模式并推向市场。

1. 基于无线连接的传感器共享感知

即使一辆车配备了许多车载传感器，这些传感器也只能感知局部的环境。为了更好地支持自动驾驶，可以将通信服务作为一种新型的拓展传感器添加进系统以获取车辆局部环境之外的信息。

这种无线通信服务可以提供来自网络、道路基础设施或邻近车辆的信息。正如 1.3 节中介绍的那样，我们可以使用 V2N、V2I、V2V 和 V2P 通信来完成环境感知任务。

5G 技术可以对这样的先进 V2X 技术提供良好的支撑。这得益于车辆、网络以及基础设施之间的低延迟通信，以及无论是否有蜂窝网络支持都可以进行的设备间直连通信。

2. 高清地图

高清本地地图可为自动驾驶控制提供实时、最新的车辆环境地图。本地地图可根据来自车辆传感器的本地信息以及来自通信管道的远程信息融合重建而来。

2.2.3　新兴的 CRU 服务

移动网络可为驾驶员和乘客提供便捷服务。下面我们将详细阐述两个重要的新兴便捷服务。此类服务将由各种移动网络运营商提供，并且需要用户额外订阅。

1. 视频流媒体与游戏

随着自动驾驶的出现，驾驶员将越来越少地参与在驾驶任务中，因此对信息娱乐服务的期望也将增加。此外，乘客也将希望可以使用类似于在家中可用的娱乐服务。因此，为了实现高质量的用户服务（例如视频、游戏等），汽车的带宽需求将不断增加。V2X 用例（例如路况透视或远程驾驶）将出现类似于传输视频流的需求。5G 技术是 4G 的自然演进，可通过多接入边缘计算提供并满足这样需求的容量、速率和服务质量，并增加带宽、切片和更接近用户的内容。

2. 停车预约与付费

将停车预约和付费功能集成在车内可使驾驶员不再需要为寻找车位与付费而烦恼。该服务不仅可以帮助驾驶员确定最佳停车位置、预约位置并支付费用，还可以帮助驾驶员找到路内 / 路外停车位并协助停车。5G 将通过与停车场和城市数据库交换实时信息以及提供远程车辆控制来实现这种类型的服务，远程车辆控制可以将车辆从车库入口等处驾驶到所需位置。

2.3　技术组件

总体而言，人们普遍认为 5G 将成为在新服务或现有服务之上创建创新业务模式的技术推动力。具体而言，5G 包含了技术领域的诸多技术使能点，它可以通过一系列的技术组件创造新的服务或提升现有服务（如 2.2 节所述），从而创建新的业务模式。这里，我们需要区分技术使能点与技术组件，其中前者是横向的创新点，而后者是建立在技术使能点基础上的集成。

从高层次来看我们可以提炼两个核心的技术使能点：

- 用于 V2X 通信的新型无线接入技术（Radio Access Technology，RAT），其支持基于蜂窝基站和基于直连通信的通信（设备之间的直接通信），即设备到设备（Device-to-

Device，D2D）通信。该技术使能点与高精度定位技术一起，针对未来的应用场景，在近年来有了长足的发展。

- 从无线至核心网的通信网络虚拟化。端到端通信网络上所有元素的虚拟化造就了高度动态的、可重新配置的基础设施。近年来，这一技术使能点也在不断发展。

这两个关键技术使能点所组成的新型技术组件可用于支持新的服务。这些关键技术组件有着如下特点：

- 网络切片：此功能提供了在同一公共基础设施之上同时运行不同的应用实例的可能性。此功能将有助于通过降低基础设施成本和提高灵活性来应对服务的动态需求，从而推动新的业务模式。
- 移动边缘计算：计算承载单元的安装和操作将更靠近无线通信的终端用户。让计算能力更接近用户可以减少延迟、提高可靠性、减轻核心和传输网络负担。
- 基于移动无线技术的定位和跟踪：5G 无线电技术在与全球导航卫星系统（Global Navigation Satellite System，GNSS）互补定位方面可以提供比 LTE 更好的性能。此特性可能构成了对自动驾驶至关重要的能力。
- 直连通信链接：是在移动网络覆盖中起到补充作用的短程通信链路，至少对用户流量而言，它可以不使用基础设施。通过将移动网络通信能力下放至设备侧，并提供对自动化级别的支持，该能力可以构造诸多新的用例和业务模式。有关四种不同直连通信模式的更多详细信息请参见 1.3.2 节。
- 移动通信网络：使移动车辆充当通信网络的临时基础设施中转节点，可以有效扩展移动通信网络覆盖范围，并提高网络动态部署能力。

2.4　应用实践

本节简要介绍影响汽车行业业务模式的主要实践，例如连接性、漫游时服务（尤其是当前欧洲数字经济一体化）和覆盖范围等可能影响到新业务拓展的重要元素。

2.4.1　用户配置与 SIM 卡开卡

蜂窝通信系统依赖于由通用集成电路卡（Universal Integrated Circuit Card，UICC）提供的唯一身份信息，即 SIM 卡。它能确保完整性和安全性，并且可以嵌入多种服务，通常由特定的运营商提供。对于增强型 SIM（enhanced SIM，eSIM）[4]，SIM 不是一个单独的部分，而是作为芯片直接包含在设备中，并支持用户远程配置。集成 UICC（integrated UICC，iUICC）提供了进一步的集成方式，其中 SIM 卡的功能被设计集成到远程信息处理控制单元（Telematic Control Unit，TCU）硬件中。该功能尚未得到全球移动通信系统协会（Global System for Mobile Communications Association，GSMA）的完全认可。

这里我们将假设使用增强型 UICC（enhanced UICC，eUICC）作为汽车行业的应用实践。5G 时代,物理部件将由汽车 OEM 直接从 eSIM 供应商处采购,并由汽车 OEM 控制,但它允许汽车销售经理或服务提供商进行配置文件管理。eSIM 设备将由车载单元(On-Board Unit,OBU)供应商代表汽车 OEM 集成到 OBU 中。eUICC 出厂时,将由 eSIM 供应商配备初始配置文件(即引导程序配置文件)。此初始配置文件将由与汽车 OEM 签约的 MNO 提供。但是这里需要注意的是,eUICC 可以存储多个配置文件。在汽车 OEM 和最终客户的控制下,可能会有配备多个 SIM 卡和 eSIM 的汽车 /OBU。此外,最终客户应该能够使用 eUICC 上的私有配置文件连接到他们所选择的 MNO(即私有 eSIM)。

2.4.2　路由策略

网联汽车将配备多个可用的数据接口。在连接方面,必须根据不同的服务与连接技术定义一个全局策略来决定使用哪个接口。

5G 架构设计的核心是不同无线接入技术的集成。我们应从广义上理解这一特性。其目的是根据所使用的频段(授权频段以及免授权频段)、服务需求(例如吞吐量和带宽)和环境(例如高 / 低密度交通区域,乡村以及城区)提供可用的最佳性能。

网络控制可以协调属于不同 MNO 网络的多个接口。这将改进特定移动网络运营商的网络性能和服务连续性,以达到汽车 OEM 与其他移动网络运营商所协定的服务水平协议(Service Level Agreements,SLA)。

从汽车的角度来看,网联汽车的最低要求是从 2G 接口开始的。但目前在市场上,车辆至少可以连接到 3G-4G 移动网络以及 Wi-Fi。随着 3GPP Rel 14 兼容组件的发布,车辆之间可以通过新的接口进行直连通信。

因此车载全局策略至少要考虑三个接口(蜂窝、Wi-Fi 和直连通信)。每个 OEM 可以定义使用不同可用技术的规则。这些标准将取决于经济性优先级、SLA 以及带宽要求等要素。这些接口选择策略会因以下不同的服务域而异:

- 安全类服务
- 信息娱乐
- 自动驾驶车辆

2.4.3　漫游以及跨运营商合作

全球漫游功能是为汽车服务提供无缝体验的关键,特别是在欧盟的体制与现状下。然而这项能力需要进行全方面的分析与考虑。例如,从成本方面来讲,在车上配备处理所有可能的通信频段会在成本上受到限制。从汽车提供服务的角度来看,漫游能力却是任何预期中泛欧服务的必备条件。

除了对全球或泛欧漫游的思考之外,我们还需考虑连接到不同移动网络运营商的车辆的互操作性,尤其是车辆之间的直接连接(不通过网络基础设施)以及使用授权频段的情况。我们期待有一个清晰、一致的解决方案来实现这种互操作,可以在可能的情况下在通信平面上提供，也可以在提供所需连接性能的服务平面上提供。

漫游以及跨运营商合作还应考虑任何可能的免授权的 5.9GHz 频段和需授权频段操作之间的对齐问题。在某些情况下，系统通常在 V2N 的授权频段中运行，与此同时，V2V 和 V2I 的直接通信可以使用免授权的 5.9GHz 频段。但是，参与者是否应该协调授权频谱和免授权频谱之间的通信，这一点尚不明确。

最后，我们需要强调授权频谱可用于 V2I 和 V2V 通信，因为授权频段具有能够提供（更高）SLA 的优势。其主要挑战是确定可行的选择，以找到正确的业务模式，证明使用 V2V 的授权频段是合理的。

2.4.4 可能的业务模式演变

如今，车辆与乘客服务存在多种多样的业务模式。在接下来的小节中，我们将介绍与部分自动化或者完全自动化相关的未来车辆所存在的潜在新业务模式。对于未来的移动解决方案，哪些是最具可持续性和盈利能力的业务模式仍有待证明。

1. OTA 软件升级

OTA 软件升级是一种对 OEM 具有重大潜在利益的业务模式。此功能最初基于在汽车 OEM 中发现的需要修正缺陷的需求，以及希望改变或添加新功能的需求。这些问题在过去需要通过车主到 4S 店更换特定模块才能实现。然而实施这种更换模块的召回对 OEM 来说不但极其昂贵且会造成不利影响：昂贵是因为需要将大量资源调配至靠近客户的 4S 店；不利影响则是因为客户必须亲自前往 4S 店并留下汽车才能完成，从而对品牌价值造成负面印象。更糟的是，即使通过召回，也不可能 100% 修复所有受影响的车辆。因为一些客户会选择不参与或无法去商店获取更新的软件。

幸运的是，由于车辆逐步软件化，该领域出现了新的解决办法。车辆可以通过软件更新来纠正重大缺陷，并且软件本身让 OEM 可以创建新的服务或功能，这些服务或功能可以在车辆的整个生命周期内服务用户。具备软件升级功能的车载模块同时具有回溯功能，以便升级失败后可恢复到之前的软件版本。

在上述两种没有网联能力的情况中，涉及三个主要利益相关者：提供新软件的汽车供应商（即通常所说的 Tier 1）、负责其验证和分发的 OEM，以及作为在客户的车辆中执行更新的参与者的 4S 店。

对于此业务模式的分析，重点仅在于软件分发成本（而非与软件开发相关的成本），这是网联能力（更准确地说是 5G 技术）具有附加值的环节。实践中，由于 OEM 具有对于软件的验证需求以及责任要求，软件更新需由汽车供应商交付给 OEM，然后再更新给车辆。诚然，这种更新模式也有例外情况，但它们超出了适用于 OTA 更新的连接范围，因此不在此进行分析。

随着网联能力的完善，可以将两个新的应用添加到上述的第一个价值链中。网联汽车是配备 SIM 卡和 OBU 的汽车，这样的配置自 2018 年 4 月以来在欧洲就已形成强制的要求，以实现紧急情况下的 eCall 功能。网络连接能力由 MNO 提供，并由 OEM 支付连接费用。软件更新对客户来说除了授予许可并在更新前得到通知之外是无缝的。

然而，这种 MNO 连接有其局限性：软件分发成本业务模式是基于其传输的数据量的，其漫游成本较高，根据车辆的地理位置的不同，网络覆盖和带宽可用性是有限或未知的。此外，价值链中参与者之间的业务关系非常僵化：例如使用物理 SIM 卡时，MNO 间的迁移很困难（具有指定 MNO 配置文件的 SIM 卡在其生命周期内将会被锁定在车辆上）。最新的车型配备 eSIM：一种可编程 SIM 卡，可以远程编程以实现从一个运营商迁移到另一个运营商。这将成为激发 OEM 网联市场活力的一个因素。当前的 OTA 解决方案成本，导致 OEM 提出了一种不同的、直接面向用户的软件更新模式：用户在家中从 OEM 的云上下载软件，然后使用 U 盘执行更新或使用家庭 Wi-Fi 网络来完成更新，从而避免流量费用。这样的更新流程并不能提供最佳的客户体验，但它仍然比传统的 4S 店模式更为便利，并且比通过网络运营商提供数据服务进行更新更具成本效益。接下来我们将分析 5G 及其技术组件的实用意义以及它将如何影响所定义的价值链。

5G 将通过以下三个重要技术组件改变网联汽车的业务模式定义：

- 移动边缘计算：此功能将带来更佳的反应性，且某些软件只有在移动边缘计算能力的存在下更新才有意义，例如高清地图分发。OEM 将在汽车附近更新软件，以下载新补丁。在价值链方面，由于下载距离近可以通过增加 MEC 容量来减少网络负载和端到端连接数据量。此功能可由电信供应商提供，但在初始阶段将通过 MNO 进行。由此亦可类推其他的运营情况。

- 网络切片：这是可改变网联业务模式的功能。切片服务可以创建用于特定服务的虚拟网络。网络切片在部署方式上仍存在很多问题需要解决，但它可能有助于根据具体需要储备资源。通过预留网络切片的资源，可实现资源配置的优化，使某些应用程序的中的网联能力更具竞争力。目前，OEM 与 MNO 之间产生超越客户 / 供应商关系的情况并不常见，但预计随着网络切片功能的到来，这种情况在未来会发生变化。

- 直连通信：自从 3GPP Rel 14 起，车辆之间便可以进行直接通信。这种类型的通信当且仅当应用于 ITS 或其衍生应用上时，才可以部署在授权或免授权的频谱上，并且对网络控制功能没有强制需求。正如今天所知，所有这些进步都将极大地改变网联的价值链。考虑到这一点，在车联网的价值链上也许会出现新的参与者，其可在没有网络运营商的情况下提供连接服务。

这三个颠覆性因素带来了新业务模式的可能性：即 OEM 依靠云服务提供商，然后依靠道路运营商来实现网联服务。这一设想正悄然走入现实。OEM 不再谈论他们自己所构建的云，而是更聚焦于所能提供的服务。根据这三个技术组件，道路运营商可以是特定区域的网络运营商，也可以是与标准的网络连接业务无关的任何其他利益相关者。

此模式的一个自然的演进方向是出现一个与以往不同的利益实体，即 OTT（Over-The-Top）通信提供商。其负责向 OEM 提供完整的 OTA 更新服务，其抽象层与通信技术或云提供商完全无关。这个实体角色可以由网络运营商、云提供商或对这个市场感兴趣的任何其他公司扮演。

2. 网联自动驾驶服务以及相关的自动驾驶级别定义

我们在下面将详细介绍汽车工程师协会（Society of Automotive Engineers，SAE）[5]（参见 1.2.2 节）定义的 CAD 服务以及相关的自动驾驶级别。SAE 级别 L3、L4 和 L5 仍有待面世。预计部分高速公路自动化将在 2020 ～ 2025 年推出，先进的城市自动化将在 2025 年之后成熟，这具体取决于汽车制造商。

（1）SAE L0 与 L1 的 CAD 服务

SAE L0 意味着驾驶任务的任何功能都不是自动化的。驾驶员将完全控制所有功能。SAE L1 意味着某项任务可以以自动化方式实现，例如在自适应巡航控制中，车辆可以控制自身的速度，而驾驶员则完全控制着方向盘。

这些应用是不需要网联能力的。车辆自动化功能由车载传感器提供，数据处理在车辆本身中执行。网联能力可以提供实时交通信息来增强驾驶体验，但在本次分析中并未考虑。驾驶员 / 用户与汽车 OEM（通常通过经销商）在汽车所有权上产生了联系。驾驶员还与保险公司以及与车辆无关的独立移动服务提供商（Mobility Service Providers，MSP）（例如出租车）有业务关联。

（2）SAE L2 的 CAD 服务

SAE L2 意味着在某些情况下车辆的转向和加速 / 减速都可以自动完成。但是在这期间驾驶员始终需要控制车辆，并且必须能够始终控制车辆。L2 的典型示例是具有自适应巡航控制和车道保持功能的车辆。

在这样的应用程序中，网联功能根据定义来讲不是强制性要求的。在这里网联功能可以提供例如实时交通信息、紧急呼叫和其他与驾驶任务无关的功能。网联通常由 OEM 提供，OEM 与 MNO 签订合同以提供所需服务。终端客户通常不知晓背后的运营商，他们只对在网联功能之上提供的服务感兴趣。

OEM 和 MNO 之间的业务关系在以前是不可变更的，并且会存在于车辆的整个生命周期中。这样的模式有时会阻碍新服务的开发（由于高昂的移动数据连接成本）以及向市场推出新的服务。如 2.2.3 节所述，我们预计 eSIM 的引入会促进更灵活的业务关系的发展。

（3）SAE L3 的 CAD 服务

在 SAE L3 自动驾驶中，车辆能够在特定条件下获得驾驶所需的所有关键安全功能。驾驶员仍必须监控驾驶，并随时准备在车辆出现无法处理事件的情况下接管车辆。这是自动驾驶中驾驶责任从驾驶员转移到 OEM 的第一步。

在 SAE L3 中，网联能力成为提供所需功能的强制性技术组件，用以监视和控制在特定情况下允许车辆运行自动驾驶的地理区域。在这里，我们看到价值链中出现了许多新参与者：云提供商为服务的生产和交付提供计算基础设施，地图提供商和道路运营商提供地理编码信息以支撑自动驾驶功能。在此应用中，OEM、云提供商和地图提供商有直接的业务关系。相比之下，OEM 与道路运营商的关系存在不明晰，可能取决于今后标准化的 V2X 服务的呈现以及其中 MNO 所扮演的角色。OEM 还可以与保险公司建立直接的业务关系，以便在车辆处于自动模式时提供保险。

5G 可以通过多种方式影响该价值链：例如通过 MNO 的 MEC 积极提供 V2X 基础设施建设。网络切片可以增强 QoS，从而增强用户对从车外接收到信息的信任，以允许车辆更频繁地在自动模式下运行。然而 SAE L3 级别的自动驾驶使用较早的移动通信技术（例如 LTE）也可以达成。

（4）针对私人车辆的 SAE L4 及 L5 CAD 服务

SAE L4 自动驾驶意味着车辆在所有正常驾驶情况下都是完全自动化的，不需要驾驶员干预。但是在某些情况下，车辆可能需要退出自动驾驶。例如车辆在恶劣天气下、在肮脏或积雪的道路上行驶时，驾驶员必须介入控制。

在 SAE L5 中，车辆在所有驾驶条件和情况下都实现了真正的自动化，不再需要驾驶员操作。在这种情况下，我们需要先假设整体业务模式无较大变化，即驾驶员（终端客户）仍然直接或通过经销商从 OEM 购买（或租赁）车辆，并将车辆作为他们的私有财产。

在 SAE L3 及以下，我们没有看到网联的价值链发生显著变化。然而在 SAE L4 和 L5 中，从车辆周围环境获取信息的重要性显著增加了。如果我们假设 OEM 需要对在自动驾驶模式的车辆负责，那么能从道路运营商处获取信息对 OEM 来讲就变得无比重要。在 SAE L5 自动驾驶中，客户可能不再需要与保险公司建立联系，因为驾驶车辆的责任将由提供自动驾驶功能的 OEM 来承担。

因此，在这个级别，5G 的影响会很大。网络切片将使为不同的服务分配切片成为可能：例如用于 V2X 功能的高可靠低延迟切片、用于娱乐服务的高带宽切片等。连接成本可以分配给价值链中的不同参与者。在这种情况下，MEC 和低延迟访问对于构建高效的 V2X 应用至关重要，可能会因此创建新的业务模式，它们的参与者在价值链中也占据新的位置。

（5）针对 MSP 的 SAE L4 及 L5 CAD 服务

在 SAE L5，车辆将实现完全自动驾驶，因此将会围绕移动能力形成新的颠覆性业务模式。其中一种可能的模型是客户将不再购买车辆，而是购买"出行即服务"。

在此应用中，MSP 扮演着核心角色。MSP 一方面也许需要向技术服务提供商采购其可以提供移动能力的车辆，另一方面则将直接服务于终端客户。在这样的商业模式中，我们需要思考谁将提供与车辆的连接，以及是否可能存在多个到车辆的连接：首先应存在一个用于汽车制造商服务的连接，以提供如 OTA 软件更新、紧急呼叫等与车辆本身密切相关的服务；接着，车辆与 MSP 之间也需要一个连接，以提供自动驾驶所需的服务以及移动管理服务，如预订、支付等。5G 可以为这个更开放的生态系统创造需求并提供相应能力，以及在满足安全性和完整性的前提下，满足链接所提出的 QoS、覆盖范围、可用性、带宽等多种要求。

2.5 V2X 的商业市场机遇

在业务模式分析的基础上，我们可以列举一些市场场景来说明将网联功能应用于 V2X 领域的汽车行业后的潜在业务。这里我们分析了三个市场机遇：5G 网联部署场景与自动化移动服务（基于 5G PPP 汽车工作组白皮书[3]）、为 V2X 通信提议的当前证书策略的安全成本，以及关于 OTA 更新市场规模的练习。

2.5.1 5G 赋能的 CAD 业务模式

5G PPP 汽车工作组白皮书的第二版[3]包含了诸多对下一步工作的指导意见，旨在介绍 5G V2X 生态系统，阐述 CAD 服务和利益相关者的关系、不同的网络基础设施共享模式，以及业务配置与投资的技术经济评估。报告所讨论内容是欧盟委员会发起的战略部署议程（Strategic Deployment Agenda，SDA）中的一部分。因此，为了简单，报告重点围绕网联和自动化移动服务、5G V2X 部署成本和潜在收入展开了讨论。

这项工作列举了来源于真实情况的高速公路场景，讨论的部署内容包括了 5G 无线基站站点、土建工程和光纤回传连接。由于 5G 可以有效地实现多服务环境，报告还进一步假设这些投资还可用于提供增强型移动宽带（enhanced Mobile BroadBand，eMBB）和其他相关服务。

特别地，在 5G 网络部署的早期阶段，私营部门和公共服务部门之间的协同作用可以加快部署进度。在这里我们讨论了不同的共享模型[6]：

- 无源基础设施共享：每个网络运营商都在服务区部署自己的网络。运营商之间仅共享无源基础设施元素，例如空间、桅杆、发电机和空调等设备。
- 有源基础设施共享，不包括频谱共享：共享蜂窝网络的有源元素（例如基站）。每个运营商仍然在自己的频谱上传输数据。
- 有源基础设施共享，包括频谱共享：共享基站等有源元素。每个运营商的专有频谱由各自负责运营。
- 核心网共享：核心网由多个网络运营商共享。但相关报告称，仅共享核心网络元素的相应成本的节省非常少。

此方法论可包括其他收入服务，如图 2.2 所示。

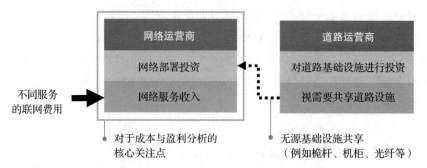

图 2.2   网络部署分析的主要业务设置。网络运营商的角色可以由生态系统中利益相关者的不同参与者承担[3]

总拥有成本（Total Cost of Ownership，TCO）包含资本支出（Capital Expenditures，CAPEX）和运营支出（Operational Expenditures，OPEX）：

- CAPEX：站点基础设施、5G 基站、网络设备、机柜、土建工程（物理机柜、围栏、天线杆等）、高速公路沿线光纤回传设备等
- OPEX：网络运营、维护、更换以及站点租赁

此外，从网络运营商的角度来看，收入来源是在通信方面相关部分的网联与自动驾驶服务费并按比抽成。

在此考虑三种部署方案：

- 第一类部署方案：网络和光纤回传的 CAPEX 和 OPEX 的投资由单一参与者执行（不考虑基础设施或网络共享）。
- 第二类部署方案：网络的有源单元由单一参与者部署。网络基础设施中的无源单元与道路运营商共享。
- 第三类部署方案：除了无源单元外，无线电接入网络中的有源单元由多个网络运营商共享。

此外，对于收益模型，存在两种不同的按使用次数付费的收入方案，它们对于不同的网联与自动驾驶服务费以及交通密度有着不同的收费方式：

- 第一类收益模型：正常情况下每天有 50 000 辆车使用的高速公路路段，按照每公里每辆车 0.5 欧元的标准收费。其中所有车辆都由同一个网络运营商提供服务。
- 第二类收益模型：若在高速公路上同时存在多个运营商提供网络服务，并且每个运营商仅获得 35% 的车辆渗透率。

在每年增加 10% 用户渗透率的假设下，其累积利润的评估结果如图 2.3 所示。根据所考虑的不同部署方案与收入方案，预计投资回收期为 4 ～ 8 年。

对于我们当前所讨论的高速公路，其网络部署成本模型中假设现存公路中并没有部署网络。然而，欧洲目前的 4G 部署水平已可以保证对所有重要高速公路的全覆盖。随着 5G 与其对应的新的频谱的部署与拍卖，eMBB 的这种情况自然会演进。此外，像德国这样的国家已经在频谱拍卖中加入了特定条件，以加强主干高速公路上的蜂窝网络服务水平。第

4 章将讨论更多有关频谱的细节。

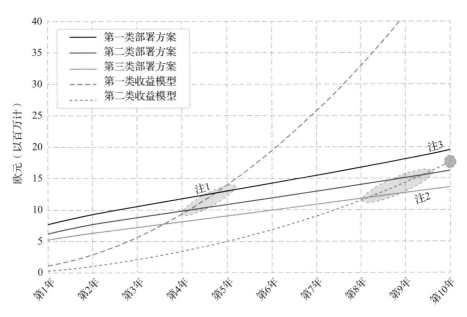

图 2.3 不同场景的累计成本和收入

注 1：如果单个网络运营商能够有效地资本化利用该高速公路路段中的所有车辆（收入模型 1），则所有部署
方式在服务的前五年内即实现收支平衡。

注 2：如果存在多个网络运营商且路段上的车辆使用不同的运营商，则允许网络共享的部署方案在服务
8～10 年后可实现收支平衡。

注 3：如果不进行网络共享，并且车辆使用不同的运营商，则在 10 年内无法实现盈利[3]

另一方面，主干道路上的蜂窝网络可能无法提供网联和自动驾驶所需的服务水平，尤其是在信息密度、平面吞吐量（在某些用例中）、可靠性和可用性等方面。相较于 eMBB，超可靠低延迟通信（Ultra-Reliable Low Latency Communication，URLLC）切片技术使用传统的网络密化方案，通过使用更多的基站来提高服务水平。因此这也将带来更高的网络部署成本，正如在白皮书中所提议的。在网络部署方面，5G eMBB 部署与常规的 4G 网络部署并无很大区别，因此 5G 可以广泛地利用 4G 的旧有资源（主要为无源基础设施）。由于 URLLC 的业务模式可能与 eMBB 不同，其部署可能会涉及新的部署方法。该业务可能需要一个或多个特定的网络切片，使用软件定义网络（Software-Defined Network，SDN）的网络资源编排可满足这种灵活性需求。

正如欧洲监管机构和电子通信机构（European Regulators and Electronic Communications，BEREC）报告[6]中所指出的那样，运营商之间网络共享的主要目标是节省成本。但同时 BEREC 还强调了，运营商之间通过切片实现的网络共享协议不应过多地影响他们的投资力度，这将降低他们在客户中的竞争性。

对于本节中所提出的为了在不同参与者中切分整体成本而形成的三种不同网络共享模式，我们将在接下来的小节中对其做进一步的分析。

1. 无源基础设施共享

目前运营商们通过无源基础设施共享来分担网络部署成本。在此情形中，通信桅杆须支持安装多个天线（每个运营商一个）。类似于 eMBB 服务中对 5G 的要求一样，MNO 对 5G 在高速公路上的覆盖范围也有一定的要求。例如在法国，到 2027 年，使用 800MHz 频段的每个运营商都必须完成对主要道路的 100% 覆盖[22]。无源网络共享方案不允许单个运营商削减自己的天线数量，因此共享桅杆的空间将会成为一个问题。从这点来看，无源设施共享并不能有效支持网络密集化。

2. 不包含频谱共享的有源基础设施共享

在排除频谱共享的有源共享情况下，给定区域内的可用频谱只是全局频谱的一部分，因此可能会出现 QoS 问题。在英国的 Telefonica（O2）和 Vodafone 之间以及在西班牙的 Orange 和 Vodafone 之间可以找到此类共享的示例。他们已经为中型城镇签署了网络共享（包含有源与无源）协议。这些协议将可进一步被扩展至小城镇的 5G 建设中[7]。

有源共享的情境中较为引人注目的一点是，无论有没有进行频谱共享，我们均可以通过增加地理资源共享机制作为增强可靠性的解决方案。这种在某一国家或地区之内的地理资源共享被称为全国漫游。与之相对的，另一个需要考虑的方向则是跨国界的场景。

3. 包含频谱共享的有源基础设施共享

欧洲有一些在包含频谱共享的有源基础设施共享方面可供参考的先例；在波兰，PTK Centertel（隶属于 Orange）与 Polska Telefonia Cyfrowa（隶属于 T-Mobile）共享了网络基础设施，其中包含 15 年期的接入网络和基站共享，该共享方案估计可为两者节省 3.56 亿欧元[8]。

除了作用于安全和改善交通流的用例之外，有源基础设施共享还可以提供更先进的服务，从而在效率、便利性、安全性等方面为终端客户提供附加值。这些服务可能会带来超越公益的意义，并有可能为参与者创造新的商业价值。

5G PPP 汽车工作组白皮书[3] 在经济模型中假设终端用户（汽车驾驶员、车主、汽车乘客）会为 MSP 提供的网联与自动驾驶服务支付费用。网联与自动驾驶服务有助于提升道路安全和交通效率，从而可以为终端用户以外的利益相关者提供价值：例如提高道路基础设施利用率，降低道路交通事故伤亡等。这个价值可以进一步转化为商业案例，例如，有关部门可根据不同的价值贡献程度为不同的服务提供商提供额外的基础设施。

白皮书还探讨了如何在多个运营商之间共享必要的基础设施的不同场景。取决于国家监管机构在网络共享方面的政策，以及各个运营商利用网络共享的方法，我们将看到网络共享在必要投资的成本回收周期上的重大影响。由于监管或竞争压力，所有用户似乎不太可能在一条道路上使用单一 MNO，因此网络共享对于降低基础设施成本并使网联与自动化移动服务成为可行的商业案例是非常重要的。

由于 5G 的新功能之一是网络切片，因此如果存在一个"网络切片运营商"，为 ITS 和网联与自动化出行服务提供专用切片，那么会是一个非常理想的、可用以分摊成本的解决方案。

2.5.2　安全通信认证

所有网联服务，包括 ITS、V2X 以及网联和自动化移动服务，都依赖各个利益相关者之间的安全连接来交换信息。信息交换是在这些服务中创造价值的基石，它必须与用户的隐私一同受到保护。然而，安全性不是免费的，它必须被视为包含在整个服务交付模式中的附加服务层。本节将讨论与安全相关的成本以及它们如何影响 V2V、V2I 和 V2P 服务的总体业务模式。

有一些 ITS 标准是为汽车和道路基础设施提供专用的公共通信系统建立的。这些系统可为 ITS 站间提供不同级别的消息，且这些消息都使用短距离通信技术进行广播。这一技术主要有两个安全性要求，分别是基站和车辆消息的身份验证（签名），以及真实车辆身份证件（Identity Document，ID）的匿名性（化名）。通常来说，ITS 通信系统是一个点对点的通信系统，它依赖公钥基础设施颁发的证书来提供消息身份验证和完整性。

作为一般性规则，所有消息都应使用授权证书进行签名，以对 ITS 发送站进行身份验证。在该系统中，ITS 站可以是车辆或道路基础设施设备，通信方式则可以是 V2V 或V2I。

上述不同的通信有着不同级别的安全服务。主要的证书层机构是欧洲政策机构（European Policy Authority），它会指定一个信任列表管理器（Trust List Manager，TLM）。TLM 为欧洲证书信任列表（Certificate Trust List，CTL）提供受信任的根证书颁发机构列表。受信任的根可以是欧盟、国家或私人组织拥有的。在这样的层次架构中，我们假设ITS 基础设施是国有或欧盟所有的，因此汽车 OEM 必须只为自己的车辆提供证书。

每一条消息的安全性认证都是十分必要的。其中包括了身份验证（即签名验证）需求和中间层的信息完整性验证（即哈希验证）需求，包含个人数据的消息则需要进行严格的保密。因此，ITS 将会提供传统 PKI 系统提供的所有安全服务，包括车辆匿名身份验证（签名验证）和完整性服务等。

1. PKI 工作流

公钥基础设施有着如下的工作流：

- ITS 设施与道路站点：
  - 公共 PKI，国家 / 欧盟根认证机构提供认证证书。
- ITS 车辆：
  - 私有 PKI，OEM 等根认证机构提供注册机构（Enrollment Authority，EA）以及

授权机构（Authorization Authority，AA）证书。
- 基础设施 EA 对 ITS 车辆提供在其域内的注册证书（Enrollment Certificate，EC）。
- 基础设施 AA 向提供注册证书的 ITS 车辆提供授权上下文的授权令牌（带有假名的证书）。

2. ITS 站点注册

车辆使用私钥和 ITS ID 进行身份识别。这种初始认证可以是汽车制造商为其车辆安装的特定 ITS 证书，也可以是电控单元（Electric Control Unit，ECU）的内置证书。ITS站点通过提供带有私钥的签名来申请注册证书。汽车制造商向 EA 提供其 ITS 车辆的公钥，EA 使用相应的公钥验证其有效性。EA 同时提供名为 EC 的长期 ITS 证书，有效期为三年。

如图 2.4 所示，ITS 站向 AA 请求授权令牌证书。ITS 站点提供的请求凭证被安全地传输到 EA 以检查其有效性。该请求由 ITS 站签名，对应的签名则由 AA 进行检查。当请求的有效性被验证后，AA 会传递一个授权令牌。授权令牌可以是单个令牌或令牌池。

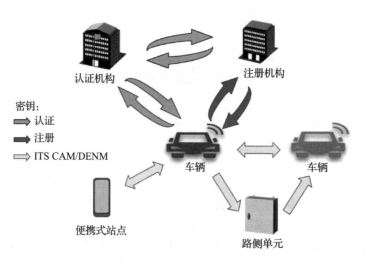

图 2.4　授权令牌请求流程。在此例程中，ITS 通信可以由多个协同感知消息（Cooperative Awareness Message，CAM）或者分布式环境通知消息（Decentralized Environmental Notification Message，DENM）构成

3. 鉴权令牌应用

鉴权令牌由 ITS 站发出，为 ITS 消息提供签名的假名证书。签名采用基于椭圆曲线数字签名算法（Elliptic Curve Digital Signature Algorithm，ECDSA）的安全消息（Secure Message，SM）协议。鉴权令牌的使用率很高，因此应保证其更新频率。考虑到不同的

场景，需要定义的证书是关于车辆需要符合相关 ITS 标准或具有对应 ITS 能力的车载证书。其中主要的网络安全要求是要确保车辆匿名，并能同时签署和验证发送的 ITS 消息。

为了保障隐私，车辆的匿名性可以通过基于不同时间（每周 x 个证书）、距离（每公里 x 个证书）和重用条件（真或假）发出多个证书来保证。2019 年 7 月被否决的授权法案[9]建议每周使用 100 个证书。

对于这个系统，OEM 可以定义自己的 PKI 基础设施来使用和交付证书。在本节的推导中，AA 和 EA 由制造商或 OEM 的 PKI 所拥有。在本节的推导中，仅分析每周使用 100 个证书的情况，其他数量证书的情况可以以此类推。

4. 成本假设

在成本假设中我们主要考虑以下因素：

- 认证证书。
- 用于离线生成密钥的硬件安全模块（Hardware Security Modules，HSM）硬件。
- 用于假名的证书：1 个证书对应 1 个假名。
- PKI 集成、部署和维护等额外费用。

考虑到所有这些因素，并假设这些服务将由 OEM 基础设施提供，那么每个假名的估算价值约为 0.0007 欧元。该价值是根据对 OEM 基础设施数量的需求估算出来的，而基础设施需求则参考了欧洲 OEM 提供 ITS 要求的证书数量，该值是没有市场参考的理论估计值。证书生成可以是第三方提供的服务，这个服务的级别和优化可以对估值产生影响。此处对证书价值进行估算的目的是对制定假名策略的经济影响提供一个参考。

下面我们将介绍成本图表假设和其备注：

- 采用线性的普及率模型，使用 2017 年欧洲的 ITS 网联汽车销量作为参考[10]。此处我们亦可换用其他任何国家或地区的销量作为参考。
- 成本图表根据 2016 年在役汽车的可用信息推算出了 100% 市场普及率时的最终结果。该图表提供了与当前 ITS 证书策略相关的市场规模总体情况。
- 从单车成本角度出发，假设一年的 52 周内，每周需要 100 张证书，因此每车每年总共需要 5200 张证书，即每年 3.64 欧元的单车成本。从 OEM 的角度来看，若要覆盖所售出汽车的平均预期在役周期（15 年），则需为每辆车付出 54.6 欧元的额外成本。这些额外成本导致除非法规强制要求，否则 OEM 将很难落实这些 ITS 技术。并且，这笔费用可能会转嫁给最终客户。

如表 2.1 所示，从此分析中我们可以得出两个主要结论：一方面，每辆车超过 50 欧元的额外成本阻碍了 ITS 技术的落地——这也是 5GCAR 提出另一种成本更低的解决方案的原因[11]；另一方面，正如现今的行业参与者所关注的，假名生成是电信行业的新商机。当前参与者或新参与者可以通过资源的协同作用来优化成本并提高服务水平。

表 2.1　欧洲假名证书政策的成本估算

年	每年新增 ITS 车辆数（辆）	ITS 车辆存量（辆）	每年所需的授权证书（张）	总授权费（欧元）
1	17 000 000	17 000 000	88 400 000 000	61 880 000
2	17 000 000	34 000 000	176 800 000 000	123 760 000
3	17 000 000	51 000 000	265 200 000 000	185 640 000
4	17 000 000	68 000 000	353 600 000 000	247 520 000
5	17 000 000	85 000 000	442 000 000 000	309 400 000
6	17 000 000	102 000 000	530 400 000 000	371 280 000
7	17 000 000	119 000 000	618 800 000 000	433 160 000
8	17 000 000	136 000 000	707 200 000 000	495 040 000
9	17 000 000	153 000 000	795 600 000 000	556 920 000
10	17 000 000	170 000 000	884 000 000 000	618 800 000

2.5.3　OTA 软件更新

OTA 可以在首次购车后为持续为终端用户提供新功能，并且它可以使 OEM 不通过 4S 店就能修复现有软件中的质量问题。OTA 的这两个特点为终端用户带来了更便捷的服务，从而产生了巨大的行业价值。OTA 的软件在线更新与其他许多类型的服务有关，例如信息娱乐、自动驾驶功能等。

移动网络的预期用途是通过 OTA 实现汽车电子控制单元的远程更新和配置。这对汽车行业和电信行业来说都是一个发展的机会，其中包含：

- 减少在汽车检修上的人力资源成本。
- 避免将汽车开进汽修店以进行更新，并且对于已售出的车辆，避免联系客户进行召回。
- 加快应用更新和修正错误，尤其是关键错误。
- 增加软件更新和添加新功能的频率。
- 远程激活被客户端允许的新服务，例如地图更新。

随着 5G 到来，eMBB 提高了网络数据流量处理能力，但使用移动网络运营商网络的流量成本是在蜂窝网络上部署 OTA 时必须考虑的关键因素。作为潜在的商业模式案例，必须保证汽车行业和电信行业在其中均可获利。否则，OTA 的部署方式将难以发生改变，即基于免授权频率或基于驾驶员 / 车主自己的数据计划，从而限制了此用例的潜在价值。

为了估计此用例的可行性，我们将对其进行分析与评估。首先我们可初步假设其数据量需求为数百万 TB，并且假设在未来 10 年中西欧的汽车保有量将保持不变：每年 1700 万辆，全部连接到蜂窝网络并准备进行 OTA 更新。关于升级，我们有下列几个假设：

- 每年仅进行一次升级。
- 不计算漫游费用。所有 OTA 升级仅发生在同一国家 / 地区内。
- 汽车将只在前 5 年保持更新。在剩下的时间中，只能进行小规模次要性更新。针对这个问题我们研究了对应不同数据量的两种场景——保守场景和非保守场景。

- 保守场景（Conservative Scenario，CS）：一次更新的大小从 5GB 开始，每 3 年增加 5GB。一辆汽车的正常产品周期在 6 年左右，中间通常会有嵌入式电子产品更新，这就是上述周期为 3 年的原因。
- 非保守场景（Non-Conservative Scenario，NCS）：一次更新的大小从 10GB 开始，接下来 3 年生产的汽车则增加到 30GB，然后在未来 3 年内达到 100GB。

图 2.5 展示了未来 10 年在这两种场景下在百万 TB 量级数据量上的演变。需要注意的是，百万 TB 量级是移动市场中尚不存在的新业务。为避免 MNO 担心同时进行如此大量的更新导致网络崩溃，OEM 不会为大多数更新设定严格的截止日期（更新可分散在几周内完成）。因此重点应放在服务的价格而不是更新的完成速度上。OEM 会愿意为与人身安全和网络安全相关的关键更新支付更高的价格以实现更快的更新。

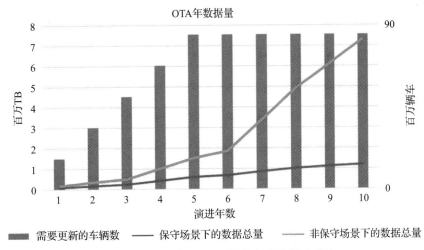

图 2.5 未来 10 年 OTA 更新的年度数据量估计

由于我们很难获得运营商每 MB 字节的价格数据，因此很难将这一传输数据量转化为经济指标。这些价格在 MNO 和 OEM 之间是保密的，因此要继续这项工作，还需要另一个假设，即将 MNO 和 OEM 之间产生的数据成本与运营商和消费者之间的流量费用等同。正如我们在图 2.6 中看到的（使用来自 Cable 于 2018 年在部分国家和地区进行的调研数据[12]），每个国家用户支付的 1GB 的平均成本与欧洲的情况相去甚远。

为了建立每 GB 数据价格模型，我们继而做出如下假设：

- 平均成本计算是通过将地理边界减少到 6 个国家（法国、西班牙、德国、英国、意大利和瑞典）来计算的，这些国家不在列表的低价或高价边界。
- 对于这 6 个国家中的每一个，都考虑了可用的最低价格。我们假设汽车 OTA 更新的数据量，以便可以在移动网络运营商谈判中获得最佳价格。

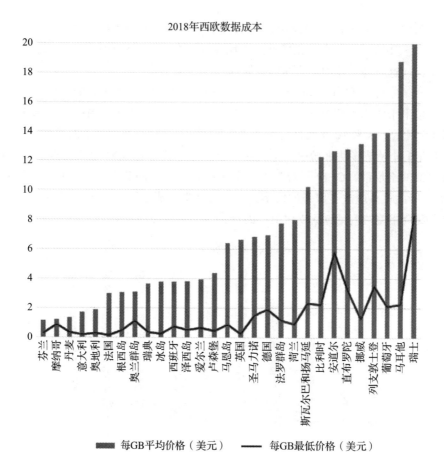

图 2.6   西欧国家和地区面向公众的移动市场每 GB 流量价格

由此我们给出了每千兆字节 0.54 欧元的参考起始价格。法国电信监管机构（Autoritéde Régulation des Communications Electroniqueset de la Postes，ARCEP）[13]和西班牙国家市场与竞争委员会（Comisión Nacional de los Mercados y la Competencia，CNMC）[14]的研究显示，移动电话的成本在过去十年中每年平均下降 9%，因此我们认为，未来几年数据价格将继续下降。我们使用这个下降率作为未来的参考，即在未来十年每年数据费下降 9%。

在图 2.7 中，我们可以找到在保守和非保守场景下根据 OTA 历史使用数据量而得出的最终估计以及每年的总成本。

数据量增加和每年成本下降这两个因素，对成本有相反的影响。这就解释了为什么在保守场景下，成本会在期末减少。在未来 10 年中，非保守场景中的年度成本从 9100 万欧元增加到 17.74 亿欧元，从而展示了这项新业务的重要性。

此估计有助于我们了解使用 OTA 更新嵌入式主机的业务影响。对于每辆车，根据本节中的估算并且不考虑任何漫游流量，保守场景中每 5 年更新的成本从 10 欧元起，非保守场景中的成本超过 100 欧元。这是一个不可被忽略的成本，它将是评估基于 OTA 的软件更新解决方案与传统升级的关键。我们可以预见到客户并不会愿意为此付费，尤其是对于与安全或错误更正相关的强制性更新。只有在更新中添加了新功能的情况下，客户对更新价值的看法才可能会发生变化。

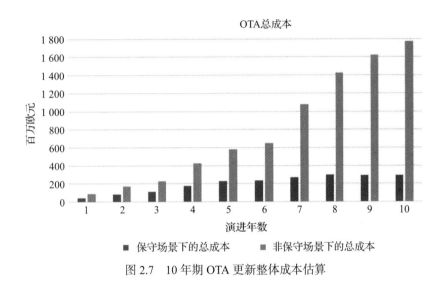

图 2.7　10 年期 OTA 更新整体成本估算

　　10 年后为数据流量支付的总金额可能在 2.88 亿欧元（CS）和 17.74 亿欧元（NCS）之间，这将迫使 OEM 与移动网络运营商进行大规模谈判以获得更低的价格，从而使 OTA 成为可行的商业案例。用于 OTA 的数据以及相关的协商杠杆也将降低其他服务的数据成本，从而增加将数据从嵌入式架构转移到云端的可能性。

2.6　5G V2X 组件的业务模式分析

　　定义技术组件的详细工作可以在本书的后续内容中找到。在这里，我们将从业务模式的角度分析技术组件，以了解它们如何影响创建新的业务模式。对于每个技术组件，我们将讨论以下项目：

- 描述：技术的简要介绍。
- 技术变革：针对现有的 3GPP Rel 14 及其后续版本技术而言，E 代表技术的演进性（Evolution）变革；R 代表技术的革新性（Revolution）变革。
- 提供的价值：该技术组件提供的价值，它是创造新服务的基础。
- 需求 / 挑战：商业角度下的负面影响因素。
- 参与价值链的各方：参与实现价值的各相关方。

- 客户：从所创造的价值中受益的客户。
- 客户利益（价值）：每个客户的感知价值。
- 对潜在的 5G 业务模式要素的影响：业务模式的哪些要素受技术组件的影响。

技术组件已在可能的情况下分为更广泛的类别。这同时表明处在同一领域下的技术组件不会影响分析结果。

2.6.1 定位

正如生态系统所强调的[15]，4G 定位技术可能不足以服务于新的用例。在这种情况下，使用 LTE 定位技术把相对定位信息转换为绝对 3D 定位信息的定位精度不足以支持所提出的用例。为了满足新的用例，必须为车辆和弱势道路交通参与者提供更高精度的定位解决方案，即以下技术组件：

- 基于信道偏置补偿与跟踪的轨迹预测。
- 在下行通路中仅利用一个基站跟踪车辆的位置和朝向。
- 基于波束的 V2X 定位。
- 有数据辅助的基于波束的 V2N 定位。
- 用于 GNSS 以及观测到达时间差（Observed Time Difference Of Arrival，OTDOA）定位的增强辅助消息方案。
- 多阵列 5G V2V 相对定位。

所有这些技术组件旨在为车辆 UE 或其他类型的 UE 提供更准确的定位，并且影响新的业务模式。

需要注意的是，在汽车应用环境中，车辆往往已经配备了车载 GPS 来确定其定位，其精度自然也是 GPS 的精度。因此，从 OEM 视角出发，这些技术组件可能没有用处，因为定位已经可以从车载 GPS 中获得。然而，一些技术组件不仅可以提供瞬时定位，还能提供轨迹预测以及更重要的碰撞预测。这些技术组件对 OEM 具有更多价值。

因此，我们可以将与定位相关的技术组件分为两组：

- 与无线电定位相关的技术组件。
- 与轨迹预测相关的技术组件。

表 2.2 和表 2.3 中列出了这些 TC 的特性和评估，详细信息可在第 8 章中找到。

表 2.2　定位

技术组件	定位
描述	提供车辆 UE 及其他类型 UE 的精准定位方法
技术变革	演进性变革（E）：无须 GPS 的基于无线的定位；定位可以由网络或 UE 计算
提供的价值	精确定位
需求／挑战	基于通信的定位依赖于对应设备的特定通信功能，该功能必须被开启（特定的驾驶员操作或消息机制） 使用更高密度的天线和更高的载波频率以获得更好的精度

（续）

技术组件	定位
参与价值链的各方	• 电信设备供应商 • Tier 1 • 可能存在一个跨领域提供定位支持的新参与者（地理参考点数据库、计算机能力和计算三角测量的知识）
客户	• 第三方（保险公司）、服务公司（如导游、连锁酒店） • 公共部门可能希望获得准确的定位（例如紧急服务）
客户利益（价值）	准确可靠的定位服务为提供新服务建立了基础
对潜在的 5G 业务模式要素的影响	准确可靠的定位信息可能带来潜在的创新性服务

表 2.3 定位与轨迹预测

技术组件	定位与轨迹预测
描述	提供车辆 UE 或其他类型 UE 的精准定位并预测轨迹以及预测碰撞可能性
技术变革	革新性变革（R）：基于无线的定位，智能预测轨迹
提供的价值	精准定位与轨迹预测
需求 / 挑战	轨迹预测的可靠性，碰撞检测误报或误检
参与价值链的各方	• 电信设备供应商 • 提供轨迹预测技术的第三方或电信设备供应商
客户	• OEM • 第三方（保险公司） • 公共部门可能希望获得精确定位、轨迹历史和预测信息 • 移动提供商；这可以是独立于车载传感器提供的元件的增值服务
客户利益（价值）	碰撞或事故的轨迹预测
对潜在的 5G 业务模式要素的影响	潜在的革新性服务

2.6.2 V2X 无线电设计

5GCAR 项目中提出的无线电接口技术组件可分为两类：基于基础设施的解决方案和基于直连通信的解决方案。第一组的定义涉及网络基础设施，需要一个 MNO 来提供服务。第二组包括了不涉及网络的直接通信（在网络覆盖范围外）或通过网络进行配置的 V2V、V2I 和 V2P（在网络覆盖范围内）。因此第二组可概括性地包括两个子组：网络覆盖范围外的直连通信技术组件和网络覆盖范围内的直连通信技术组件。在第一个子组中，OEM 是最终客户，价值链中不涉及任何 MNO。应该指出的是，第一个子组中的技术组件也可以扩展到适用于有 MNO 参与的情况。与此相对的是，第二个子组的情况需要一个网络服务提供商来增强直连通信的性能。此子组可能更加吸引移动提供商⊖的注意，因为与

⊖ 原文为 message passing（MP，消息传递），但根据上下文推断，应为 mobility provider（缩写同样为 MP）。——译者注

其他只使用同一品牌车辆的移动提供商相比，此技术组件子组存在潜在的竞争优势。

以下技术组件相关的更多细节请详见本书第 5 章。

1. 预测器天线

在 V2X 天线中，预测器天线是一种额外的车辆天线，用以增强对发射机侧的高速信道估计能力。其特性和评估见表 2.4。对于该技术组件的最近 5G CAR 成果，请参见 [16-17]。

表 2.4   预测器天线

技术组件	预测器天线
描述	预测器天线的概念用于在发射机侧获取准确的信道状态信息，这是实现鲁棒和频谱高效的链路的关键
技术变革	演进性变革（E）
提供的价值	自适应大规模多输入多输出（Massive Multiple Input Multiple Output，M-MIMO）适用于快速移动的网联汽车
需求/挑战	天线成本和天线阵列尺寸始终是汽车行业成功部署的重要限制因素
参与价值链的各方	• 电信设备供应商，预测器天线的提供商 • Tier 1，作为车辆上的通信模块的整体集成方案提供者 • OEM
客户	OEM 需要提升网联汽车在移动中的通信能力
客户利益（价值）	为高速移动的网联汽车带来通信性能提升
对潜在的 5G 业务模式要素的影响	无；普通的线性业务模式。电信设备供应商提供新型天线，由 Tier1 厂商集成，并最终被安装在车辆上

2. 波束成形

为了下载高清地图或传达与本地车辆群相关的交通信息，x-cast 方案实现了对无线资源的有效利用。毫米波场景是最显著的技术聚焦点，x-cast 波束成形在 6GHz 以下也能起到很大的作用。特性和评估如表 2.5 所示，并将在 5.1 节中详述。

表 2.5   波束成形

技术组件	波束成形
描述	改善波束成形管理的不同技术，例如采用毫米波频段从基础设施方面优化系统性能
技术变革	演进性变革（E）
提供的价值	改善系统干扰和能量消耗
需求/挑战	将毫米波天线集成到汽车上的规模化部署技术尚处于研究当中 频段尚未统一；拍卖计划可能会在几年后实施
参与价值链的各方	• 电信设备供应商 • MNO
客户	MNO
客户利益（价值）	毫米波通信系统的性能将被提升
对潜在的 5G 业务模式要素的影响	简化，毫米波尚未有在 V2X 领域内的用例。当前毫米波才刚刚被尝试用作 MNO 对通信"最后 1 公里"的系统容量增强

3. 效率

为了提高频谱效率并使之支持 V2X 服务（例如紧急服务）的快速配置，可以将抢占和改进的导频信道处理引入 5G V2X 网络。它们的特性和评估如表 2.6 所示。

表 2.6 效率

技术组件	效率
描述	复用和抢占机制用于提高功率、延迟和链路效率
技术变革	演进性变革（E）
提供的价值	改善频谱效率和吞吐量
需求／挑战	没有显著挑战
参与价值链的各方	• 电信设备供应商 • MNO
客户	MNO
客户利益（价值）	就最终客户可用的带宽而言，系统的性能更好
对潜在的 5G 业务模式要素的影响	没有重要影响，这是正常的线性业务模式。这可能是一个 MNO 与另一个 MNO 相比的竞争优势

4. 可靠性

对于未来的汽车，我们需要提高无线可靠性，为此我们设想了几种机制。它们的特性和评估如表 2.7 所示，并将在 5.3 节中进行详细说明。

表 2.7 可靠性

技术组件	可靠性
描述	通过使用替代链路（V2V 和 V2I）或通过更改编码调制来寻找延迟和可靠性之间的折中或增强控制信道可靠性，来提高系统可靠性
技术变革	演进性变革（E）
提供的价值	通过 UE 协作，利用链路多样性来保持 URLLC 通路的可靠性。在 V2N 通信中为 URLLC 服务提供 QoS 保证
需求／挑战	没有显著挑战
参与价值链的各方	• 电信设备供应商 • Tier1 厂商 • MNO • OEM
客户	移动提供商，网络通信的可靠性将对移动提供商有益。假设在使用相同 OEM 车辆的条件下，可以比较出两个不同移动提供商之间的竞争优势，其增值服务体现了服务差异，而非车辆本身，所以客户不是 OEM 而是移动提供商
客户利益（价值）	保障自动驾驶的通信服务可靠性
对潜在的 5G 业务模式要素的影响	与 OEM 车辆目前提供的服务相比，无线通信可靠性增强了移动提供商的服务质量和竞争优势，可以影响或改变目前正常的线性业务模式

5. 网络覆盖范围外的直连通信

对于网络覆盖之外、部分覆盖和预期不能使用蜂窝网络进行直连通信协调和管理的情况，我们必须考虑对直连通信的机制进行改善，以提高针对特定类型操作的 QoS 和可靠性。现已存在多种改进选项，它们的特性和评估如表 2.8 所示，同步方面的问题将在 5.2 节中讨论。

表 2.8 网络覆盖范围外的直连通信

技术组件	网络覆盖范围外的直连通信
描述	在覆盖范围外的情况下增强直连通信特性，优化同步信号、解调参考信号（DeModulation Reference Signal，DMRS）、分布式资源选择策略、多输入多输出（Multiple Input Multiple Output，MIMO）设计和全双工操作，并提高对不利传播条件下的鲁棒性
技术变革	演进性变革（E）
提供的价值	提供基本的直连通信功能和更优异的直连通信连接能力（吞吐率、资源效率和可靠性）
需求/挑战	没有显著挑战
参与价值链的各方	• 电信设备供应商 • Tier 1 • OEM
客户	OEM：在不需要网络的情况下，直连通信性能的任何改进对 OEM 来说都是有需求的
客户利益（价值）	无论网络如何部署，直连通信都可以充当外部传感器，从而提高行车的安全性和舒适度
对潜在的 5G 业务模式要素的影响	没有重要影响。由电信设备供应商提供，OEM 通过 Tier1 厂商封装集成而形成特定功能的线性价值链方案

6. 网络覆盖范围内的直连通信

对于蜂窝网络覆盖或部分覆盖的情况，我们进一步改进直连通信机制，以提高最终的 QoS 和可靠性。现已存在多种改进选项，它们的特性和评估如表 2.9 所示，详细信息将在 5.3 节中介绍。

表 2.9 网络覆盖范围内的直连通信

技术组件	网络覆盖范围内的直连通信
描述	增强网络覆盖范围内的直连通信特性。优化直连通信信道干扰、通过网络辅助机制明确信令开销和资源分配；通过直连通信与网络链接的结合提高可靠性
技术变革	演进性变革（E）
提供的价值	提供基本的直连通信功能和更优异的直连通信连接能力
需求/挑战	功能的复杂性使得 MNO 兴趣度很高；需要为免授权频率下的服务额外付费使得 OEM 的兴趣度很低
参与价值链的各方	• 电信设备供应商 • Tier 1 • OEM • MNO

（续）

技术组件	网络覆盖范围内的直连通信
客户	MP：任何与蜂窝网络可用性有关的直连通信性能的改善都将成为 MNO 向 MP 出售的一项服务
客户利益（价值）对潜在的 5G 业务模式要素的影响	无论网络如何部署，直连通信都可以充当外部传感器，从而提高行车的安全性和舒适度 即使不同 MP 使用来自同一 OEM 的车辆，其服务质量也将因直连通信的存在而有所不同

2.6.3　网络流程

网络流程是管理连接设备网络的一个重要部分。它描述了如何管理各种网络服务。在汽车应用场景中网络流程可能会影响系统延迟等核心要素，因此可能严重影响最终的服务交付效力。5GCAR 提出一些技术组件会对终端客户体验的服务质量产生影响。在此分析中，我们将针对相类似客户需求的技术组件归为一组。更多技术性说明请参见参考文献［24］等技术文档。同时，以下与网络相关的技术组件的技术介绍参见第 6 章和第 7 章。

1. 本地独立组网（SA）网络流程

在 5G 网络架构中，RSU 用于车辆、RSU 和 5G 网络之间的直连通信和 Uu（基站和用户设备之间的空口）链路操作。它们的特性和评估如表 2.10 所示。

表 2.10　本地独立组网网络流程

技术组件	本地独立组网网络流程
描述	• 将 RSU 集成到 5G 车联网架构中，充当 UE 或本地 BS（基于 RSU 的智能区域） • 使用 Uu 链路在 5G RAN 上映射直连通信。简化无线通信协议，只允许本地路由以支持类似 SL 的通信连接 • 协助 UE 在单播（首选）或多播模式下更有效地建立 SL（3GPP SL 或 PC5）链路（改善建立时间和 QoS）。该操作将由 gNB 侧的服务器执行
技术变革	• 革新性变革（R）：添加了一个新要素（主动 RSU）以提供安全、高效的道路服务，部署的网络基础设施还支持车辆之间原有的直连通信 • 演进性变革（E）：如果技术组件不可用，V2V 链路建立和常规工作模式应该可以以降级的通信方式继续工作
提供的价值	通过提供多 MNO 的解决方案，可改善 D2D 直接通信性能，获得更好的网络服务质量和可用性，增强宏小区的网络覆盖；通过宏网络、SL 和 Uu 多连接方式，实现高可靠性和高数据速率的 V2V 通信。对于单播 SL 实现快捷的应用感知配置
需求 / 挑战	• 需要沿路部署许多具有智能分区功能的 RSU • 适应特定目的的网络基础设施（本地路由、网络简化）
参与价值链的各方	• RSU 提供商，可能会嵌入 Tier 1 的技术模块 • 提供智能区域部署的道路运营商 • 负责连接 RSU 智能区域并开发功能的 MNO（选项 1） • 电信设备供应商（选项 2） • OEM • Tier 1（实现特定的 UE 能力）

（续）

技术组件	本地独立组网网络流程
客户	● 客户将依赖于所提供的服务。客户将与用户不同（在道路安全 / 道路效率方面） ● 客户可以是 OEM，它可以为此特定技术组件向 MNO 支付费用 ● 道路运营商可以部署简化基站以支持该技术组件，客户则是电信设备提供商的道路运营商（选项 2）
客户利益（价值）	● 提升道路安全性和交通效率 ● 为协同感知用例提供更好的连接能力
对潜在的 5G 业务模式要素的影响	● MNO 的客户可能是道路运营商，而不是汽车驾驶员或 OEM（选项 1） ● 电信设备供应商（选项 2）可以作为本地道路服务提供商（在限制区域内）直接整合到价值链中

2. 网络服务关系增强

在调度和 V2X 服务协商方面以分布式方式管理本地数据流量。其特性和评估如表 2.11 所示。

表 2.11　网络服务关系增强

技术组件	网络服务关系增强
描述	● 允许将相关区域的消息和文件传输到目标 UE。位置感知调度将考虑网络状况和车辆环境来协调消息（文件）传输需求，以优化资源分配 ● 允许向网络控制传输具有特定要求（服务描述符）的服务请求。网络控制可以向服务发送关于请求的服务执行状态信息，以及适应服务的网络条件
技术变革	演进性变革（E）：此技术组件将在特定服务器（MEC 服务器）上运行。这需要对网络架构进行调整，此功能需要额外的成本
提供的价值	● 保证在适当的时间，在相关区域传输消息 / 文件 ● 优化网络资源分配 ● 使服务适应网络条件
需求 / 挑战	● 部署分布式服务器 ● 能够从网络（QoS、占用率）和 ITS 应用服务级别规范（Service-Level Specification, SLS）中实时检索和关联信息
参与价值链的各方	● ITS 应用提供商（例如汽车 OEM 联盟） ● 会部署此类技术组件的 MNO
客户	● 客户与用户并不是同一方（即使用该服务的用户并非为其付费的客户。这一点对于道路安全 / 道路效率相关的应用均成立）；汽车驾驶员可能不会为此类技术组件付费 ● 客户可以是 ITS 应用提供商，它可以为此特定技术组件向 MNO 付费 ● 如果将此技术组件视为 MNO 优化资源分配的一种方式，那么便不存在直接的客户
客户利益（价值）	ITS 应用提供商对与 SLA 匹配的服务交付有保证；他们可以协商和监控服务
对潜在的 5G 业务模式要素的影响	● 这个技术组件可以给网络使用带来额外的价值，但是会给 ITS 应用提供商端带来一些限制 ● 该技术组件可以使承担服务职责的独立参与者（ITS 应用提供商）成为可能

3. V2X 通信的多运营商解决方案

此技术组件用于在网络未覆盖或拥塞的区域中管理国家与国际间漫游。它们的特性和评估如表 2.12 所示。

表 2.12 V2X 通信的多运营商解决方案

技术组件	V2X 通信的多运营商解决方案
描述	解决从 MNOA 到 MNOB 的快速漫游 / 切换问题，例如当汽车离开 MNOA 的覆盖区域并进入 MNOB 的覆盖区域时。在建议的解决方案中，一个 UE 能够接收两个无线控制信道（在共享频率的情况下）或者两个无线频率。UE 可以在给定区域内向多个运营商注册
技术变革	革新性变革（R）：当 UE 必须安装两个 RF 模块时，UE 侧的技术会产生较大变革 在共享频率的情况下，网络管理的技术会产生较大变革 如果将该技术组件用作在多个运营商之间划分地理区域的一种方式，则部署场景方面的技术变化很大
提供的价值	• 当给定地理区域的覆盖率不是 100% 时，可以提高网络可用性和系统弹性。当多个 MNO 愿意覆盖同一区域时，该技术组件应该能降低部署成本 • 当技术组件用于在多个运营商之间共享给定的地理区域时，可以降低部署成本 • 跨管理域的解决方案（例如跨境）
需求 / 挑战	在 UE 侧部署此功能以及部署场景：例如，如果 UE 不实现此技术组件，则地理分割将无法正常工作
参与价值链的各方	• MNO（或多个 MNO） • OEM
客户	• OEM • MNO 间漫游市场（需要 MNO 之间的漫游协议）
客户利益（价值）	• 汽车 OEM：更好的服务水平（覆盖范围、延迟、可用性、无缝服务等） • MNO 将可以在不部署整个网络的情况下提供连接服务（取决于覆盖场景）
对潜在的 5G 业务模式要素的影响	• 该技术组件可以允许在多个 MNO 之间分担网络部署成本 • MNO 之间基于地理覆盖范围以及特定区域覆盖率的新型竞争

4. 网络编排和管理

将服务或网络功能动态映射到物理网络资源，这是一个经典的 5G 网络特性，也可用于实现 V2X 服务和网络功能。它们的特性和评估如表 2.13 所示。

表 2.13 网络编排和管理

技术组件	网络编排和管理
描述	该技术组件是一组自动化网络过程，以协调硬件和软件对应用程序和服务的支持。通过将网络服务与网络组件分开，允许根据服务规范自动配置网络 若要实现网络编排的自动化操作，可以通过以下所述的不同步骤实现： • 通过引入网络功能虚拟化（Network Function Virtualization，NFV）减少专用硬件的数量和提高启动新应用程序所需时间与操作敏捷性来降低成本 • 处理物理网络功能（Physical Network Functions，PNF）和虚拟网络功能（Virtual Network Functions，VNF）的混合，将网络自动化引入服务级别，从而提高效率。 • 添加云原生应用程序以实现持续集成和交付。在这一点上运营商可以充分发挥新服务的潜力并获得新的收入
技术变革	演进性变革（E）

（续）

技术组件	网络编排和管理
提供的价值	优化网络资源
需求/挑战	实现此技术组件是一个简单的迁移过程，因为它改变了网络的管理方式。为了实现 5G 网络的编排，运营商需要从现在就开始为实现网络自动化而布局
参与价值链的各方	电信设备供应商与 MNO
客户	MNO
客户利益（价值）	更优的网络管理，能够支持各种应用程序，同时降低运营成本
对潜在的 5G 业务模式要素的影响	在节省开支和有效支持新服务方面的潜力很大

2.6.4 端到端安全

安全和隐私对于包括 V2X、ITS 以及网联与自动化出行服务等在内的任何网联服务都至关重要。端到端服务为了解决安全问题将付出额外成本，这会影响相关服务的部署。

5GCAR 提出了一种解决方案，该方案仅对通信中的初始消息进行签名并验证权限，对后续消息仅进行加密，如表 2.14 所示，这可降低应用成本和传输开销。

表 2.14　端到端安全

技术组件	端到端安全
提供的价值	隐私和安全是 V2X 通信系统中的必要需求，因为系统建立在各个利益相关者之间的信任基础上。对于终端用户而言，能够信任 V2X 服务是至关重要的。因此网络安全有着固有的价值，这也是通过终端用户对服务的信任和使用来实现的 5GCAR 提出的创新方案仅在通信会话中对初始消息进行签名，然后后续消息仅使用加密，这有可能降低端到端安全性的成本
需求/挑战	保持高安全级别通常会在通信协议中产生开销，从而导致更长的通信延迟和更多的数据传输，这又会导致数据传输成本的升高（如果使用授权频率），以及由于安全开销而增加的共享传输资源消耗 如果密钥的数量（由 UE 的数量决定）变得非常高，那么加密的可扩展性可能是一个挑战。存储密钥和生成密钥都有成本
参与价值链的各方	• 终端用户 • UE 制造商，包括通用用户身份模块（Universal Subscriber Identity Module，USIM） • MNO • V2X 服务提供商（也可能是汽车 OEM）
客户	• 终端用户 • V2X 服务提供商
客户利益（价值）	• 终端用户——可以使用可信的服务 • V2X 服务提供商——可出售可信的服务 • V2X 服务提供商——减少索赔责任
对潜在的 5G 业务模式要素的影响	• 在网络中扩展 5G 加密/安全功能的额外成本，以涵盖特定的 V2X 案例（密钥管理功能） • 如果使用授权频谱（Uu），则会产生的额外成本

2.6.5 增强边缘计算

边缘计算是 5G 具有创新性的新技术，对汽车行业应用具有潜在价值。边缘计算可以使在后端（云）中运行的服务更接近 UE（车辆），减少延迟并开放车辆和后端之间新的分发功能。此外可以使得当前在车载系统中运行的部分功能在边缘中执行，引入启动服务和功能的新方式。

本节中描述的技术组件包括毫米波蜂窝车联网络中的边缘计算，如表 2.15 所示。

表 2.15 增强边缘计算

技术组件	增强边缘计算
描述	边缘计算是 5G 的核心新技术，可以看出在下列几个 V2X 用例中存在显著优势： ● 车道合并：交通协调单元可以位于靠近十字路口的位置。 ● 基于路况透视的协同感知。 ● 弱势道路交通参与者保护。
技术变革	革新性变革（R）
提供的价值	边缘计算在支持具有极低延迟要求的某些用例方面具有重要价值。另一方面，边缘计算提供了场外计算资源，以支持 V2X 服务。边缘计算提供的低延迟和高计算能力也有可能为汽车 OEM 创新提供可能性，将车载功能转移到边缘计算平台，以开发某些新功能。在需要来自同一有限地理区域内的多辆车辆或 RSU 的数据的功能中，可体现出突出优势
需求 / 挑战	连接到本地不同 MEC 数据中心的基站之间的切换。应用程序及其内部状态需要以尽可能短的延迟传输到下一个数据中心。理想情况下，这些数据应该在基站切换完成之前执行传输 网络之间的切换（漫游）和运营商间漫游（在不同国家的 MNO 之间）。这是一个同时涉及技术与商业的挑战。由于提供 MEC 服务的服务提供商的不同类型，这类挑战也会有所差异。由于频率授权的问题，MNO 通常受到国界的限制，而其他上层服务提供商在如何提供 MEC 服务方面可能更加国际化
参与价值链的各方	● 汽车 OEM ● MNO ● 网络设备提供商 ● 云服务提供商 ● 数据中心提供商
客户	● 汽车 OEM ● MNO
客户利益（价值）	● 汽车 OEM：可使用额外的计算资源（低延迟功能） ● 汽车 OEM：可以创造新功能的能力（低延迟、多本地数据源） ● MNO：减少上传至数据中心的数据量
对潜在的 5G 业务模式要素的影响	目前，MEC 的业务模式尚不清晰。MNO 普遍看好这一机会，因为其可以增加客户价值，也是基础设施运营的重要部分。然而，MNO 通常是国家实体，而 MEC 提供的服务是国际性的，需要跨境运作。这可以为已经运营国际服务平台的云或数据中心提供商打开市场。MEC 服务提供可以被视为更集中的计算平台的扩展。网络设备供应商也可能在提供 MEC 服务方面发挥作用，尽管他们目前只是作为 MNO 供应商而存在。这层关系的存在，也导致网络设备提供商可能不想对现有业务造成影响

2.6.6　小结

5GCAR 项目确定的技术组件可以分为以下几大类：

- 定位
- V2X 无线设计
- 网络流程
- 端到端安全
- 增强边缘计算

在这些类别中，有些是具有"革命性"潜力的技术组件，即强烈影响现有业务模式或创造具有重大收入潜力的新业务机会（如定位、边缘计算增强）。

其他类别将通过增强功能或向现有基础技术（V2X 无线设计、端到端安全、定位、网络程序）添加新功能来增强现有业务模式并潜在地为现有服务增加新价值。

在此我们无法详细预测各个技术组件的价值将如何在实际业务案例中得以实现。其价值可能会在服务级别上体现，其中多个技术组件可以作为单个服务的一部分而存在。价值由价值链中的参与者协商决定，并且可能因用例、价值链中每个参与者的业务模式、时间、监管环境和许多其他因素而存在很大不同。分析还表明，大多数技术组件将为技术的供应商或集成商创造价值，例如在增加成本的同时增加汽车、汽车模块或网络的价值。因此，这些技术组件将对汽车、连接性和网络设备的定价产生影响。此外，部分技术组件将为新的利益相关者打开生态系统，包括 ITS 应用提供商、本地化服务提供商等。最后，一些技术组件可能会改变利益相关者在生态系统中的位置（MNO、OEM）。目前价值链 / 生态系统尚不成熟，我们很可能会看到来自不同利益相关者创建新的业务模式的不同尝试。

2.7　本章总结

本章介绍了重要的 CAD 和 CRU 服务以及相关技术理念。这些技术理念将在本书的后续章节中进一步阐述。在第 10 章中，我们将总结这些技术组件的状态，并展望 CAD 和 CRU 服务以及 C-V2X 的发展未来。

CAD 和 CRU 服务将在不同领域产生积极影响，也将产生积极的社会效益，包含交通效率、碳排放和安全提升等。借助 V2X 通信，城市环境中共享的交通信息将变得更加精确和实时，从而提高交通效率并减少二氧化碳排放。欧盟的城市化率为 75%。借助 V2X 通信，预计城市每年将减少 700 000 吨二氧化碳排放，每年价值超过 2200 万欧元。对于乡村地区，直接短距离通信的到来将使 V2X 的某些用例可以在成熟网络基础设施部署前实现。对于这两种环境，车辆之间的共享信息将使得 2025 年道路交通事故减少 5%，价值估计为 41 亿欧元。

得益于电信生态系统，C-V2X 可以集成到智能手机当中，实现 V2P 通信并为弱势交通参与者提供保护。即使在非视距条件下，车辆也可以足够早地预测与行人的潜在碰撞风险，并避免发生碰撞，从而减少行人死亡数量。2016 年，仅在欧盟就有超过 5000 名行人在道路交通事故中丧生（占所有道路死亡人数的 21%）[20]。

与其他技术相比，C-V2X 定义了一个清晰的路线图来提供基础安全功能和自动化服务。通过更好的频谱分配，并支持安全之外的其他服务，可以提升车辆使用的舒适性和效率。除了满足 C-V2X 所需的低延迟、高可用、高可靠等要求之外，还需要在跨 MNO、跨 OEM、跨界通信等方面推进相关工作。这些要素非常重要，并将在即将发布的 3GPP 演进版本中进行研究。

路线图的执行受到区域决策的影响，尤其是在讨论法规和频谱资源的时候。一些地区已经决定实施明确的 V2X 战略，例如中国和美国，而其他地区仍在评估各种可能的选择。委托授权法案以及欧洲清洁空气计划（Clean Air For Europe，CAFE）是重要的法律法规，将在未来十年影响着欧洲的 V2X 汽车用例发展路径和方向。

路线图还将以网络部署为条件。现已存在许多途径来尽快拓展网络覆盖范围，例如：推动基础设施部署；出台适当法规促进其发展；优先考虑高速公路或主要道路的网络部署等。具备网络部署的地方在初始阶段预计会有更先进的 C-V2X 用例，并且预计收益会更高。此外，可以通过在乡村地区优先引入部分场景来实现其他地区需要付出更大努力才能提供的特定功能，例如可以通过使用免授权频谱和特定模式来实现基本的 day 1 功能。

正如 5G PPP 汽车工作组白皮书中所述，若可以开放网络和基础设施共享，即使运营商之间仅共享如空间、桅杆、发电机和空调等无源基础设施元素，也可在提高网络投资回报上产生明显的提升。尽管高级别 C-V2X 用例的时间表尚存在不确定性，但短期内仍然存在可能商机。一方面，目前在授权法案中提出的安全策略（2019 年 7 月被否决）或将为电信公司的证书管理带来一个重要的新市场。如果该安全政策最终被通过，那么降低假名选择价格并减轻其对 OEM 采纳决策时的作用只能通过市场竞争来实现。

另一方面，OTA 是一种无论对汽车还是对电信利益相关者都可获益的业务案例，但它需要一个新的业务模式，目前的网络连接能力是无法支持 OTA 解决方案的。下一代汽车的新型车载电子和电气架构将能够处理大量数据，例如通用[18]宣布在其新的电气架构中处理能力高达 4.5TB/h。在联网车辆范式中，更多的车载数据交换自然意味着对环境数据分发下载的需求也随之增加，这预告了未来几年电信市场的商机。在爱立信最新报告[23]中，对于智能手机市场，消费者愿意为 5G 的到来支付额外高达 20% 的费用；而电信市场的观点则认为，如果我们仍然维持当前的千兆网模式，网联家居和网联汽车的商机将不会出现。

5GCAR 提出了在不同类别应用中的重要技术组件列表（无线接口、网络架构、安全等），并从商业角度对其进行了分析。结果表明，其中一些可以为电信和汽车利益相关者创造价值，而另一些则可能导致 ITS 生态系统和价值链的变化。

参考文献

1 Martínez de Aragón, B., Alonso-Zarate, J., and Laya, A. (2018). How connectivity is transforming the automotive ecosystem. *Internet Technology Letters* 1 (1): e14.

2 5GAA. (2017). Timeline for deployment of LTE-V2X.

3 5G PPP Automotive Working Group. (2019). Business feasibility study for 5G V2X deployment.

4 GSMA. (2016). Remote provisioning architecture for embedded UICC technical specification. SGP.02 v3.1.

5 SAE. (2014). Taxonomy and definitions for terms related to on-road motor vehicle automated driving systems. https://www.sae.org/standards/content/j3016_201401.

6 Body of European Regulators for Electronic Communications (BEREC). (2018). BEREC report on infrastructure sharing. Document number: BoR (18) 116.

7 Mobile World Live. (2019). Vodafone, Orange extend Spanish pact to 5G.

8 Capacity. (2019). Poland telecoms market.

9 Council of the European Union. (2019). EN 9207/19 (OR. En) – Outcome of the council meeting – 3688th Council meeting – Foreign Affairs.

10 European Automobile Manufacturers Association (ACEA). (2019). Key figures: Europe leads the way with clean, efficient, high quality motor vehicles that keep Europe moving.

11 5GCAR Deliverable 4.2. (2019). 5GCAR final design and evaluation of the 5G V2X system level architecture and security framework.

12 Cable. (2018). Worldwide mobile data pricing: The cost of 1GB of mobile data in 230 countries.

13 ARCEP. (2017). Évolution des prix des services de communications électroniques.

14 CNMC. (2017). Informe económico sectorial de las telecomunicaciones y el audiovisual.

15 3GPP. (2018). Study on positioning use cases; Stage 1. TR 22.872, v16.1.0.

16 Guo, H., Makki, B., and Svensson, T. Rate adaptation in predictor antenna systems. *IEEE Wireless Communication Letters* 9 (4): 448–451.

17 Phan-Huy, D.-T., Wesemann, S., Björsell, J., and Sternad, M. (2018). Adaptive massive MIMO for fast moving connected vehicles: It will work with predictor antennas! In: *Proceedings of Workshop on Smart Antennas (WSA)*.

18 Lienert, P. (2019). GM digital vehicle platform debuts, enables adoption of future technologies: Installed on newly-unveiled Cadillac CT5, with rollout to most GM vehicles globally by 2023. *GM Corporate Newsroom*.

19 European Commission. (2014). Identification and quantification of key socio-economic data to support strategic planning for the introduction of 5G in Europe. Final report.

20 European Commission Road Safety Authority. (2018). Traffic safety basic facts on pedestrians.

21 Arcep. (2019). Le suivi des obligations de déploiements des opérateurs.

22 Ericsson. (2019). 5G consumer potential.

23 Condoluci, M., Gallo, L., Mussot, L. et al. (2019). 5G V2X-system level architecture of 5GCAR project. *MDPI Future Internet* 11 (10): 217.

第3章

标准化和法规

Efstathios Katranaras[⊖]、Markus Dillinger[⊜]、Taimoor Abbas[⊜]、Remi Theillaud[⊗]、Jose Leon Calvo[⊗]、Yunpeng Zang^⑤

  V2X 技术通常可分为远程通信和短程通信两大类。远程通信技术（比如授权频谱的蜂窝网络）包括 4G 蜂窝网络和演进中的 5G 蜂窝网络，既能够符合车辆对于网络的服务要求，又能够尽可能满足智能交通系统对于部署成本的要求。此外，基于蜂窝网络的 C-V2X 的一个关键优势就是具有后向兼容性。这些 C-V2X 标准为网联自动驾驶和网联道路交通参与者服务奠定了基础。

  为了最大限度地提高 C-V2X 的市场占有率，汽车行业和电信行业需要加强在标准化方面的工作。这项工作已经在推进当中，5GAA 已经着手将各行各业（汽车 OEM、供应商、运营商和监管机构等）的不同参与方聚集在一起，推动 C-V2X 技术协议与规范的制定和测试验证。

  标准化工作可以确保 V2X 通信的不同利益相关者满足互操性，且符合法规要求，从而进一步扩大市场。本章涵盖标准化方面的内容、V2X 发展现状以及 V2X 通信标准化相关机构。3.1 节介绍 V2X 通信标准化进程以及相关主体机构。3.2 节讨论当前世界不同地区的 ITS 法规以及无线电频谱分配情况。3.3 节概述已有的通信解决方案以及不同区域的 ITS 上层协议标准化情况，着重介绍 3GPP 的 C-V2X 标准化情况，包括 4G 解决方案、5G 在 LTE 和 NR 技术上的前沿进展（即 Rel 15 和 Rel 16），以及未来版本规划。最后，3.4 节概述用于 V2X 消息与隐私保护的 IEEE 和 ETSI 标准，具体包括 V2X 终端实体（例如车辆

  ⊖ 赛肯通信公司（法国）。

  ⊜ 华为德国研究中心（德国）。

  ⊜ 华为技术有限公司（瑞典）。

  ⊗ Marben Products 公司（法国）。

  ⑤ 爱立信研究院（德国）。

和道路站点）与公钥基础设施的通信协议，以及证书和安全消息格式。

3.1   标准化进程综述

本节内容将讨论标准化进程的通用要求，简述 V2X 通信标准化涉及的相关主体机构，并以 3GPP 标准化组织内的工作为示例，帮助读者理解通信标准化进程中的各项程序。

3.1.1   通用要求

从电信领域来说，标准实际上可以说是规范电信网络和设备的"法律"。标准的形式包括成文的公共协议以及规范模式，使得远程通信成为可能。一般来说，标准制定组织（Standards Developing Organization，SDO）在进行标准化进程时秉持以下价值观，以确保通信解决方案能够长期高效发挥作用并实现公平、安全、高质量的开发：

- 协调各组织以避免针对同一功能制定多个标准。
- 只要某项标准所涉及的功能还在使用，就应持续维护该标准。
- 切实保障所有参与 SDO 的组织均享有民主发言权。
- 标准化进程包括知识产权（Intellectual Property Right，IPR）的识别。
- 始终考虑对社会和环境的影响。

这里必须提到的是，实施主体必须遵照规范所制定的指导方针行事。然而即便如此，由于各种现实环境的影响，在实施过程中还是会出现与规范模型相背离的情况。

V2X 标准由大量基础规范和测试规范组成，而且这些规范又涉及诸多方向，既包括无线电和传输协议，也涉及安全和应用层规范。制定国际标准对于 V2X 通信系统部署起到了非常重要作用。这些标准规范能够保证 V2X 系统和组件互连并确保执行中的互操作性。同时，这些标准还能促使客户对服务和产品产生信任，从而降低开发成本，创建更大的市场，增加供应商之间的公平竞争，而不仅仅是建立专有系统。

3.1.2   ITS 相关的标准化和监管机构

ITS 标准化是官方 SDO 的主要工作，V2X 通信只是诸多标准化工作的一部分。ITS 涉及多个主题，涵盖从电信行业到汽车制造等很多相关领域。因此，会有多个标准化机构和监管机构负责不同的 ITS 领域，直接或间接处理 V2X 通信方面的内容（通常规范之间会出现重叠的部分，需要协调处理）。图 3.1 展示了 5G ITS 标准化相关的主要 SDO 和利益相关者之间的关系[1]。汽车行业已成为 ITS 的一个主要利益相关者，其中涉及 OEM 和零部件供应商，5G 行业包括 MNO 和电信设备供应商、道路基础设施运营商、决策者、SDO 和用户。本书依据合作、部署、交互以及法规，从不同维度对各个利益相关者之间的关系进行了描述。

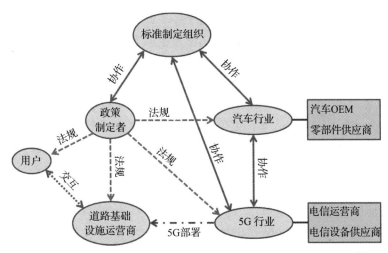

图 3.1　5G ITS 标准化相关的 SDO 和其他利益相关者之间的关系[1]

下面，我们将简要概述负责规范管理和制定的相关主体。

1. 国际电信联盟

国际电信联盟（International Telecommunication Union，ITU）是主管信息通信技术事务的联合国机构，也是频段管理的重要监管机构。其中 ITU 无线电通信部门（ITU-R）负责无线电通信方面的工作，比如国际无线电频谱管理；ITU 电信标准化部门（ITU-T）负责制定国际标准（例如 ITU-T 建议书），确定信息和通信技术的全球基础设施以及各代通信要求。ITU-R M.2083-0 建议书[2]描述了 2020 年之后的国际移动通信系统发展的框架愿景和总体目标，这也是当前开发 5G 技术的基本出发点。该文件描述了构想中的各种使用场景和功能，其中就包括网联汽车和无人驾驶汽车。

2. 区域标准制定组织

全球的几个 SDO 已在其区域内得到认可，以下列举重点从事 ITS 标准制定的相关区域组织。

欧洲电信标准化协会（ETSI）是负责欧洲 ICT 标准的标准化组织。ETSI 的 ITS 技术委员会（TC-ITS）旨在为协作式智能交通订立全球标准[56]。其应用包括道路安全、交通控制、车队和货运管理以及定位服务、驾驶员协助和危险警告以及紧急救援服务。TC-ITS 制定了整体通信架构、管理（包括去中心化拥塞控制）、安全及相关的接入无关协议：物理层（C-V2X 或 ITS-G5⊖）、网络层、传输层（如使用 GeoNetworking 协议）、设施层（如 ITS 应用中会使用的协同感知、分布式环境消息通知和协作预测等设施服务的定义）。TC-ITS 也负责编队行驶、弱势道路交通参与者保护（如自行车和摩托车驾驶员）的规范、协

⊖　"G5" 的命名来源于其所使用的 5.9GHz 频段。

同自适应巡航控制系统的相关规范和多信道操作。针对所有上述标准化内容，TC-ITS 还制定了一致性测试规范，这对于技术的商用部署至关重要。TC-ITS 也参与制定了相关频谱的要求和规定。

电信行业解决方案联盟（Alliance for Telecommunications Industry Solutions，ATIS）则是北美地区负责相关标准化工作的组织。ATIS 下设多个行业委员会和论坛，为 ICT 行业制定技术和运营标准及解决方案，包括网联汽车 – 网络安全特设小组。该小组致力于推动 ICT 专家和汽车制造商之间的行业对话，着力于改善网联汽车的网络安全问题。通过分析网联汽车的通信流程，该小组开发网络安全威胁模型，并确定 ICT 行业所能提供的潜在解决方案（如网络服务）。

在中国，C-V2X 的研究和标准化工作主要以 LTE-V2X（空口、网络）以及中国通信标准化协会（China Communications Standards Association，CCSA）的通用技术规范为依据。中国的应用层和安全框架与 ETSI TC-ITS 以及中国汽车工程学会（Society of Automotive Engineers for China，SAE-C）工作密切相关。

在日本，无线工业及商贸联合会以及电信技术委员会（Telecommunication Technology Committee，TTC）负责 C-V2X 的研究和标准化工作。LTE-V2X 相关工作包括蜂窝系统技术组、无线电系统技术技术组和 5GMF（Fifth Generation Mobile Communication Promotion Forum，第五代移动通信推广论坛）中的 5G 网联汽车。这些工作都是与日本总务省合作开展的。

在韩国，电信技术协会（Telecommunication Technology Association，TTA）主要负责信息技术融合、电信网络、安全、软件内容、广播、云和大数据、物联网以及移动通信技术等标准化工作。该协会近期与 C-V2X 相关的活动包括制定 3GPP 定义的 LTE-V2X 车辆通信系统技术规范以及制定 3GPP V2X 服务框架的相关规范。

印度于 2020 年成立了印度电信标准发展协会（Telecommunications Standards Development Society，India，TSDSI）。TSDSI 旨在为下一代电信标准做出贡献，并推动印度创建知识产权生态。在 V2X 方面，印度已开始对 V2X 设备对设备（D2D）通信方面的内容进行研究，包括单播、中继和 V2X 等。

3. 3GPP、IEEE 以及 SAE

3GPP 致力于为蜂窝移动通信系统制定标准。3GPP 与世界各地的通信标准制定组织合作，共同制定 3GPP 技术报告和规范。3GPP 研究蜂窝通信网络技术，包括无线电接入、核心传输网络和服务能力，从而制定完整的系统规范。为了能够定义网络设备和用户终端中实施的技术规范，3GPP 考虑了上述提到的相关标准化组织研究成果。自 2016 年以来，3GPP 一直致力于 C-V2X 技术标准制定，包括 Uu 空口（将基站连接到用户终端）以及基于直连通信（具有 PC5 接口，终端间直接通信）的 V2X 解决方案。

IEEE 是电子工程、电气工程和相关学科的专业组织。IEEE 标准协会（IEEE Standards Association，IEEE-SA）为 IEEE 的下设机构，负责制定包括电信在内的广泛行业标准。

2012 年，IEEE 发布了基于 WiFi 的无线局域网（Wireless Local Area Network，WLAN）V2X（IEEE 802.11p）规范，该规范支持实现两种关键的 V2X 通信无线电接入技术中的专用短程通信（Dedicated Short-Range Communication，DSRC）。IEEE 802.11p 车载标准重点关注车辆安全、高效交通管理和增值应用（如停车和车辆诊断）。2019 年，IEEE 建立了 IEEE 802.11bd 任务组，旨在增强基于 802.11p 和 DSRC 的车辆通信支持。

SAE 是一个由航空航天、汽车和商用车辆行业的工程师和相关技术专家组成的全球性协会，其任务包括协商开展标准制定和开发。SAE International 于 2014 年成立了 DSRC 技术委员会。自 2014 年 4 月以来，SAE 一直与 ETSI ITS WG1 和 IEEE1609WG 合作开发基于 DSRC 的 V2X 应用标准。SAE C-V2X 技术委员会成立于 2017 年，旨在填补蜂窝（和 5G）方面目前聚焦于 802.11p 的 ITS 标准空白。

4. 5G PPP 以及 EATA

欧盟委员会和欧洲 ICT 行业联合提出了 5G PPP 倡议，旨在为未来十年普遍存在的下一代通信基础设施提供解决方案、架构、技术和标准。在汽车和电信行业各位代表的帮助下，5G PPP 制定了详细的愿景，讨论了 5G 如何借助如今的通信技术实现下一代网联和自动驾驶以及相应服务[3]。5G PPP 通过收集和分析汽车垂直行业的几个用例来描述 5G 的多样性需求，并取得了重大进展。

欧洲汽车电信联盟（European Automotive Telecom Alliance，EATA）在欧洲推动了服务于网联自动驾驶的混合连接网络的广泛部署。EATA 由 6 个主要协会和至少 38 家公司组成，包括电信设备供应商、MNO 和汽车 OEM。EATA 旨在明确并解决服务与技术路线图、功能安全与信息安全需求，以及法规与商业问题。

5. 5GAA

5GAA 负责将移动通信业务与汽车制造商联系起来（www.5gaa.org）。5GAA 成立于 2016 年 9 月，是一个负责为交通和运输服务业开发端到端解决方案的行业组织。5GAA 的成员包括汽车制造商、移动网络运营商、零部件供应商、芯片组 / 通信系统供应商以及运营 / 基础设施提供商。5GAA 正在逐渐演变为一个领先的预标准化机构，负责定义蜂窝 V2X 通信的应用场景，提出需求、技术解决方案并组织开展测试。5GAA 还将与 3GPP 合作，共同开发未来的 3GPP 版本标准。

5GAA 正在开展多项活动，帮助汽车和电信行业迎接并加速智能交通和通信解决方案的全球部署。5GAA 的活动分为七个工作组进行：

- 工作组 1：用例和技术需求。
- 工作组 2：系统架构和解决方案。
- 工作组 3：性能评估和试验床。
- 工作组 4：标准和频谱。
- 工作组 5：业务模式和市场策略。

- 工作组 6：政策。
- 工作组 7：安全。

除了为 C-V2X、技术建议、频谱需求、应用示范和互操作性测试等编制白皮书外，5GAA 还协同汽车和电信行业共同制定符合未来十年发展需求的市场路线图。例如，2017 年 12 月 5GAA 发布了 LTE-V2X 技术部署路线图。图 3.2 展示了部署 C-V2X 技术的路线图。

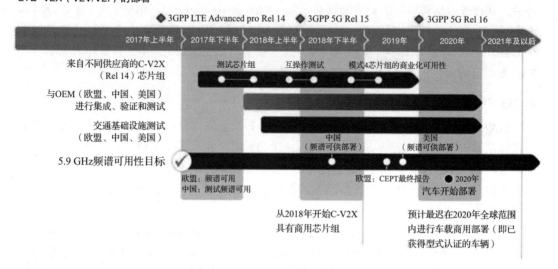

图 3.2　5GAA C-V2X 部署路线图

据 5GAA 预计，到 21 世纪 20 年代初，全球大部分新上市汽车都将是网联汽车[53]。C-V2X 功能将融入车载 V2N 通信蜂窝芯片组，除了实现与云 ITS 服务（V2N）之间的通信之外，这一功能还能支持车辆与车辆（V2V）和车辆与道路基础设施（V2I）之间的直连通信，促使车辆获得更高级别的交通安全。C-V2X 不仅能够逐步推动蜂窝芯片组更新，还能够解决部署的成本障碍。

3.1.3　3GPP 结构和标准化进程

3GPP 对 V2X 通信解决方案的规范制定起着关键作用，本节以 3GPP 为例详细阐述标准化进程[57]，以此让各位读者更清楚地了解各类标准化主体机构的一般工作事宜以及机构内部的结构复杂性。

3GPP 成员众多，由北美、亚洲和欧洲地区（如 ETSI）的七个主要组织类合作伙伴、多个市场类代表合作伙伴（如 5GAA）以及众多个体成员（2020 年约 600 个）组成。组织类合作伙伴负责 3GPP 的一般工作事宜和策略，并参考 3GPP 标准规范来制定适应于本地使用的相关规范。市场类代表合作伙伴受 3GPP 邀请，可以提供市场方面的建议和需求。个体成员，也就是所谓的公司、组织和研究机构等，通过组织类合作伙伴的成员身份参与

3GPP，并为标准化工作做出核心贡献。

标准规范工作由三个不同层次的工作组分别执行，覆盖 3GPP 的各类成员代表。第一层为工作组，负责通过在一年内召开几次实体会议或电子邮件讨论的方式来准备和讨论技术方案，或请求更改现有 3GPP 规范。若工作组层面接受某个技术层面内容或变更请求，则意味着工作组指定的主席或副主席也将同意通过这一决议。第二层则为技术规范组（Technical Specification Group，TSG），负责每季度召开一次全体会议，批准上述技术方案，也可以就某些方面达成一致并做出规定。最后，经批准的技术方案变为 3GPP 规范，随后由组织类合作伙伴转换为可交付成果或标准。除此之外，还有一个更高层的项目协调小组，负责审查批准组织变更并管理总体时间框架、工作计划和进展。

工作组结构共包含三个 TSG：

- 无线电接入网络（Radio Access Network，RAN）TSG 规定了通用地面无线电接入（Universal Terrestrial Radio Access，UTRA）和演进 UTRA（Evolved UTRA，E-UTRA）网络及其他网络的功能、需求和接口，基本上覆盖了终端和基站之间的接入层功能层，由五个活跃的 WG 组成。
- 服务和系统方面（Service and System Aspect，SA）TSG 负责项目协调以及明确规定 3GPP 系统的服务需求和总体架构。该 TSG 由六个 WG 组成，涉及顶层信令层、非接入层（Non-Access Stratum，NAS）等。
- 核心网络和终端（Core Network and Terminal，CT）TSG 规定了核心网络和终端层的三个协议，由五个 WG 组成。

所有规范文件均由一系列报告或文档组成，每一项规范文件会涵盖一个主题内容：

- 技术报告（Technical Report，TR）由一系列报告文件组成，初步探讨了相关主题或特征的可行性以及可能的技术方法。
- 技术规范（Technical Specification，TS）由一系列文档组成，规定了蜂窝系统的各种功能、程序等。

3GPP 规范会随着时间的推移而不断演进，并通过一系列特性一致、规范统一的版本形成具体的版本结构。通常，大约每 1.5 年会出现一个新交付的 3GPP 版本，每个版本都将引入新的特性，并包含大量的标准文档，此类文档通常需要经过多次修订，并且各个版本之间都面临向前兼容和向后兼容的巨大挑战。上市的产品往往会表明依据了哪个指定的版本。通过确定冻结日期，每个版本的时间范围得以确定。当版本状态为"冻结"时，只允许进行必要的更正，即在这种状态下禁止开发新功能或修改现有功能。

3GPP 标准化进程是分阶段进行的（每个阶段都有冻结日期），这与 ITU-T 建议书 I.130[4] 中定义的 4 阶段方法是一致的。

- 第 1 阶段规范定义所要提供的服务及其顶层需求。
- 第 2 阶段规范定义架构，即为了支撑第 1 阶段所定义的服务和需求而制定概要性设计和实施规范。

- 第 3 阶段规范通过详细规定必要的协议来定义架构的具体实现。
- 在完成协议规范之后，可能会需要制定测试规范，这就是标准化进程的第 4 阶段。

除了上述 3GPP 内部进程之外，3GPP 还与其他电信组织进行交互（输入、输出或交叉引用），从而制定全球范围的标准。

3.2 法规和频谱分配

在本节中，我们将介绍目前世界不同地区对 ITS 的法规布局以及 ITS 在无线电频谱领域的布局。

3.2.1 欧洲的 C-V2X 政策和法规

2008 年 8 月，欧盟委员会通过欧盟委员会第 2008/671 号决定，为安全类相关的 ITS 应用分配了 5875 ～ 5905MHz 频率资源。为加快 ITS 服务的市场渗透率，欧盟委员会通过了 ITS 行动计划［COM（2008）886］。随后，欧盟委员会确定了 2010/40 号指令，作为协作式 ITS（C-ITS）市场引入的法律框架。2014 年 11 月，欧盟委员会建立了 2014 ～ 2016 年的一阶段 C-ITS 部署平台，并做出了与技术、法律和商业化有关的政策建议。

2017 年 9 月，欧盟委员会基于一阶段成果发布了二阶段的 C-ITS 部署平台计划。为了推动欧洲的 5G 研发以及商业化应用，欧盟委员会于 2016 年通过了《欧洲 5G 行动计划》，以促进产业化应用。在无线电频谱方面，欧盟委员会于 2017 年 10 月向欧洲邮电管理委员会（European Conference of Postal and Telecommunications Administrations，CEPT）请求进行一项研究，除道路交通运输之外使用基于通信的列车控制（Communication-Based Train Control，CBTC）将城市轨道交通的 ITS 安全相关频段扩展到 5.9GHz，目标为 5905 ～ 5925MHz。相关研究于 2019 年 3 月完成。此外，通过电子通信委员会（Electronic Communications Committee，ECC）建议书（08）01，欧盟委员会建议 CEPT 管理部门应为 ITS 非安全类应用分配 5855 ～ 5875MHz 的频带。

上述法规均参考了 ETSI 协调标准欧洲规范（EN）302571，该规范确定了 ITS 设备在 5855 ～ 5925MHz 下运行的基本要求，包含了无线设备指令（2014/53/EU）3.2 条的基本要求。根据 ECC DEC（08）01 和 ECC REC（08）01 的规定，在该频段内运行符合 EN 302571 要求的免授权设备。

需指明的一点是，从欧洲频谱法规的技术中立出发点来看，任何经过证实、符合无线设备指令基本要求（例如符合 EN 302571）的无线电技术都可以在 5855 ～ 5925MHz 的范围内运作。

3.2.2 V2X 通信的无线电频谱分配

下面将介绍 V2X 通信的无线电频谱有关内容。我们会为大家介绍 IMT 系统和 3GPP

技术的频谱分配情况、ITS 应用专用频谱以及全球频谱协调的考虑事项。

1. IMT 系统以及 3GPP 技术的频谱分配

由 ITU 推进部署的 IMT 系统，包括了 IMT-2000、IMT-Advanced 和 IMT-2020。IMT 规定了全球范围内使用 3G、4G 和 5G 高速移动宽带服务和技术的系列要求。ITU 无线电规则[5] 规定了各项无线电服务的频段分配，包括依托于 IMT 技术的移动服务。ITU-R 建议书 M.1036-5 中包括了 ITU-R 确定的用于 IMT 的频段及其相关信道安排[6]。除 M.1036-5 中分配的频段外，其他频段也可用于 IMT 系统的区域部署。3GPP 技术正是根据 ITU IMT 的要求而开发的，应用在 ITU-R 确定的 IMT 频段。E-UTRA 和 UTRA 分别属于 LTE 和通用移动电信服务（Universal Mobile Telecommunications Service，UMTS）的无线电接口技术。3GPP 在参考文献[7] 和参考文献[8] 的规范中规定了 E-UTRA 和 UTRA 的工作频段。到目前为止，3GPP 已经在一些国家或地区根据 IMT 规定的频段范围为 LTE 指定了 70 多个频段。

欧洲的 5G 频谱范围包括 703 ~ 788MHz、3.4 ~ 3.8GHz 和 24.25 ~ 27.5GHz。无线电频谱政策小组（Radio Spectrum Policy Group，RSPG）作为高级别咨询小组，负责协助欧盟委员会制定无线电频谱政策，该小组推荐使用 3.4 ~ 3.8GHz 频段。"即使是在 2020 年之前，这一主要频段也适用于欧洲的 5G 服务，因为它统一了移动网络，能够提供比较宽阔的信道带宽"[9]。此外，RSPG 指出"在 1GHz 以下频段的部分，特别是 700MHz 频段，也需要部署 5G，以实现全国和室内的 5G 覆盖"，法国和德国等一些国家已经开始拍卖 703 ~ 733MHz 上行链路（UL）和 758 ~ 788MHz 下行链路（DL）频段。RSPG 还提出"欧洲需要在 2020 年前对 24.25 ~ 27.5GHz（以下简称"26GHz"）频段进行协调"。

在 2017 年底，3GPP 发布了第一个 5G NR 无线电规范[10]。在 TS 38.101[11] 中，3GPP 为 5G NR 操作确定了两个频率范围（Frequency Range，FR）：FR1（450 ~ 6000MHz）和 FR2（24250 ~ 52600MHz）。不同频率范围内的 NR 工作频段列表由两部分组成——既包括 NR 频段，如 n77、n78、n79、n257、n258、n260 等，又包括复用 LTE 频段，如 n1、n2 等。

2. ITS 应用专用频谱

ITS 的目的是提高道路交通安全和效率。1999 年，美国联邦通信委员会将 5.850 ~ 5.925GHz 频段的 75MHz 拆分划拨给 ITS 应用。在欧洲，欧盟委员会为 ITS 分配了 5.855 ~ 5.925GHz 的频段。世界上许多其他国家（例如中国、韩国、澳大利亚和新加坡）也已经或考虑为 ITS 应用分配 5.9GHz 的频段。对于 5.9GHz 以上的频段，CEPT[13] 的管理部门决定为 ITS 应用分配 63 ~ 64GHz，称为 60GHz ITS 频段。此频段分配的最新进展情况是，CEPT 决定将 63.72 ~ 65.88GHz 划拨给 60GHz ITS 频段[14]。日本为电子收费系统（Electronic Toll Collection，ETC）等 ITS 应用分拨了 5.770 ~ 5.850GHz 的频段。在日本，755.5 ~ 764.5MHz

频段中的单个9MHz频道也被指定分配用于V2V和V2I通信的ITS安全相关应用。与前面讨论的IMT频段不同，这些专用的ITS频段是免授权的。图3.3展现了世界不同地区ITS专用频谱的应用情况。

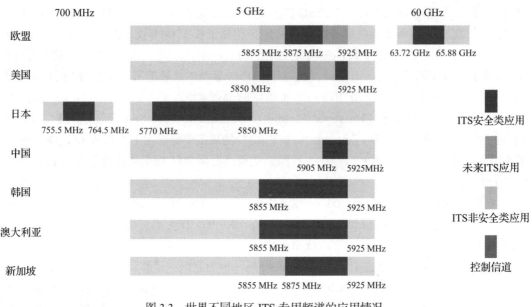

图3.3 世界不同地区ITS专用频谱的应用情况

各个区域的监管机构负责发布频谱方面的法规，各地区有所差异。第4章将详细探讨不同区域和国家（尤其是欧洲地区）的ITS服务和车辆应用的V2X通信频谱资源。需要特别注意同一频段或相邻频段中运行的不同系统和技术可能会存在共存和兼容性问题，特别是ITS安全相关应用，因此第4章还将讨论相关频段的兼容性和技术共存问题。

3. 全球频谱协调

ITU-R统一了用于蜂窝通信的IMT频谱。2019年世界无线电通信大会（World Radio communication Conference，WRC）针对ITS应用制定了编号为AI1.12的议程[15]。该议程旨在考虑现有移动服务频段分配的情况下，针对不断发展的ITS技术，讨论研究可能存在的全球或区域性的频谱协调工作。许多国家与地区已经就"将5.855～5.925GHz频段用于ITS应用"这一事项达成共识。在欧洲，CEPT在WRC-19 AI1.12议程中提出了将60GHz频段用于ITS应用，但其同时也在AI1.12中提出了不接受将5.795～5.815GHz频段用于ETC。

3.3 V2X通信技术解决方案标准化

近年来，无线网联汽车领域取得了重大进展。基于IEEE WiFi的V2X通信技术成为首个支持设备之间直连通信的技术，能够满足通信延迟短的要求，更好地支持车辆安全和交通效率应用。另一方面，3GPP 积极拥抱车辆联网通信和其他相关联技术，以满足高级别车辆网联应用场景对于延迟和可靠性方面的苛刻要求。在 Rel 16（2020 年）的 NR 规范中规定了此类更高性能的蜂窝 V2X 通信技术。本节将介绍 V2X 通信技术是如何不断发展的，并概述 DSRC/C-V2X 规范的相关标准化工作。最后，我们将聚焦 3GPP C-V2X 标准，回顾历史、总结进展（3GPP 能为 5G 支持的 V2X 服务带来哪些好处）和构想未来。

3.3.1 V2X 通信简史

成熟的 V2X 通信［包括 V2V、车辆到行人（V2P）、V2I 和车辆到网络（V2N）服务］概念存在已有近二十年的时间了。参考文献［16-20］中汇总了 V2X 通信的最新发展情况。通常，V2X 技术可分为短程和广域技术[21]。短程技术旨在满足 V2V 和 V2I 服务对高可用性的需求（用于低功率的路侧单元部署），其中包括 IEEE 802.11p（美国的 WAVE/DSRC 和欧洲的 ETSI ITS-G5）、LTE 直连模式（PC5、3GPP Rel 14）和 NR 直连模式（3GPP Rel 16）。对所有的 C-V2X 模式来讲，车辆都应确保能够实现新老版本的互相兼容。广域技术（如授权频谱上的蜂窝网络）则用于满足 V2N 的服务要求。

首批建立在车辆和基础设施连接基础上的大规模应用服务，包括 ETC 和车辆与车辆或 RSU 的低速通信服务。这些服务推动了 IEEE 802.11p 的标准化，促使 IEEE 802.11p 提供了 DSRC 功能。最初，其所支持的数据速率为 3Mb/s（10MHz 带宽）[22]，随后增强为 54Mb/s（20MHz 带宽）[23]。美国采用了基于 IEEE 802.11p 的 DSRC 无线通信技术以及 IEEE 1609 车载环境无线接入标准系列。欧盟采取了和美国一样的无线通信标准，但协议栈为 ITS-G5[24]。在车辆联网通信方面，日本采用 IEEE 802.11p，基于 WAVE 建立了 ARIB 标准[54]。这些早期标准仅规定了 V2V 和 V2I 通信相关要求，主要用于为驾驶员提供信息提示和警告类应用。当前基于 IEEE 802.11p 的 V2X 系统利用 RSU 来实现覆盖，但仍然存在一定的局限性以及开放性的问题，例如不能够支持超高可靠性和极低延迟的通信，也没有明确的演化路径来改善延迟、可靠性等方面的性能要求⊖。相比较而言，基于蜂窝网络的解决方案可以基本上实现全场景无线覆盖，以及能够满足各类别应用需求的数据速率保证和延迟控制。

在 C-V2X 方面，3GPP 认识到人们对于车辆联网通信需求的日益增长，因此于 2015 年发起了一个项目，旨在开发一种从一开始就能够集成蜂窝网络通信技术，并能够在广泛的地理区域内提供无处不在的车辆联网通信的技术。秉承着这样的思路，LTE 的版本 14 包含一整套为 V2X 服务的技术组件。这些技术组件包括无线电接口与介质访问控制层的支持、协议和管理功能等。3GPP 定义的 V2X 通信可以便捷地支持实现安全和非安全（例

⊖ 为了弥补 DSRC 和 C-V2X 之间的性能差距，并支持其他操作模式，IEEE 802.11p 下一代 V2X 研究小组于 2018 年 3 月成立。IEEE 工作组 802.11bd（TGbd）于 2019 年 1 月成立[25]。

如信息娱乐）类应用，因此能够满足 ETSI 传递安全消息的需求，如 CAM 和 DENM[26-27]。

3.3.2　全球 DSRC/C-V2X 规范概述

接下来，我们将概述欧洲、美洲和亚洲相关的 DSRC/C-V2X 规范进展工作。

1. 欧洲

欧洲的大部分 ETSI TC-ITS 标准化工作与 C-ITS 相关。欧洲正在逐步解决分布式拥塞控制、C-ITS 安全、地理信息路由协议，以及 ITS 应用要使用的 C-ITS 设备服务等相关问题。

（1）分布式拥塞控制

当存在大量 C-ITS 消息，需要避免和减少 C-ITS 应用中的干扰和衰落时，跨层 DCC 能够管理资源，从而保证自组织网络的稳定性。

（2）C-ITS 安全

C-ITS 和驾驶安全应用取决于其他车辆和基础设施传输的可靠和可信数据。在这种情况下，安全和隐私相关的标准化解决方案至关重要，主要基于 C-ITS 安全管理基础设施的设计和实现。ETSI TC-ITS 制定了相关标准，定义了 C-ITS 安全框架标准，使其支持基于欧盟 C-ITS 部署平台的 PKI 信任模型，并为用户和驾驶员提供隐私保护机制，例如，在 ITS-G5 通信中使用假名证书并定期进行更换。

（3）地理信息路由协议

许多 ITS 应用都需要借助快速和直接连接的通信来传播信息，自组织网络可以发挥重要作用。GN 是一种针对移动自组织通信的网络层协议，不需要借助基于无线技术的基础设施（如 ITS-G5），能够利用地理位置传播信息和传输数据包。通过多跳方式，借助于基于 GN 协议的通信服务，网络节点彼此可以进行数据转发，从而扩展通信范围。

（4）支持 ITS 应用的 C-ITS 设备服务

ETSI TC-ITS 针对 ITS 应用所使用的重要设备服务进行了开发与维护。

这些服务包括但不限于：

- 协同感知：创建和维护针对 ITS 站点（ITS-S）的知晓状态，从而保障车辆使用路侧网络时的协作性能。
- 分布式环境通知消息：使用 ITS 通信技术向道路交通参与者发出所检测到事件的通知消息。
- 协同传感：对协同感知服务的补充，确定了 ITS-S 之间如何相互告知位置、动态以及所感知到实体的属性。
- 多媒体内容分发（Multimedia Content Dissemination，MCD）：使用 ITS 通信技术控制信息的分发。

图 3.4 展示了具有两种接入层选择的 ETSI ITS 协议架构。

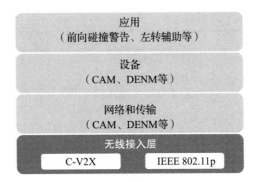

图 3.4　具有两种接入层选择的 ETSI ITS 协议架构

表 3.1 总结了与 C-V2X 密切相关的 ETSI TC-ITS 规范。

表 3.1　ETSI ITS 规范

ETSI ITS 编号	主题
EN 303 613	LTE-V2X 接入层
EN 302 636-4-1	地理信息路由
EN 302 571	智能运输系统（ITS）；在 5 855～5 925MHz 频段内工作的无线通信设备；包括指令 2014/53/EU 第 3.2 条基本要求的协调标准
TR 103 576-2	互操作性和向后兼容性
TS 102 941	安全
TR 103 766 and TR 103 667	同频共存
TR 103 688	接收机要求
TR 102 962 V2	公共移动网络框架
ITSWG5 TR 103 630	基于蜂窝 Uu 空口 C-ITS 通信的 ITS 设备层安全研究
ITSWG5 TS 103 692	安全实体和设备层之间的接口

2. 美洲

　　在美洲，SAE International 于 2014 年成立了 DSRC 技术委员会。自 2014 年 4 月以来，该协会一直在与 ETSI ITS WG1 和 IEEE1609 工作组合作开发 DSRC 方面的 V2X 应用标准。具体的任务工作组（Task Force，TF）包含：交叉任务工作组、V2V 安全感知任务工作组、V2V 协作自动化任务工作组以及 V2II2V 任务工作组。相关任务工作组共制定了 11 项标准规范，如表 3.2 所示。

表 3.2　SAE DSRC 标准

SAE 编号	主题
J2735	消息集（BAM、Map、SPaT、PSM、TIM）
J2945/0	J2945/x 文件的系统工程设计过程指南和通用设计概念
J2945/1	V2V 安全通信的车载系统要求
J2945/2	V2V 安全感知的性能要求

（续）

SAE 编号	主题
J2945/3	V2I 天气应用的要求
J2945/4	V2I 道路安全应用
J2945/6	CACC/ 编队性能要求
J2945/9	V2P 安全信息最低性能要求
J2945/10	地图 / 信号灯消息
J2945/11	信号优先
J2945/12	交通检测器的使用和操作

针对 LTE 和 5G C-V2X 技术，SAE International 于 2018 年 6 月宣布成立 C-V2X 技术委员会。C-V2X 技术委员会关注 LTE-V2X 的应用和性能需求，并重点研究 C-V2X 直接通信、PC5 和 5G-V2X 应用。C-V2X 高级应用任务工作组专注于与移动网络运营商相关的蜂窝标准。C-V2X 高级应用任务工作组与 3GPP RAN 和 ITU-R WG5A 合作定义了两个规范（如表 3.3 所示）。

表 3.3　SAE C-V2X 标准

SAE 编号	主题
J3161	LTE-V2X V2V 安全通信的车载系统要求
J3186	意图共享和协作服务

C-V2X 技术委员会负责支持接入层独立，使用 PC5 上 IEEE 1609.3 的完整功能集。除基本安全消息（BSM）外，该委员会也对信号相位和时序（SPAT）消息、地图数据（MAP）和个人安全消息（PSM）进行定义。完整的协议栈架构如图 3.5 所示：下半部分遵循的是 Uu 和 PC5 V2X 应用的 3GPP 规范，而上半部分则采用了 IEEE 的高层 V2X 协议［实现高度复用，并适合 C-V2X（LTE-V2X）的 PC5］。

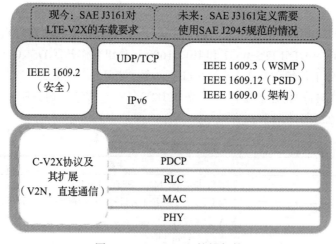

图 3.5　SAE C-V2X 协议架构

3. 亚洲

在中国，IMT-2020（5G）推进组中的 C-V2X 工作组专注于测试和验证 LTE-V2X 无线通信、部署和组网。同时，工作组通过商业模式分析和服务需求探讨等，积极推动 C-V2X 产业化。工作组从 2017 年起应用 5905 ～ 5925GHz 的 20MHz 带宽，组织开展了 LTE-V2X 测试示范活动。表 3.4 总结了当前的 C-V2X 标准化工作。

表 3.4 中国的 C-V2X 标准化工作[一]

标准分类	标准名称	标准等级	标准组织	状态	对应 V2X 协议栈中的部分
总体技术要求	基于 LTE 的车联网无线通信技术总体技术要求	行业标准	CCSA	已发布，YD/T 3400—2018	总体业务要求、系统架构
接入层	基于 LTE 的车联网无线通信技术——无线电接口技术要求	行业标准	CCSA	已发布，YD/T 3340—2018	接入层
	基于 LTE 的车联网无线通信技术——终端设备技术要求	行业标准	CCSA	已完成报批稿	设备接入层技术要求
	基于 LTE 的车联网无线通信技术——支持直连通信的终端设备测试方法	行业标准	CCSA	已发布，YD/T 3848—2021	设备接入层测试方法
网络层	基于 LTE 的车联网无线通信技术——网络层技术要求	行业标准	CCSA	已发布，YD/T 3707—2020	网络层协议
	基于 LTE 的车联网无线通信技术——网络层测试方法	行业标准	CCSA	已发布，YD/T 3708—2020	网络层协议测试方法
	基于 ISO 智能交通系统框架的 LTE-V2X 技术规范	团体标准	C-ITS	已发布	将 LTE-V2X 技术适配入 ISO-ITS 系统框架
应用层	基于 LTE 的车联网无线通信技术——消息层技术要求	行业标准	CCSA	已发布，YD/T 3709—2020	应用层消息集
	基于 LTE 的车联网无线通信技术——消息层测试方法	行业标准	CCSA	已发布，YD/T 3710—2020	应用层消息集测试方法
	道路交通控制机信息发布接口规范	行业标准	交标委	已发布，GA/T 1743—2020	应用接口
	合作式智能运输系统、车用通信系统、应用层及应用数据交互标准（第一阶段）	团体标准	C-SAE 和 C-ITS	已发布，T/CSAE 53—2020	应用层
	合作式智能运输系统、车用通信系统、应用层及应用数据交互标准（第二阶段）	团体标准	C-SAE 和 C-ITS	已发布，T/CSAE 157—2020	应用层
信息安全	基于 LTE 的车联网通信安全技术要求	行业标准	CCSA	已发布，YD/T 3594—2019	通信安全
	基于 LTE 的车联网无线通信技术——安全证书管理系统技术要求	行业标准	CCSA	已发布，YD/T 3957—2021	通信安全
	基于 LTE 的车联网无线通信技术——安全认证测试方法	行业标准	CCSA	制定中	通信安全
	基于 LTE 的车联网无线通信技术——安全证书管理系统技术要求	国家标准	CCSA	制定中	通信安全
	C-V2X 车辆异常行为管理技术要求	行业标准	CCSA	制定中	通信安全

○ 截至 2022 年 4 月，译者根据中国标准化情况更新并细化了该表。——译者注

（续）

标准分类	标准名称	标准等级	标准组织	状态	对应 V2X 协议栈中的部分
系统要求（Profile）	基于 LTE-V2X 直连通信的车载信息交互系统技术要求	国家标准	汽标委	制定中	车载设备系统要求
	基于 LTE 的车联网无线通信技术——直接通信路侧系统单元技术要求	团体标准	C-SAE 和 C-ITS	已发布，T/CSAE 159—2020	路侧设备系统要求
标识	基于 LTE 的车联网无线通信技术——应用标识分配及映射	行业标准	CCSA	完成报批稿	标识

在日本，ARIB 一直在研究采用 C-V2X 技术运行在 5.9GHz 频段的 ITS 服务。2018 年 3 月，ARIB 对该频段 ITS 服务与收费系统以及广播卫星和微波链路的共存操作进行了调研。此外，5GMF 将开展包括车辆与车辆之间实时通信的 5G 示范测试工作。

在韩国，TTA 分析和比较了 C-V2X 和 WAVE 技术，制定了基于 3GPP LTE-V2X 无线接入的车辆通信系统的各层规范——包含物理层（PHY）、介质访问控制（MAC）、无线链路控制（RLC）、分组数据汇聚协议（PDCP）、无线资源控制（RRC）和 NAS。此外，TTA 制定并完成了服务框架规范，其中包括：可供参考的架构（即协议栈、网络节点之间的接口等）；功能要求规范（即 V2X 消息传输和接收、QoS 管理等），从而更好地实现 3GPP V2X。表 3.5 总结了该地区当前进行的 C-V2X 标准化活动。

表 3.5　TTA V2X 规范

TTA 标准编号	主题
TTAR-06.0146	数据和控制通道的数据速率，以在车载环境下提供鲁棒的 V2X 通信
TTAR-06.0204	C-V2X 技术和服务部署策略
TTAK.KO-06.0479	车辆通信系统第 3 阶段：物理层 /MAC（LTE-V2X）
TTAK.KO-06.0482	C-V2X 服务框架——网络架构和通信过程

此外，在第 52 届中日韩 IMT-2000 工作组会议上，三国就 C-V2X 的信息共享和技术研发达成一致意见，成立了 SIG-V2X 任务工作组，在标准方面进行合作。此外，三国还为亚太电信组织（Asia-Pacific Telecommunity，APT）的 5G-V2X 报告提供支持。

3.3.3　3GPP 的 C-V2X 标准化：1G 到 5G 的通信发展状况以及 5G 发展趋势

从第一代移动通信技术（1G）开始，一直到目前的第五代移动通信技术（5G），移动通信在日常生活中变得越来越重要。需要指出的一点是，无线通信各代的数字并非直接指技术，而是指所有技术需满足的 ITU-T 的各代技术要求。因此，3GPP 所规定的 LTE 满足 4G 要求，也满足大规模物联网（IoT）服务的 5G 要求，NR 满足增强移动宽带（eMBB）和高可靠低延迟（URLLC）服务的 5G 要求。每一代移动通信技术在所处的特定时间内都可以提供一定的新服务，并且不断发展来为终端用户提供更好的服务和功能。如今，移动通信不再仅仅应用于个人通信，而是已经拓展到许多领域，包括汽车这个垂直行业领域。在 4G 出现之前，大多数车载应用很难支持高机动性以及车辆对延迟和可靠性的严格要求。然而，从 3GPP Rel 14 开始，3GPP 在其规范中包含了车辆通信及相关技术。图 3.6 概述了近年来 3GPP 版本和各代移动通信技术在 C-V2X 标准化方面的发展。

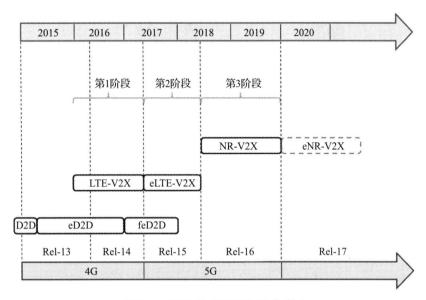

图 3.6　3GPP 的 C-V2X 标准化演进

1. 4G 的 C-V2X

版本 13 中第一次提及 3GPP 的车辆通信相关工作，引入了一种邻近服务（Proximity Services，ProSe）功能，能够实现 D2D 通信。该技术允许设备彼此发现并直接交换数据，而不需要通过网络基础设施[28]。引入直连通信这一概念，能够对传统的上下行链路起到一定的补充作用。在 LTE 的 ProSe 中，SL 通信非常类似于上行链路（UL），因为二者所使用的传输方案相同，即单载波频分多址（Single-Carrier Frequency Division Multiple Access，SC-FDMA），并且可用的时频资源属于 UL 资源的子集。此外，它还为设备资源选择 / 分配定义了两种模式：网络调度模式（例如，当设备处在网络覆盖范围内时），其中 eNB 为 SL 传输分配资源；自主模式（例如，当设备处在网络覆盖范围外时），从预先配置好的资源库中选择资源。后续的版本中又进一步增强了该特性，即 eD2D[29]，feD2D[30]）。最初设计 ProSe 的目的并非为 V2X 提供服务，而是主要针对公共安全和消费者应用（如可穿戴设备）场景，包括一些低机动性和点对多点通信等对延迟和可靠性没有严格要求的情况。

不管怎样，ProSe 通过建立 D2D 为车辆直连通信创造了基础。3GPP 官方自 Rel 14 以来一直积极支持车辆网联通信方面的服务。2016 年，3GPP 标准首次扩展到汽车行业，开始支持 V2V 服务，并在 2017 年进一步增强了 V2X 的应用场景。Rel 14 LTE 中包含了

V2X 第一阶段服务的标准化工作，主要关注了基本道路安全服务。因此，第一阶段规范重点关注了 V2X 通信所支持的 Day 1 安全和非安全通信方面的服务[31]。Rel 14 的 LTE[55] 中为了实现 V2X 第一阶段服务，提出了一种新的架构拓展，如图 3.7 所示。

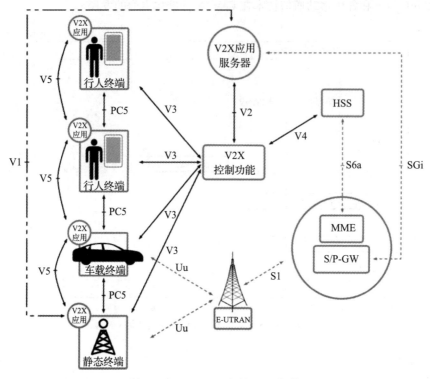

图 3.7   Rel 14 LTE 中的 V2X 架构

　　第一阶段确定了如何支持有限的消息传递服务，如 CAM 和 DENM，不涉及高 QoS 或 URLLC 支持。PC5 则是 Rel 12 和 Rel 13 中为 ProSe D2D SL 所指定的无线接口，进一步增强了高速、高终端密度和更短延迟的 V2V 服务。V2P 方面的 PC5 增强主要改进的是功率效率。V2X 的上行链路（UL）通过半持续调度（Semi-Persistent Scheduling，SPS）和 DL 多媒体广播多播服务（Multimedia Broadcast Multicast Service，MBMS）增强了 Uu 空口。

2. 5G 支持的 C-V2X 服务

　　随着 5G 时代的到来，目标转为 V2X 的高级别用例（更严格的要求[32]和支持更新颖和更先进的应用[33]），同时增强 3GPP 对 V2X 服务的支持（即 eV2X 服务）。LTE 和 NR 技术都是公认的 eV2X 备选新型无线接入技术。

　　在 RAN 第 76 次全体会议（2017 年 6 月）上，3GPP 批准了《LTE 和 NR 技术的新 V2X 应用评估方法研究》[34]。该研究项目（SI）旨在进一步改进 LTE-V2X 的评估方法，并最终确定基于 NR 所提供的 V2X 服务。RAN 第 80 次全体会议（2018 年 6 月）完成了 SI，并形成了一份技术报告[35]以及以下结论：

- 对于采用 6GHz 以上 ITS 频谱的车辆直连通信，开展相关监管要求和设计需求研究。
- 评估场景，包括性能指标、车辆卸客和交通模型。
- 6GHz 以上频谱的直连通信信道模型。

版本 15 LTE 有关的规范中针对 V2X 第二阶段引入了一些增强功能[36]。

另一方面，NR V2X 与 V2X 第三阶段一样，旨在补充和支持 LTE-V2X，以实现 eV2X 服务，同时也包括独立支持基本安全用例的可能性。NR RAT 在版本 15 中首次被引入，以期可以实现比 LTE 更高的系统容量和更好的覆盖率。然而，在版本 15 LTE-V2X 能力之外的高级别 V2X 应用有着更严格的性能要求，因此我们仍需定义一个新的 NR 系统和 NR 直连通信协议。NR V2X 也就应运而生，它旨在以灵活的方式支持具有低延迟和高可靠性要求的服务。在接入网络层面，参考文献 [37] 首次成功完成了 NR V2X 的可行性研究，并确定了若干技术解决方案[38]。这项研究包括以下方面：

- NR 直连通信设计。
- 支持直连通信的单播 / 组播 / 广播。
- 物理层结构和流程。
- 同步机制。
- 资源分配机制。
- L2/L3 协议。
- 高级 V2X 用例的 Uu 增强。
- LTE 或 NR 基于 Uu 的直连通信资源分配 / 配置。
- RAT 与接口选择。
- QoS 管理。
- NR 和 LTE 直连通信之间的非同频信道共存

根据 NR V2X 可行性研究，版本 16 工作项目《5G V2X 和 NR 直连通信》解决了上述问题，并给出了包括 NR 直连通信的相应无线解决方案，这对于版本 16 支持 eV2X 服务来说至关重要[39]。更具体地说，NR 直连通信第一版的开发重点支持基于 V2X 通信的道路安全服务，设计目标是提供网络覆盖范围外和网络覆盖范围内的广播、多播和单播通信。

值得说明的一点是，在 NR V2X 开发之前，版本 15 NR 中已提出了要对 URLLC 服务提供基本支持，其中包括用于解决低延迟问题的传输时间间隔（Transmission Time Interval，TTI）结构，以及用于提高可靠性的方法。版本 15 中之所以会提出支持 URLLC 服务，是因为存在大量对于延迟和可靠性具有严格要求的用例。随后，在研究 V2X 项目的同时，相关团队也在进行 URLLC 研究，以评估版本 15 NR URLLC 是否对于其他应用也具备可行性，包括交通行业，特别是远程驾驶应用等[40]。研究结论表明，为版本 15 中 URLLC 解决方案提供一组增强功能（即 eURLLC）是有价值的[41]，因此版本 16 中的一项工作就是在于增强此类功能[42]。

3. 未来计划

如上所述，近年来，汽车垂直行业领域和 V2X 通信得到了广泛关注。自版本 14（LTE）以来，V2X 直连通信一直是一个广受关注的话题。版本 16 中也继续加深了 V2X 直连通信的内容，也成为推动版本 17 以及之后各个版本工作的一项重要主题。版本 16 在有关 V2X 直连通信方面主要关注的是 FR1 频段（即低于 6GHz）的相关基本结构、进程和资源分配。版本 17 主要讨论以下主题，将对 V2X 发展演进起到重要作用：

- 6GHz 以上的频段，FR2。
- 增强 PC5 在 URLLC 方面的能力。
- 直连通信的载波聚合。
- NR V2X 中的中继技术。
- 加强资源分配。
- 多输入多输出（MIMO）波束成形、波束管理和多板。
- 功耗优化。
- 定位支持。

2019 年 12 月，版本 17 中确认了 RAN 方面的内容，包括标准工作项目"NR 直连通信增强"[43] 和研究项目"NR 直连通信中继"[44] 所涉及的直连通信技术的演进。根据 SA 在架构增强[45] 方面的工作进展，标准工作项目提出无线解决方案，以解决因为时间限制而在版本 16 中无法全部支持的服务质量需求和操作场景。研究项目则将探讨如何发展直连通信的中继功能，提高直连通信/网络覆盖拓展和改进功率效率。

除了像过去几个版本一样不断改进直连通信技术外，版本 17 也会增加一些新的研究方向。在网络覆盖范围外能够工作的直连通信（目前仅用于 V2X 连接）同样可以用于其他应用领域的模块化构建，包括：

- 公共安全（Public Safety，PS）：是指由于出现一些紧急情况（如地震和其他自然灾害），公众移动网络部分停止运行。直连通信可用于实现终端到终端的通信，即使缺乏通信网络覆盖仍能中继消息。
- 商业化应用，例如商业中心或商店针对行车或者顾客的商业公告。

这些新的应用领域主要目标是通过最大限度地发挥协同作用，使变化最小化，以实现大部分 NR V2X 功能的复用。

表 3.6 所列出了各种研究项目和标准工作项目，与 3GPP 内的 C-V2X 支持与演进、3GPP 技术报告、C-V2X 核心规范以及正在进行和计划中的相关标准化活动直接相关。

表 3.6　3GPP 与 C-V2X 有关的项目和规定

SI/WI	3GPP 代码	SI/WI 描述
改进 V2X 服务处理	V2XIMP	SP-180247（SI）
		SP-181013（WI）

（续）

SI/WI	3GPP 代码	SI/WI 描述
V2X 服务的应用层支持	V2XAPP	SP-171071（SI）
		SP-180898（WI）
		CP-192077（CT）
3GPP 支持高级别 V2X 应用服务的增强架构	eV2XARC	SP-180733（SI）
		SP-181121（WI）
		CP-192078（CT）
		SP-191125
		（安全性）
NR V2X 研究	FS_NR_V2X	RP-190224
V2X 媒体处理与交互研究	FS_mV2X	SP-170799
3GPP 支持高级别 V2X 服务的安全研究	FS_eV2X_Sec	SP-190108
5G V2XNR 直连通信技术	5G_V2X_NRSL	RP-191723
支持 V2X 服务的应用层增强研究	FS_eV2XAPP（Rel-17）	SP-190477
V2X 第二阶段服务研究	FS_eV2XARC_Ph2（Rel-17）	SP-190631
NR 直连通信增强研究	NRSL_enh（Rel-17）	RP-193257
NR 直连通信中继研究	FS_NR_SL_Relay（Rel-17）	RP-193253

规范和技术报告

TR 33.836 "Study on security aspects of 3GPP support for advanced V2X services"

TR 23.795 "Study on application layer support for V2X services"

TS 23.286 "Application layer support for Vehicle-to-Everything（V2X）services; Functional architecture and information flows"

TS 29.486 "Vehicle-to-Everything（V2X）Application Enabler（VAE）service; Stage 3"

TS 24.486 "Vehicle-to-Everything（V2X）Application Enabler（VAE）layer; Protocol aspects; Stage 3"

TR 23.786 "Study on architecture enhancements for the Evolved Packet System（EPS）and the 5G System（5GS）to support advanced V2X services"

TS 33.536 "Security aspects of 3GPP support for advanced Vehicle-to-Everything（V2X）services"

TS 23.287 "Architecture enhancements for 5G System（5GS）to support Vehicle-to-Everything（V2X）services"

TS 24.588 "Vehicle-to-Everything（V2X）services in 5G System（5GS）; User Equipment（UE）policies; Stage 3"

TS 24.587 "Vehicle-to-everything（V2X）services in 5G system（5GS）; stage 3"

TS 33.536 "Security aspects of 3GPP support for advanced vehicle-to-everything（V2X）services"

TR 38.885 "Study on NR vehicle-to-everything（V2X）"

TR 26.985 "Vehicle-to-everything（V2X）; media handling and interaction"

TR 37.985 "Overall description of radio access network（RAN）aspects for vehicle-to-everything（V2X）based on LTE and NR"

TR 38.886 "V2X services based on NR; user equipment（UE）radio transmission and reception"

TR 23.764 "Study on enhancements to application layer support for V2X services"

TR 23.776 "Study on architecture enhancements for 3GPP support of advanced vehicle-to-everything（V2X）services; phase 2"

3.4　应用层面

V2X 应用至少可以使用一个通信接口，包括 V2V、V2I、V2P 或 V2N。每个应用可在各种场景和道路环境中支持一个或多个用例。与 V2X 应用相关的用例通常可分为基本用例（如安全用例）和高级用例（如交通效率、信息娱乐、车辆运行管理、处理卸载以及社群），上述所有应用均与 CAD 和 CRU 服务相关。V2X 应用的路线图通常会包括不同的部署阶段，也就是所谓的 Day1，Day2，…，DayN。通过部署阶段划分，将有助于实现 V2X 通信从仅支持状态感知消息到实现完全自动驾驶的平稳过渡。

每一项 V2X 应用的设计与开发均需本着透明化 V2XRAT 的原则，即同时支持蜂窝和基于 Wi-Fi IEEE 802.11p 的 RAT。V2X 应用必须为每个地区提供符合 V2X 标准的软件协议栈的完整功能，例如美国（WAVE）、欧盟（ETSI）和中国（SAE-C），包括符合标准规定的设施、网络、消息安全层（参考 IEEE 1609.x、SAE J2735、ETSI ITS、SAE International 和 SAE-C）。这些标准协会和联盟起草了 V2X 应用的基本要求，确保这些要求能够独立于 OEM 和零部件，支持互操作和安全通信。安全和隐私是两个与 V2X 应用相关的重要内容，相关的标准和政策已经得到发布，本书会就直接通信的部分内容在第 9 章中进行详细讨论。

V2X 安全旨在确保消息认证、完整性和弹性、不可否认性和不可重放性，同时在 V2X 实体需要时提供隐私保护服务。在美国、欧盟和中国，证书和 PKI 保证了 V2X 的安全性。公钥/私钥和加密算法对 V2X 的数据交换进行签名和加密。PKI 生成了具有适当有效范围（日期、地理位置等）和权限的证书。PKI 分层信任链由受信任的根证书颁发机构控制，能够为对等 V2X 通信实体提供的证书进行验证和信任。证书分配给参与 V2X 通信的所有实体，包括车辆、道路站点、应用服务器、PKI 机构等。证书指定一个或多个公钥，可用于验证收到的消息的签名或对发送给其他实体的消息进行加密。证书已得到签名，必须进行验证。PKI 基础设施还可对错误行为进行报告和撤销证书。

3.4.1　欧盟的标准化工作

欧盟委员会规定了终端实体之间，以及 V2X 终端实体（车辆、道路站点、行人设施等）与 PKI 认证机构之间通信的协议[46]，并进一步公布了一套支持此类 PKI 基础设施运营的政策，参见参考文献 [47, 58]（如图 3.8 所示）。

根据标准[48]，V2X 消息得到了安全保护，即签名和加密，该标准是参考文献 [49] 的概要文件（发布本修正案是为了满足欧洲的特定要求）。与 PKI 机构交换的 PKI 消息也得到了基于同等标准的安全保护。标准还规定了证书格式。欧盟委员会进一步发布了一套适用于欧洲 V2X 安全的政策[50]。

3.4.2　美国的标准化工作

如图 3.9 所示，参考文献 [51] 中规定了 PKI 机构和协议。本规范适用于所有美国交通部网联汽车和 V2X 项目应用。IEEE 1609 工作组已经启动了更为正式的标准化进程，IEEE 1609.2.1 标准于 2020 年发布。

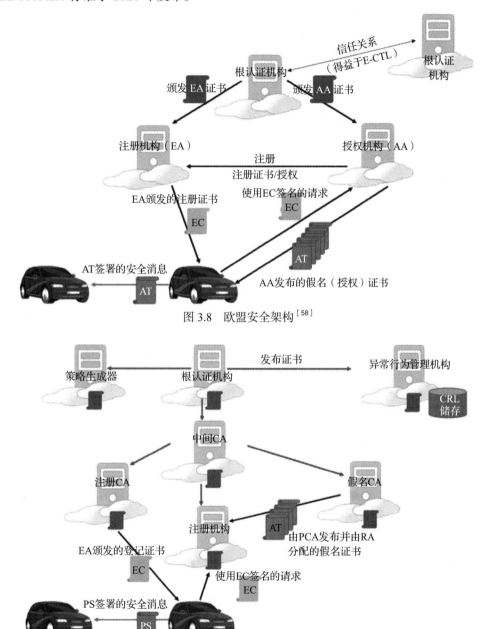

图 3.8 欧盟安全架构[58]

图 3.9 美国 SCMS（简化版）

根据标准[52]进行签名和加密能够确保 V2X 消息的安全性，同样可以保护与 PKI 机构交换的 PKI 消息。标准当中还规定了证书的格式。

3.5   本章总结

本章描述了与 V2X 通信相关的标准化和监管发展现状。在 V2X 通信系统的研究、开发和实施方面，国际上包括从无线到汽车行业的不同主管部门已经开始并将持续进行相应的协调工作。通过复杂、精细的协调，这些工作最终能够转化为共同商定的标准规范。本章当中我们共同了解了世界不同地区的监管、无线电频谱分配、通信解决方案、标准化成果以及未来计划等方面的工作。同时，我们深入分析了 3GPP C-V2X 技术如何能够满足 V2X 服务的具有挑战性的性能指标要求。在多家汽车制造商的共同支持下，C-V2X 技术取得了良好的发展势头。

参考文献

1 5G PPP Automotive Working Group. (2019). Business Feasibility Study for 5G V2X Deployment. White paper.

2 ITU-R. (2015). IMT vision - framework and overall objectives of the future development of IMT for 2020 and beyond. ITU-R M.2083–0.

3 5G PPP. (2015). 5G automotive vision. White paper.

4 ITU-T. (1988). Method for the characterization of telecommunication services supported by an ISDN and network capabilities of an ISDN. ITU-T I.130.

5 ITU. (2016). Radio regulations articles.

6 ITU-R. (2017). Frequency arrangements for implementation of the terrestrial component of International Mobile Telecommunications (IMT) in the bands identified for IMT in the Radio Regulations (RR). Working document. ITU-R WP5D.

7 3GPP. (2018). Evolved universal terrestrial radio access (E-UTRA); base station (BS) radio transmission and reception. 3GPP TS 36.104, v14.6.0.

8 3GPP. (2017). Base station (BS) radio transmission and reception (FDD). 3GPP TS 25.104, v14.2.0.

9 European Commission. (2016). Mandate to CEPT to develop harmonised technical conditions for spectrum use in support of the introduction of next-generation (5G) terrestrial wireless systems in the Union.

10 3GPP. (2017). First 5G NR specs Press release.

11 3GPP. (2017). 3GPP technical specification group radio access network; NR; user equipment (UE) radio transmission and reception (Release 15). 3GPP TS 38.101.

12 CEPT ECC. (2015). The harmonised use of the 5875–5925 MHz frequency band for Intelligent Transport Systems (ITS). ECC Decision (08)01.

13 CEPT. (2016). Harmonised use of the 63–64 GHz frequency band for Intelligent Transport Systems (ITS).

14 CEPT. (2019). Harmonised use of the 63.72–65.88 GHz frequency band for Intelligent Transport Systems (ITS).

15 World Radio Conference. (2015). Intelligent transport systems applications. Resolution 237.

16 Hartenstein, H. and Laberteaux, K.P. (2008). A tutorial survey on vehicular ad hoc networks. *IEEE Communications Magazine* 46 (6): 164–171.

17 Harding, J., Powell, G.R., Yoon, R. et al. (2014). Vehicle-to-vehicle communications: Readiness of V2V technology for application. Report DOT HS 812 014. National Highway Traffic Safety Administration, Washington, DC.

18 Chen, W., Delgrossi, L., Kosch, T., and Saito, T. (2014). Automotive networking and applications. *IEEE Communications Magazine* 52 (6): 118.

19 Dressler, F., Hartenstein, H., Altintas, O., and Tonguz, O.K. (2014). Inter-vehicle communication: quo vadis. *IEEE Communications Magazine* 52 (6): 170–177.

20 Festag, A. (2015). Standards for vehicular communication – from IEEE 802.11p to 5G. E & I Elektrotechnik und Informationstechnik.

21 Analysys Mason. (2017). Socio-economic benefits of cellular V2X. Ref 2011027–492.

22 Vinel, A. (2012). 3GPP LTE versus IEEE 802.11p/WAVE: "which technology is able to support cooperative vehicular safety applications?". *IEEE Wireless Communications* 1 (2): 125–128.

23 Lien, S.-Y., Deng, D.-J., Tsai, H.-L. et al. (2017). Vehicular radio access to unlicensed Spectrum. *IEEE Wireless Communications* 24 (6): 46–54.

24 Sjoberg, K., Andres, P., Buburuzan, T., and Brakemeier, A. (2017). Cooperative intelligent transport Systems in Europe: current deployment status and outlook. *IEEE Vehicular Technology Magazine* 12 (2): 89–97.

25 Naik, G., Choudhury, B., and Park, J.N. (2019). IEEE 802.11bd & 5G NR V2X: evolution of radio access technologies for V2X communications. *IEEE Access*.

26 Seo, H., Lee, K.-D., Yasukawa, S. et al. (2016). LTE evolution for vehicular-to-everything services. *IEEE Communications Magazine*: 22–28.

27 Chen, S., Hu, J., Shi, Y. et al. (2017). Vehicle-to-everything (V2X) services supported by LTE-based systems and 5G. *IEEE Communications Standards Magazine*: 70–76.

28 3GPP (2018). Proximity-services (ProSe) user equipment (UE) to ProSe function protocol aspects; Stage 3. 3GPP TS 24.334 v15.2.0.

29 3GPP. (2014). Enhanced LTE device to device proximity services. 3GPP TSG RAN RP-142311.

30 3GPP. (2018). Study on further enhancements to LTE device to device (D2D). UE to network relays for internet of things (IoT) and wearables. 3GPP TR 36.746, v15.1.1.

31 3GPP. (2018). Service requirements for V2X services; Stage 1. 3GPP TS 22.185, v15.0.0.

32 3GPP. (2018). Study on enhancement of 3GPP support for 5G V2X services. 3GPP TR 22.886, v16.2.0.

33 3GPP. (2019). Enhancement of 3GPP support for V2X scenarios. 3GPP TS 22.186, v16.2.0.

34 3GPP. (2017). Study on evaluation methodology of new V2X use cases for LTE and NR. 3GPP TSG RAN RP-171093.

35 3GPP. (2019). Study on evaluation methodology of new vehicle-to-everything V2X use cases for LTE and NR. 3GPP TR 37.885, v15.3.0.

36 3GPP. (2017). V2X phase 2 based on LTE. 3GPP work item description. 3GPP TSG RAN RP-171740.

37 3GPP. (2018). Study on NR V2X. 3GPP study item description. 3GPP TSG RAN

RP-181480.

38 3GPP. (2019). Study on NR vehicle-to-everything (V2X). 3GPP TS 38.885, v16.0.0.

39 3GPP. (2019). 5G V2X with NR sidelink. 3GPP work item description. 3GPP TSG RAN RP-190766.

40 3GPP. (2018). Physical layer enhancements for NR URLLC. 3GPP study item description. 3GPP TSG RAN RP-182089.

41 3GPP. (2019). Study on physical layer enhancements for NR ultra-reliable and low latency case (URLLC). 3GPP TR 38.824, v16.0.0.

42 3GPP. (2019). Physical layer enhancements for NR URLLC. 3GPP work item description. 3GPP TSG RAN RP-190726.

43 3GPP. (2019). NR sidelink enhancement. 3GPP work item description. 3GPP TSG RAN RP-193257.

44 3GPP. (2019). Study on NR sidelink relay. 3GPP study item description. 3GPP TSG RAN RP-193253.

45 3GPP. (2019). Study on V2X services – phase 2. 3GPP work item description. 3GPP TSG SA SP-190631.

46 ETSI. (2018). Intelligent transport systems (ITS); security; trust and privacy management ETSI TS 102 941, V1.2.1.

47 European Commission. (2018). Certificate policy for deployment and operation of european cooperative intelligent transport systems (C-ITS). Release 1.1.

48 ETSI. (2017). Intelligent transport systems (its); security; security header and certificate formats. ETSI TS 103 097, V1.3.1.

49 IEEE. (2017). IEEE standard for wireless access in vehicular environments – security services for applications and management messages amendment 1. IEEE 1609.2a-2017.

50 European Commission. (2017). Security policy & governance framework for deployment and operation of european cooperative intelligent transport systems (C-ITS). Release 1.

51 Crash Avoidance Metrics Partnership. (2016). Security credential management system proof–of–concept implementation: EE requirements and specifications supporting SCMS software release 1.2.

52 IEEE. (2016). IEEE standard for wireless access in vehicular environments – security services for applications and management messages. IEEE 1609.2-2016.

53 5GAA. (2017). Timeline for deployment of LTE-V2X. December 2017.

54 Association of Radio Industries and Businesses. (2012). 700 MHz band intelligent transport systems.

55 3GPP. (2019). Architecture enhancements for V2X services. 3GPP TS 23.285, v16.2.0.

56 ETSI. (2020). Technical committee (TC) intelligent transport systems (ITS). https://www.etsi.org/committee/its.

57 3GPP. (2020). About 3GPP. https://www.3gpp.org/about-3gpp.

58 ETSI. (2018). Intelligent Transport Systems (ITS); Security; ITS communications security architecture and security management. ETSI TS 102 940, V1.3.1.

第 4 章

频谱和信道建模

Taimoor Abbas[一]、Mate Boban[二]、Jose Leon Calvo[三]、Yunpeng Zang[三]和 Mikael Nilsson[四]

本章将讨论 V2X 通信相关的两个重要主题：频谱和信道建模。首先，V2X 通信需要相应的频谱资源。从监管的角度，频谱资源会根据不同服务的特定需求进行分配，例如广播服务、卫星服务和移动服务。对于 V2X，我们主要考虑 CAD 和 CRU 这两类服务。本章将概述无线电频谱发展现状、未来需求和频谱可用情况，以及 5GCAR 频谱研究中所采用的方法。此外，本章还介绍了 5GAA[1] 于 2020 年 6 月发布的频谱需求预估情况，其中区分了基本用例和高级用例。

本章将随后介绍先进的 V2X 通信的信道模型，其中包括 LoS 遮挡分析、路径损耗和阴影衰落建模以及快速衰落建模。在现有工作基础上，本章将总结构建一个完整的 V2X 信道建模需要的关键技术，重点介绍了 6GHz 及以上频段新型 V2V 的测量方法和特性描述，6GHz 以下频段测量的多链路阴影模型，以及大规模多输入多输出自适应波束成形的信道测量方法。

4.1 V2X 通信的频谱和监管

本节将概述不同监管主体对于 V2X 通信频谱使用的监管政策和建议，以实现不同地区和不同技术之间的频谱资源协调。本章内容以欧洲国家及其监管政策为重点，同时也介绍美国和亚洲等其他相关国家 / 地区的具体情况。

㊀ 华为技术有限公司（瑞典）。
㊁ 华为德国研究中心（德国）。
㊂ 爱立信研究院（德国）。
㊃ 沃尔沃汽车公司（瑞典）。

4.1.1 欧洲的频段情况

在本节中，我们将详细介绍欧洲各个频段的使用情况，包括 5.9GHz ITS 频段、收费系统所使用的 5.8GHz 频段、60GHz ITS 频段以及 IMT 频段。

1. 5.9GHz ITS 频段

欧洲规定了 ITS 频段为 5855 ～ 5925MHz，也就是所谓的 5.9GHz 频段。CEPT 指定将该免授权频段的 5875 ～ 5905MHz 用于道路安全类 ITS 服务，并建议将 5905 ～ 5925MHz 频段作为安全类相关 ITS 服务的拓展频段。在此基础上，欧盟委员会于 2008 年 8 月 5 日决定将 5875 ～ 5905MHz 频段分配用于 ITS 安全类应用[2]。2015 年 7 月 3 日修订建议[3]提议将 5855 ～ 5875MHz 频段分配用于非安全类应用，以支持和增强 CEPT 的 ITS 服务。根据参考文献［3］和［4］，符合 ETSIEN302571[5] 的设备无须单独申请 5855 ～ 5925MHz ITS 频段许可。表 4.1 和图 4.1 展示了欧洲 5.9GHz ITS 频段相关监管政策和信道分配情况。

表 4.1　欧洲 5.9GHz 的 ITS 频段

频段	用途	法规
5855 ～ 5875MHz	ITS 非安全类应用	ECC 建议书（08）01
5875 ～ 5905MHz	ITS 安全类应用	委员会第 2008/671/EC 号决定，ECC 第（08）01 号决定
5905 ～ 5925MHz	ITS 未来应用	ECC 第（08）01 号决定

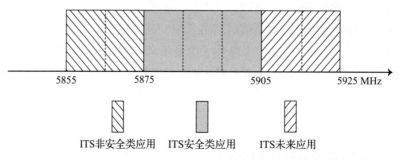

图 4.1　欧洲专用 5.9GHz ITS 频段

ETSIEN 302 571 是欧洲 5.9GHz ITS 频段的协调标准，规定了该频段上用于 ITS 产品的无线发射机和接收机的技术要求和测量方法。这些技术要求和测量方法与无线接入技术无关。只要符合 EN 302 571 中规定的技术要求，任何 ITS 无线电技术都可以使用 5.9GHz ITS 频段。目前，ETSI ITS-G5 和 3GPP C-V2X 短距离蜂窝通信（PC5），包括在版本 14LTE-V2X 中的首次实现，都属于在该频段内运行的无线电技术。

2. 用于道路收费的 5.8GHz 频段

在 5795 ～ 5815MHz 频段上，共有四个 5MHz 信道分配用于道路运输和交通远程信息处理（Road Transport and Traffic Telematics，RTTT）应用，例如 ETC。该系统采纳了

CEN 标准中 EN 12253:2004、EN 12795:2003、EN 12834:2003、EN 13372:2004 和 ISO 14906:2004 所规定的无源 DSRC 技术。由于频段紧邻，CEN DSRC 收费系统可能会受到 5.9GHz ITS 频段内 ITS-G5 或 LTE-V2X 站的干扰。ETSI 的技术规范 102 792 中规定了确保 5.8GHz 收费系统和 5.9GHz ITS 系统共存的技术解决方案。

3. 60GHz ITS 频段

对于 5.9GHz 以上的频段[6]，CEPT 管理员决定为 ITS 应用分配 63.72 ~ 65.88GHz 的频段。1998 年 6 月 22 日，欧洲议会和理事会第 98/34/EC 号法令规定，ETSI 等标准化组织将制定企业所用的 ITS 无线发射机和接收机的技术标准，其中可以包括 V2V 和 V2I 部分内容。这些 ITS 相关技术通过在短距离内使用定向和高增益天线的超宽带通信，从而实现高效的频谱复用；同时可以灵活地调用带宽方案，即一般情况下在宽带模式下运作，可以周期性地减少带宽（例如用于天线训练和其他活动）。

ETSI TR 102 400 中说明了拟在 63.72 ~ 65.88GHz 频段内运行的 ITS 应用的技术特征。ETSI TC ERM TG37 还为 60GHz ITS 频段制定了欧洲协调标准 EN 302 686。目前，市场上还未出现使用该频段的产品。

4. 欧洲的 IMT 频段

目前，使用 PC5 接口的 V2X 直连通信工作在频段 47（5855 ~ 5925MHz）内[7]。Uu 空口（基站和用户设备之间的无线电接口）可以在多个频段上实现蜂窝通信。在一些频段上，例如通信频段 3、7、8、39、41，基于 Uu 空口的通信可以与基于 PC5 接口的通信（频段 47）相融合。

表 4.2 列出了欧洲移动网络运营商使用的授权频段列表。该表最右边的一列描述了该频段是否可以根据 3GPP 规范与 V2X PC5 接口结合使用。

表 4.2　欧洲 3GPP Uu 通信分配给 MNO 的授权频段

针对 Uu 的 3GPP 频段标准化	上行链路工作频段		下行链路工作频段		模式	是否可与 V2X 频段 47 结合
	下限（MHz）	上限（MHz）	下限（MHz）	上限（MHz）		
频段 1	1 920	1 980	2 110	2 170	FDD	否
频段 3	1 710	1 785	1 805	1 880	FDD	是
频段 7	2 500	2 570	2 620	2 690	FDD	是
频段 8	880	915	925	960	FDD	是
频段 20	832	862	791	821	FDD	否

基于移动网络运营商和汽车制造商之间的协议，ITS 和汽车相关应用也许还可以通过 Uu 空口使用公众移动网络运营商的相关频段。

4.1.2　其他地区的频段情况

本节将详细介绍欧洲以外地区的频段情况，主要包括美国和中国，也涉及日本、新加坡、澳大利亚和加拿大。

1. 美国

本小节将介绍美国的 C-V2X 频段和 IMT 频段情况。

（1）美国在 ITS 应用服务方面所使用的 C-V2X 频段

1999 年 10 月，FCC 为基于 DSRC 技术的 ITS 应用分配了 5.9GHz 频段（5850 ～ 5925MHz），并采用了 DSRC 运行的基本技术规则。美国起初只允许 DSRC 使用 5.9GHz 频段，目前 FCC 已决定在所分配的 5.9GHz 频段内运行 C-V2X 设备和 Wi-Fi 设备[41]。依据新提出的 FCC 规则，ITS 业务中将新增 5.895 ～ 5.925GHz 的 C-V2X 设备和 5.850 ～ 5.895GHz 的 Wi-Fi 设备。此外，高功率军用雷达系统的政府无线电定位服务和非政府固定卫星服务（FSS）也在 5.9GHz 上共存。

图 4.2 展示了美国 5.9GHz 频谱的新频段规划。希望在编写本书之后，美国方面可以明确更多细节，例如 Wi-Fi 和 C-V2X 之间所需的保护频段或者服务定义。

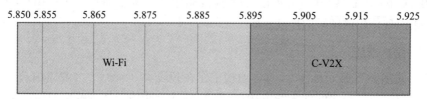

图 4.2　美国 5.850 ～ 5.925GHz 频段的频谱分配规划

（2）美国的 IMT 频段

FCC 负责监管美国无线频率并根据地理区域颁发频谱许可。参考文献［8］中规定了适合 5G 各类应用的 6GHz 以下和 24GHz 以上的频谱范围。考虑 5G 的潜在频段范围和应用场景，可以考虑的分配如下：

- eMBB（增强型移动宽带）应用场景：24GHz 以上的频段可用于超高速无线链路；3 ～ 6GHz 频段可用于高速无线链路。基本上整个频段都可以提供超低延迟服务，考虑到可靠性，优选 6GHz 以下频段。
- URLLC（低时延高可靠通信）应用场景：24GHz 以上的频段可用于短程通信，6GHz 以下的频段应当用于中远程通信。
- mMTC（海量机器通信）应用场景：原则上，所有频段均可用于支持 mMTC。

2. 中国

参考文献［9］概述了包括中国在内的世界不同地区对 5GHz 频段的监管要求。中国 5GHz 频段（5150 ～ 5925MHz）的监管情况如下：

- 5150 ～ 5350MHz：仅用于室内无线接入系统（Wireless Access System，WAS）/ 无线局域网（Radio Local Area Network，RLAN）；最大等效全向辐射功率（Effective

Isotropic Radiated Power，EIRP）为 200mW；

- 5470 ～ 5905MHz：仍在调研中。

中国在 5G 频段应用方面，为 LTE-V2X 试验分配了 5905 ～ 5925MHz，并计划在 800MHz 频段为窄频带物联网（NB-IoT）（专用网络）分配 2 个 2.3MHz 的频段。在 5G eMBB 应用方面，需要通过协调频段和寻找更大的连续带宽，支持 6GHz 以下和 6GHz 以上频段的聚合。

2016 年 1 月 7 日，中国工业和信息化部（Ministry of Industry and Information Technology，MIIT）组织在 IMT 3.4 ～ 3.6GHz 频段进行了 5G 兼容性试验。在某些频段上对 5G 毫米波段的兼容性进行研究，并在 WRC-19 进行介绍（议程项 1.13）。在国家科技重大项目的支持下，在上海和重庆对 5905 ～ 5925MHz 的 LTE-V2X 原型样机进行了试验。

支持频段聚合是 5G 频谱的关键；3.3 ～ 3.6GHz 和 4.8 ～ 5.0GHz 成为 5G 部署的频段。车联网将是 5G URLLC 的重要应用。

3. 世界上的其他地区

接下来介绍日本、新加坡、澳大利亚和加拿大这四个国家的 V2X 频谱分配情况。

日本运用 DSRC 技术，为 V2V 通信系统以及 ETC 业务分配了 5770 ～ 5850MHz 的频段。由于该频段资源在一些地区的拥挤情况，不能作为 V2V 通信的首选频段，因此另外分配了 760MHz（755.5 ～ 764.5MHz 频段）用于 ITS 应用。日本为 700MHz 频段的"驾驶安全支持系统"制定了新的 V2V 通信标准 ARIB STD-T75[10]。

新加坡、澳大利亚和加拿大分别为 ITS 应用分配了 5855 ～ 5925MHz 的频段。2017 年，澳大利亚通信和媒体管理局（Australian Communications and Media Authority，ACMA）最终敲定了澳大利亚 ITS 无线通信类许可证。ITS 类别许可证规定，使用 5855 ～ 5925MHz 频率的 ITS 站点必须符合 ETSI 协调标准欧洲规范 EN 302 571[11]。

4.1.3　全球频谱拍卖情况

5GAA 发布了一项关于 ITS 应用的频谱资源需求研究[1]，其中 Day1 和高级别应用所需的带宽预计为：1GHz 以下频段为 50MHz，1 ～ 7GHz 范围内为 500MHz。参考文件中提供了频谱需求的详细信息，其中表 4.3 中突出显示了一些选定的应用。

表 4.3　不同应用场景对频谱资源的不同需求

		频谱需求（MHz）		
		乡村	城区	密集城区
V2N	可重构无线电系统的软件更新（下行）	12	12	3
	自动驾驶脱离报告（上行）	13	4*	4*
	伤者转运检测（上行）	28	8*	8*
	远程遥控驾驶（上行）	100	30*	30*

（续）

| | | 频谱需求（MHz） | | |
		乡村	城区	密集城区
V2N	视障辅助（下行）	**	40	90
	基础设施辅助环境感知（上行）	**	90~184	
	车载娱乐系统（下行）	**	450	900
	高清地图采集和共享（上行）	**	360	720
	* 城区和密集城区必须至少支持一个用户			
	** 为了满足用例要求，增加频谱可用性本身是不够的，需要使用改进的网络和设备功能对此加以补充，5GAA 现在正在考虑采用这一策略			
V2V/I/P	ITS 在 5.9GHz 频段上的 70~75MHz 频谱（许多地区采取了这一分配分配方式）符合当前基本安全和高级别应用要求。这一要求适用于所有地理区域			

实现频谱协调主要依靠不同国家或地区的内部法规。在欧洲和美国，一种常见的组织频段分配的方式是通过拍卖将特定带宽授权给有意愿的运营商。通过竞标，运营商可以获得特定频段。在中国，根据运营商的客户数量和覆盖范围，政府会为运营商分配一定的频谱资源。日本则采取了一种兼而有之的方案：不进行拍卖，但一旦获得了某个频段，运营商就必须满足一定的网络要求。在韩国，政府则与运营商合作，频谱资源的分配主要关注如何快速部署 5G 系统。

1. 欧洲

本节选取了六个具有代表性的欧洲国家。这些国家或者已经开始拍卖频谱，或者在本书撰写的过程中已经确定了拍卖规则。本节将给出关于欧洲拍卖的更多细节。

（1）意大利

在欧洲 2018 年首批获得 5G（700MHz、3.4~3.8GHz 和 26GHz）频段的国家中包括意大利。意大利的频段分配已经进入最终阶段，拍卖总成本也已经确定。

为响应欧洲委员会关于宽带无线陆地电子通信服务 700MHz 上的技术协调任务，研究将由耦合频谱频分双工（FDD）703~733MHz 和 758~788MHz（共 60MHz）的两个部分组成的频段，用于促进移动网络发展的无线宽带应用。根据 5MHz 的倍数为这些频段分配模块。700MHz 频段包含的额外频谱资源包括防护频段（694~703MHz 和 788~791MHz）或中段频谱（733~758MHz）。

对于 3.4~3.8GHz 频段，除了适用的技术和监管法规外，意大利还根据领土内 3.4~3.8GHz 频段的可用性（源自该频段现有用途中解脱出来的部分过程），制定了地面电子通信系统的频率的分配规则和使用规则。意大利政府根据频段占用情况，已经在全国范围内逐步展开频段再分配工作。这一工作主要针对该频段上半部分（即 3700~3800MHz）中的一些 30MHz 的无线电信道。而在较低频段（3600~3700MHz）中，已有的服务信道则保持不变，这有助于识别一些频谱资源不允许广泛使用移动通信系统或者固定通信网络的区域。

最后，根据 CEPT 规定，意大利已将 26GHz 频段分配用于固定无线本地环路（Wireless Local Loop，WLL）服务，意大利政府最近更新了使得该频段服务于宽带无线的方案措施。2018 年，意大利政府正式允许拍卖为期 15 年的 5G 频率分配权[12-13]，包括 1275MHz 的频谱资源，具体拍卖内容如下：

- 26GHz 频段中的 1000MHz
- 3700MHz 频段中的 200MHz
- 700MHz 频段中的 75MHz（FDD）

在拍卖前，以下公司通过了拍卖资格预审：Iliad Italia、Fastweb、意大利电信（Telecom Italia，TIM）、意大利沃达丰、Wind Tre、Linkem 和 Open Fiber。然而，在 9 月竞标开始时，名单只有上前五家公司参与竞拍。171 轮招标后总金额达到 6 550 422 258 欧元，远远超过政府依法规定的 40 亿欧元的底数。3.6 ～ 3.8GHz 频段的许可证最吸引各家公司，联合投标额达到了 43.5 亿欧元。TIM 和沃达丰获得了该频段中两个最大的频率组，Wind Tre 和 Iliad Italia 所得到的分配比较小。在拍卖第一天，700MHz 频段就完成了出售，价格达到 20.4 亿欧元，TIM、沃达丰和 Iliad Italia 拍得了该频谱。上述五家公司都成功地获得了 26GHz 的频率，五个可用的频谱块价格达到了 1.637 亿欧元。此外还有 700MHz 频段的三个额外频谱块，用于补充下行链路（Supplemental Downlink，SDL），以增强 FDD 4G 网络下行链路容量（从版本 10 开始），但没有运营商参与竞标。参考文献［14］中展示了最终频谱划分的情况和价格。表 4.4 对此次竞标做了总结，按照频段和竞拍者的情况进行了划分。

表 4.4　意大利移动网络运营商（MNO）的频段和成本情况

频段	中标公司	价格（欧元）	所获频谱总计（MHz）
700MHz	沃达丰	683 236 396	10
	TIM	680 200 000	10
	Iliad Italia	676 472 792	10
3.7GHz	TIM	1 694 000 000	80
	沃达丰	1 685 000 000	80
	Wind	483 920 000	20
	Iliad Italia	483 900 000	20
26GHz	TIM	33 020 000	200
	Iliad	32 900 000	200
	沃达丰	32 586 535	200
	Wind	32 586 535	200
	Fastweb	32 600 000	200

（2）瑞典

瑞典在 2018 年 12 月拍卖了 700MHz 频段[15]。PTS（Swedish Post and Telecom Authority，瑞典邮政和电信管理局）宣布了第一阶段拍卖的结果：总带宽为 40MHz，共拍出 28.25 亿瑞典克朗（约为 2.74 亿欧元）。经过 46 轮 6 天的拍卖，Telia 以 13.83 亿瑞典克朗的价格拍得 2×10MHz FDD（约为 1.32 亿欧元），Net4Mobility 以 14.42 亿瑞典克朗的总价获得了 2 个 2×5MHz FDD 许可证（约为 1.38 亿欧元）。每 5MHz 的竞拍底价定为五千万瑞典克朗（约为 500 万欧元）。此外，Telia 的许可证中规定了准备金业务，因此竞价时包括了一定的准备金。表 4.5 列出了拍卖的基本情况。

表 4.5　瑞典 MNO 的频段和成本

投标公司	频段	价格（欧元）	准备金（欧元）
Telia Sverige AB	2×10MHz, FDD 713 ～ 723MHz 768 ～ 778MHz	131 988 500	28 638 000
Net4Mobility HB	2×5MHz, FDD 723 ～ 728MHz 778 ～ 783MHz	68 823 643	—
Net4Mobility HB	2×5MHz, FDD 728 ～ 733MHz 783 ～ 788MHz	68 823 643	—

目前，瑞典尚未拍卖 3.4 ～ 3.8GHz 频段，但已经向公众征求了意见，给出了总体建议。截至 2020 年，PTS 的监管者正在酝酿在不久之后的未来对频率进行分配。由于正在更新本国的《电子通信法》（LEK），瑞典 PTS 推迟了对这些频段的分配。瑞典计划在本国出售 15 个 3.5GHz 频段（3400 ～ 3720MHz）上的许可证，其总带宽最大可达 320MHz。在被拍卖的频段中，只有一个许可证里的频谱带宽为 40MHz，而其他 14 个许可证的频谱带宽为 20MHz。最低投标价为每个许可证 1 亿瑞典克朗（约为 940 万欧元），总计 15 亿瑞典克朗（约为 14 030 万欧元）。在 2.3GHz 频段上，瑞典将提供 80MHz 的频谱资源，划分为 8 个全国许可证，每个许可证拍卖底价为 2000 万瑞典克朗（约为 190 万欧元），总计 1.6 亿瑞典克朗（约为 1500 万欧元）。

除这些频段外，PTS 还计划将 3.7 ～ 3.8GHz 的频段分配给地方各州。目前频率范围 3400 ～ 3700MHz 和 2300 ～ 2380MHz 已用于电子通信服务的地面系统。在将频谱分配给各个公司之前，如果条件允许，PTS 正计划直接向所有地面电子通信服务提供商开放 3.7 ～ 3.8GHz 频段的地方频谱许可。2.3 ～ 3.5GHz 内的频段资源规划为全国许可，但出于对于其他无线应用的保护考虑，2.3GHz 在使用上会有一些限制。针对 2.3GHz 频段，瑞典将发放 8 个 10MHz 的全国许可证。比较重要的是，2.3 ～ 3.5GHz 的许可证使用期限为 25 年。需要说明的是，目前瑞典已经存在了一些 3.5GHz 频段的区域 / 地方许可，所以一些频谱可能要等到 2020 ～ 2023 年才会真正投入使用，这就意味着为了使所有许可证的截止时间相同，一些许可证的使用期限将会变短。

PTS 为 3.5GHz 频段设置了频谱上限，这样设计的目的是至少三家许可证持有人 / 运营商能够获得频谱。该频段的带宽上限将为 120MHz，而 2.3GHz 不存在频段上限限制。在许可证还没到期之前，许可证持有人 / 运营商当前所使用的 3.5GHz 频段仍是受保护的。而如果它们未使用这一频段的话，PTS 打算启用共享机制，允许第三方二次使用该频段。瑞典会对 3.7 ~ 3.8GHz 展开调查的同时提前研究 3.8 ~ 4.2GHz 的情况，以确定究竟哪个频段更适合，以及哪种形式的许可证最适用。如果确定选择 3.8 ~ 4.2GHz 的话，那么瑞典将会在全国许可证中纳入 3.7 ~ 3.8GHz 这一频段。2018 年 10 月，PTS 已经就地方许可证、城市地区的物业许可证，以及城市地区之外的物业许可证和区域许可证进行了征求意见。如果这一方案得到应用，那么城市地区之外所使用的频段将会划分为两种用途。各方已达成一致意见，考虑到此频段频率太高，不适合对覆盖率等进行要求。据了解，所提议的频段和应用将主要用于已具备覆盖条件的城市和城区。

对于 24.25 ~ 27.5GHz 频段，目前有两种选择，一种是在明确该频段 5G 使用技术条件后，开放 26.5 ~ 27.5GHz 进行分配；另一种是等到国际社会协调了整个频段之后再开始分配工作。在 2019 年世界无线电通信大会（WRC）会议结束后，瑞典政府决定采用第二种方案。因此，瑞典政府决定先期分配 24.25 ~ 27.5GHz 频段中的一部分。在这种情况下，PTS 计划在不久的将来分配 24.25 ~ 25.1GHz 频段。

（3）德国

2018 年 11 月 26 日，德国联邦议院确定了裁决规则和拍卖规则，其中包括 2015 年已授予的 700MHz 频谱。表 4.6[16] 列出了德国频段的总体情况。2019 年，德国已经拍卖了全国 2GHz 频段上的 2×60MHz（成对）和 3.6GHz 频段上的 300MHz（非成对）的使用权。3.7 ~ 3.8GHz 频段可在地方上的工业场景中使用，这也就是说德国尚未拍卖该频段，但运营商可在特定区域购买这一频段。

表 4.6 德国已经举行和计划中的拍卖情况

频段	拍卖细节	注释
700MHz（成对的 703 ~ 733MHz/758 ~ 788MHz）	2015 年	2015 年，该频段分配用于 4G LTE 使用，可重新分配用于 5G
2.1GHz（成对的 60MHz：1920 ~ 1980MHz/2110 ~ 2170GHz）	2019 年春季拍卖（2019 年 6 月完成）	
3.6GHz（3.4 ~ 3.7GHz 频段上的 300MHz）	2019 年春季拍卖（2019 年 6 月完成）	
3.7 ~ 3.8GHz（用于本地应用，比如工业园区网络）	（在撰写本书时）未公布	
24.25 ~ 27.5GHz（用于本地应用，如工业园区网络）	（在撰写本书时）未公布	

2015 年 5 月至 6 月，德国进行了欧洲的第一次 700MHz 无线电频谱拍卖，随同进行的还有 900、1800 和 1500MHz 频段。700MHz 频段目前已分配给 4G 使用，但在未来也可能分配给 5G 技术，并提供 15 年的有效期。参考文献［16］中展现了目前 700MHz 频段的使用状况。如果将 2015 年拍卖的 900 ~ 1800MHz 频段计算在内的话，分配的总带宽为

270MHz，分配细节如下：

- Telefonica 拍得了 60MHz，共包括三个频段（700MHz 上的 2×10MHz，900MHz 上的 2×10MHz，1800MHz 上的 2×10MHz），总价约合 12 亿欧元。
- 德国电信（Telekom）拍得 100MHz，共分为四个频段（700MHz 上的 2×10MHz，900MHz 上的 2×15MHz，1800MHz 上的 2×15MHz，1500MHz 上的 20MHz），总价约为 18 亿欧元。
- 沃达丰股份有限公司拍得 110MHz，共分为四个频段（700MHz 上的 2×10MHz，900MHz 上的 2×10MHz，1800MHz 上的 2×25MHz，1500MHz 上的 20MHz），总价约为 21 亿欧元。

2019 年 3 月，德国开始拍卖 2GHz 和 3.4 ～ 3.7GHz 的频谱资源。参与拍卖的运营商包括 Telefonica DE、沃达丰、德国电信和新成立的公司 1&1 Drillisch。为了本次频谱拍卖，联邦网络局推动了 5G 的快速引入，规定了 5G 网络的频谱需求和关键性能指标，从而支持公路、铁路和水路方面的 CAD 服务[17]：

- 以下展示了部分 2022 年底和 2024 年底之前需要满足的覆盖范围和延迟要求：
  - 所有联邦公路，速度至少为 100Mbit/s
  - 所有国道和州道公路，速度至少为 50Mbit/s
  - 海港和主要水路，速度至少为 50Mbit/s
  - 所有其他的铁路，速度至少为 50Mbit/s
- 漫游和基础设施共享：
  - 联邦网络局期望网络运营商加强合作，尤其是在某些单一网络运营商难以实现经济效益的地区，如基础设施共享和漫游，可以显著降低部署的成本。

这些要求是公司在 2019 年 3 月 19 日开始的拍卖活动中参与投标的前置条件。由于这些要求十分严格，企业和参与者等各方的批评声不断。德国联邦网络局提出的这些要求旨在促进 5G 在各个领域与地区的平衡部署，而不是仅仅在主要城市地区进行部署，这也有可能成为 5G 商业部署一个亮点。德国 5G 拍卖的结果如表 4.7 所示，经过 497 轮竞标，总价为 6 549 651 000 欧元。

表 4.7　德国 5G 拍卖的结果（2019 年 8 月）

	Drillisch Netz AG （MHz）	Telefónica Germany GmbH & Co. OHG（MHz）	Telekom GmbH（MHz）	沃达丰股份有限公司（MHz）
2GHz	2×10	2×10	2×20	2×20
3.6GHz	50	70	90	90
总计	70	90	130	130

（4）西班牙

西班牙于 2016 年将部分 3.6GHz 频段（3400 ～ 3600MHz）分配用于 5G 服务，许可证有效期至 2030 年。根据 2014 年 9 月颁布的《通用电信法》，该频谱可用于 5G 服务。《2018—2020 年国家 5G 计划》[18]提出对已经占用的 3.6GHz 频段进行调整，建立更大、更连续的频谱资源以促进 5G 技术发展，其中第一个行动便是拍卖 3.6GHz 频段。西班牙政府还出台规定，将此前用于数字地面电视（Digital Terrestrial Television，DTT）服务的 700MHz 频谱资源进行重新拍卖，用于为用户密度相对较低的区域提供更广泛的 5G 服务覆盖。

如前所述，目前用于 DTT 服务的 700MHz 频段将被重新拍卖。在拍卖完成后，移动网络运营商就可以在商业上利用这些频段。也就是说，在拍卖之后，移动网络运营商立即就可以开放使用这些频段。这在是 4G 拍卖中未曾发生过的（2011 年进行了 4G 拍卖，但直到 2015 年中标公司才用上 4G 频率）。

在 26GHz 频段中，低频部分的 400MHz 以及高频部分的 500MHz 可直接使用，另外在高频部分还有另一块 500MHz 的频段可在一些限制下使用。其余部分频段分配用于实现移动端口链路中无线链路点对点的固定服务。《国家 5G 计划》也将该频段涵盖在内，并将在中期内通过投标分配给运营商使用，从而提供更多的连续频谱。

2018 年，西班牙能源、旅游和数字议程部启动流程，准备拍卖 3.7GHz 频段总计 200MHz 的频谱（优先频段）。西班牙将拍卖的频谱分为 40 个 5MHz 带宽的频谱块，每个频谱块的有效期为 20 年（至 2038 年），起拍价为 250 万欧元，预计最低总价值超过 1 亿欧元。尚未有 MNO 达到西班牙政府规定的 120MHz 的限制。沃达丰是在此次拍卖中出价最多的运营商，因而具备优先选择权。为了更好地利用频谱，沃达丰已决定将 90MHz 置于公共频谱块中。3.7GHz 拍卖中其他 MNO 的情况并非如此。此次拍卖共进行了 34 轮，最终筹集的总金额为 14.107 亿欧元。在最终分配的时候，需要对某些频谱块进行重新分配并考虑相应成本[19]。除购买成本（4.375 亿欧元）外，运营商还将支付 1.046 亿欧元的利息和 8.685 亿欧元的频谱预订费，因而运营商的总成本将达到 14.107 亿欧元。

（5）英国

英国将 700MHz 频段用于免费电视和无线话筒。从 2017 年 3 月开始，英国政府出资 5 亿～6 亿英镑进行了该频段的清理工作，重新配置 DTT 发射机。此后，英国会将 470～690MHz 频谱用于 DTT 传输，并为无线话筒提供替代频谱。

Ofcom 在 2018 年 4 月结束了 2.3GHz（用于改进 4G）和 3.4GHz 频段的频谱拍卖工作。对于此前国防部所使用的 2.3～3.4GHz 频谱，Ofcom 已完成频段清理并可投入民用。英国会将部分 3.4GHz 频谱用于 4G 无线宽带。例如，之前 4G 无线宽带掌握在伦敦的 Relish 公司手中，而在 Three 公司收购英国宽带公司后，该业务现在为 Three 公司所有。部分 3.6～3.8GHz 频段的频谱用于固定链路和卫星服务，Ofcom 下一步计划是拍卖该频段中的 120MHz 频谱。为了跟随市场发展趋势，维持现在和未来的竞争态势，2017 年 7 月 Ofcom 公布了 2.3～3.4GHz 拍卖的最终规则。该规则对投标方施加了两项限制，从而限制频谱主导运营商可能拍得频谱的数量：

- 拍卖后，在 2.3GHz 频段任何运营商都不得持有超过 255MHz 的即时可用频谱。

- 拍卖后，任何运营商所持频谱总量不得超过 340MHz，相当于 2020 年所有可用移动频谱的 37%，其中包括已拍卖完成的频谱和 700MHz 频段上的可用频谱。

与 2013 年的 4G 频谱拍卖不同，Ofcom 没有对中标公司提出任何覆盖义务，因为本次拍卖的新频率最主要的目的是提升网络容量，而不是扩大网络覆盖面积。英国于 2018 年 4 月结束了 2.3～3.4GHz 频段的频谱拍卖工作，全国现有的四个 MNO 都拍得了新的频率。此次拍卖的总金额为 1 355 744 000 英镑，其中 5G 频段的拍卖总价为 1 149 844 000 英镑，远高于此前估计的 6.3 亿～10 亿英镑。O2 UK 以 2.059 亿英镑的价格拍得 2.3GHz 频段中的 40MHz 频谱，并支付了 3.177 亿英镑购买了 3.4GHz 频段中 40MHz 的频谱，成为最大的买家。与此同时，沃达丰英国公司（Vodafone UK）为 3.4GHz 频段的出价最高，达到了 3.782 亿英镑，拍得了该频段 50MHz 的份额。Everything Everywhere Ltd. 以 3.026 亿英镑的出价拍得了 3.4GHz 频段上 40MHz 的频谱。Three 的竞价比其他竞拍方都要少，最终以 1.513 亿英镑的价格购买了 3.4GHz 频段上的 20MHz，此前它通过收购英国宽带公司已经获得了共计 124MHz 的频率。

（6）法国

2019 年 1 月，法国电信监管局（ARCEP）宣布，为 5G 试点提供临时频率授权。ARCEP 在里昂、波尔多、南特、里尔、勒阿弗尔、圣埃蒂安、杜埃、蒙彼利埃和格勒诺布尔等大都市区推行 3.5GHz 频段（3400～3800MHz）的试点。

在 4G 频谱拍卖期间，700MHz 频段已经有运营商参与。700MHz 的带宽虽然有限，但传播条件良好。据法国电信监管局称，2015 年 11 月，法国通过 4G 频谱拍卖获得了 27.9 亿欧元。经过 11 轮招标，每 5MHz 频段的频谱价格达到 4.66 亿欧元。布依格电信（Bouygues Telecom）和 SFR 分别拍得一个频谱块，而 Free Mobile 和 Orange 分别拍得两个频谱块。根据拍卖规则，任何竞拍方都不允许拍得 700MHz 频段上三块或三块以上的频谱块。法国监管机构[20]对于 700MHz 频段坚持了技术中立态度：一家运营商如果拥有该频段上的授权频谱，则可以自由选择部署 4G 或 5G。此外，法国还会对 900MHz 和 1800MHz 也采取同样的技术中立。在进行再分配后［将 900MHz 频段分配用于全球移动通信系统（GSM），1800MHz 分配用于 LTE］，这些频段可用于 5G 领域。

2026 年之前，法国无法完全实现 3.4～3.8GHz 频段的全面可用性（过去提供给卫星、国家和私人运营商使用）。如果法国能够重新整合频率的话，2026 年前将有 280～340MHz 的频率可用，否则整个 400MHz 频段只有 220MHz 可用。归属过程将是第二次公开征求意见的重要议题。之后，法国将启动 3.5GHz 频段的频率归属。在撰写本书的时候，ARCEP 已表示将推迟 5G 频谱拍卖，未来 ARCEP 希望整体拍卖 3.4～3.8GHz 频段上的频谱。

ARCEP 已决定将 40MHz 分配用于 2570～2620MHz 的专业移动电台（Professional Mobile Radio，PMR）。其余频段用于 4G（LTE 和 LTE Advanced）。26GHz 频段现在已经可用，但法国目前未规定具体的频段使用条件。可能法国只会颁布某个地理区域的许可证授权。2019 年 1 月，ARCEP 制定了一份创新项目建议书，希望对 5G 毫米波进行试验。

2. 美国

FCC 正致力于为 5G 服务提供低、中、高频段的频谱。美国 5G 频谱情况简介如下[21]：

- 高频段：FCC 已将拍卖高频段毫米波列为优先事项。FCC 于 2018 年拍卖了 28GHz 频段，这是该机构第一次进行 5G 频谱拍卖。2019 年 3 月 14 日，FCC 开始拍卖 24GHz 频段，并在 2019 年晚些时候拍卖 37、39 和 47GHz 频段。通过这些拍卖，FCC 将向市场卖出近 5GHz 的 5G 频段，大于其他自由使用频段的总量。FCC 目前正在努力尝试，希望能够继续将 26GHz 和 42GHz 频段上 2.75GHz 的频率售出。
- 中频段：鉴于中频段覆盖比较均衡、容量大，中频段频谱已成为 5G 建设的目标。美国致力于进一步建设 2.5GHz、3.5GHz 和 3.7 ～ 4.2GHz 频段，为 5G 部署提供高达 844MHz 的带宽。
- 低频段：FCC 正在努力改进 5G 服务中低频段频谱的使用状况（适用于更为广泛的覆盖范围），有针对性地重新配置频率，并启用 600MHz、800MHz 和 900MHz 频段。
- 免授权：免授权频谱对 5G 的发展至关重要，因而该机构正在努力创造新机遇，发展 6GHz 和 95GHz 以上频段的下一代 Wi-Fi。

FCC 完成了第一次 5G 拍卖，出售 28GHz 频谱许可证，总价值 7.02 亿美元。FCC 通过了 38 天 176 轮竞标才完成这 28GHz 的拍卖。FCC 为 425MHz 频谱块划分出了 3072 个许可证。其中只有 107 个许可证未找到合适的中标方。FCC 按照不同的地理区域组织了拍卖，共拍卖了两个 425MHz 频段，分别为 27.500 ～ 27.925GHz 和 27.925 ～ 28.350GHz。美国将高频微波灵活使用业务（Upper Microwave Flexible Use Service，UMFUS）的许可同时授权给固定和移动运营服务。在 24GHz 拍卖结束后，FCC 才会公布 24GHz 和 28GHz（101 号拍卖）许可证的中标名单，直到那时，人们才会知道两次拍卖的中标方。

24GHz 也将通过拍卖进行分配，之后 FCC 将再拍卖三个频段。第 102 号拍卖是 FCC 高频微波灵活使用业务许可证的第二次拍卖[22]，该拍卖中将售出 24GHz 频段的 2909 个许可证。24GHz 频段的下段（24.25 ～ 24.45GHz）将被分为两个 100MHz 的频谱块，上段（24.75 ～ 25.25GHz）将被分为五个 100MHz 频谱块作为许可证出售。第 102 号拍卖于 2019 年 3 月 14 日开始竞标流程。

在 24GHz 拍卖中，AT&T 以 9.82 亿美元总价，拍得了所有可用许可证的 49%。Verizon 在 28GHz 频谱拍卖中总出价为 5.06 亿美元，拍得了所有可用 28GHz 许可证的 72%。T-Mobile 在 24GHz 拍卖中以 8.03 亿美元的总价排名第二，获得了 40% 的可用许可证。同时，T-Mobile 在 28GHz 的拍卖上花费了 3900 万美元。US Cellular 在 28GHz 的拍卖中以 1.29 亿美元的总出价排名第二名，接近 24GHz 竞标的第四名。

3. 亚洲

接下来介绍亚洲地区中国、日本和韩国的频谱拍卖情况。

（1）中国

工业和信息化部已将 5G 牌照发放给国内的三大运营商：中国电信、中国联通、中国移动。工业和信息化部要求新部署的频谱必须用于 5G，这一举措可加快 5G 在中国的部署[23]。中国政府相信 5G 将促进国内经济和产业发展。与欧洲和美国的情况相反，中国没有组织拍卖工作。2018 年的频谱归属情况如下：

- 中国联通：获得 3.5～3.6GHz（100MHz）频率范围，在 2020 年 6 月之前在全国范围内进行 5G 试验。中国联通表示，将逐步停止使用此前 5G 试验中所用的 2.555～2.575GHz 频率，并逐步将该频率范围交还给工业和信息化部。
- 中国电信：进行 5G 试验所处频率范围为 3.4～3.5GHz（100MHz），在 2020 年返还 2.635～2.655GHz 的频谱。
- 中国移动：持有 2515～2675MHz 和 4.8～4.9GHz（总共 260MHz）的频谱，用于全国 5G 试验。2575～2635MHz 频段由中国移动现有的 TD-LTE 频段重新分配而来。

目前，中国移动是世界上最大的运营商，拥有 7.55 亿用户；中国联通拥有 2 亿 4G 用户；中国电信则为 1.53 亿用户提供服务。因此，频谱分布与用户数量保持对等，中国移动⊖所分配的频谱比其他两家运营商合起来的频谱总量还要多。然而，中国移动不具备 3.5GHz 频段上的可用频谱。

（2）日本

日本总务省（Ministry of Internal Affairs and Communications，MIC）于 2019 年 4 月 10 日宣布，所有四家申请方（NTT Docomo、KDDI、软银和后来者乐天）都获得了推出 5G 服务的无线频率和许可证。每个被许可方都获得了 28GHz 频段上 400MHz 的频谱，而其中三个被许可方获得了 3.7GHz 频段上 200MHz 的频谱。乐天是个特例，因为它只要求 3.7GHz 频段上的 100MHz 频谱。日本对频谱定价的情况与中国类似，也没有进行频谱拍卖。不同之处在于，频谱分配是由 MIC 进行的，但运营商需要满足 MIC 的要求。2019 年 4 月，MIC 完成了频谱分配。在分配标准方面，考虑到各运营商在 5G 投资和覆盖人口百分比方面所做出的承诺（如表 4.8 所示），MIC 还将 27GHz 的频段分拨给表 4.9 中所列的四个运营商。

表 4.8　日本 3.5GHz 和 4GHz 频段的频谱分配情况[24]

运营商	频段（GHz）	带宽（MHz）
NTT Docomo	3.6～3.7 以及 4.5～4.6	200
KDDI	3.7～3.8 以及 4.0～4.1	200
软银	3.8～3.9	100
乐天	3.9～4.0	100

⊖　原文为中国电信，应为笔误。——译者注

表 4.9　日本 27GHz 频段的频谱分配情况

运营商	频段（GHz）	带宽（MHz）
NTT Docomo	27.4 ~ 27.8	400
KDDI	27.8 ~ 28.2	400
软银	29.1 ~ 29.5	400
乐天	27.0 ~ 27.4	400

　　NTT Docomo 和 KDDI 致力于提高 5G 覆盖人群比例（＞90%）和 5G 规模投资。因此，从目前看来，频谱归属的结果几乎与四家运营商的投资承诺一致。各家运营商若想被分得频谱就必须承诺在两年内在全国每个地区开始提供 5G 服务，并五年内在全国至少一半地区建立 5G 基站。日本总务省还将日本划分为 4500 个区域块，要求运营商在五年内至少在其中一半的区域块中建基站。NTT Docomo 和 KDDI 都计划在 5 年内实现 90% 以上的覆盖率。软银和乐天设定的目标则没有那么大，分别为 64% 和 56%。表 4.10 展示了为增强和部署计划内的覆盖网络，四家运营商所承诺投资的金额。

表 4.10　日本为了实现覆盖部署而进行的投资

运营商	实现部署的计划投资金额（美元）	计划覆盖率
NTT Docomo	70 亿	超过 90%
KDDI	41 亿	超过 90%
软银	18 亿	64%
乐天	17 亿	56%

（3）韩国

　　韩国是世界上第一个进行 5G 商业化实践的国家。2018 年夏天，韩国就组织了一次拍卖。韩国一共有三家运营商——SK 电信、KT 和 LG Uplus——都同意在 2019 年 4 月 3 日推出 5G 服务。

　　韩国通过拍卖分配 3.5GHz 频段的 280MHz 带宽和 28GHz 频段的 2400MHz 带宽。每个电信公司在每个频段上最多拥有 10 个频谱块。SK 电信整体花费最多，在 3.5GHz 频段（3600 ~ 3700MHz）中，对 100MHz 带宽的总出价为 11 亿美元，在 28GHz 频段（28.1 ~ 28.9GHz）中，对 800MHz 带宽的总出价达到了 1.73 亿美元。KT 公司对 3.5GHz 频段（3500 ~ 3600MHz）的总出价为 8.28 亿美元，而在 28GHz 频段上出价最多，以 1.75 亿美元拍得了 26.5 ~ 27.3GHz 频段。最后一家全国运营商 LG Uplus 在 3.5GHz 频段（3420 ~ 3500MHz）上 80MHz 带宽花费了 6.8 亿美元，并承诺将投入 1.7 亿美元用于 28GHz 配置（27.3 ~ 28.1GHz）。3.5GHz 频段的频谱分配情况如表 4.11 所示。

表 4.11　韩国 3.5GHz 频段的频谱分配情况

运营商	频段（GHz）	带宽（MHz）	成本（美元）	期限（年）
SK 电信	3.6 ~ 3.7	100	11 亿	10
LG Uplus	3.42 ~ 3.5	80	6.8 亿	10
KT	3.5 ~ 3.6	100	8.28 亿	10

对于 28GHz 频段，韩国的频谱分配情况如表 4.12 所示。

表 4.12 韩国 28GHz 频段的频谱分配情况

运营商	频段（GHz）	带宽（MHz）	成本（美元）	期限（年）
SK 电信	28.1～28.9	800	1.73 亿	5
LG Uplus	27.3～28.1	800	1.7 亿	5
KT	26.5～27.3	800	1.75 亿	5

亚洲已经完成 5G 的频谱分配，这说明这些国家在 5G 部署方面处于领先地位。与欧洲和美国的情况相反，中国和日本没有公开拍卖频段，而是直接进行分配，或根据 5G 计划覆盖范围和支出将频段分配给运营商。韩国的 5G 频谱归属比日本和中国更加均衡。与欧洲不同，韩国移动网络运营商之间具备一致的网络共享协议：优先考虑的都是部署速度，而不是运营商之间的竞争。

4. 全球拍卖和成本情况比较

在了解了迄今为止 5G 拍卖的全球情况后，有人认为欧盟在 5G 频段拍卖中处于领先地位，意大利、西班牙和德国等重要电信市场已经或即将完成 5G 频段拍卖的一部分工作，有大量的频谱可用（如图 4.3 所示）。

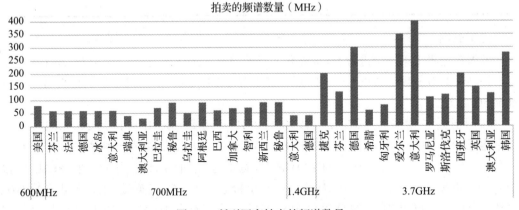

图 4.3 所列国家拍卖的频谱数量

除欧洲外，美国和韩国也发挥主导作用，为移动网络运营商提供了各种 5G 频段。中国也很活跃，但上述名单中之所以没有中国，是因为中国直接为不同 MNO 分配频率，而并非采用拍卖方法。

根据图 4.4 中每赫兹的价格，美国、加拿大、巴西和法国等大国在 600MHz 和 700MHz 频段的价格比任何其他频段或其他国家同频段都要贵。这些频段能够实现非常好的信号传播，弥补这些大国在蜂窝覆盖方面的缺口。如果也把人口作为衡量因素的话，那么世界上最发达的国家在人均价格上处于优势，特别是澳大利亚和加拿大。

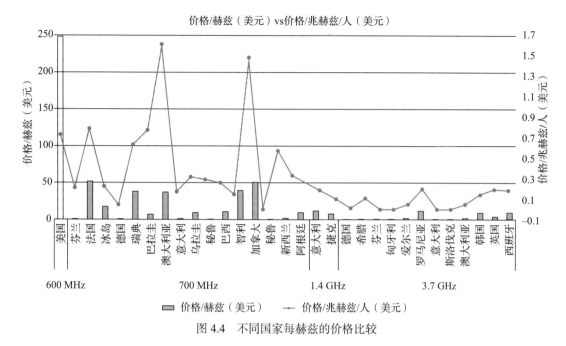

图 4.4　不同国家每赫兹的价格比较

欧洲市场中有以下几点值得关注。5G 成为引起公众媒体极大兴趣的热门话题，但是欧洲还在拍卖 4G 频段，因为需要考虑过去 5 年完整的频谱分配情况。平均而言，3.5GHz 频段的可用频率带宽约为 200MHz，700MHz 频段的可用频率带宽约为 60MHz。图 4.5 展示了 5G 和 4G 频段的情况。

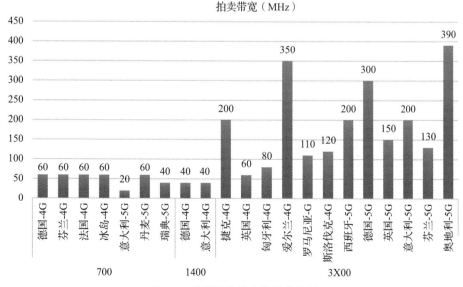

图 4.5　欧洲国家拍卖的带宽情况

许多国家正在考虑对目前用于 2G、3G 和 4G 的频率进行再分配。5G 的主要候选频段是 2.1GHz 和 3G 扩展频段 2.6GHz，因为这些频段的带宽非常适于 5G 服务。此外，如果许多现有的系统迁移到 5G，欧洲将再分配 1.8GHz 频段。1.4GHz 频段也称为 L 频段，欧洲计划协调该频段，再分配用于 5G 补充下行频率。该频段在室外环境和建筑物中能够实现良好的覆盖，被广泛用于 IMT 应用。许多国家仍在进行频谱拍卖，但对于已经完成或即将完成的频谱拍卖，图 4.6 做出了简单的比较。

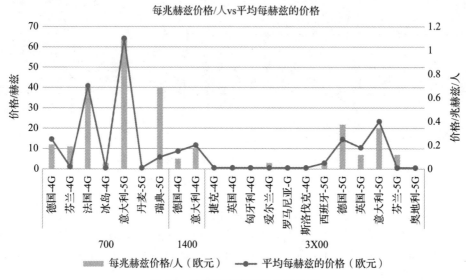

图 4.6　欧洲国家每赫兹价格比较

正如本节所述，意大利基本率先拍卖了 5G 频段中的所有频谱。与英国和西班牙等其他重要电信市场相比，意大利运营商付出了更高的价格。德国是最后几个完成频率拍卖的国家之一，其成本与英国类似，比意大利便宜。我们认为，从德国的市场规模以及拍卖中所定义的重要技术要求来看，德国的拍卖成本具有重要的参考意义。一般而言，与 4G 拍卖相比，5G 拍卖的价格有所上涨，各个国家的情况也能够印证这一点。此外，参考欧洲各国人口数量，不同欧洲国家的每兆赫兹的售价相差无几，平均约为 0.4 欧元 / 兆赫兹 / 人。

4.1.4　全球频谱协调

接下来将介绍全球在数字化单一市场和世界无线电通信大会上频谱协调情况。

1. 欧洲和数字化单一市场

数字化单一市场（Digital Single Market，DSM）战略旨在为人们和企业创造数字机遇，并提升欧洲在数字经济世界中的主导地位。在欧盟，成员国在一个共同的监管框架内协调频谱管理方法，以支持欧洲的无线电通信服务，并促进电子通信和其他行业的创新。

成员国在欧盟层面统一频谱接入条件，确保有效使用无线电频谱，并保持基础设备和通信服务的互操作性。欧盟委员会与成员国合作实现频谱管理现代化，通过更灵活的使用条件促进频谱接入。

根据 2002 年电子通信监管框架，特别是其中的无线电频谱决议，欧盟启动了无线电频谱决策框架。无线电频谱决策规定了相关政策和监管工具，以确保为欧洲内部市场提供有效利用无线电频谱时的政策协调以及和谐条件。无线电频谱决策允许欧盟委员会统一协调频谱可用性和有效使用方面的技术性条件，以推动单一市场正常运作。欧盟委员会可向CEPT 管理者发布授权，以制定此类技术的实施措施。为了协助欧盟委员会，欧洲在颁布无线电频谱决策之后又成立了两个补充机构以促进协商，以及制定和支持欧盟无线频谱政策。第一个是无线电频谱政策组（Radio Spectrum Policy Group，RSPG），一个高级别国家政府专家小组，帮助欧盟委员会制定通用的无线电频谱政策。第二个是无线电频谱委员会（Radio Spectrum Committee，RSC），该委员会协助欧盟委员会制定技术实施措施，确保为全欧无线电频谱的可用性和有效利用创造条件。

2. 2019 年世界无线电通信大会

2019 年 10 月 28 日至 11 月 22 日在埃及举行的世界无线电通信大会讨论了有关 ITS 和RLAN 频谱。

WRC 认识到了协调频谱和国际标准将有助于无线通信部署，于是 WRC-15 批准了WRC-19 议程项目 1.12。同时，237 号决议要求考虑潜在的全球或区域频段协调，以便在现有移动服务分配下考虑演进 ITS 服务的部署实施。目前用于演进中 ITS 服务的频段也可能用于其他应用和服务，一些频段也将在其他议程当中讨论。国际电信联盟无线电通信部门（ITU-R）进行的技术和运营研究表明，一些管理部门已决定分拨 5850 ～ 5925MHz或其部分频段用于演进 ITS 服务的部署实施。因此，ITU-R 制定了 ITU-R M.2121 建议书 *Harmonization of frequency bands for Intelligent Transport Systems in the mobile service*，以及 ITU-R.2445 报告 *Intelligent transport systems（ITS）usage*。

议程项目 RLAN 1.16 则重点考虑了无线接入系统相关的问题，包括 5150 ～ 5925MHz之间的频段上的无线局域网（WAS/RLAN），并根据解决方案 239（WRC-15）采取适当的监管，包括分配用于移动服务的额外频谱。该决议指出 "ITU-R 研究结果表明，预计2018 年 5GHz 频率范围内 WAS/RLAN 的最低频谱带宽需求为 880MHz，其中包括已经在5GHz 范围内运行的 455 ～ 580MHz 非 IMT 移动宽带应用，因此需要 300 ～ 425MHz 的额外频谱"，呼吁 ITU-R 开展如下工作：

- 研究 WAS/RLAN 在 5GHz 频率范围内的技术特性和操作要求。
- 在 5150 ～ 5350MHz、5350 ～ 5470MHz、5725 ～ 5850MHz 和 5850 ～ 5925MHz频段内，在 WAS/RLAN 应用和现有服务之间开展共享和兼容性研究，包括当前和计划使用的服务。

- 考虑频段为 5150 ~ 5350MHz 的室外 WAS/RLAN 操作。
- 考虑潜在的 MS 分配以适应在 5350 ~ 5470MHz 和 5725 ~ 5850MHz 频段中的 WAS/RLAN 操作。
- 研究 5850 ~ 5925MHz 频段内的潜在 WAS/RLAN 应用。

而在协同传感消息（Collective Perception Message，CPM）方面，针对 5150 ~ 5250MHz、5250 ~ 5350MHz、5350 ~ 5470MHz、5725 ~ 5850MHz 和 5850 ~ 5925MHz 五个频段中的每一个频段，随着 WRC-15 第 237 号决议的撤销，WRC 提出进一步改进决议书 229（WRC-12 修订版）。5850 ~ 5925MHz 频段的移动应用服务已经在世界各地得到实施。因此，在本议程项目下进行的任何共享分析将不会影响当前服务的使用，也不应对划拨频段上的其他服务施加任何额外的限制。但是 WRC 也对在该频段主要移动服务下运行的应用有一些担忧。到目前为止，一些国家或地区对 WAS（RLAN）与 ITS 存在干扰的情况进行了研究，研究表明，在同频的情况下，需要保持 WAS 与 ITS 之间的适当距离。因此，一些国家和区域组织开始研究解决技术，以改善各个 RLAN 设备及 ITS 应用之间的兼容性。然而，根据目前的研究结果来看，此议程项目还未得出结论。

4.1.5 小结

如 4.1.3 节所示，全球范围内正在进行 5G 频谱分配。在欧洲，几个国家已经完成了不同级别的拍卖。5G 技术已定义了三个主要频段——700MHz、3.4 ~ 3.8GHz 和 26GHz，可用于提供 CAD 和 CRU 服务。显然，3.4 ~ 3.8GHz 将是第一个实现商业化部署的频段，首先需要关注的应用是 eMBB，因为 eMBB 是目前电信市场主要的商业模式。由于 eMBB 所具备的传播特性，700MHz 频段能够改善蜂窝网络覆盖，特别是对 V2X 用例来说。在迄今为止举行的频谱拍卖中，意大利的情况是特别值得注意的。意大利在该频段的每赫兹价格相当高——由于运营商需要通过这些频率获得可观的投资回报，高昂的价格可能会对该频段使用 V2X 等新用例造成影响。在这一点上，亚洲国家的做法可能具有借鉴意义，因为亚洲优先关注的是部署而不是频段的价格。2020 年 6 月的频谱估计[1]表明 C-V2X 用例对频谱的需求要高得多。

最后，欧盟委员会协调了毫米波频段（26GHz），在 2020 年 3 月底之前，欧盟所有成员国已经完成了相关的协调工作，在 2020 年底，可供有效使用的带宽达到了 1GHz，因此意大利等国家已经开始了这一频段的拍卖。而在用例方面，到目前为止唯一确定的是 WLL，其他潜在的用例则与高清视频、增强现实（Augmented Reality，AR）和虚拟现实（Virtual Reality，VR）相关。与 5G 相关的其他频段带宽应该维持在 1 ~ 2GHz。这些频段最初仅用于 LTE 服务，并且国家之间并未协调这些频段。目前其中一部分频段将为垂直行业（即为工厂等应用）进行保留。目前计划进行的频谱再分配工作将使这些频段从 LTE 技术中迁移到 5G 技术中，从而借助新的无线技术提高频谱可用性和效率。一些实体，如美国总务管理局（General Services Administration，GSA）和 FCC，正在寻找除此之外的新频段。但是，即使完成了新频段的协调和分配，实际情况中各个频段的上市时间非常重要。

尽管 DSM 期望在频率分配方面建立共同的框架，但实际情况是，欧洲没有规定国家级别的频率拍卖到底应该如何进行。如 4.1.3 节所述，一些国家在频率分配方面制定了严格的性能和部署要求，而其他国家则没有要求。尽管全球移动通信系统协会等组织提供了一些拍卖方面的最佳实践[25]，但在这一过程中各个国家缺乏协调配合。在这其中值得注意的是德国，德国对各种类型道路的覆盖、数据速率和延迟上有要求，表明了政府在推动部署 V2X 基础设施方面的意愿。

4.2　信道建模

本节介绍用于 V2X 通信的先进测量方法和信道模型。我们首先描述 V2X 的传播环境和 V2X 链路类型，继而阐述了信道模型及其相关组件，其中包括 LOS 遮蔽分析、路径损耗和阴影衰落建模以及快速衰落建模。本节涵盖行业的一些前沿发展内容，包括：6GHz 以上频段 V2V 信道测量和表征；6GHz 以下频段测量的多链路阴影模型；大规模 MIMO 自适应波束形成的信道测量。最后，本节分析所涉及的信道测量方法与标准的符合性，并提出了进一步完善建议。

4.2.1　传播环境

无线传播会受到通信环境当中物体类型的影响。在 V2X 通信的情况下，影响传播的最重要物体包括建筑物、车辆（静态和移动）和各种类型的植被（例如树木、灌木丛）[26]。V2X 信道建模的环境、链路类型和相关事项如图 4.7 所示。

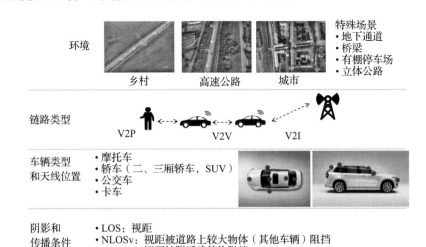

图 4.7　V2X 信道建模的环境、链路类型和相关事项

1. 链路类型

链路类型之间存在差异，V2V 和 V2P 链路在发射机（Tx）和接收机（Rx）两端会遇到强烈的杂波，而对 V2I 来说，由于基础设施 / 基站通常高于杂波，因此在发射机侧和接收机侧的信道会有很大差异。图 4.8 描述了各种链路的关键特征及显著差异。

V2V/V2P

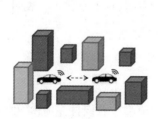

V2I

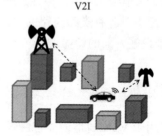

- 靠近地面的天线
- 被散射体包围的发射机和接收机
- 双重机动
- 高动态性

- 高架基站
- 被散射体包围的车辆
- 基础设施基本不受散射体影响
- 单独机动
- 低动态性

图 4.8　V2V/V2P 和 V2I 信道的主要特征

2. 环境

环境可以定性地分为高速公路、乡村环境和城市（郊区）环境，但需要注意的是：环境之间的划分并不明确，在某些情况下，很难界定它们之间的差异。例如，乡村和高速公路场景在车道数量（一般高速公路上车道更多）和周围环境（乡村通常有更多的树叶，高速公路上护栏更多）方面有所不同，但这两种环境也有许多共同的特征。此外，定量研究显示，在任何环境中都不能忽视树叶的影响[26-28]。

（1）乡村环境

乡村环境的特点是道路周围通常很开阔，路边很少或几乎没有物体。道路附近可能会有树木、建筑物、栏杆等。道路通常是双向交通，每个方向上一条单行道。由于散射对象的密度较低，多径分量（Multi-Path Components，MPC）的数量低于城市环境。当视距组件缺失时，缺少散射体可能会导致接收失败。如果发射机和接收机朝相反方向移动，则多普勒频移会变得显著。

（2）高速公路

高速公路场景的特点是每个方向有两条或更多车道。最高行车速度高于乡村环境，因此多普勒频移和扩展可能较高。周围典型的散射物体是金属护栏、门架和桥梁等，而建筑物通常距离路边有几百米。金属散射体的密度高于乡村环境。在极端情况下，由于在距离较远的道路上方存在金属路标，因此延迟传播（Delay Spread，DS）情况可能非常显著。

（3）城市环境

城市环境中包括单向或双向交通的城市街道，以及交叉口、环形交叉口等。就传播特性而言，周围有许多影响波传播的物体（包括静态和移动物体），会导致复杂的散射情况，如建筑物、车辆（移动或静止）、道路标志、路灯、交通标志、交通信号灯等。在城市环境中，视距组件遮挡的概率高于其他环境。这意味要想成功实现接收通常需要强大的 MPC。图 4.7 的右上部分展示了城市地区一个典型的四向交叉口。

4.2.2　信道建模框架以及差距分析

3GPP TR 38.901 技术报告《0.5 ～ 100GHz 频率下的信道模型研究》[29] 定义了在 0.5 ～ 100GHz 信道上基于几何的随机（Geometry-Based Stochastic，GBS）框架。它规定了 LOS 概率、路径损耗（Path-Loss，PL）、阴影衰落（Shadow Fading，SF）和快速衰落（Fast Fading，FF）的参数，并涵盖了几种场景：城市宏小区（Urban Macro，UMa）、城市微小区（Urban Micro，UMi）、室内办公室以及乡村宏小区（Rural Macro，RMa）。该报告着重介绍了基站到用户设备的通信，但并未就 V2X 信道方面过多展开。具体而言，其中未包括以下对 V2X 来说重要的内容：

- 双重机动性（V2V）
- V2X 特定的场景（RSU 和车辆之间，V2V）
- V2X 天线的考虑因素
- V2X 特定的参数设定（特别是 V2V）
- V2V 的 PL、SF 或者 FF
- V2V 和 V2P 信道的 LOS 概率以及遮挡变化

这些对于车辆信道实现真实建模至关重要。为了增强 3GPP 框架，本节试图通过使用 V2X 信道的最新文献以及基于测量数据研究分析的信道参数来尽可能弥补差距。在以下小节中，我们将详细介绍 V2X 信道模型特别是 V2V 的情况，参考文献［29］全面涵盖了 V2I 信道（特别是车辆到基站）的情况。更具体地说，我们描述了参考文献［29］中包含的参数，如图 4.9 所示，包括如何选择正确的场景（图 4.9 中的方框 1）、LOS 传播条件（方框 2）、路径损耗（方框 3）等。总之，我们建议使用参考文献［29］中的框架生成信道，流程中的特定内容使用以下小节中列出的参数和模型。

表 4.13 总结了现有文献中关于特定传播效应模型的可用性，以及模型的理想特性。虽然很难提供一个全面的总结，但我们尝试确定哪些在现有文献当中明确定义的信道模型组件可以用于 V2X 信道建模。

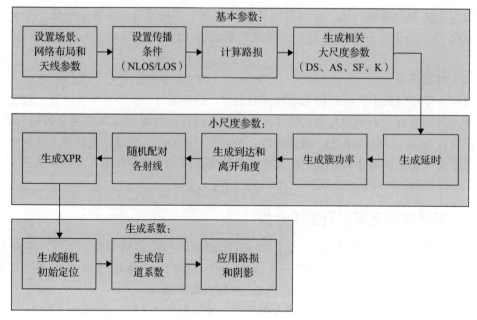

图 4.9   根据参考文献［29］得出的信道系数生成过程

表 4.13   现有文献中 V2X 信道建模的信息

V2X 信道模型组件及其在 SOTA 中的可用性	SOTA 中存在的模型 / 考虑的影响	
	<6GHz	>6GHz
传播机制 • LOS 遮挡	+V2X	+V2X
• 路径损耗	+V2X	+V2I; −V2V/P
• 阴影衰落	+V2X	+V2I; −V2V/P
• 小尺度衰落	+V2X	+V2I: −V2V/P
• 单链路和多链路的相关衰落效应	+V2I/V; N/A V2P	+V2I; −V2V/P
建模方式 • 不基于几何（例如 TDL）	+V2I/V; −V2P	+V2I/V; −V2P
• 基于几何的确定性函数	+V2X	+V2I; −V2V/P
• 基于几何的随机	+V2I/V; −V2P	+V2I; −V2V/P
模型属性	必须具备	最好具备
	• 时空相关性（特别是 V2V）	• 扩展性
	• 非平稳性（特别是 V2V）	• 双向天线配置相关性
	• 可应用性	• 可扩展性和复杂性

+：文献中记载了该模型；−：文献中未记载该模型

4.2.3   路径损耗模型

本节将描述路各类别的路径损耗模型，首先是 V2V LOS 链路的路径损耗，然后是阴影衰落模型和快速衰落参数。

1. V2V LOS 链路的路径损耗

本小节概述 V2V LOS 链路的路径损耗，包括自由空间路径损耗、双线地面反射模型、车辆遮挡的 V2V 信道路径损耗，以及建筑物和其他物体遮挡的 V2V 信道路径损耗。

（1）自由空间路径损耗

自由空间路径损耗模型是指：即使发射机和接收机之间没有任何引起反射或衍射的障碍物，电磁波从发射机出发，经过自由空间到达接收机的时候仍然会出现信号衰落。可通过下列公式计算出自由空间路径损耗（Free Space Path Loss，FSPL）。

$$\mathrm{FSPL} = 20 \log_{10}(d) + 20 \log_{10}(f) + 20 \log_{10}(4\pi/c) - G_{Tx} - G_{Rx}$$

d 是指发射机和接收机之间的距离，f 为载波频率，G_{Tx} 和 G_{Rx} 分别为发射和接收天线的增益。自由空间只是一种理论模型，无法完全模拟出 V2X 信道的情况，因为在现实中存在各种干扰因素，其中一种情况便是行车道路会出现反射，进而扰动自由空间信号。

（2）双线地面反射模型

自由空间传播模型建立的条件是其中只有 LOS 路径存在。然而，由于 V2V 通信环境中路面上的固有结构，在 LOS 通信的情况下，传播特性通常受到至少两种主要路径的影响：LOS 路径和地面反射路径。试验证实，具有适当调整反射系数的双线地面反射模型是一种可靠的 LOS V2V 信道的路径损耗模型[28,30]。在这种情况下，LOS 路径会干涉地面反射路径，两条路径以不同的相位和不同的功率到达接收机。

在接收机和发射机之间的距离 d 不同的情况下，不同相位会产生相长干涉和相消干涉，如图 4.10 所示。随着发射机和接收机之间的距离增加，相长干涉和相消干涉交替的模式会在断点 d_b 处停止。从这个距离开始，两条射线之间的长度差小于波长的一半，地面上的一个小的到达角（AOA）都会导致反射波相位偏移 180°，从而导致相消干涉。

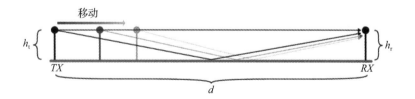

图 4.10　双线地面反射模型

可参考图 4.10 了解这两条射线的情况，产生的电场等于

$$E_{\mathrm{TOT}} = E_{\mathrm{LOS}} + E_{\mathrm{Ground}} = \frac{E_0 d_0}{d_{\mathrm{LOS}}} \cos\left[\omega_c\left(t - \frac{d_{\mathrm{LOS}}}{c}\right)\right] + R_{\mathrm{Ground}} \frac{E_0 d_0}{d_{\mathrm{ground}}} \cos\left[\omega_c\left(t - \frac{d_{\mathrm{ground}}}{c}\right)\right] \quad （4.1）$$

其中 E_{Ground} 是地面反射线的电场，R_{Ground} 代表地面反射系数，d_{ground} 是地面反射线的传播距离，其中 h_t 和 h_r 分别代表发射天线和接收天线的高度，d_{LOS} 是天线之间的地面距离（图 4.10 中的 d）。请注意，天线的精确高度（h_t 和 h_r）是非常重要的，因为即使 h_t 或 h_r 方

面存在微小的差异也会导致 LOS 和地面反射线之间的干涉关系产生显著变化。当发射机为自由空间时，垂直极化和水平极化上反射系数 R 的计算公式分别如下所示：

$$R_{\|} = \frac{-\varepsilon_r \sin \theta_i + \sqrt{\varepsilon_r - \cos^2 \theta_i}}{\varepsilon_r \sin \theta_i + \sqrt{\varepsilon_r - \cos^2 \theta_i}} \qquad (4.2)$$

以及

$$R_{\perp} = \frac{\sin \theta_i + \sqrt{\varepsilon_r - \cos^2 \theta_i}}{\sin \theta_i + \sqrt{\varepsilon_r - \cos^2 \theta_i}} \qquad (4.3)$$

式中，θ_i 是入射角，ε_r 是材料的相对介电常数。根据公式（4.1）中的电场，接收功率 P_r（以瓦特为单位）的计算如下（假设接收机处的单位天线增益）：

$$P_r = \frac{|E_{\text{TOT}}|^2 \lambda^2}{4\pi\eta} \qquad (4.4)$$

其中 λ 是波长，η 是固有阻抗（在自由空间中 $\eta = 120\pi\,\Omega$）。需要使用适当的反射系数与测量值匹配。因此，在参考文献［28］中，该模型与测量数据的曲线拟合得出：ε_r 值的最佳拟合为 1.003（注意，在反射系数计算中，剩余参数仅取决于几何结构）。

（3）车辆遮挡的 V2V 信道的路径损耗：车辆障碍物

当车辆对 LOS 链路造成遮挡时，会导致额外的衰落。参考文献［27］中展现了车辆作为障碍物的模型，其中使用（多个）刃形衍射对车辆进行建模。该模型使用自由空间路径损耗模型作为基线。由于每辆车都遮蔽了 LOS 链路，因此会产生额外的衰落。单个刃形衍射障碍物 A_{sk} 引起的衰落（dB）计算公式如下：

$$A_{\text{sk}} \begin{cases} 6.9 + 20\log_{10}[\sqrt{(v-0.1)^2 + 1} + v - 0.1], & v > -0.7 \\ 0; & \text{其他} \end{cases} \qquad (4.5)$$

式中，$v = 21/2H/r_f$，H 是障碍物高度与连接发射机和接收机的直线高度之间的差值，r_f 为菲涅耳椭球半径（如图 4.11 所示）。

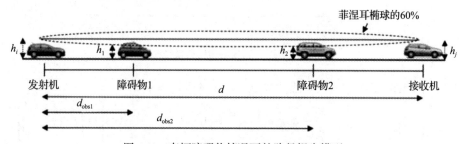

图 4.11　车辆障碍物情况下的路径损失模型

为了计算多个车辆引起的衰落，该模型采用了 ITU-R 多刃衍射法［31］，对车辆障碍物模型进行了实验验证，结果表明，该模型能够很好地模拟被其他车辆遮挡的 V2V 信道的路径损耗情况[32]。

（4）建筑物和其他物体遮挡的 V2V 信道的路径损耗：对数距离路径损耗模型

对数距离路径损耗是自由空间路径损耗的扩展，其中路径损耗指数不一定等于 2（如自由空间传播的情况），它是发射机和接收机周围环境的函数。

对数距离路径损耗模型可表示为：

$$PL(d) = PL(d_0) + 10\gamma\log(d/d_0) + X_\sigma$$

其中，PL 是以分贝（dB）为单位测量的总路径损耗，$PL(d_0)$ 为参考距离 d_0 处的路径损耗，d 是发射机和接收机之间的距离，γ 是路径损耗指数，X_σ 则描述了随机阴影效应。

最后，接收功率 P_r 的计算如下：

$$P_r = P_t + G_t + G_r - PL(d)$$

其中 P_t 是发射功率，G_t 和 G_r 是天线增益，单位为 dBi。实验表明，具有适当路径损耗指数和阴影偏差的对数距离路径损耗能够很好地模拟 NLOS 情况下 V2V 链路的路径损耗[32]。对于 5.9GHz 的 V2V 链路，以下值可以作为参考[32]：

- $d_0 = 1\text{m}$
- $PL(d_0) = 47.8649\text{dB}$
- $\gamma = 2.5$（受到建筑物轻微遮挡）
- $\gamma = 3$（受到建筑物严重遮挡）

2. 阴影衰落模型

接下来概述 V2V 和 V2I 信道的单链路阴影衰落以及 V2V 信道的多链路阴影衰落。

（1）V2V 和 V2I 信道的单链路阴影衰落

在对数距离路径损耗方程中，可以调节阴影衰落变量 $X_\sigma(0, \sigma)$ 的标准偏差 σ 值以便更好地描述特定环境和链路类型。对于 V2V 链路，参考文献[32]在高速公路和城市环境中对 σ 值进行了基于测量的详细分析，表 4.14 列出了相应 σ 值。

表 4.14　V2V 通信的阴影衰落参数 σ

环境链接类型	高速公路（dB）	城市（dB）
LOS	3.3	5.2
NLOSv	3.8	5.3
NLOSb	4.1	6.8

由于天线高度、散射密度和相对速度不同，V2I 链路与 V2V 链路表现出不同的传播特性。特别是在 V2I 链路的子集中，路边单元 RSU 作为基础设施与被充分研究的蜂窝 V2I 链路相比是有区别的。Aygun 等人[33]使用在博洛尼亚城市环境中收集的测量数据来评估 RSU V2I 链路的四种传播条件的阴影衰落情况，包括 LOS、车辆引起的 NLOS、树叶引起的 NLOS 和建筑物引起的 NLOS，即静态物体引起的非视距（NLOSb）（如图 4.7 所示），连

接类型可以细分为建筑物和树叶遮挡。根据阴影衰落过程为对数正态的这一假设，作者得到了 σ 的平均值、最小值和最大值，以及阴影衰落过程的标准偏差。结果如表 4.15 所示，注释如下：NLOSb 不适用于高速公路环境；由于缺乏高速公路环境的统计数据，城市环境的 LOS 和 NLOSv（如图 4.7 所示）的结果也可用于高速公路。

表 4.15　车辆到路侧单元（V2RSU）通信的阴影衰落参数 σ

环境链路类型		高速公路（dB）	城市（dB）
LOS		2.2	2.2
NLOSv		2.6	2.6
NLOSb	建筑	未得到	3.3
	树叶	未得到	2.4

（2）V2V 信道的多链路阴影衰落

Abbas 等人[34]进行了 V2V 测量，结果表明，一辆车带来的衰落可能超过 10dB，这与此前的结果一致[32]。根据测量结果，作者设计了高速公路环境的 GBS 传播模型，该模型包含车辆障碍物，并确定了链路在 LOS 和 NLOS 状态下的持续时间。从测量值中得到每个状态的概率分布情况，使用基于马尔可夫链的概率模型实现各种 LOS 条件之间的转换。该模型证明了区分 LOS 链路和 NLOS 链路，以及区分 LOS 和 NLOS 射线所带来能量的重要性。然而，该模型是针对单链路通信开发的，在车载自组织网络（Vehicular Adhoc Network，VANET）仿真中，人们经常忽略的关键因素是不同通信链路之间的互相关。这对于使用多跳技术的无线通信系统克服 V2V 系统中阴影车辆的问题具有重要意义。针对高速公路上的车队场景，有两种互相关模型[35]：一种对所有车辆之间的所有通信链路使用联合路径损耗模型，包括 LOS 和受阻 LOS（OLOS）的情况[17]；另一种是对每个通信链路使用特定路径损耗模型，以及分别使用 LOS 和 NLOSv[18]。如果数据集合足够大，则自相关和互相关不会影响接收功率的平均值。相比不相关的情况，相关性将导致系统经历更长时间的大尺度衰落。这对于 VANET 安全应用尤其重要，因为连续数据包错误率是一个关键因素。参考文献［35］中发现了路径损耗模型、自相关行为和大尺度衰落过程的互相关，强调了 GBM 能够带给 VANET 模拟器的好处。重要的是，它基于几何的模型区分了 LOS 和 OLOS 通信，并对这两种情况使用了不同的路径损耗模型。如果不这样做的话，那么 VANET 仿真器需要考虑不同通信链路之间的互相关[17]后才能取得接近实际情况的结果。此外，当使用基于几何的模型作为 VANET 模拟器的输入时，互相关的情况实际上可以忽略，并不需要对其进行实现[18]。该结果使得在多链路场景中实现 VANET 模拟器变得更加容易。如果必须考虑大量链路之间的互相关，那么复杂的计算很容易导致问题。

3. 快速衰落模型

对于低于 6GHz 的频段，我们建议使用参考文献［36］中描述的参数。对于高于 6GH

的频段，我们建议使用参考文献［37］中给出的阴影和快速衰落参数。

4. 小结

表 4.16 总结了参考文献［29］中所述信道建模框架中每个 V2X 信道建模要使用的模型。大体上，参考文献［29］中的框架适合用于 V2I 信道，但是 LOS 遮挡、路径损耗、阴影衰落和快速衰落不适用于 V2V 信道。因此，在现有文献的基础上，我们提出了这些组件的替代参数。对于表 4.16 中未提及的参数，可使用参考文献［29］中的现有参数进行初始评估，但某些参数需要进行重新考虑，如仰角等。

表 4.16　框架所包含信道建模情况汇总[29]

V2V						
≤ 6GHz	城市			高速公路		
	LOS	NLOSv	NLOSb	LOS	NLOSv	NLOSb
LOS_阻挡	［BGX16］			［BGX16］		
PL	［32］	［32］	［32］	［32］	［32］	［32］
SF	［32, 34］	［32, 34］	［32, 34］	［32, 34］	［32, 34］	［32, 34］
FF	［36］	［36］	［36］	［36］	［36］	［36］
>6GHz						
LOS_阻挡	［BGX16］			［BGX16］		
PL	［38］			［38］		
SF	［38］			［38］		
FF	［37］			［37］		
V2I（车辆到基站：V2B）						
	城市			高速公路		
V2B ≤ 6 &>6GHz V2RSU >6GHz	LOS	NLOS		LOS	NLOS	
LOS_阻挡 PL SF FF	［29］					
V2I（车辆到路侧单元：RSU）						
	城市			高速公路		
V2RSU ≤ 6GHz	LOS	NLOSv	NLOSb	LOS	NLOSv	NLOSb
LOS_阻挡	［29］			［29］		
PL	［32］			［32］		
SF	［33］			［33］		
FF	［29］			［29］		

4.2.4　当前 V2X 信道测量方法和模型

本节将介绍 V2X 信道测量方法和模型的最新研究进展，包括 V2V 厘米波与毫米波的测量、V2V 毫米波信道建模和多链路阴影扩展。

1. 使用厘米波和毫米波进行 V2V 测量

在 60GHz 进行测量需要在双极化、超宽带、多信道检测器的条件下进行。这种环境能够在实现背靠背校准后提供 5.1GHz 的零点到零点带宽。环境的空间表征是通过自动旋转双极化喇叭天线来完成的，半功率波束宽度（HPBW）为 30°、步长间隔为 30°，覆盖了发射机和接收机之间所有的方位角变化范围。另一方面，0° 仰角也分别在两端进行了测量。图 4.12a 所展示的是城市环境中 T 形交叉口，其中有停放的车辆、多层建筑和灯杆。发射机和接收机的高度为 1.44 米，模拟的两车相距 44 米，车辆顶部通过收发器实现相互通信。在测量过程中，为了增加散射效应，还安排了两辆车辆停放在位置 0 上。第三辆车也就是所谓的遮挡车（一辆奔驰 Sprinter 货车），位于 15 个不同的位置上（图 4.12 中位置 1 ~ 15），从而模拟超车情况。所有的测量都是在尽可能静态的情况下进行的，限制了街道上车辆的行驶。

图 4.12a 展示了测量设置，用白色圆圈标记了障碍车辆的位置，并按顺序标记了位置 1 ~ 15。位置 0 表示不存在障碍车辆的场景。以下为不同位置上对应的结果：位置 0（图 4.12b）、位置 4（图 4.12c）、位置 5（图 4.12d）和位置 6（图 4.12e）。此外，b ~ e 表示 LOS、建筑 A 和建筑 B 造成的角度位置，根据位置不同，这些影响与 b 或者障碍所造成的影响同等重要，例如图 4.12c 中建筑 A 所造成的影响，或者图 4.12d 中建筑 B 所造成的影响。

图 4.13 展示了图 4.12 中位置 6 的功率延迟曲线（Power Delay Profile，PDP），确定了主要影响因素。图 4.13 显示，LOS 簇（包括 LOS 组件和那些在延迟中靠近它的部分，例如车身周围的衍射）虽然出现了衰落，但仍然存在。这与 "经典" 的 NLOS 状态（建筑物遮蔽）形成对比，在 NLOS 状态下，LOS 簇通常是无关紧要的。在 NLOSv 的情况下，由于车辆传输、障碍车辆周围的衍射以及车辆下方的地面反射，LOS 簇所造成的能量是难以忽略不计的。

2. 毫米波 V2V（直连通信）信道建模

本节将介绍毫米波直连通信信道建模，先介绍定向信道特性，接着描述路径损耗，最后分析阴影和快速衰落参数。

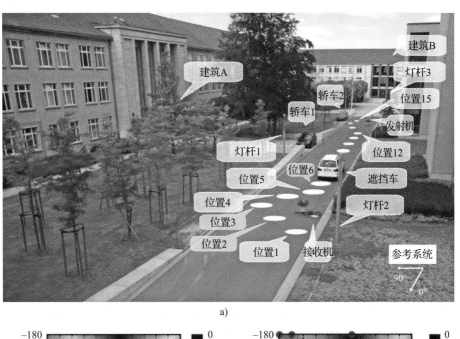

a)

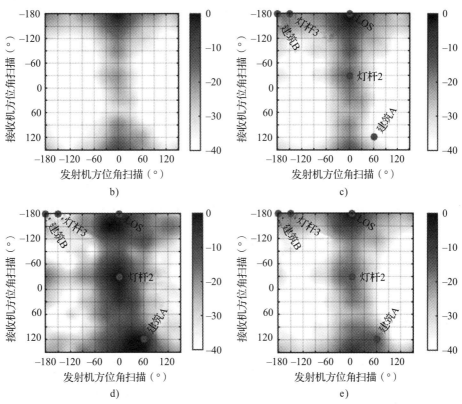

图 4.12　对 60GHz 下毫米波 V2V 信道测量和定向信道特性的结果

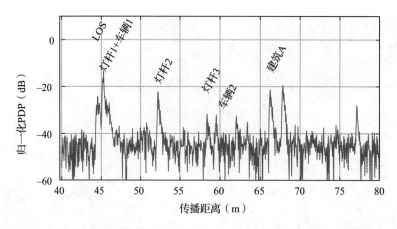

图 4.13　在没有车辆遮挡的情况下，位置 6 上 PDP 为 LOS 组件所实现的归一化

（1）定向信道特性

先前的测量方法也可用于检测毫米波 V2V 信道的定向信道特性。在时域中使用大分辨率和在角域中使用不同的扫描方向来识别不同的散射体。图 4.12b～e 展示了针对障碍车辆选定位置插值与归一化的位置功率 – 双方位角图。在位置 0（图 4.12b），散射能力最强的是 LOS、建筑 A 和建筑 BT 交叉口的后向反射。当位置 4（图 4.12c）出现遮蔽时，建筑 A 被遮蔽，显示的动态范围内的相关散射体数量增加。在位置 5（图 4.12d），LOS 完全受阻。最后，当障碍车辆位于通信车辆的中间时，在位置 6（图 4.12e），最强散射体是建筑 A；建筑 B 仍然被遮挡，但位于发射机方位角 ±30° 的散射体才是影响最大的。定向表征结果表明，NLOSv V2V 传播显著增加了 MPC 在 60GHz 频段上的角度扩展。

（2）路径损耗

参考文献［38］中应用的 ABG 路径损耗模型适用于 LOS、建筑和车辆遮挡情况下各种城市和高速公路场景下的 V2V 信道，此处 ABG PL 模型目前用于 3GPP 3D 模型[29]。为了使 V2V PL 建模与参考文献［29］一致，我们建议使用参考文献［38］中所列的 PL 公式。

ABG PL 模型如下所示：

$$PL^{ABG}(f, d)[\text{dB}] = 10_{\alpha}\log_{10}(d) + \beta + 10\gamma\log_{10}(f) + X_{\sigma}^{ABG}$$

本式中，α 代表 PL 随着发送 – 接收距离（单位为 m）的增加而增加，β 是浮动偏移值（单位为 dB），γ 是指频率 f（单位为 GHz）上的 PL 变化，X_{σ}^{ABG} 代表遮挡衰弱值（单位为 dB）。该方程展示了 ABG PL 模型对各种环境的拟合。我们注意到，参考文献［38］中的模型是多频率模型，模型中的参数包括了 6GHz 以上频段（特别是 6.75GHz、30GHz、60GHz 和

73GHz）的测量情况。

　　表 4.17 展示了在 LOS 和在 NLOSb 情况下 V2V 链路各种情况下的 ABG 模型参数，表 4.18 展示了 V2V（即 NLOSv 情况）的车辆遮挡效应模型。如需了解有关更多详细信息，请见参考文献［38］。

表 4.17　LOS 和 NLOSb 的各种情况下的 ABG 模型参数

场景		ABG 模型参数
城市网格	LOS	$\alpha=1.67, \beta=38.77, \gamma=1.82, SF=2.04dB$
	NLOSb	$\alpha=2.38, \beta=36.85, \gamma=1.89, SF=3.05dB$
高速公路	LOS	$\alpha=1.58, \beta=37.9, \gamma=2, SF=3.13dB$
	NLOSb	$\alpha=2.73, \beta=25.98, \gamma=2, SF=3.47dB$

表 4.18　各种情况下 NLOSv 的额外路径损耗。正态分布损耗参数：Mu（均值）和 Sigma（标准差）

场景	普通车辆与大型车辆不同的情况		适用于普通车辆和大型车辆
	普通车辆（乘用车 / 厢式货车）	大型车辆（卡车 / 大货车）	乘用车 / 越野车 / 卡车 / 大货车
城市网格 NLOSv	Mu=5.86dB	Mu=10.43dB	Mu=8.95dB
	Sigma=3.08dB	Sigma=4.48dB	Sigma=4.61dB
高速公路 NLOSv	Mu=4.77dB	Mu=15.39dB	Mu=10.08dB
	Sigma=4.26dB	Sigma=5.02dB	Sigma=7.06dB

（3）阴影和快速衰落参数分析

　　遮挡散射体的动力学对毫米波 V2V 信道有较大影响。我们分别针对位置 0 ～ 3 和 13 ～ 15 的 LOS 情况以及位置 4 ～ 12 的 NLOSv 情况计算了参数的均值和方差。之后，根据信道的全向特性计算了 DS、阴影衰落和 Rice K 因子。按照不同方向扫描的 PDP 计算平均值。根据边际功率角分布计算角展度。表 4.19 组件［37］总结了这些值，表明在遮挡情况下 DS 和角展度会增长。另一方面，由于 LOS 组件受阻，K 系数从约 10dB 降低到 −5dB。平均车辆遮挡损失（与位置 0 相比，位置 4 ～ 12 处的车辆遮蔽导致平均附加衰落）约为 12dB。对于每种状态，表 4.19 包含 4.2.4 节和参考文献［37］中测量数值所给出的参数值。城市环境中的 NLOSb 是由建筑物遮挡造成的，而高速公路环境中的 NLOSb 状态则是由树叶遮挡造成的。在表 4.19 中，方括号内的值取自参考文献［29］中的 UMi 模型（表 7.5 和表 7.6）。对于不包含 NLOSv 特定参数的新测量结果，我们将参考文献［29］（表 7.5 和表 7.6）中 UMi 模型里的 NLOS 状态值再次用于城市和高速公路场景。由于缺乏更好的解决方案，所以我们采取了 Umi 模型参数，需要进一步调查某些参数（如仰角），并在得到合理测量数值时进行更新。更多详细信息请参见参考文献［37］。

表 4.19　V2V 直连链路的快速衰落参数

场景	城市			高速公路		
	LOS	NLOSb	NLOSv	LOS	NLOSb	NLOSv
延迟传播 (DS) lgDS=log₁₀ (DS/1s)　μ_{lgDS}	$-0.2\log_{10}(1+f_c)-5.7$	$-0.12\log_{10}(1+f_c)-6.3$	$-0.3\log_{10}(1+f_c)-4.5$	−8.16	−7.66	−8.04
σ_{lgDS}	$0.17\log_{10}(1+f_c)-10$	$0.1\log_{10}(1+f_c)-9$	$-0.14\log_{10}(1+f_c)-6.7$	−8.53	−7.62	−8.08
发射角 (AOD) 展度 (ASD) lgASD=log₁₀ (ASD/1°)　μ_{lgASD}	$-0.1\log_{10}(1+f_c)+2.4$	$-0.1\log_{10}(1+f_c)+2.2$	$-0.1\log_{10}(1+f_c)+2.9$	1.39	1.32	1.29
σ_{lgASD}	$-0.03\log_{10}(1+f_c)+1.1$	$-0.3\log_{10}(1+f_c)+4.3$	$-0.2\log_{10}(1+f_c)+3.5$	0.59	0.77	0.82
到达角 (AOA) 展度 (ASA) lgASA=log₁₀ (ASA/1°)　μ_{lgASA}	$-0.1\log_{10}(1+f_c)+2.4$	$-0.1\log_{10}(1+f_c)+2.2$	$-0.1\log_{10}(1+f_c)+2.9$	1.39	1.32	1.29
σ_{lgASA}	$-0.03\log_{10}(1+f_c)+1.1$	$-0.3\log_{10}(1+f_c)+4.3$	$-0.2\log_{10}(1+f_c)+3.5$	0.59	0.77	0.82
垂直到达角 (ZOA) 展度 (ZSA) lgZSA=log₁₀ (ZSA/1°)　μ_{lgZSA}	$[-0.1\log_{10}(1+f_c)+0.73]$	$[-0.04\log_{10}(1+f_c)+0.92]$	$[-0.04\log_{10}(1+f_c)+0.92]$	$[-0.1\log_{10}(1+f_c)+0.73]$	$[-0.04\log_{10}(1+f_c)+0.92]$	$[-0.04\log_{10}(1+f_c)+0.92]$
σ_{lgZSA}	$[-0.04\log_{10}(1+f_c)+0.34]$	$[-0.07\log_{10}(1+f_c)+0.41]$	$[-0.07\log_{10}(1+f_c)+0.41]$	$[-0.04\log_{10}(1+f_c)+0.34]$	$[-0.07\log_{10}(1+f_c)+0.41]$	$[-0.07\log_{10}(1+f_c)+0.41]$
阴影衰落 (SF)[dB]　σ_{SF}	详见表 4.18	详见表 4.18	详见表 4.18	详见表 4.18	详见表 4.18	详见表 4.18
K 系数 (K)[dB]　μ_K	3.48	未知	未知	[10]	未知	未知
σ_K	1.71	未知	未知	[3.5]	未知	未知
互相关　ASD vs DS	0.6	0.8	0.8	0.8	0.3	0.3
ASA vs DS	0.6	0.8	0.8	0.8	0.3	0.3
ASA vs SF	−0.3	−0.3	−0.4	−0.4	[−0.4]	[−0.4]
ASD vs SF	−0.3	−0.3	−0.4	−0.5	[0]	[0]
DS vs SF	−0.5	−0.5	−0.5	−0.4	[−0.7]	[−0.7]
ASD vs ASA	0.4	0.1	0.1	0.8	0.3	0.3
ASD vs K	−0.3	[未知]	[未知]	[−0.2]	[未知]	[未知]
ASA vs K	−0.3	[未知]	[未知]	[−0.3]	[未知]	[未知]
DS vs K	−0.2	[未知]	[未知]	[−0.7]	[未知]	[未知]
SF vs K	0.1	[未知]	[未知]	[0.5]	[未知]	[未知]

参数					
ZSD vs SF	[0]	[0]	[0]	[0]	[0]
ZSA vs SF	[0]	[0]	[0]	[0]	[0]
ZSD vs K	[0]	[未知]	[未知]	[未知]	[未知]
ZSA vs K	[0]	[未知]	[未知]	[未知]	[未知]
ZSD vs DS	[0]	[−0.5]	[−0.5]	[−0.5]	[−0.5]
ZSA vs DS	[0.2]	[0]	[0]	[0]	[0]
ZSD vs ASD	[0.5]	[0.5]	[0.5]	[0.5]	[0.5]
ZSA vs ASD	[0.3]	[0.5]	[0.5]	[0.5]	[0.5]
ZSD vs ASA	[0]	[0]	[0]	[0]	[0]
ZSA vs ASA	[0.2]	[0.2]	[0.2]	[0.2]	[0.2]
ZSD vs ZSA	[0]	[0]	[0]	[0]	[0]
延迟换算因数 r_τ		[2.1]	[2.1]	[2.1]	[2.1]
XPR [dB] μ_{XPR}	[10]	[8.0]	[8.0]	[8.0]	[8.0]
σ_{XPR}	[4]	[4]	[4]	[4]	[4]
聚类数 N		[20]	[20]	[20]	[20]
每簇的光线数 M		[21]	[21]	[21]	[21]
每簇中的聚类 DS (c_{DS}) [ns]		[未知]	[未知]	[未知]	[未知]
聚类 ASD (c_{ASD}) [deg]		[11]	[11]	[11]	[11]
聚类 ASA (c_{ASA}) [deg]		[23]	[23]	[23]	[23]
聚类 ZSA (c_{ZSA}) [deg]		[8]	[8]	[8]	[8]
每簇阴影标准 ζ [dB]		4	4	4	4
水平面上的相关距离 [m] DS	[8]	[11]	[11]	[11]	[11]
ASD	[9]	[11]	[11]	[11]	[11]
ASA	[9]	[10]	[10]	[10]	[10]
SF	[11]	[14]	[14]	[14]	[14]
K	[16]	[未知]	[未知]	[未知]	[未知]
ZSA	[13]	[11]	[11]	[11]	[11]
ZSD	[13]	[11]	[11]	[11]	[11]

3. 多链路遮挡扩展

在 V2V 通信系统现实性能评估方面，用于系统仿真的信道模型必须真实并包括相关细节。在现有工作当中尚未有模型涵盖城市交叉路口中 NLOS 场景的所有细节内容。在参考文献［39］中，作者通过为各种类型、各种大小的车辆提供路径损耗和衰减参数，解决城市中交叉路口的多链路阴影效应，填补了该内容的技术空白。此外，参考文献［39］中还分析了单个链路的自相关特性和不同链路之间大适度衰落的互相关特性。NLOS 信道增益模型中考虑了通信链路可能受到其他车辆（NLOSv）遮挡，具体计算公式如下：

$$G(d_t, d_r)|\,\mathrm{dB} = \underbrace{10\log_{10}(m^2)}_{\text{抵消}} + \varPsi_\sigma + 10\log_{10}\left\{\underbrace{\left(g_1\frac{\lambda}{4\pi(d_t+d_r)}\right)^2}_{\text{单交互}^{\ominus}} + \underbrace{\left(g_2^N\frac{\lambda}{4\pi(d_t+d_t)}\right)^2}_{\text{多交互}}\right\}$$

其中

$$N = \max\left\{2\sqrt{\frac{d_t d_r}{w_t w_r}} - 1.0\right\}$$

其中，发送和接收车辆所在街道的宽度用 w_t、w_r 表示；d_t、d_r 代表到交叉路口中心的距离。$\varPsi_\sigma$ 表示大尺度衰落，并通过建模变成每个通信链路和迭代（重复测量在同一交叉点运行）的非零均值高斯过程。$\varPsi_\sigma$ 的平均值呈现高斯分布，该分布表现了特定迭代期间特定通信链路的特定交通状况和相关天线增益情况的差异。参考文献［39］中进行了测量，获取了城市环境中六辆车之间链路增益的联合（同时存在）行为，每辆车上有一个或两个天线，总共 41 条链路。

这六辆车按以下顺序分为两组：银色 XC90 轿车、蓝色卡车和黑色 XC90 轿车；S60 轿车、金色卡车和 V60 轿车。这两组车在两条相互垂直的街道上行驶，目的是在不同的十字路口会合。表 4.20 中给出了两个不同交叉路口上对 g_1、g_2、m 和 σ 的估计参数，即 Y 型路口（两个拐角处因为建筑物的存在而变成丁字路口）和 X 型路口（因为四个拐角处有建筑物而变成十字路口），图 4.14 是对信道增益模型的示意图。

表 4.20　NLOS 模型的估计参数

链路类型	Y 型路口				X 型路口			
	g_1［dB］	g_2［dB］	m［dB］	σ［dB］	g_1［dB］	g_2［dB］	m［dB］	σ［dB］
卡车到卡车	−6.12	−1.05	−3.31	4.92	−58.02	−1.96	4.55	4.34
卡车到轿车	−9.63	−2.00	1.03	7.38	−14.18	−3.36	8.78	5.07
轿车到轿车	−9.08	−1.45	−2.47	4.39	−47.41	−2.05	3.67	4.27
卡车到遮挡车辆	−51.07	−1.01	−5.33	5.57	−12.17	−3.40	6.42	4.24
轿车到遮挡车辆	−61.51	−1.62	−3.61	5.11	−15.68	−3.34	6.81	4.72

$\ominus$　根据该文章引用的原文，此处"单交互"表示由街角处发射源直接交互带来的功率贡献；"多交互"则指由墙面反射贡献的功率。——译者注

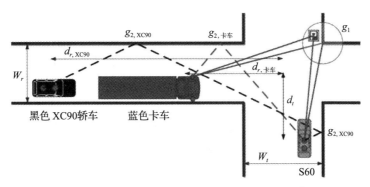

图 4.14 城市交叉路口车辆之间典型的 NLOS 通信链路的信道增益模型

图 4.14 中的实线表示交叉路口中心区域存在单交互,但只有蓝色卡车和 S60 轿车可以看到。黑色 XC90 轿车被蓝色卡车遮挡了,并对于交叉路口存在非视距的情况,因此它对 S60 轿车不存在单交互。虚线分别表示 S60 轿车和蓝色卡车之间以及 S60 轿车和黑色 XC90 轿车之间的多交互。

大尺度衰落 Ψ_σ 的计算方法为总信道增益减去与距离相关的平均值。接着,大尺度衰减的空间自相关可表达为:

$$r(\Delta d_i) = E\{\Psi_\sigma(d_i)\Psi_\sigma(d_i + \Delta d_i)\}$$

其中 d_i 为发射机和接收机之间的曼哈顿距离。阴影过程的自相关可以通过古德曼德森[40]提出的著名负指数函数模型进行大致估算,

$$r(\Delta d_i) = \sigma^2 \mathrm{e}^{-|\Delta d_i|/d_c} = \sigma^2 \rho(\Delta d_i)$$

图 4.15 展示了两个交叉路口的去相关性距离直方图。

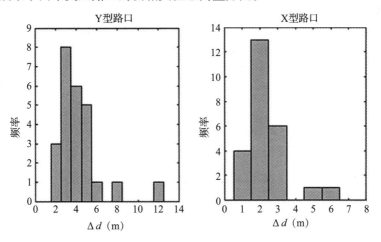

图 4.15 Y 型和 X 型路口中所有 NLOS 通信链路的去相关性距离直方图

根据建议的信道增益模型[39],分析表明,不同链路之间的互相关很小,即使对同一

车辆天线的通信链路来说也是如此（如图 4.16 所示）。忽略互相关的可能性能够使 VANET 仿真中的现实模型更容易实现。

图 4.16 中前三个图的 X 轴表示银色 XC90 车的车顶天线（XC90SR）与 S60 的车顶天线（S60R）之间的链路，Y 轴表示银色 XC90 车顶和另一车列中每辆车上一个天线之间的通信，即 S60 的帽架天线（S60H）和 V60 的车顶天线（V60R）。最后一张图展示了银色 XC90 的车顶与金色卡车上左（TrkGL）和右（TrkGR）天线之间链路的互相关。请注意，对于同一车辆上使用的不同天线，左起第一个散点图和最后一个散点图都属于互相关图。

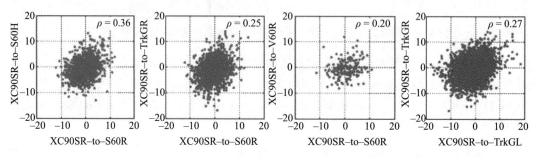

图 4.16　Y 型路口中相关散点图不同链路之间的多链路阴影相关性估计值 ρ

4.2.5　小结

4.2 节讨论了 V2X 通信的信道模型和相关测量，并描述了 3GPP 标准化工作对现有模型所进行的一些最新扩展。本章中介绍的许多结果都在 3GPP 技术报告中进行了讨论，但为了能够为大家呈现完整的情况，我们也进行了具体的介绍。本章还重点介绍了 3GPP 信道模型中尚未解决的重点问题，并介绍了相关文献的最新结果，这将有助于解决这些遗留问题。这里所讨论的多数最新研究成果和解决方案与之前在 3GPP 所采用的信道建模方法高度一致，未来它们将作为合适的候选方案被 3GPP 标准采用。

参考文献

1 5GAA. (2020). Working group standards and spectrum study of spectrum needs for safety related intelligent transportation systems – day 1 and advanced use cases. TR S-200137, version 1.0.

2 European Commission. (2008). Commission decision of 5 August 2008 on the harmonised use of radio spectrum in the 5 875-5 905 MHz frequency band for safety-related applications of Intelligent Transport Systems (ITS). C(2008) 4145), 2008/671/EC.

3 CEPT ECC. (2008). Use of the band 5855-5875 MHz for Intelligent Transport Systems (ITS). ECC Recommendation (08)01.

4 CEPT ECC. (2008). The harmonised use of the 5875-5925 MHz frequency band for Intelligent Transport Systems (ITS). ECC Decision (08)01.

5 ETSI. (2014). Radiocommunications equipment operating in the 5 855 MHz to 5 925 MHz frequency band; harmonised standard covering the essential requirements of article 3.2 of Directive 2014/53/EU. v2.1.1.

6 CEPT ECC. (2016). Harmonised use of the 63-64 GHz frequency band for Intelligent Transport Systems (ITS). Approached 13 March 2009, Amended 04 March 2016.

7 3GPP. (2018). Evolved universal terrestrial radio access (E-UTRA); user equipment (UE) radio transmission and reception. TS 36.101 v14.6.0.

8 5G Americas. (2017). Spectrum landscape for mobile services.

9 Labib, M., Marojevic, V., Reed, J.H., and Zaghloul, A.I. (2017). Extending LTE into the unlicensed spectrum: technical analysis of the proposed variants. *IEEE Communications Standards Magazine* 1 (4): 31–39.

10 ARIB. (2001). Dedicated short-range communication system. ARIB STD-T75, version 1.0.

11 ACMA. (2017). Radiocommunications (intelligent transport systems) class licence.

12 Autorià per le Garanzie nelle Comunicazioni. (2018). Delibera N. 231/18/CONS.

13 Ministero dello sviluppo economico. (2019). Bando 5G per l'assegnazione di diritti d'uso delle frequenze.

14 Bell, P. (2018). Italian 5G auction sees high price tags, raised eyebrows. TeleGeography.

15 European 5G Observatory. (2018). 700 MHz auction results in Sweden.

16 Bundesnetzagentur. (2019). Frequenzauktion 2019 - frequenzen für 5G.

17 Bundesnetzagentur. (2018). Konsultationsentwurf einer Entscheidung der Präsiden-tenkammer der Bundesnetza-gentur.

18 Ministerio de Economía y Empresa. (2018). Nota informativa sobre la subasta del espec-tro banda 3600–3800 MHz.

19 Ministry of Energy, Tourism and Digital Agenda. (2018). Spain's 5G national plan 2018–2020.

20 L'Agence nationale des fréquences (ANFR). (2018). Préparer les bandes actuelles de la téléphonie mobile pour la 5G.

21 Federal Communications Commission (FCC). (2019). The FCC's 5G FAST plan.

22 Federal Communications Commission (FCC). (2019). Auction 102: spectrum fron-tiers – 24 GHz.

23 Tomas, J.P. (2018). China issues spectrum for nationwide 5G trials. RCR Wireless News.

24 European 5G Observatory. (2019). Japan assigns 5G spectrum to four operators.

25 GSMA. (2019). Auction best practice: GSMA public policy position.

26 Abbas, T. (2014). Measurement based channel characterization and modeling for vehicle-to-vehicle communications. Department of Electrical and Information Tech-nology, Lund University.

27 Boban, M., Vinhoza, T.T.V., Ferreira, M. et al. (2011). Impact of vehicles as obstacles in vehicular ad hoc networks. *IEEE Journal on Selected Areas in Communications* 29 (1): 15–28.

28 Boban, M., Viriyasitavat, W., and Tonguz, O.K. (2013). Modeling vehicle-to-vehicle line of sight channels and its impact on application-layer performance. In: *Proceeding of the 10th ACM International Workshop on Vehicular Inter-networking, Systems, and Applications (VANET 13)*, 91–94. Taiwan, China.

29 3GPP. (2017). 3rd generation partnership project; technical specification group radio access network; study on channel model for frequencies from 0.5 to 100 GHz (Release 14). TR 38.802 V14.2.0.

30 Karedal, J., Czink, N., Paier, A. et al. (2011). Path loss modeling for vehicle-to-vehicle communications. *IEEE Transactions on Vehicular Technology* 60 (1): 323–328.

31 ITU-R. (2013). Propagation by diffraction. Recommendation P.526.

32 Boban, M., Barros, J., and Tonguz, O. (2014). Geometry-based vehicle-to-vehicle channel modeling for large-scale simulation. *IEEE Transactions on Vehicular Technology* 63 (9): 4146–4164.

33 Aygun, B., Boban, M., Vilela, J.P., and Wyglinski, A.M. (2016). Geometry-based propagation modeling and simulation of vehicle-to-infrastructure links. In: *Vehicular Technology Conference (VTC Spring)*, vol. 83, 1, 5. IEEE IEEE, May 2016.

34 Abbas, T., Sjöberg, K., Karedal, J., and Tufvesson, F. (2015). Measurement based shadow fading model for vehicle-to-vehicle network simulations. *International Journal of Antennas and Propagation*.

35 Nilsson, M., Gustafson, C., Abbas, T., and Tufvesson, F. (2017). A measurement based multilink shadowing model for V2V network simulations of highway scenarios. *IEEE Transactions on Vehicular Technology* 66 (10): 8632–8643.

36 Acosta-Marum, G. and Ingram, M.A. (2007). Six time- and frequency- selective empirical channel models for vehicular wireless LANs. *IEEE Vehicular Technology Magazine* 2 (4): 4–11.

37 3GPP. (2018). V2X fast fading model. 3GPP TSG-RAN1 Meeting #92, Athens. R1-1802721.

38 3GPP. (2018). V2X path loss and shadowing. 3GPP TSG-RAN1 Meeting #92, Athens. R1-1802720.

39 Nilsson, M.G., Gustafson, C., Abbas, T., and Tufvesson, F. (2018). A path loss and shadowing model for multilink vehicle-to-vehicle channels in urban intersections. *MDPI Sensors* 18 (12): 4433.

40 Gudmundson, M. (1991). Correlation model for shadow fading in mobile radio systems. *Electronics Letters* 27 (23): 2145–2146.

41 Wiquist, W. (2020). FCC modernizes 5.9 GHz band for Wi-Fi and auto safety. *FCC News*.

第 5 章

V2X 无线电接口

Malte Schellmann[⊖]、Jian Luo[⊖]、Erik Ström[⊖]、Tommy Svensson[⊖]、Gabor Fodor^{⊜,四}、Hieu Do[⊜]、Keerthi Kumar Nagalapur[⊖]、Zexian Li^⑤、Hanwen Cao[⊖]和 Konstantinos Manolakis[⊖]

汽车、道路基础设施以及网络间的通信重要性体现在它可以使所有道路交通参与者获得对所处环境全面的信息。因此这样的通信能力也成为关键的安全系统不可或缺的基础组成部分，更是自动驾驶的必要前提。通信需要满足高可靠以及低延迟的要求：它必须具备鲁棒的无线链路以抵抗在无线环境下可能会出现的干扰，并满足在给定延迟要求下的高可靠性。如果通信能力可以满足上述要求，它将会成为推动网联自动驾驶和网联道路交通参与者服务应用发展的关键推力。作为新一代移动无线的 5G 无线接入技术可提供超可靠超低延迟通信服务，可提供一系列基础的系统功能来满足这些通信要求。5G URLLC 系统成为 V2X 无线电接口的设计基础，还需要进一步针对典型 V2X 通信场景的环境和传播条件进行扩展设计，使其更好地适配 V2X 通信需求并展现 5G 通信优势。

类似于 4G LTE，车辆可以通过基站与网络通信，从而建立 V2N 连接。这些链路所处的传播环境与一般移动网络中的传播环境相似；但是对于 V2X 通信，这些链路必须在较高的车载速度下依然保障稳定的连接。5G NR 中使用了窄波波束成形技术，这项技术主要应用于高载波频率。5.1 节将详细讨论这种最新的波束成形技术所需要的快速可靠波束跟踪和调整技术。

此外，在 V2X 通信中，道路必须建设新的基础设施以实现车辆与道路基础设施间的直接通信，例如交通控制系统或交通信号等。此类面向基础设施的无线链路称为 V2I 链

⊖　华为德国研究中心（德国）。
⊜　查尔姆斯理工大学（瑞典）。
⊜　爱立信研究院（瑞典）。
四　瑞典皇家理工学院（瑞典）。
⑤　诺基亚贝尔实验室（芬兰）。

路。尽管 V2I 链路基础设施所布设的高度远远低于 V2N 链路，覆盖范围也比较有限，但是 V2I 链路的传输条件在很大程度上与 V2N 相差无几。因此，V2N 通信相关技术通常也适用于 V2I 通信。

最后，车辆间通信依赖于 V2V 链路。V2V 链路可以受网络控制（即要求车辆在蜂窝网络覆盖范围内并且已经建立了 V2N 链路）或完全自治。对于 V2V 直接通信，任意两辆车的连接被称为直连通信链路（sidelink，SL）[⊖]，其某些特性与 V2N 和 V2I 链路有着很大区别。直连通信链路的发射机和接收机的天线一般摆放在距离地面较近的位置，比蜂窝通信低得多，并且传输功率较低，所以其覆盖范围较小，只能实现较短距离的通信。如果附近有其他车辆，则很可能出现信号遮挡。此外，V2V 链路支持的速度理论上是车辆最高速度（250km/h）的两倍（因为两辆通信车辆可能对向行驶，即 V2V 链路应支持超过 500km/h 的车速）。V2V 链路的这些特性不同于其他链路，因此 V2V 直连通信链路的空口核心元素需要对此进行针对性设计。设计聚焦在系统协议栈的最低两层：物理层和介质访问控制层。因此，PHY 和 MAC 扩展是 5.2 节的重点。

此外，由于直连通信链路实现了短距离通信，V2X 通讯中不断涌现出一些新颖的通信概念。例如可以通过开放其他的通信链路从而建立多用户设备间协作，从而提升通信的整体可靠性。此外，V2V 通信可以实现全双工技术，从而高效运用现有频谱，降低通信延迟。5.3 节将描述上述新颖的通信概念在 V2X 通信环境中的应用，5.4 节则是全章的总结部分。

5.1 毫米波谱中 V2X 通信的波束成形技术

5G NR 系统中的关键技术组件是在毫米波频段中使用的窄波波束成形技术，该技术可降低主要的路径损耗影响。高速移动的用户在使用该技术时需要快速波束跟踪与调整。本节为这种情况提供了三种不同的波束成形方案，各个方案分别对应三种传播类型：单播、多播以及广播。

5.1.1 为移动多用户场景进行波束优化

由于毫米波频率的全向传输存在功率限制且路径损耗较高，覆盖范围一般较小，因此需要进行高度定向的传输。此外，毫米波频段中天线的物理尺寸较小，为了实现足够且快速的波束校准，需要大型天线阵列进行大规模波束成形。本节将重点介绍单播场景，我们假设车辆间没有共同感兴趣的数据需要交互，5.1.2 节和 5.1.3 节则会分别介绍当一组车辆或是所有车辆存在共同感兴趣的数据需要交互时所应采用的多播和广播技术。

正如参考文献［1］所提出的，建立了基本的连接后，在初始接入（Initial Access，IA）进程中，BS 和用户可以开始交换信息并进行波束优化来改善波束的传播方向。一

⊖　亦称"侧链路""侧链"等。本章为强调 sidelink 的链路属性将其翻译为"直连通信链路"。——译者注

般来讲，毫米波频段中的 IA 波束成形与厘米波不同之处在于，毫米波的信道状态信息（Channel State Information，CSI）较难获取。因此，基于码本的波束成形技术可有效减少对于 CSI 估算 / 反馈的依赖，现有的很多工作都集中在基于码本的波束成形算法。其中波束优化的基本步骤如下：

- 在 BS 端挑选预先编码的矩阵，同时在接收机从预设码本中选择一个组合矩阵。
- 发送测试信号。
- 根据用户关于性能指标的反馈更新选择结果。

在现存的工作中，算法一般是针对特殊的指标、预编码 / 组合方案，以及信道模型所设计的，并且算法的复杂度会随着 BS/ 用户数量的增加而大幅增长。此外，现存的性能评估方法中很少考虑算法的运行延迟。然而，最近提出的以机器学习为基础的 IA 方案[2]可以在可接受的执行复杂度和低延迟条件下有效运用于不同的信道模型。

基于此，本节将介绍一种结合用户位置信息和基于遗传算法（Genetic Algorithm，GA）的波束优化方案，以实现系统级速率优化。该方案可实现在机动车辆间的毫米波多用户多输入多输出（multi-user MIMO，MU-MIMO）网络中，对发射机和接收机两端进行波束成形。同时，该波束优化算法也可以用来优化用户机动性。因为在该场景下，波束优化过程可以根据空间关系持续跟踪波束，从而大幅降低计算延迟。此外，波束优化算法还可以与直连通信链路（例如 V2V 链路）进行协同，通过在用户间共享所接收到的信息从而提升吞吐量。

1. 算法描述

首先，基于遗传算法的波束优化算法通过在发射机和接收机分别创建 L 个可能的波束选择集合 V_l 和 U_l。例如，算法可分别在发射机和接收机为每个预设码本 W_T、W_R 创建 L 个子矩阵，然后形成 L 对 $\{V_l, U_l\}$。然后在接下来的每次迭代中，算法根据适当的性能指标，例如传输速率 R_l，选择性能最好的集合 $\{V_l, U_l\}$，即 Queen 矩阵。接着，保持 Queen 矩阵不变，并在其附近施加微小扰动，新生成 $S<L$ 个相似的集合（例如随机从 Queen 矩阵中的列中选取 10% 进行改换，本书同样采取这样的策略）。最后，从发射机和接收机码本 W_T 和 W_R 中，分别随机选择其他 $L-S-1$ 个波束成形矩阵，以避免算法被困于局部最小值。此处应注意到，对于一个给定的 L，增大 S 会增加优化陷入局部最优解的概率。在 N_{it} 次迭代后（该参数由设计者设置，可权衡系统复杂度与计算精度）作为当前时间段波束选择的结果，返回 Queen 矩阵。图 5.1 为该算法的总结，进一步的细节参见参考文献［3］。

2. 性能结果阐述

本节将介绍移动车辆波束跟踪性能结果，并介绍利用协同用户（Cooperative User，CU）带来的性能增益。协同用户可通过分享信道信息，通过直连通信链路进行联合解码。为了举例说明，我们假设单个小区的 MU-MIMO 系统中，有四辆车分享同样的时间频率资源，如图 5.2 所示。此外，与非协同用户（Non-Cooperative User，NCU）案例相比，协同用户可形成车辆间虚拟天线阵列，从而获得性能增益。

对于每一个在瞬时信道 $H \in e^{N \times M}$ 上的时隙：

(I)   初始化过程：设有预编码的矩阵 V 以及组合矩阵 U_l，$l=1,\cdots,L$ 的集合，设 $L=10$，随机从预设的码本中选取 W_T 和 W_R。

(II)   选择过程：对于每个 V_l 和 U_l，评估目标指标 R_l 的瞬时值，$l=1,\cdots,L$，例如端到端吞吐量（5）。找到最优波束成形矩阵，得出上述指标最佳值，命名为"Queen"。例如，设端到端吞吐量为目标函数，则 V_q 和 U_q 应满足 $R(V_l, U_l) \leqslant R(V_q, U_q), \forall l=1,\cdots,L$。

(III) 保存Queen矩阵：$V_1 \leftarrow V_q$，$U_1 \leftarrow U_q$。

(IV)   遗传操作I——交叉：在Queen矩阵 V_1 和 U_1 的附近创建 $S<L$（例如 $S=5$），波束成形矩阵 V_s^{new} 和 U_s^{new}，$s=1,\cdots,S$。这些集合通过对Queen矩阵 V_q 和 U_q 稍加变换而生成。

(V) $V_{s+1} \leftarrow V_s^{new}$，$U_{s+1} \leftarrow U_s^{new}$，$s=1,\cdots,S$。

(VI)   遗传操作II——变异：随机再次生成余下的集合 V_s 和 U_s，$s=S+2,\cdots,L$，流程与步骤（I）一致。

(VII) 返回步骤（II），进行 N_{it} 迭代。N_{it} 是设计者决定的一个固定数字。返回最终的Queen矩阵，作为当前时间段的波束选择规则。

图 5.1   基于遗传算法的波束优化算法[3]

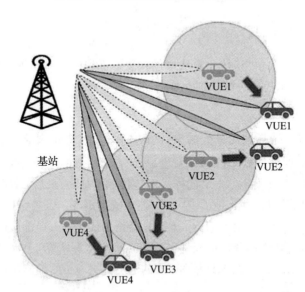

图 5.2   基于 GA 方案的波束跟踪网络在 MU-MIMO 系统中的应用。圆圈表示车载终端（VUE）在特定时间段内的潜在移动范围

我们将上节中提到的基于遗传算法的波束优化算法与当前已有的一些最佳方法进行了对比与评估，包括逐条链路搜索（link-by-link search）[4]、双层搜索（two-level search）[5]、

禁忌搜索（tabu search）[6]。对比的参数为服务中断受限的端到端吞吐量，单位为每通道使用比特（bit-per-channel-use，bpcu）[3]。逐条链路搜索中，不会对所有用户的波束同时进行优化，而是使用贪婪算法，通过分析之前分配步骤的干扰，按照用户顺序逐个计算得到波束成形的解，并通过不断的迭代提升系统性能。双层搜索将优化分为两层：在第一层中基站会在更广的区段中传输信息；在第二层中基站通过使用较窄的波束在最优区段内寻求最优解[7]。禁忌搜索可被视作一种有着更多约束限定的遗传算法方案。其额外约束包括在更新 Queen 矩阵的时候，每个更新后的预编码矩阵限制为只能改变一列。

图 5.3a 表示采用上述算法时，用户的移动性对于波束优化延迟的影响。计算方法为：给定移动速度下所需迭代次数乘以每次迭代的计算时间，评估两例中每个算法的波束优化延迟（假设每次迭代的计算时间等于所假设车辆移动统计时间间隔的万分之一），以查验这些算法对于移动用户的适用性。在此，发射机和接收机天线的数量分别是 32 和 8（每位用户 2 根天线），信噪比（SNR）是 32dB，信噪比的定义是传输功率除以接收机噪音功率。车辆移动统计时间间隔为 1ms。例 1 表示算法在起点使用随机初值的情况，例 2 表示算法通过利用空间关系，从之前时间段的最优解集中启动的情况。例 1 和例 2 中，每个方法的算法运行延迟值都呈现在图中。

对比图中两例的性能，在用户速度相差较大的情况下，无论遗传算法还是禁忌搜索算法均可大幅减少波束优化延迟，因为这两种算法可以充分利用之前传输的波束优化解，将其作为迭代初始值，此方法适用于移动距离不远的情况。注意在两个例子中，禁忌搜索的延迟最低，因为禁忌搜索简单地把 Queen 矩阵替换为了其邻矩阵，充分利用了空间相关性。但是，随着用户速度增加，波束优化延迟也有所增加，这可能因为相邻时间段内位置间的空间相关性降低了。此外，两个例子相比较时，逐条链路搜索和双层搜索并未出现显著的增益表现。

图 5.3b 展示了协同用户对端到端吞吐量的影响，分别采用遗传算法和禁忌搜索方法。如图所示，在协同用户案例中，遗传算法和禁忌搜索限制下的遗传算法大幅提升了性能。当 SNR 增加时，上述性能改善有所降低。可见，相比禁忌搜索算法，遗传算法能够更好地扫描整体波束空间，遗传算法的价值在于更新 Queen 矩阵时的限制更少。

表 5.1 展示了 CU 和 NCU 案例中使用遗传算法和禁忌算法限制下的遗传算法搜索所需的迭代平均数。与图 5.3b 相比，本表格中可见，在既定系统设置下，NCU 案例比 CU 案例需要更短的迭代时间⊖。因此，遗传算法案例中呈现的性能改善可视为 CU 相对于 NCU 的潜在的性能改善的估计——也就是允许车辆组建一个虚拟的天线阵列带来的性能提升值。但是，对于实际执行过程，还需要进一步研究如何更好地限制本例中的遗传算法搜索，以减少所需迭代次数。因此，图 5.3b 呈现的性能应被视为此类算法的上界。详细信息和性能结果请参见参考文献［3］。

⊖　因为 NCU 获取的信息有限，导致搜索空间较小从而很快停止搜索，从而陷入局部最优。——译者注

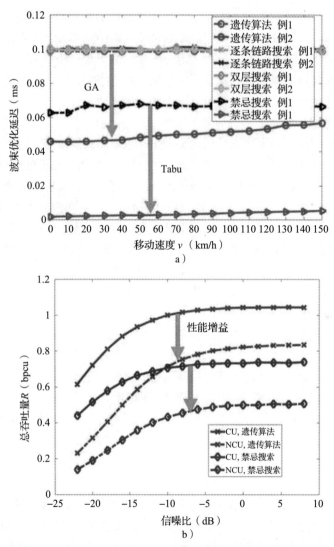

图 5.3 a 展示使用上述方法，在不同速度下得出的波束优化延迟数值。垂直箭头表示采用遗传算法和禁忌搜索后，例 1 和例 2 中数值的减少程度。b 展示在遗传算法和禁忌搜索下，所有协同用户（CU）和非协同用户（NCU）的优化服务中断受限的端到端总吞吐量。例 1，使用 1000 次迭代（足够在所有情况下获得基本渐进性能）。来源：参考文献［3］

表 5.1　不同案例所需的迭代平均数[3]

M/N	遗传算法（GA），CU	遗传算法（GA），NCU	禁忌算法（Tabu），CU	禁忌算法（Tabu），NCU
32/12	502	1	498	1
32/8	500	1	501	1
32/4	488	1	502	1

注：M 是传输天线的数量，N 是接收天线的总数，$N/4$ 是每位用户的天线数。

总之，为了在初始访问期间进行基于码本的波束优化，基于遗传算法的波束优化方案通过利用空间关系，大幅提升 V2N 链路延迟限制的吞吐量，并保障了高速运动下的性能提升。通过将上一位置中的 Queen 矩阵作为当前位置的初始假设，从而利用空间相关性，确保 Queen 矩阵成为最优波束集。同时，车辆可通过直连通信链路进行协同，组成一个虚拟天线阵，从而提升了吞吐量，大幅改善了性能。但是这种方法加大了计算复杂度，并产生了直连通信开销，因此需要进一步研究，从而让此方法切实执行。

5.1.2　波束成形多播

5.1.1 节简单讨论了初始访问和波束选择。初始访问期间使用了波束成形广播。本节将主要讨论波束成形多播（Beamformed Multicast，BM）。众所周知，当需要传输公共数据时，多播传输比单播传输拥有更高的 V2I 和 V2N 链接资源效率。依靠多播的能力，公共数据只会向相关车辆传输一次，而不是通过将同样的消息发送给多个专用无线信道，逐一与车辆对接。因此，在下行链路重新分配协同感知消息（Cooperative Awareness Message，CAM）和分布式环境通知消息（Decentralized Environmental Notification Message，DENM）时，多播传输模式提升了下行链路能力。CAM 和 DENM 的特点是数据包尺寸极小[8]。并且，在高清地图获取和信息娱乐等需要 Gbps 级传输率的高数据率 V2I 传输的场景下，多播方式的收益会更高[9]。

为达到此目的，波束成形多播技术应运而生，该技术基于自适应和鲁棒的波束管理技术，尤其适合应用于毫米波段，因其大型天线阵列可以部署在基站和路侧单元上。

简单起见，我们假设有一个单个小区的通信系统，系统中的基础设施节点比如 BS 和 RSU［通常称作一个发送 / 接收点（Transmission/Reception Point，TRP）］在小区覆盖范围内，为 UE 提供可靠的多播传输。此技术同时利用了了有的用户设备地理位置相近这一特点，使包含公共消息的同一种波束可以同时服务这些 UE。此外，TRP 利用了 UE 的肯定应答（ACK）或否定应答（NACK）机制，这些机制设计的目的就是触发重传，从而提升多播服务的可靠性。上述波束成形多播技术由下列控制平面和信令支持：

- 初始传输信令设计
- 混合自动重传请求（Hybrid Automatic Repeat reQuest，HARQ）反馈信令设计
- 重传信令设计

在初始传输中，此方法引入了一个全新的物理信道，叫作物理广播多播信道（Physical Broadcast Multicast CHannel，PBMCH），该信道只用于数据传输，在图 5.4 中记作选项 1。相关控制信令沿用现有蜂窝系统中的物理信道，如用于承载系统信息块的物理广播信道（Physical Broadcast CHannel，PBCH）[10]。此外，不妨假设存在另一个框架结构，其中控制信号和数据传输都合并在多播 / 广播物理层下行链路控制信道，以及广播 / 多播物理层下行链路共享信道中，记作选项 2，如图 5.4 所示。相较而言，选项 1 在现有标准下兼容性更好，而选项 2 则提供了更多的灵活性。

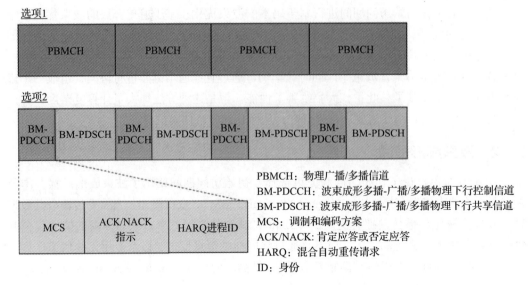

图 5.4　5GCAR PBMCH 初始传输的两个选项。来源：© 2019 IEEE., 参考文献 [13]

　　接收方 UE 可以利用必要的下行链路控制信息及 PBMCH 传输，对 PBMCH 消息进行解码。该控制信息根据使用的调制和编码方案（Modulation and Coding Scheme，MCS），以及 ACK/NACK 指示的不同而携带不同的信息。此类信息片段的占用资源可以是预先分配的，也可以利用物理下行控制信道（Physical Downlink Control CHannel，PDCCH）进行动态调度，从而减少了初始传输的开销。

　　对于 HARQ 反馈，该方法支持不同时刻的 ACK/NACK 反馈指示。具体而言，在每个波束或所有波束扫描过各自对应的小区区域之后，均可直接发送 HARQ 反馈。此外，由于地理位置相近的 UE 通常都属于单个的群组，这些 UE 可以从相邻扫描波束中接收信号，虽然其接收信号功率等级可能并不相同。为了提升空间再利用效率，属于同一组的 UE 可以合并信号：既可以从所有已接收信号的波束中合并信号，也可以在单个接收功率最高的波束（"最佳"波束）上合并信号。例如，可以利用信道互易性，通过接收到的同步信号块或接收到的信道状态信息参考信号（CSI Reference Signal，CSI-RS）建立与"最佳"波束的同步，进而选出"最佳"波束。

　　最后，针对重传，此方法采用了类似的波束选择方案，如图 5.5 所示。具体来讲，如果 HARQ 反馈沿着所有波束方向传输（图 5.5 上半部分），那么单个波束或波束组中重传链路上的数据包是一样的。此方法可提升重传的成功率。与此相对的另一个方法则是，如果 HARQ 反馈仅沿着"最佳"波束传播（图 5.5 下半部分），那么重传链路的数据包则是单个波束或波束组特有的，可通过单个波束或波束组专用的 PDCCH 指示信号传输。由于剩余波束可以用于下一次 BM 初始传输，所以此方法的资源使用效率很高。

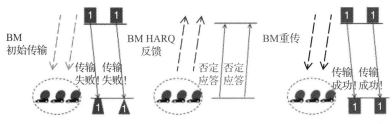

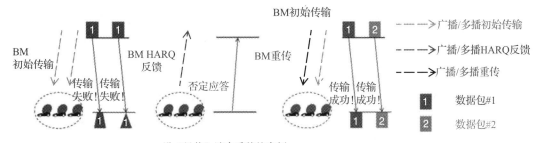

图 5.5　展示了 HARQ 反馈和重传。来源：© 2019 IEEE.，参考文献［13］

此处我们将上述 BM 方案的性能与其他两个基准方案相比较：一个是 LTE - V（V 代表 V2X 车用无线通信技术）广播方案，另一个是 LTE - V + HARQ（有重传机制，但是没有波束成形），分别比较其可用的数据速率以及延迟。模拟参数与参考文献［12］一致，如表 5.2 所示。

表 5.2　波束成形广播 / 多播设计的模拟设置

参数	数值
载波频率	30GHz
带宽	200MHz
最大传输功率	43dBm
噪声数值	7dB
副帧长度	1ms
OFDM 符号数	14

在仿真中，传输最多可以同时使用 16 条波束（最窄束宽为 22.5°），覆盖整个角度空间。同步波束的数量可为 16 的公约数（1、2、4、8 或 16）。此外，TRP 方法使用了沿不同波束至不同车组的同步传送。仿真参数的其他细节都与参考文献［14］中所描述的一致，包括网络分布、信道模型，以及 TRP 天线配置等。为了获得数值结果，仿真样本将取 1000 个以上的独立取样进行平均。

如图 5.6a，从数据传输速率来看，由于每个 UE 在相邻波束获得了数据冗余副本，所以本节所述方案比基准广播 / 多播方案获得的数据传输速率更高，表现更好。此方法获得冗余副本后可以使用高阶 MCS，从而可提升数据传输速率。尤其是与 LTE - V 和 LTE - V + HARQ 相比，本节所述方案在低信噪比范围内取得的性能增益较少。这种表现的主要原因是在信噪比较低时易导致传输失败，从而引发重传。因此，所有方案中都使用了较为保守的 MCS。从另一方面来看，这也意味着在低信噪比范围内，虽然本方案可以使用高阶 MCS，但是带来的增益较小。相较而言，在中高信噪比范围内，本方案（即 BM 方案）

的数据传输速率有大幅提升。与 LTE–V 和 LTE–V+HARQ 相比，本方案本质上是以适度增加计算复杂性为代价换取了性能增益。此复杂性提升的主要原因是该方案固有的波束成形权重需要额外的计算。

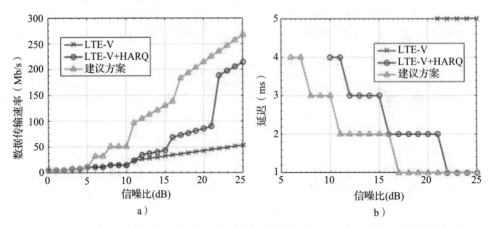

图 5.6　不同广播 / 多播方案 vs 信噪比从 a 数据传输速率和 b 延迟两方面进行性能对比。
　　　　LTE–V 表示没有波束成形和重传的 LTE–V2X；LTE–V+HARQ 表示包含重传但是
　　　　没有进行波束成形的 LTE–V2X。来源：© 2019 IEEE.，参考文献［13］

图 5.6b 将不同广播 / 多播方案的性能从延迟方面进行了比较，延迟是指从 UE 开启到成功解码广播信息的时间。如图所示，本方案由于从相邻波束获得了冗余副本，因此延迟最低。注意在 LTE–V 案例中，在一定的信噪比范围内（尤其是低信噪比范围），延迟数值接近无限大。也就是说，在重传最大值内（最大值设置为 5，对于 LTE–V 则没有重传），接收机不能成功解码传输的信息，因此延迟值并未计入图表。

5.1.3　基于波束的广播

广播传输对于用户设备的初始访问至关重要。此外，某些与 V2X 相关的信息，例如有关交通的信息，可以通过广播模式从 TRP 传输到车辆。与 5.1.2 节中的多播传输相比，广播传输不需要用户设备进行任何反馈。尽管毫米波谱供应了大量带宽，适用于 V2X 应用的大量数据广播，但毫米波传输往往依赖于波束成形[15]。这使得 V2X 通信的高频广播传输变得复杂，需要在考虑不同的波束模式、波束配置、多路复用方案等情况下进行特殊设计。针对目标需求，本节将讨论一种波束扫描方案。此方案通过恰当地选择波束扫描方案，可以平衡延迟和信令传递的开销。其中信号传递开销是用于广播信令传递的资源占总体使用的资源中的百分比。

在不失通用性的情况下，我们探讨在一个单小区独立网络中的下行链路传输，在该网络中心，设有一个半径 r 为 100 米的毫米波 TRP。我们假定用户设备在网络中随机分布。图 5.7 为带有一个 TRP 的单小区独立毫米波网络的示例。

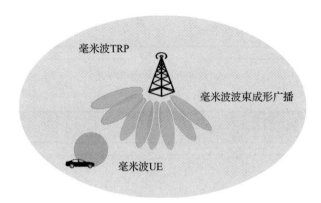

图 5.7　基于毫米波波束的 V2X 广播研究系统模型。来源：©2018IEEE.，参考文献［16］

我们假设 TRP 采用定向可控天线阵，可以同时执行二维和三维波束成形，并假定用户设备能够使用或模拟准全向天线来进行信号接收。对于一个如图 5.8 所示，长度为 T，包括系统控制间隔、广播传输间隔和单播传输间隔的基本框架结构，在广播传输间隔内，TRP 通过不同波束时隙上的波束扫描来广播信息。整个小区被 N 个波束扫描区域覆盖，其中 TRP 形成 M 个同步波束（受 TRP 上无线频率链数量的限制），实现对这些区域的连续扫描，如图 5.8 底部所示。在每个时隙的持续时间 t 内，形成的波束将向位于相应区域的用户设备发送广播信息。此处应注意到，这些时隙被长度为 t_{GI} 的保护间隔（Guard Interval，GI）分开，以备在混合或模拟波束成形的情况下进行波束切换。通过角度检测，TRP 定期在每一帧的广播传输间隔内扫描小区，并保持每一帧的扫描波束顺序：波束在每一帧的同一间隙内扫描小区的同一区域。

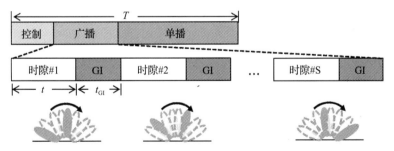

图 5.8　广播传输的基本帧结构示意图，其中 t 为时隙持续时间，t_{GI} 是保护间隔的持续时间。来源：® 2017 IEEE.，参考文献［16］

基本帧结构可进一步扩展如下（如图 5.9 所示）：
- 每一帧都包含多个广播间隔。
- 存在一个单播帧。
- 一个广播间隔被分成数帧。

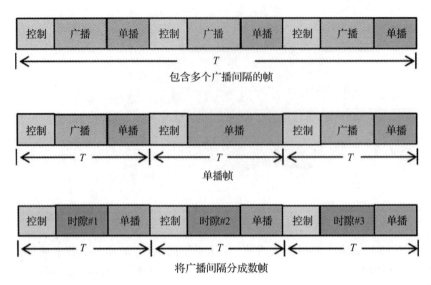

图 5.9　不同框架结构扩展图解，其中 T 为帧持续时间。来源：® 2017 IEEE.，参考文献［16］

为获得多路复用能力，我们研究了不同的广播方案，使 TRP 能够广播信息。所考虑的方案描述如下[17]：

- 单波束穷举扫描（single-beam exhaustive scan）：TRP 以时分（Time-Division，TD）复用的方式，每次用单个波束扫描整个小区区域。该方案为基准设计，其适用于具有单个无线频率链的发射机。
- 多波束穷举扫描（multi-beam exhaustive scan）：如果发射机上具有多个无线频率链，则可以同时形成多个波束。与基准设计相比，该方案利用了频域内复用的多个同步波束。此处采用了三种不同的复用方案：频分（Frequency-Division，FD）、码分（Code-Division，CD）和空分（Space-Division，SD）。

通过评估性能指标（包括广播延迟和开销），基于系统假设，我们得到了以下基于波束广播设计[16]的认识：

波束应该有多宽？ 波束越窄，信噪比就越高，间隙持续时间 t 越短，继而延迟就会越小[17]。有趣的是，波束成形架构对延迟影响甚微，这使得模拟 / 混合波束成形的延迟性能与数字波束成形几乎相同。同时，如图 5.10b 所示，较窄的波束也会导致更高的通信开销。

利用多波束同时扫描是否是有益的？ 如图 5.11a 所示，多波束同时扫描会导致延迟加大。我们发现，在延迟方面，单波束穷举扫描最为理想。但当考虑到通信开销时，结果却是恰恰相反的。这是因为单波束穷举扫描以及频分 / 码分多波束扫描会增大通信开销，如图 5.11b 所示。但是空分多波束扫描却实现了最低开销。总之，通过配置同步波束的数量，延迟可以与开销进行交换，反之亦然。

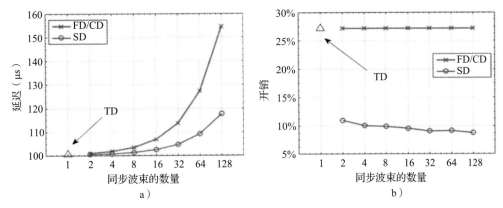

图 5.10　针对 V2X 应用的不同波束成形的广播方案在 a 延迟[⊖]和 b 开销方面的性能。TD：时分，FD：
　　　　频分，CD：码分，SD：空分。来源：® 2017 IEEE.，参考文献［16］

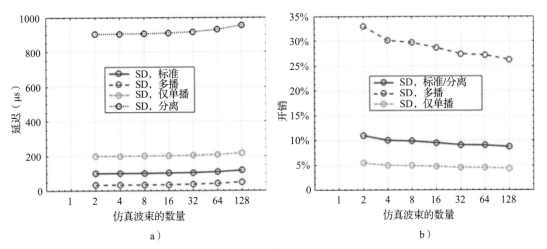

图 5.11　针对 V2X 应用的不同框架结构设计在 a 延迟和 b 开销方面的性能比较。来源：® 2017 IEEE.，
　　　　参考文献［16］

帧结构如何影响广播性能？ 很明显，包含多个广播间隔的帧会以更高的通信开销为代价来实现较小的延迟。另一方面，建议使用仅限单播的帧或将一个广播间隔分成多个帧，以实现较低的开销和相对较大的延迟。

误块率（BLock Error Rate，BLER）的影响是什么？ BLER 可能会影响性能，即使用户设备已经捕获了最佳波束，而 BLER 越大，解码错误的概率就越高。因此，用户设备可能需要等待多个波束扫描周期才能实现成功解码广播信息。通常，如果使用较高的调制和编码方案，就会出现较高的 BLER。减少传输广播信号消耗的资源会缩短相应的持续时

　⊖　参考文献［16］中具体为小区发现延迟（Cell Discovery Latency，CDL）。——译者注

间 t，因此开销更低。相比之下，一旦用户设备捕获到最佳波束，BLER 越低，正确解码的机会就越大。较低的 BLER 可以通过较低的调制和编码方案来实现，这意味着需要更多的资源用于广播信令，因此持续时间 t 也更长，最终会产生更高的开销。图 5.12 中已经表明，延迟和开销对极低的误包率（Packet Error Rate，PER）不太敏感（10^{-5}）。因此，较低的误包率（10^{-3}）对基于 V2X 波束的广播就足够了，除非需要一个极限编码方案来实现更佳性能。

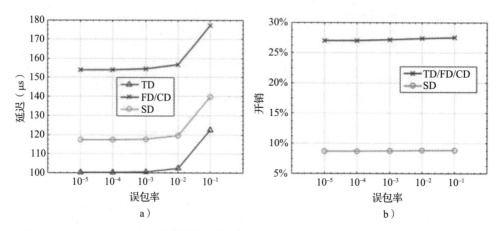

图 5.12　针对 V2X 应用的不同误包率在 a 延迟和 b 开销方面的性能比较。来源：® 2017　IEEE.，参考文献［16］

　　总的来说，基于波束的广播方案使用灵活配置来达到延迟和开销之间的平衡。通过利用分析和仿真得出的结果，可以深入了解波束扫描方案的选择：例如，当信息需要以最小延迟广播给所有车辆时（例如高速公路上的路侧单元），应使用最窄的波束，且波束空间应按顺序进行扫描，即不同时使用多个波束。相反，当需要最小化广播的传输开销，延迟不是关键问题时（例如在严格限速的道路上），那么应该同时使用多波束，而且可以根据情况选择同步波束的数量，以达到延迟和开销之间的平衡。

5.2　物理层和介质访问控制层扩展

　　临近车辆之间的 V2V 直接通信可以通过直连通信链路实现。其中，直连通信链路可以由基站控制，也可以完全自主操作。本节重点介绍物理层和介质访问控制层的无线电接口扩展方法，以解决在高移动率场景下大量车辆之间的 V2V 通信中存在的挑战。首先，本节针对蜂窝网络多用户多输入多输出系统在高移动率下的导频开销和频谱效率权衡进行了分析，并提出了相应的强鲁棒性接收机设计。本节还将介绍车辆与车辆直连通信链路设计的最新进展，包括参考信号设计、同步、时间安排和功率控制。

5.2.1　信道状态信息获取与 MU-MIMO 接收机设计

在一般的无线系统中，特别是正交频分复用和多用户多输入多输出系统中，频谱和高能效操作在很大程度上依赖于发射机和接收机是否可以获取精确的信道状态信息（CSI）。本节探讨了在 CSI 获取和数据传输之间的进行资源分配的权衡与分析，并提出了一种新型 MU-MIMO 接收机，此接收机对信道状态信息中的错误具有强鲁棒性。结果数据表明，通过调整导频和数据功率水平，并采用鲁棒性强且能够感知信道状态信息错误（CSI-error-aware）的接收机，可以获得比传统系统更高的频谱效率。

1. MU-MIMO 系统中信道状态信息获取的重要性与挑战

对 MU-MIMO 系统中 CSI 的获取和信道估计方法已存在诸多研究，参考文献［18-19］中提出了多种方案，其中包括盲获取、数据辅助的盲获取和决策导向的非盲获取技术。

在蜂窝 MU-MIMO 系统的上行链路中，基站通常通过在码域的正交上行链路导频或参考信号（Reference Signals，RS）来获取上行链路的信道状态信息。例如，LTE 和 NR 系统中的用户设备使用循环移位的 Zadoff-Chu 序列来形成解调参考信号（Demodulation Reference Signals，DMRS）。因此允许基站获取接收机信道状态信息（CSIR）对上行链路数据接收［20-21］是很有必要的。相比之下，为了获取发射机信道状态信息（CSIT），基站要么依赖于下行导频和由用户设备［22］反馈的量化信息，要么需要具备信道互易性［23］。

与此相关的几项工作指出，在采用导频辅助信道估计的系统中，导频符号数量和导频数据功率比是导频和数据符号可用共享资源平衡优化的核心要素［23-25］。

参考文献［24］中的开创性工作确定了当接收机具有信道状态信息估计和当具有完全信道状态信息的互信息差的下界和上界。参考文献［25］的结果显示了基于导频的信道估计如何影响衰落信道的容量。这些分析表明，训练可能会触及许多信息论理论上的边界，从而导致性能下降。尤其当相干间隔 T（以可用于导频和数据传输中的符号数量计算）仅略大于发射天线的数量 M，或者信噪比较低时，可能会更加严重。在这些条件下，学习感知整个信道是非常低效的。相反，如果信噪比较高且 T 比 M 大很多，基于导频的信道状态信息获取方案可以接近达到信道容量。因此，应该花在训练和数据传输上的功率取决于 T 和 M 之间的关系。具体来说，在使用最小均方误差（Minimum Mean Squared Error，MMSE）信道估计的 MIMO OFDM 系统中，参考文献［26-27］计算了系统容量的下界。结果还表明，与使用次优功率设置的系统相比，最大化这个下限或最小化平均误符号率的最优导频和数据功率设置显著增加了容量。最新的一些工作［28］针对 MU-MIMO 系统中导频和数据符号之间的权衡进行了分析。

由于车载通信系统的主要特点之一是衰落信道的时变速度快、相干时间短，因此获取这些系统的信道状态信息困难重重。信道的快速变化使获取准确的 CSIT 和 CSIR 变得困难。以往的研究表明，当信道显示出时间相关性时，采用信道预测方案可以降低信道状态信息反馈延迟的影响［29］。但在高移动率的场景中，时间相关性并不会很强。因此在这种情况下，信道预测并不是最佳的选择。事实上，在车速较高的情况下，由于信道相干时间与多普勒频移成反比，多普勒频移和多普勒扩散才是产生最大影响的因素，且其影响程度取决于载波频率和车辆用户设备的速度。

例如，当 6GHz 载波频率系统中的车辆用户设备以 500km/h 的相对速度行驶时，最大多普勒频移为 2.78kHz，相干时间约为 152μs，当以 30km/h 的相对速度行驶时，相干时间约为 2.5ms。因此，在高速情况下，由于相干时间短，信道状态信息获取会变得十分困难。在典型的交通情景下，用户设备的速度随时间变化而变化，导致出现随时间变化的多普勒效应，从而导致衰落系数不稳定。这种不稳定的衰落效应和快速变化的传播环境使得准确获取车载通信系统的信道状态信息变得十分困难[29-30]。

2. CSIR 与 MU-MIMO 接收机设计之间的交互作用

鉴于 CSI 获取对数据传输与接收而言尤为重要，设计参考（导频）信号并将精准信道估计技术应用于蜂窝 MIMO 及车辆通信系统是十分重要的。与此同时，设计对 CSI 误差具有鲁棒性的 MU-MIMO 接收机是对 CSI 获取技术的补充，有助于实现无线系统频谱与能量的高效化。

在 LTE 与 NR 上行链路中，解调参考（导频）信号旨在促进用于物理上行链路共享与控制信道的相干解调的信道估计。根据块类型的排列，DMRS 占据上行链路子帧内的特定正交频分复用符号（OFDM Symbol，OS），并通过利用广为人所知的 ZC 序列（Zadoff-Chu）循环扩展来支持大量用户设备。鉴于其在实际系统应用中极具重要性，本节阐述蜂窝 MIMO 系统中参考信号设计与信道估计之间的交互作用，并援引相关研究，以阐释更多细节。

为进一步说明 CSIR 获取与 MU-MIMO 接收机的设计之间的交互作用，我们考虑了在多天线、单小区无线系统中上行链路传输的情况，并将用户设备（即车辆）安排于正交频率信道上。在蜂窝 MU-MIMO 系统中，用户设备在码域中采用正交导频序列。因此，该系统中不会发生任何给定小区内导频间的干扰情况。（值得注意的是，在多小区系统中，由于相邻小区间存在导频复用，导频污染仍将致使导频干扰情况发生。）这对于单个 UE 可能配备有单一天线的大规模 MU-MIMO 系统而言，是一种常见情况。

BS 通过最小二乘法（Least Square，LS）或最小均方误差信道估计来估算信道 h（维度 N_r 的列向量，其中 N_r 是基站接收天线的数量），以对用于上行链路数据接收的 MMSE 均衡器进行初始化。由于正交导频序列被用于促进服务基站处的 CSIR 获取，因此可以假定信道估计过程对于蜂窝系统中任何给定小区内的每台用户设备均是独立的。现考虑信道相干时间中的 T 时隙的时频资源，以及 F 相干带宽中的子载波，其符号总数为 $\tau = F \times T$。其中，τ_p 表示分配给导频的符号数，τ_d 表示分配给数据的符号数（$\tau_p + \tau_d = \tau$）。此外，假定每一个导频和数据符号的传输功率电平分别为 P_p 和 P。为便于阐释，采用了梳状分布的导频符号分配法（如图 5.13 所示）。需注意的是，在实践中，块状导频与梳状导频符号分配及其组合均可用于构造上行链路与下行链路参考信号[31]。

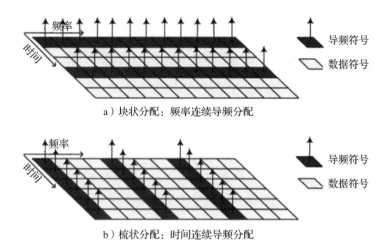

a）块状分配：频率连续导频分配

b）梳状分配：时间连续导频分配

图 5.13　块状导频与梳状导频符号分配示意图。导频符号被映射至在时频域中的子载波中仔细甄选的导频子载波

对梳状导频设置而言，一定数量的子载波将在时间上连续地分配给导频符号，而该方法适用于时变信道。在相干带宽中的子载波数量给定为 F 时，将 F_p 个子载波分配给导频，则有 $F_d = F - F_p$ 个子载波分配给数据符号。每个用户设备以相同的恒定总功率 P_{tot} 进行传输，但传输功率可能会在传输过程中不均匀地分布于每个子载波。尤需注意的是，如针对每一导频符号均考虑其传输功率为 P_p，而针对每一数据符号均考虑其传输功率为 P，则应满足如下约束条件：

$$F_p P_p + F_d P = P_{tot}$$

导频符号总数为 $\tau_p = TF_p$，数据符号总数为 $\tau_d = TF_d$。然而，对于梳状导频设置而言，导频信号与数据信号之间还涉及频率信道数量与传输功率水平之间的权衡，相较于块状导频设置，增加了额外的自由度。

假设存在一台车辆用户设备可用于传输正交导频序列 $s = [s_1, \cdots, s_\tau]^T$，其中，每个符号的比例为 $|s_i|^2 = 1$，其中 $i = 1, \cdots, \tau_p$。此外，令 $[.]^T$、$[.]^*$ 和 $[.]^H$ 分别表示转置、共轭及共轭转置。由此，在多天线基站处从用户设备接收的导频信号 $N_r \times \tau_p$ 矩阵为：

$$Y^p = \alpha \sqrt{P_p}\ hs^T + N$$

其中 h 表示随机复合信道系数的向量，α 表示路径损耗。为便于说明，我们假定 h 为圆形对称复合正态分布随机向量，其均值向量为 0，复协方差矩阵为 C（大小为 N_r），并表示为 $h \sim \ell \mathcal{N}(0, C)$，$\alpha$ 表示传播功率损耗，同时 $N \in C^{N_r \times \tau_p}$ 为空间与时间加性高斯白噪声（Additive White Gaussian Noise，AWGN），元素对应协方差为 σ^2。数值评估采用了 3GPP 中针对车辆使用场景推荐的信道模型。例如，当基站使用传统的最小二乘法进行信道估计时，需要将接收信号与已知导频序列相关联，并通过下式进行信道向量估计：

$$\hat{\boldsymbol{h}}_{\mathrm{LS}} = \frac{1}{\alpha\sqrt{P_{\mathrm{p}}}} \boldsymbol{Y}^{\mathrm{p}} \boldsymbol{s}^* (\boldsymbol{s}^{\mathrm{T}} \boldsymbol{s}^*)^{-1} = \boldsymbol{h} + \frac{1}{\alpha\tau_{\mathrm{p}}\sqrt{P_{\mathrm{p}}}} \boldsymbol{N}\boldsymbol{s}^* = \boldsymbol{h} + \tilde{\boldsymbol{h}}_{\mathrm{LS}}$$

其中，$\tilde{\boldsymbol{h}}_{\mathrm{LS}}$ 表示采用最小二乘法进行信道估计时的信道估计误差向量，此外，

$$\boldsymbol{N}\boldsymbol{s}^* = \left[\sum_{i=1}^{\tau_{\mathrm{p}}} s_i^* n_{i,1}, \cdots, \sum_{i=1}^{\tau_{\mathrm{p}}} s_i^* n_{i,N_{\mathrm{r}}} \right]^{\mathrm{T}}$$

且，

$$\boldsymbol{N}\boldsymbol{s}^* \sim \mathcal{CN}\left(\boldsymbol{0}, \ \tau_{\mathrm{p}}\sigma_{\mathrm{p}}^2 \boldsymbol{I}_{N_{\mathrm{r}}}\right)$$

假定 $\boldsymbol{h} \sim \mathcal{CN}(\boldsymbol{0}, \boldsymbol{C})$，则通过最小二乘法估计的用户 l 的信道 $\hat{\boldsymbol{h}}_{\mathrm{LS}}$ 是一个服从圆形对称复正态分布的随机向量，满足 $\hat{\boldsymbol{h}}_{\mathrm{LS}} \sim \mathcal{CN}(\boldsymbol{0}, \boldsymbol{R}_l)$，并具有如下协方差矩阵：

$$\boldsymbol{R}_l = E(\hat{\boldsymbol{h}}_l \hat{\boldsymbol{h}}_l^{\mathrm{H}}) \boldsymbol{C}_l + \frac{\sigma_{\mathrm{p}}^2}{\alpha_l^2 P_{\mathrm{p}} \tau_{\mathrm{p}}} \boldsymbol{I}_{N_{\mathrm{r}}}$$

值得注意的是，在导频功率（P_{p}）较高或导频符号的数量（τ_{p}）较大的情况下，估计信道的协方差矩阵近似于实际向量信道（$\boldsymbol{C}_l$）的协方差矩阵。

MU-MIMO 接收机的目标是基于接收到的 MU-MIMO 信号来估计传输数据符号，该信号可表示为：

$$\boldsymbol{y} = \alpha_l \boldsymbol{h}_l \sqrt{P_l} x_l + \sum_{k \neq l}^{K} \alpha_k \boldsymbol{h}_k \sqrt{P_k} x_k + \boldsymbol{n}_{\mathrm{d}}$$

其中，x_k 表示第 k 个用户传输的数据符号，$\boldsymbol{n}_{\mathrm{d}}$ 则表示所收到数据信号的热噪声。基站采用线性接收机 $\boldsymbol{G}_l \in C^{1 \times N_{\mathrm{r}}}$ 来估计用户 l 传输的符号。在完全掌握信道增益的情况下，在传输符号与热噪声基础上平均的接收数据符号的均方误差（Mean Squared Error，MSE）可通过传输符号 x_l 的估计符号（$\boldsymbol{G}_l \boldsymbol{y}$）的平方误差期望值来表示，具体如下所示：

$$\mathrm{MSE}(\boldsymbol{G}_l, \boldsymbol{H}) = E_{x, \boldsymbol{n}_{\mathrm{d}}}\left(\left| \boldsymbol{G}_l \boldsymbol{y} - x_l \right|^2 \right)$$

然而，由于接收机无法完全掌握信道增益的相关情况，用 G 表示的线性接收机仅能获取估计的信道向量（$\hat{\boldsymbol{h}}$），而无法获得实际的信道向量（$\boldsymbol{h}$）。因此，信道估计过程与 MU-MIMO 接收机设计之间的交互作用可被视为数据符号估计的两个方面，其质量取决于信道估计的质量（受到导频与数据资源之间的权衡影响）以及将估计信道向量作为输入源的接收机算法的质量。具体而言，如接下来内容所述，对可将信道估计误差统计情况纳入考量的 MU-MIMO 接收机而言，其表现优于将存在误差的信道估计视为真实信道向量的单纯接收机。

3. 接近最优水平的 MU-MIMO 线性接收机设计新方法及 CSIR 误差的影响

本节中，我们将提出一种线性 MMSE 接收机，其采用噪声瞬时信道估计来实现 MSE 最小化，同时着重利用了接收机性能依赖于导频与数据的功率比这一特点。MU-MIMO 系

统中的一个关键观察结果是，特定用户（用户 *l*）的接收机性能不仅高度依赖于用户 *l* 的估计信道，而且还依赖于其他用户的估计信道。此前关于 MU-MIMO 接收机设计的研究往往假定存在 CSI 完备可用的情况，或将接收端中的估计信道视同为实际信道[32-33]。参考文献［34］中的研究则是一种例外，该方法所提出的 MU-MIMO 接收机不仅可主动将预期用户（用户 *l*）的估计信道统计信息纳入考量，还兼顾了干扰用户的二阶统计。然而，此 MU-MIMO 接收机依赖于干扰用户的二阶统计，而无法充分利用每一个用户的估计信道，因此其性能存在一定局限性。在此背景下，参考文献［35］提出了一种可利用多用户系统中的每条信道进行估计的 MU-MIMO 接收机。具体而言，在高斯信道与高斯信号假设下，在所有用户的信道估计中均存在误差（其中估计误差取决于各用户的导频功率）的情形下，使得预期用户上行链路接收数据符号的 MSE 最小化的接收机可表示为

$$\boldsymbol{G}_l^* = \alpha_l \sqrt{P_l}\, \hat{\boldsymbol{h}}_l^{\,H} \boldsymbol{D}_l^H \boldsymbol{J}^{-1}$$

且满足，

$$\boldsymbol{J} = \sum_{k=1}^{K} \alpha_k^2 P_k \big(\boldsymbol{D}_k \hat{\boldsymbol{h}}_k \hat{\boldsymbol{h}}_k^{\,H} \boldsymbol{D}_k^H + \boldsymbol{Q}_k\big) + \sigma_d^2 \boldsymbol{I}_{N_r}$$

其中，σ_d^2 表示所接收到的数据信号上的天线元素热噪声功率，而 $\boldsymbol{D}_k$ 和 $\boldsymbol{Q}_k$ 矩阵则用于表示信道估计的质量，即估计信道的统计情况（称为信道估计噪声），具体如下：

$$(\boldsymbol{h}_l \mid \hat{\boldsymbol{h}}_l) \sim \boldsymbol{D}_l \hat{\boldsymbol{h}}_l + \underbrace{CN(\boldsymbol{0}, \boldsymbol{Q}_l)}_{\text{信道估计噪声}}$$

当运用最小二乘法进行信道估计时，可知，

$$D_l = C_l R_l^{-1}$$

并且

$$Q_l = C_l - C_l R_l^{-1} C_l$$

其中，$\boldsymbol{R}_l$ 为估计信道的协方差矩阵，即 $\hat{\boldsymbol{h}}_l \sim \mathcal{CN}(\boldsymbol{0}, \boldsymbol{R}_l)$。

4. 多天线蜂窝车辆场景中的性能建模与数值结果

　　图 5.14 与图 5.15 通过上行链路所接收数据符号的 MSE 展示了两个技术组件的组合效果——其中包含新型、鲁棒的 MU-MIMO 接收机设计[35]，以及分布式导频数据功率比设计方案[36-38]。在数字例子中，共有 7 台用户设备在空间上被复用，且每台用户设备均使用长度为 7 个符号的导频序列来实现码域正交性。通过使用预期用户及干扰用户的瞬时信道估值，所提出的接收机将能实现上行链路所接收数据符号 MSE 的最小化，同时通过利用所提出的 $\boldsymbol{G}_l^*$ MMSE 接收机，将能够补偿以往每一个用户的信道估计噪声[35]。相较于参考文献［39-40］中所提出的方法，本文所提出的接收机能够有效利用所有瞬时信道估计，并将其作为 MU-MIMO 接收机的输入源。与此同时，该接收机还可在信道估计误差

存在的情况下，实现上行链路所接收数据符号的平均平方误差的最小化。如图所示，相较于其他前沿的接收机实现，此项能够感知 CSI 误差的接收机（存在 CSI 误差补偿）的 MSE 性能较低。为充分发掘该接收机的潜力，必须通过发射机（即用户设备）调谐导频与数据功率比，以实现 MSE 的最小化。在车辆行驶速度为 40km/h 的城市交通环境下，该接收机能够最大限度地降低每一用户的 MSE（如图 5.14 所示），并转化为图 5.15 所示的高频段频谱效率（Sum Spectral Efficiency，SSE）。

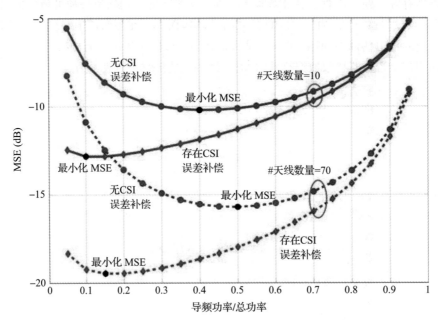

图 5.14　本文提出的 MU-MIMO 接收机（称为 CSI 误差感知鲁棒接收机）在基站上行链路所接收数据符号的 MSE 方面的性能。通过采用 MU-MIMO 接收机，可获得标记为"存在 CSI 误差补偿"的曲线，该接收机利用每一用户的瞬时信道估计来补偿信道估计误差

5.2.2　参考信号设计

通常来说，无线通信的理想情况是在通信链路的两端——发射机和接收机——均掌握其间存在的传播信道，从而有助于有效利用可用资源。从发射机的角度来看，了解信道情况有助于调整传输技术，如通过对将要传输的信号进行预编码⊖或进行链路调整，以达成最适合的信道条件。从接收机的角度来说，如 5.1.3 节中所详述，掌握信道情况有助于从所接收的信号中有效恢复传输信号。

⊖　预编码指的是针对从不同天线发送的信号，应用不同幅度的缩放与相移的过程。

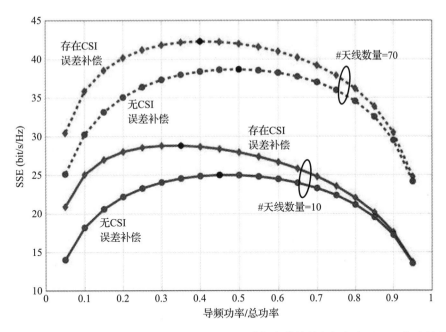

图 5.15　本文提出的 MU-MIMO 接收机（称为 CSI 误差感知鲁棒接收机）在实现 SSE 作为导频功率函
　　　　数方面的性能。通过采用 MU-MIMO 接收机，可获得标记为"存在 CSI 误差补偿"的曲线，
　　　　该接收机利用每一用户的瞬时信道估计来补偿信道估计噪声

　　为便于掌握通常被称为 CSI 的信道情况，导频信号或参考信号在无线通信中已得到广
泛运用。此类参考信号通常由发射机和接收机提前获知，并被设计为具有可供接收机利用
的特殊属性。

　　在 3GPP 蜂窝技术中，存在多个参考信号被用于信道估计（即获得 CSIR）的过程之
中，最显著的则是小区参考信号（Cell-specific Reference Signal，CRS）以及 DMRS。上
述参考信号被插入某次传输的一些预定义资源元素（Resource Element，RE），而接收机则
将信号用于在当次传输的数据承载资源元素，从而进行信道估计并可恢复所需数据。

　　为便于获得 CSIT，通常采用 CSI 参考信号或探测参考信号（Sounding Reference Signal，
SRS）。不同于 DMRS，CSI 参考信号通常在未进行预编码的情况下发送，且允许在接收
机对非预编码信道进行测量。即由发射机发出参考信号，然后接收机根据所接收到的参
考信号进行测量。随后，接收机将向发射机报告所测量的信道或从测量信道导出的相关
指标。发射机可根据报告（通常称为反馈）情况选择最佳预编码器或调整调制和编码方案
（Modulation and Coding Scheme，MCS），以实现数据速率等特定性能指标的最大化。

1. V2V 直连通信链路中给 CSI 获取带来的挑战

　　接收机所使用的无线信道在很大程度上会对 CSI 获取或信道估计造成影响。在 V2V
直连通信中，相较于上行链路与下行链路蜂窝通信（以下称为蜂窝链路），发射机与接收机

天线可安装于相近的高度，并被固定和移动散射体所包围。该环境可能致使多径分量或阻碍视距分量。因此，V2X 场景中的传播路径会根据建筑物等静态阻塞物及车辆等动态阻碍物的存在而变化为 LOS 或 NLOS（参见第 4 章）。上述阻碍条件可能出现于各类公路、乡村及城市交通场景中。在 NLOS 场景中，时延拓展可能会十分明显，其程度取决于车辆及其他散射体的分布。此外，传播环境中对象的移动能力也可对无线信道产生重大影响。具体而言，由于发射机、接收机及散射体能够高速移动（在世界上的某些地区，时速可高达 250km/h），可能引发极其显著的多普勒扩展情况。较大的多普勒扩展与延迟扩展，形成了具有较高的时频变化程度的信道。因此，V2X 的 CSI 获取机制必须在时频变化程度较高的信道中具有鲁棒性。

5G（及 5G 以外）的无线通信系统的其中一个定义特征在于利用高频频谱，最典型的是毫米波段。采用该频谱将带来大量助益，包括适用于高数据速率的大带宽，这对于许多 V2X 用例而言十分有益。然而，在更高的载波频率下，载波频率偏移与相位噪声将使得负面影响加剧[41]，并需通过设计得当的参考信号来减缓此种负面影响。值得注意的是，OFDM 系统中的相位噪声引入了载波间干扰（Inter-Carrier Interference，ICI）和对于所有子载波而言相同的相位误差，通常称为公共相位误差（Common Phase Error，CPE）。尽管 ICI 的影响可通过较大的子载波间隔来减缓，但 CPE 的估计往往需要更为精确的参考信号。在 5G NR 接口中，还引入了相位跟踪参考信号（Phase-Tracking Reference Signal，PT-RS）。

除在传播环境方面面临的挑战之外，当前及未来汽车用例中包括协同驾驶或自动驾驶在内的严苛要求，也给 CSI 获取提出了更高的要求。特别是，此类用例将延迟（几毫秒）及可靠性（99.99% 及以上）方面的严格要求部分转化为了参考信号结构鲁棒性方面的需求，这将有助于准确的解码传输，同时还可减少再次传输的需求。

2. V2V 直连通信链路的参考信号设计

鉴于上述 V2V 直连通信在 CSI 获取方面以及 V2X 通信其他方面面临的挑战，5G V2V 直连通信参考信号的有效设计应有助于实现如下目标：

- 如前所述，应致力于在较差的传播条件下仍能实现具有一定鲁棒性的信道估计，此不利条件包括严峻的多普勒与延迟传播以及频率与相位误差，特别是在车辆行驶速度与载波频率较高的情形下。
- 应致力促进 CSIT 获取能力，以便启用传输链路自适应与预编码功能，从而实现多天线传输。
- 实现参考信号开销最小化。如下所述，不同于蜂窝链路，直连通信链路通常需要额外的资源来包含自动增益控制（Automatic Gain Control，AGC）调节及保护期（Guard Period，GP）等功能。因此，上述开销将使得数据与参考信号的可用资源量有所减少。
- 能在接收机有效分离参考信号。值得注意的是，针对网络节点无法调度直连通信链路传输的情况（即缺少中央协调器时），来自不同节点的传输可能发生于同一时隙中，由此产生相互干扰的情况。在此情形下，接收机能够分离和估计对应于送端的信道，显得尤为重要。

此处列出的前两项设计目标要求 V2V 直连通信链路至少具备三种类型的参考信号，包括用于获取 CSIR 的参考信号、用于获取 CSIT 的参考信号，以及用于纠正共相误差的参考信号。按照 NR 惯例，上述信号分别称为 DMRS、CSI-RS 和 PT-RS。接下来我们将详细描述上述参考信号，并重点介绍 DMRS 的设计。

V2V 直连通信链路的参考信号设计考虑了基本物理层结构为 NR 直连通信链路时隙时的情况，其基于具有循环前缀的 OFDM 波形[42]，并在很大程度上重用了为蜂窝通信设计的 NR 时隙结构[43]。直连通信链路时隙由 14 个 OS 构成，在子载波间隔为 15kHz、30kHz、60kHz 和 120kHz 的情况下，持续时间分别为 1ms、0.5ms、0.25ms 和 0.125ms。直连通信链路时隙通常始于用于 AGC 调节的 OS，然后是控制信道的少量符号，然后是数据信道符号。最后，直连通信链路时隙以 GP 符号结束。控制信道承载了对介质访问控制机制的有用信息及解码数据信道所需的信息。之所以需要 AGC 调节符号，是因为直连通信链路中接收到的功率可能因车辆移动或在不同直连通信链路时隙中传输信号的不同发射机而发生显著变化。同时，需要通过 GP 将设备电路从传输模式切换为接收模式，并能够确保由于链路之间的不完全同步而将直连通信链路至蜂窝链路的干扰降至最低。

图 5.16 提供了直连通信链路时隙结构的示例。在图示中，假定控制信道占用 2 个 OS，而数据信道则占用 10 个 OS。AGC 与 GP 各占用一个 OS。在频率方向上，显示了与 12 个子载波相对应的一个资源块（Resource Block，RB）。同时，该图展示了根据我们的设计，DMRS 与 CSI-RS 结构的实现，而关于该设计的细节将在后续章节中详述。

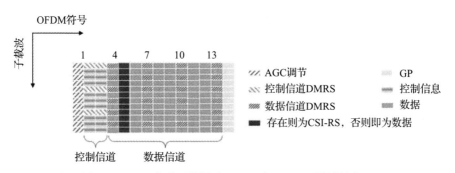

图 5.16　V2V 直连通信链路 DMRS 与 CSI-RS 设计的实现

（1）DMRS 设计

DMRS 设计的核心在于通过非迭代信道估计算法实现良好的信道估计性能[⊖]。在对数据

⊖　使用判决反馈及 Turbo 均衡的信道估计算法有助于改善信道估计性能。然而，其代价在于增加了解码数据的延迟。

RE 进行信道估计时，其中 RE 对应于 OS 中的子载波，信道估计将涉及内插、外推并在 RS-RE 处对估计信道进行滤波的过程。因此，需要充足且定位良好的参考信号对时变及频变信道进行采样。

对于控制信道而言，由于其仅承载少量信息，因此仅需少量几个 OS（通常为 1 ～ 3 个 OS）便可实现。另一方面，由于控制信道在介质访问控制及数据信道调度中发挥着重要作用，其对信道估计性能具有极高的要求。因此，理想的情况是在控制信道的每个 OS 中均具有 DMRS-RE，从而实现良好的信道采样及高质量的信道估计。图 5.16 展示了一种配置，其中 DMRS 以 comb-4 的方式进行映射，RE 则在控制通道的每个 OFDM 符号中均包含控制信息。

控制信道 DMRS 的另一个设计目标在于，当多个控制信道在时间和频率上重叠时，仍能够解码至少一个控制信道。有必要限制控制信道在时频网格中允许出现的位置，以降低接收机盲解码的复杂度以及由此产生的重叠结果。因此，如不同控制信道的 DMRS 存在重叠，则有必要对其进行正交化或随机化。该目标的实现方法是针对即将应用于相同 DMRS 序列的一小组正交覆盖码（Orthogonal Cover Code，OCC）进行定义，或者针对相对而言表现出类似噪声的一小组 DMRS 序列进行定义。发射机可随机选择集合中的一个 DMRS 序列，用于控制信道传输，接收机也可随机选择盲检其中的一个序列。

如图 5.16 所示，对数据信道而言，需要多达 4 个 DMRS 符号来跟踪高车速下信道的时间变化。在某些情形下，如在合理的低车速或子载波间隔较大的情况下，少于 4 个 DMRS 符号也可实现令人满意的性能。因此，我们的设计中允许多个 DMRS 配置共存，以最大限度地提升资源利用率。发射机可根据一个或多个条件，选择一个其中允许的 DMRS 配置，如工作状态下的子载波间隔、发射机的绝对速度、相较于预期接收机的相对速度，以及用于传输的预期 MCS 等。例如，在 15kHz 的子载波间隔系统中，在信道的相干时间与 OFDM 符号持续时间相比时长相当的情况下，更适合在时隙中使用 4 个 DMRS 符号。相反，在 120kHz 的子载波间隔系统中，在低速时，时隙中的 2 个 DMRS 符号足以跟踪信道时变。与此同时，我们的设计还支持使用第 1 个 DMRS 符号来对数据进行早期解码，即将 DMRS 置于数据资源的初始位置附近。

在携带 DMRS 的 OS 中，DMRS 子载波与数据子载波呈梳状交织。如图 5.16 所示，在 OS 中，每 2 个子载波中有 1 个为 RS-RE 的梳状组合，称为 comb-2 映射，其能够对高频变的信道进行跟踪。得益于此种梳状结构，在执行多层传输时，适用于多层传输的 DMRS 可在非重叠梳状结构上进行传输，以实现正交化。通过在单一梳状结构上应用 OCC，可进一步传输多层正交 DMRS。在 comb-2 映射条件下，且满足每个梳状结构上具有二维 OCC 的非重叠梳状结构的情形下，最多可支持 4 个正交 DMRS 用于 4 层传输。

数据信道与控制信道的相似之处在于，其期望将源自重叠传输的 DMRS 干扰随机化。这是为了避免采用相同 DMRS 序列的两次重叠传输，从而阻碍接收机执行恰当的信道估计。上述目标可通过针对数据信道的 DMRS 运用伪随机序列，并确保每次传输均以适用于特定发射机及无线资源的方式生成的 DMRS 序列来实现。

　　如前所述，AGC 调节符号是直连通信链路面临的特殊要求。尽管在该符号传输期间，可传输专用 AGC 训练序列，但也可以传输正常数据。后一种解决方案则有助于提升资源利用效率，因为其允许在直连通信链路时隙之间的接收功率变化不大时传输额外的数据（即接收机能够调整其 AGC 电路并进行数据解码）。当 AGC 运行所需的持续时间小于 OS 所需时间时，这一点尤为重要。通过在 AGC 中的 OS 采用特别的资源映射结构，能够设计出智能程度与资源效率更高的直连通信链路时隙。在该结构中，第 1 个 OS 中每隔 1 个子载波均留空，并致使时域中产生了信号的两个相同副本。采用此类设计时，OS 的前半部分将用于 AGC，而后半部分则用于解调非空子载波携带的符号。此外，不论是数据还是 DMRS，均可映射至非空子载波，从而促进 AGC OS 的信道估计。特别是当 AGC 及其他承载数据的 OS 之间，由于控制信道原因而产生多个 OFDM 符号间隙时，这一点尤为重要。在此种情形下，接收机必须依赖 AGC OS 的 DMRS 来估计该符号的信道，而非采用数据信道的其他 OS 的 DMRS。由于空间限制，图 5.16 中略去了 AGC 符号的资源效率设计。

（2）CSI-RS 设计

　　在我们的设计中，仅当发射机需要 CSI-RS 时（例如当发射机需要在单播或多播传输中对多天线传输执行链路自适应或预编码时）才会发送 CSI-RS。该设计避免了 CSI-RS 传输始终处于开启状态，从而提升了资源利用效率。

　　如图 5.16 所示，在传输过程中，单个 CSI-RS 可放置于 1 个 OS 中，并与数据或 DMRS 进行多路复用。CSI-RS 的存在及 CSI 报告的请求在控制信道携带的直连通信链路控制信息中予以显示。

　　在某些情形下，当 DMRS 处于密集模式时，发射机还可选择将其中 1 个 DMRS 静音，并将其运用于 CSI-RS 的传输。

（3）PT-RS 设计

　　如前文所述，在毫米波频率及以上的高载波频率情形下，有必要跟踪振荡器相位噪声引起的载波相位变化。我们运用了 PT-RS 来跟踪此种变化，这是因为相较于 DMRS 而言，PT-RS 具有更密集的时间分布（如在每次或每秒 OS 中的时间分布），且只能置于选定的子载波之上。PT-RS 在频域中的稀疏结构是基于 CPE 对所有子载波均毫无差异的事实。在接收机的信道估计中，PT-RS 与 DMRS 应组合使用。PT-RS 有关其他方面的细节与用于蜂窝通信的 PT-RS 细节相同，详情请见参考文献 [43]。另请注意，图 5.16 未显示 PT-RS 的情况。

3. 性能评估

　　本节介绍了 RS 设计对于性能产生的影响，并重点关注解调及解码数据所需信道估计所采用的 DMRS。

图 5.17 展示了误块率作为图中 4 个 DMRS 配置的发射信噪比（E_s/N_0）的函数。评估过程运用了第 4 章中提出的信道模型。同时，研究对参考文献［12］中提出的高速公路 LOS 与 NLOS-V 两种信道模型进行了测评，并评估了相对车速为 120km/h、280km/h 和 500km/h 的情形。评估中，采用了 6GHz 的载波频率和 30kHz 的子载波间隔，并分配了 12 个资源块的带宽。MCS 采用了速率为 0.8 的低密度奇偶校验（Low-Density Parity Check，LDPC）信道码及 16-QAM 的正交调幅（Quadrature Amplitude Modulation，QAM）格式，同时还运用了一种实用的基于线性最低 MSE 的信道估计算法。如图 5.17 所示，具有 4 个 DMRS 的 RS 设计可在 500km/h 的较高相对车速且 MCS 较高的情形下，带来较低的 BLER，从而具有较高的可靠性。与此同时，为达到给定的 BLER（即 BLER<0.3），相较于 LOS 信道而言，NLOS-V 信道需要更高的信噪比。此现象源自高速公路 NLOS-V 模型中的车辆阻挡所引发的 NLOS 传播及接收信噪比的损失。

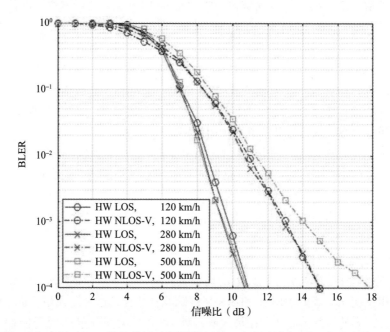

图 5.17   不同相对车速下 DMRS 设计的链路级性能评估，包括在车辆处于高速公路 LOS 及 NLOS-V 阻塞的情形；载波频率为 6GHz，子载波间隔为 30kHz，调制方式为 16-QAM，编码速率为 0.8。采用单层传输，并配有 1 根发射天线和 4 根接收（或 2 根双极化）天线

5.2.3　同步性

在标准的 V2X 通信场景下（如图 5.18 所示），移动用户不论是在蜂窝覆盖范围内，还是可能连接至不同的基站或非同步基站，都需要通信和共享可用的直连通信波段。

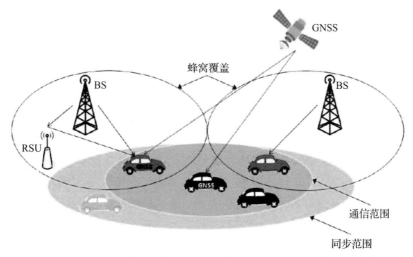

图 5.18　不同同步源的蜂窝网络，以及在蜂窝覆盖或 GNSS 范围内及范围外的移动用户。来源：© 2017 年 IEEE., 参考文献 [44]

此外，子集用户可能配备和接入全球导航卫星系统。为了实现同一波段内多个直连通信链路共存，并通过上行链路共享波段，用户通过直连通信链路通信时需要设定共同时间作为参照，以相互同步。

对于覆盖范围内的 UE 和使用 GNSS 的 UE 来说，如果用户已知不同同步源（基站、GNSS 等）之间的时间偏移，或其与预设参照时间 [如协调世界时（Coordinated Universal Time，UTC）] 的偏差，那么获得同步时间是可行的。在 5G NR 中，同步源类型或时间偏移信息由下行链路的 PBCH 提供。需要注意的是，直连通信链路同步源选择的优先级由网络完成配置，且通用于所有 UE，从而定义了所谓"基于 GNSS"和"基于 BS"的同步优先级表。

如果用户没有蜂窝覆盖或 GNSS，那么情况就很复杂。在缺少高优先级同步源时，用户需要依靠其他用户发送的直连通信链路同步信号（Sidelink Synchronization Signal，SLSS）获取自己的直连通信链路传输时间参照。原本与不同资源同步的用户，通过一个或多个直连通信链路跳直接或间接发送多个 SLSS。根据 Rel 16，用户同步源类别和抵达接收用户所需跳数量规定了用户服务作为资源的优先级。

在 3GPP Rel 16 NR V2X 标准最新版本中，物理直连通信广播信道（Physical Sidelink Broadcast Channel，PSBCH）主要提供优先级相关资料。因此，接收机需要检测多个 SLSS，解码对应的 PSBCH 以获得资源优先级信息，并最终筛选有关信息与最高优先级资源发送的 SLSS 进行同步。通过 SLSS 传输优先信息的好处在于，接收机能够提前选择优先级最高的用户发送的 SLSS。这种方法避免接收机进行不必要的 SLSS 检测，也不必对所有 SLSS 进行 PSBCH 解码，就能找到优先级最高的资源。如果用户已经通过直连通信链路同步，由于 SLSS 比其他已同步信号优先级更高，使用高优先级 SLSS 可以减少在相应序列中的搜索工作。很明显，这种方案降低计算复杂度、功率能耗和缓冲时间，并简化整个同步流程，缩短所需时间。

在版本 16 NR 直连通信链路中，SLSS 包括两个连续的直连通信链路主同步信号（Sidelink Primary Synchronization Signal，S-PSS）标志和两个连续的直连通信链路辅同步信号（Sidelink Secondary Synchronization Signal，S-SSS）。目前，两个不同的序列已完成定义，但相同序列在 S-PSS 和 S-SSS 两个标志中重复。在没有任何额外资源的前提下，通过对 S-PSS 两个标志内不同序列进行组合，得到共计 4 个不同的组合，可映射至不同的同步源优先级。两个不同的序列已用于 S-PSS，表明标准接收机不需要进行任何新序列搜索，从而避免复杂度开销。S-SSS 也同样适用该方案，产生的序列组合总量由 4 个上升至 16 个。

下文示例根据 LTE-V2X 标准使用 Zadoff-Chu 序列。作为两个不同序列的设计方法，筛选根指数时，序列为共轭复数并保持相互正交。通过分别计算 S-PSS 的实部和虚部，实现接收机上本地 S-PSS 副本接收的信号互相关性。在实现上述设计时，S-PSS 共轭复数序列优势体现在涉及实数的项只需要计算一次，节省计算开销。作为典型设计案例，已知序列 L，在 LTE 中 $L=63$，而根指数 u_1（u_1 与 L 互质）为第一序列，$u_2=L-u_1$ 为第二序列。我们注意到，PSS1 和 PSS2 保持相互正交。图 5.19 中的案例展示了 S-PSS 的两个不同序列和不同标志，构成四种不同情况。

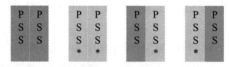

图 5.19   两段序列示例。当 $n=2$ 时，可识别最多四个不同情况。来源：© 2017 IEEE.，参考文献［44］

图 5.20 中案例展示了采用两步序列检测的接收机实现。第一步，检测序列，通过估算起始帧（Beginning Of Frame，BOF）和起始符（Beginning Of Symbol，BOS）进行时间同步。除了上文所述互相关性操作外，还纳入蓝色块提高效率。然后，时间 / 频率偏移造成相位移进行估计和补偿，刷新对 S-PSS 的检测（虚线块）。第二步对第一步的结果进行验证和修订，将频率同步，包括载波频率偏移的检测和补偿。

图 5.21 展示序列检测概率与图 5.20 所示第一步中 SNR 的对比结果。这里，时域上两个 S-PSS 序列的互相关被用于接收信号，根据噪声等级，如果结果超过阈值，则相关性峰值有效。如果检测到两个明显的峰值，而实际传输信号也正确识别，则 S-PSS 检测结果为正确。图 5.21 展示了 AWGN 信道的参考曲线，在 240km/h 的速度下，在接收信号块的长度上具有连续瑞利衰落的多径信道的 1000 个独立同分布（i.i.d.）实现被认为是一个现实且具有挑战性的场景。对于超过 1.25MHz 的系统带宽，应用时域低通滤波器及降采样会让所有带宽有相似特性。性能差异只由过滤器的特性导致。总而言之，结果表明当 SNR 值约为 0dB 时，即便在快衰信道条件下，S-PSS 检测概率仍接近 100%。第二步对第一步序列检测的正确性验证概率接近 100%。因此，第二步的主要作用为修正剩余时间、预估载波频率及提高整体同步准确率。感兴趣的读者请阅读参考文献［44］，以了解工作详情。

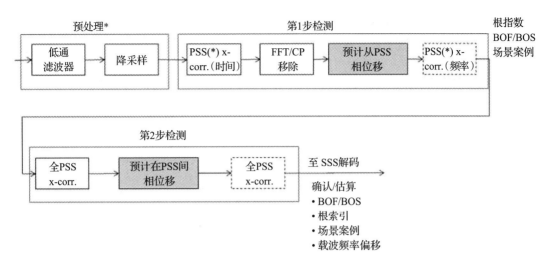

图 5.20　接收机的两步检测流程运算，对优先级排序的 SLSS 进行检测、同步时间和频率。来源：
　　　　　©2017 IEEE.，参考文献［44］

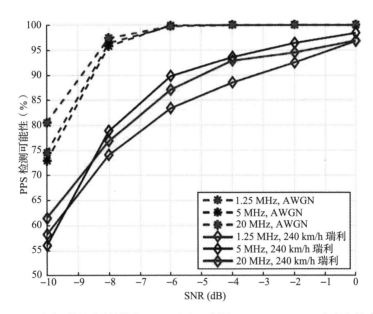

图 5.21　正确序列检测可能性与 SNR 对比。来源：® 2017 IEEE.，参考文献［44］

5.2.4　调度和功率控制

本节中，调度和功率控制统称为无线资源管理（Radio Resource Management，RRM），对于控制误包率和延迟至关重要。重复使用无线资源导致的干扰，是造成数据包错误的重要原因之一。同时调度本身也会造成延迟。如果要保证性能，那么集中式的调度和功率控制会带来明显的优势。在我们的设定中，集中控制器可以是基站、云端或边缘计算设备，或者是网络中指定的汽车。本文中我们将讨论范围划定为集中化的 RRM 解决方案，不过分布式 RRM 算法也备受关注，在实际的系统选择时不应将其排除在外。

许多交通安全和交通效率应用软件支持本地广播定期状态消息（比如 CAM 消息）或事件触发警告消息（比如 DENM 消息）。这些应用通常需要满足及时性及可靠性要求。及时性可通过延迟或消息生存期来衡量，而可靠性则量化为及时性度量（或函数）低于某个预设值的可能性。比如，假设端对端延迟 τ 应小于等于 τ_{max}，同时可靠性为 $1-\varepsilon_{max}$，如果符合该等要求，则需

$$\Pr\{\tau \leqslant \tau_{max}\} \geqslant 1 - \varepsilon_{max}$$

或，同等条件下，需

$$\Pr\{\tau > \tau_{max}\} < \varepsilon_{max}$$

在第二个公式中，公式左边可解释为中断概率。当传输的数据包未被接收，或接收时出现载荷错误，我们使用约定 $\tau = \infty$。当延迟条件相同时，即 $\tau > \tau_{max}$，本约定可以描述延迟包和错误包的特征。

为格式化通信多播性质及性能测量方式，我们需要进行一系列定义。已知网络由 N 个车载 UE 构成，则所有 UE 的集合表示为 $\mathcal{N} \triangleq \{0, 1, \cdots, N-1\}$，而传输至 UE $i \in \mathcal{N}$ 的拟定接收机集合表示为 $\mathcal{R}_i \subset \mathcal{N}$，即当且仅当 $j \in \mathcal{R}_i$ 时，UEi 想将数据包传输给 UE j。模型中，单播 $|\mathcal{R}_j| = 1$，多播 $1 < |\mathcal{R}_i| < N$，及广播 $|\mathcal{R}_i| = N$。最终，网络中所有目标链接集合 (i, j) 表示为 $\mathcal{L} = \{(i, j) : i \in \mathcal{N}, j \in \mathcal{R}_i\}$。假设所有 UE 产生的单一数据包需要在调度间隔起始时传输，并假定调度间隔时间等于延迟限制 τ_{max}。调度和功率控制的目标是，在调度间隔期间，将无线资源分配至 N 个 UE，以尽可能满足 $\mathcal{L}$ 中链接的延迟和可靠性限制（包括所有目标单播、多播和广播链接）。为实现目标，将功效矩阵定义为 $\mathbf{Z}_{i,j}$，如果来自 UE 的数据包 i 在规定的延迟性和可靠性标准内由 UEj 接收，则 $\mathbf{Z}_{i,j} = 1$，否则 $\mathbf{Z}_{i,j} = 0$。如果 $\mathbf{Z}_{i,j} = 1$，说明 UEi 连至 UEj。当 $\mathbf{Z}_i = \sum_{j \in \mathcal{R}_i} \mathbf{Z}_{i,j}$ 时，我们可测量 UEi 连接的目标接收机的数量，而当

$$\mathbf{Z} = \frac{1}{N} \sum_{i \in \mathcal{N}} \sum_{j \in \mathcal{R}_i} \mathbf{Z}_{i,j} = \frac{1}{N} \sum_{i \in \mathcal{N}} \mathbf{Z}_i$$ 时，我们可以测量 UE 在网络中所连接的平均目标接收机数量。

请注意，我们仅考虑该性能矩阵中的目标接收机。因此，即使非目标接收机能够解码数据包，但在测量调度和功率控制算法的性能时也不会考虑这一点。

集中式调度和功率控制的前提是控制信号，例如向中央控制器报告测量的 CSI，以及由中央控制器向发射机和接收机网络传播调度和传输功率设定。由于 V2V 设定中信道可能随时间大幅变化，同时 RRM 可能来自过时的 CSI，控制信令使得瞬时 CSI，即信道增

益（包括 SSF）的测量和报告难度加大。因此，在高度动态的环境中，以缓慢变化的 CSI 为基础的 RRM 方案更适合研究，即综合考虑路径损耗和大规模衰减（Large-Scale Fading，LSF）所带来的影响。许多场景可忽略调度间隔的路径损害和 LSF 变化。该条件适用于本节余下内容。此外，假设慢速 CSI 在系统带宽内并无变化。基于上述两项假设足以对每次调度间隔内，UEi 与 UEj 之间的平均功率增益 $H_{i,j}$ 进行测量与报告。如果网络中有 N 个 UE，则每个调度间隔对应测量次数为 $N(N-1)/2$（假设信道增益具有相互性）。在本节余下内容中，假设慢速 CSI 可用于 RRM 算法，且调度和功率设定准确无误传播至所有 N 车辆。

　　这里采用的 RRM 法，首先将可用带宽划分成 F 个频隙，将调度间歇划分成 T 个时隙。当 $f \in \{0,1,\cdots,F-1\} \triangleq \mathcal{F}$ 和 $t \in \{0,1,\cdots,T-1\} \triangleq \mathcal{T}$，一个频隙 – 时隙 (f,t) 对被称为一个资源块。RRM 算法所计算的是对于所有 UE，$i \in \mathcal{N}$，所有 RB $(f,t), f \in \mathcal{F}, t \in \mathcal{T}$ 的传输功率 $P_{i,f,t}$ 和调度变量 $X_{i,f,t}$。如果 UEi 调度至 RB (f,t) 内，则调度变量为 $X_{i,f,t}=1$，否则为 $X_{i,f,t}=0$。传输功率受一个时隙内的设备局限性和规定的最大功率限制，即

$$\sum_{f \in \mathcal{F}} P_{i,f,t} \leqslant P_{\max}$$

同时，传输功率还受调度变量限制，即

$$0 \leqslant P_{i,f,t} \leqslant P_{\max} X_{i,f,t}, i \in \mathcal{N}, f \in \mathcal{F}, t \in \mathcal{T}$$

　　一个 RB 的带宽和持续时间经调整后能携带完整数据包，SNR 在理想区间内，该数据包错误概率最高可达到 $\varepsilon_{\max}$。因此，RB 尺寸通常与 LTE RB 尺寸不同。我们假设，如果平均接收的信干噪比（Signal-to-Interference-plus-Noise Ratio，SINR）大于等于阈值 γ_{T}，那么数据包错误概率小于等于 $\varepsilon_{\max}$。具体而言，如果 SINR 为

$$\frac{S_{i,j,f,t}}{I_{i,j,t} + \sigma^2} \geqslant \gamma_{\mathrm{T}} \Leftrightarrow S_{i,j,f,t} \geqslant \gamma_{\mathrm{T}}(I_{j,f,t} + \sigma^2)$$

则 UEi 在 RB (f,t) 中向 UEj 传输时，接收数据包的错误概率将小于等于 $\varepsilon_{\max}$。其中，理想信号功率为 $S_{i,j,f,t}$，干扰功率为 $I_{i,j,f,t}$，而噪声功率为 σ^2。需注意，理想功率和干扰功率为 SSF 分布的平均功率。另外，γ_{T} 取决于数据包大小、编码和调制，以及 SSF 的统计数据。

　　为计算主功效矩阵 $\mathbf{Z}_{i,j}$，我们需要估算网络中所有传输信号的 SINR 限制。需要注意的是，具体某次传输是理想信号还是干扰信号，取决于所采用的发送 – 接收对。UEi 通过 RB (f,t) 传输其数据包，传输功率为 $P_{i,f,t}$。从目标接收机 UE $j \in \mathcal{R}_i$ 的角度看，当从 UEi 解码数据包时，理想信号功率为

$$S_{i,j,t} = P_{i,f,t} H_{i,j}$$

接下来，设由 UEk 在 RB (f',t') 块上发起传输，其召回的传输功率为 $P_{k,f',t'}$。这样的

传输可能造成干扰。已知干扰分为两类：同频干扰（Co-Channel Interference，CCI）和邻频干扰（Adjacent Channel Interference，ACI）。如果 $t' \neq t$，假定 RB 及时正交，则不会出现干扰。然而，当 $t' = t$ 时，如果 $f' = f$，则为 CCI；如果 $f \neq f$，则是 ACI。总而言之，由于传输是从 UEk 到 UEj，则干扰功率为 $P_{k,f',t'}H_{k,j}\lambda_{|f-f'|}$，而 λ_r 是邻道干扰比（ACI Ratio，ACIR）。ACIR λ_r 描述了从调度 RB (f',t) 向 RB $(f'\pm r,t)$ 溢出的相对功率量。功率泄漏主要由于功率放大器是非线性的[43]。我们使用约定 $\lambda_0 = 1$，以相同的表达来量化 CCI 和 ACI。因此，UEj 通过 RB (f,t) 接收的功率总量（理想功率加干扰功率）为

$$R_{j,f,t} = \sum_{f' \in \mathcal{F}} \sum_{k \in \mathcal{N}} P_{k,f',t} H_{k,j} \lambda_{|f-f'|}$$

因此 $I_{i,j,f,t} = R_{j,f,t} - S_{i,j,f,t}$，而 SINR 限制可重新规定为

$$S_{i,j,t} \geq \frac{\gamma_{\mathrm{T}}}{1+\gamma_{\mathrm{T}}}(\sigma^2 + R_{j,f,t})$$

如果在调度间歇中，为了至少一个 RB 而满足 SINR 限制，则 $Z_{i,j} = 1$。正式情况下，

$$Z_{i,j} = \bigvee_{f \in \mathcal{F}} \bigvee_{t \in \mathcal{T}} \left\{ P_{i,j,t,t} H_{i,j} \geq \frac{\gamma_{\mathrm{T}}}{1+\gamma_{\mathrm{T}}}\left(\sigma^2 + \sum_{f' \in \mathcal{F}} \sum_{k \in \mathcal{N}} P_{k,f',t} H_{k,j} \lambda_{|f-f'|}\right)\right\}$$

其中，$\bigvee_{m=0}^{M-1} c_m$ 是条件 $c_0, c_1, \cdots, c_{M-1}$ 的逻辑 OR。根据本公式，可推导出 RRM 问题的本质是：给定慢速 CSI、噪声方差、SINR 阈值和 ACIR 函数：$\{H_{i,j} : i, j \in \mathcal{N}\}, \sigma^2, \gamma_{\mathrm{T}}, \{\lambda_r : r = 0, 1, \cdots, F\}$

计算最大功率限制下的传输功率 $\{P_{i,f,t} : i \in \mathcal{N}, f \in \mathcal{F}, t \in \mathcal{T}\}$，使得延迟和可靠性要求得到满足，$Z_{i,j} = 1$，所有理想链接为 $(i,f) \in \mathcal{L}$

根据上述公式，注意以下几点：

- 调度变量是内嵌的。实际上，当且仅当 $P_{i,f,t} = 0$ 时，$X_{i,f,t} = 0$，或同等条件下，当且仅当 $P_{i,f,t} > 0$，$X_{i,f,t} = 1$。

- 由于信道条件不利或无线资源有限，让所有理想链接 $(i,j) \in \mathcal{L}$ 满足延迟和可靠性要求并不现实。因此，根据一些公平性准则，在网络 Z 中尽可能提升满足要求的链接数量是更为合理的做法。例如使 Z_i 大于等于一些固定数值。

- 支持半双工和全双工操作。实际上，自干扰由自功率增益 $H_{i,j}$ 和 ACIR 函数 λ_r 控制。只有当 $H_{i,j} = 0$ 时，才能进行理想的全双工操作。在合理假设下，对于所有 r

均为 $\lambda_r > 0$，将 $H_{i,j}$ 设定为足够大的数值即可实现半双工。对于中等大小的 $H_{i,j}$，有可能在传输时解码部分消息，这就构成了半双工和全双工混合操作。

- 在半双工的设定下，多时隙传输同一数据包是更好的选择。假设 UEi 在 RB(f,t) 内传输某一数据包，那么在同一时隙内就没有其他 UE 传输数据。换言之，其他时隙 [RB(f',t')] 便可以用来解码这个数据包。

- 优化问题的本质是组合问题，计算复杂度随 UE 的数量 N 增大而增加。实践中，松弛和近似技术可以产生计算效率更高的算法；或者将网络分成更小的子网，每个资格可单独调度和控制功率。后一种解决方案需要能控制子网间干扰。

- 在中短距离情况下，即当 $P_{k,f',t}H_{k,j} \gg P_{i,f,t}H_{i,j}$ 时，ACI 非常重要。这种情况时有发生，比如，当 UEi 与 j 之间出现车辆拥堵并且 V-EUk 和 j 之间没有拥堵车辆时，将导致 $H_{k,j} \gg H_{i,j}$。值得注意的是，传输功率通常取决于目标接收机中最差的信道增益。因此，在异构网络中，所有传输情景的传输功率相似，因此功率控制不能排除远近情况。由此可推断，以上场景不应忽视 ACI。

为了量化调度和功率控制的重要性并做出具体展示，我们模拟了公路场景下的车载网络。模拟设置和参数详情可参阅参考文献［45］。在图 5.22 中我们展示了，当预期 $E\{Z\}$ 超过许多网络实现能力（UE 地理位置和 LSF 实现能力）时每个 UE 连接的车辆平均数量为 Z。在模拟场景中，我们对比四种算法的性能，从而得出：(i) 联合优化调度和功率（前述的优化问题的解决方案）；(ii) 最优调度，即当传输功率固定为 $P_{\max}$ 时的解决方案；(iii) 来自参考文献［45］的启发式算法；(iv) 参考文献［46］提出的算法，这种算法不对 ACI 进行感知，且经过调整以适应我们的模拟设置。所有算法中，除了第 (iv) 种，均考虑到 ACI。图 5.22 中结果表明，将 ACI 纳入系统，可有效提升性能。调度和功率控制都很重要，但算法 (iv) 的增益主要来自调度。

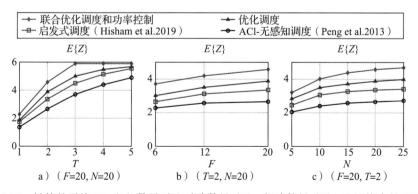

图 5.22 链接的平均 UE（Z）数量对比时隙数量（T）、频隙数量（F）、和网络中的 UE 数量（N）。期望达到的 Z 已经超过许多网络的实现能力

5.3　车载直连通信实现的技术特性

V2V 直连通信建立的短距离通信推动了 V2X 新的通信理念：近距离相邻 UE 可以在上行链路和下行链路传输中协作，同时 BS 利用额外链接分集，以合理的系统成本提升整体可靠性。此外，备受关注的全双工概念可在短距离通信场景下实现，UE 可同时传输和接收数据，从而为实现 V2X 带来新机遇。本节将描述 V2X 场景下的新理念，并关注其广阔的发展前景。

5.3.1　UE 协同增强可靠性

提升数据传输的可靠性需要提升系统带宽量，也就是最基本的平衡可靠性、延迟和吞吐量之间的关系[47]。此外，为维护合理的带宽效率，如何让系统充分使用所有分集显得至关重要[48]。在 V2X 通信中，由于周边存在诸多其他参与通信的车辆，通常存在许多空间分集路径，而这些分集源链路正可为直连通信所用。参考文献［49］详述了如何使用 URLLC 空间分集，并分析了为达到理想误包率所需 SNR 的影响。近期另一项工作[50]中，作者研究了通过单中继节点进行的直连通信辅助重传，及其对系统可靠性和延迟性的影响，分别描绘了 BLER 和要求重传的数量特征。受该项目启发，本文将重用该项目的部分分析框架，研究资源节约型的协同重传方案，通过连接多个临近车辆的 V2X 直连通信链路来提高可靠性。我们特别分析了协同工作的 UE 数量对 V2X 网络通信可靠性的影响，以及以自动重传请求（Automatic Repeat reQuest，ARQ）和 HARQ 计划为基础的额外重传带来的改进程度。

1. 通信场景

设有这样一个 V2X 通信场景：BS 通过目标车载 UE（车辆 A）维护 V2N 通信链路，从而提供 URLLC 服务（如图 5.23 所示）。车辆 A 周边还有其他相邻 UE，通过 V2V 直连通信进行数据交换。此时一辆挂车路过，可能打断目标 UE 的 V2N 链接，干扰通过 V2N 链接进行的 URLLC 通信。如果相邻的 UE 监听到发送至车辆 A 的 URLLC 数据包，那么它们可通过直连通信链路向车辆 A 重传这些数据包支撑 URLLC 传输。为了让相邻的 UE 监听 URLLC 数据通信，BS 需要提前设置以多播方式向整组临近 UE（包括车辆 A）传输发送至车辆 A 的 URLLC 数据包。一旦车辆 A 没有收到来自 BS 的 URLLC 数据包，车辆 A 可以要求相邻 UE 通过直连通信重传数据。相邻 UE 如果成功接收此前多播传输的 URLLC 数据包，则可向目标 UE 重传数据。

假设相邻 UE 和车辆 A 之间的连接衰落是独立的，那么我们就可以最大限度地利用空间分集。通过分布式传输分集方案，比如分布式时空分组码（Space-Time Block Code，STBC）[51-52]或循环延迟分集（Cyclic Delay Diversity，CDD）[53]。这些方案在无须冗余数据传输牺牲资源的情况下，支持将信号通过其他传输路径传播至接收机。只有在估计由

V2V 链接构成的有效信道的效率时，可能需要额外资源处理导频信号。在此场景下，资源节约型 URLLC 重传量需要较高可靠性，使用分布式 STBC 或 CDD 是较为高效的解决方案。

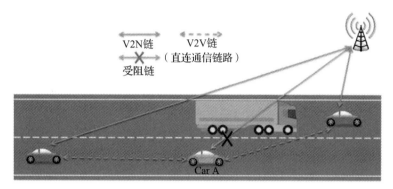

图 5.23　V2X 通信场景：过往挂车影响与车辆 A 的连接。来源：© 2019 IEEE.，参考文献 [54]

2. 可靠性分析：等功率信道

本节分析多个相邻 UE 通过直连通信协同重传遗失数据包时的可靠性增益。通常 V2V 信道会出现更为强劲的 LOS 组件，同时可能会被丰富散射影响。本次分析忽视 LOS，所有 V2V 信道均假定为平均功率相等的瑞利衰落。不同 UE 的直连通信链路传输假定为符号级完全同步。

独立瑞利衰落信道系数产生的功率服从伽马分布 $\Gamma(k,\theta)$，其中 k 表示形态，而 θ 表示尺度参数。形态参数 k 反映了由统计独立链路上产生的复瑞利衰落变量数量，θ 反映的则是测量每条链路上传输功率的逆规模因子。如果 k 用户假定使用空间分集传输方案来传输同一信号，且该空间分集功率相等，整体总功率恒定，则信道累积增益分布服从 $\Gamma(k,k)$。

将伽马分布的概率分布函数（pdf）设为 $f(x;k,\theta)$。则目标值 ρ 以下的累积信道增益可能性由累积分布函数（CDF）给出，即

$$\int_0^\rho f(x;k,\theta)\,\mathrm{d}x = \int_0^{\theta\rho} f(x;k,1)\,\mathrm{d}x =: q_k(x \leq \theta\rho)$$

由于参数 θ 可以调整 x 的整体分布，因此也可以用来调整目标值 ρ。且实际常常使用的是未经调整的伽马函数 $f(x;k,1)$，如等式右侧所示。CDF 所表述的概率表示为 $q_k(x \leq \theta\rho)$，代表信道中断测量值。

假设 p_0 代表协同重传的候选 UE 已经成功接收到车辆 A 数据包的概率，该数据包通过 BS 发出的多播传输，并使 $\overline{p_0} = 1 - p_0$ 代表相反事件的可能性（即未能接收多播数据包）。假设所有候选 UE 面对相等概率 p_0，n 位用户对车辆 A 的一次性新协同传输的错误事件可计算为

$$q_{1bx}(n,\theta) = (\overline{p_0})^n + \sum_{k=1}^n p_0^k (\overline{p_0})^{n-k} \binom{n}{k} q_k(x \leq \theta\rho)$$

假设协同传输 UE 间等功率共享且总功率恒定，则 n 个 UE 中，每个 UE 获得 $1/n$ 的恒

定传输功率，因此 $\theta = n$ 成立。由于只有在成功接收来自 BS 的数据包后，用户才会传输，和项涵盖了 $k \in \{1, \cdots, n\}$ 个同时传输用户的全部可能用户集合。第一项代表 n 个用户中，没有用户成功接收到来自 BS 的数据多播（即 $k = 0$）。

如果延迟预算允许一个以上的直连通信链路重传，则可应用 ARQ 和 HARQ 机制。多次重传能够将 UE 分组为不同的集，且可分别成功完成协同重传。ARQ 方案中，来自单一重传的接收信号若无法解码，则将会被删除。HARQ 方案合并来自不同重传的信号，因此所有重传中整体分集均可使用。首先，n 个 UE 分成两个无连接的子集，大小分别为 n_1 和 n_2，同时每个 UE 保持等功率。信道中断概率达到

$$q_{n_1}\left(x \leqslant \frac{n}{2}\rho\right) \cdot q_{n_2}\left(x \leqslant \frac{n}{2}\rho\right), \text{ARQ}$$

以及

$$q_{n_1+n_2}\left(x \leqslant \frac{n}{2}\rho\right), \text{HARQ}$$

当前场景下有两次重传，可用总功率按两个时隙累计计算。因此等功率分配量达到每个 UE $2/n$，产生 $\theta = n/2$。为判断两次通过 ARQ 和 HARQ 方案重传的总体可靠性，假设在第一次重传时，第二个集合 n_2 的 UE 可以监听到第一个集合 n_1 内的 UE，因此可以提升为车辆 A 获取原始数据包的概率。由于第一次有 k 个 UE 重传数据包，并负责"重传监听"，而第二集合中 n_2 个 UE 成功接收原始数据包的概率为

$$p_1(k) = 1 - \overline{p_0} \cdot q_k\left(x \leqslant \frac{n}{2}\rho\right)$$

据此 $\overline{p_1} = 1 - p_1$。第二次重传后可能无法解码数据包，鉴于已有第一次 k 个用户的重传，则

$$p_{\text{arq}} = (\overline{p_1})^{n_2} + \sum_{r=1}^{n_2} p_1^r (\overline{p_1})^{n_2-r} \binom{n_2}{k} \cdot q_r\left(x \leqslant \frac{n}{2}\rho\right)$$

$$p_{\text{harq}}(k) = (\overline{p_1})^{n_2} \cdot q_k\left(x \leqslant \frac{n}{2}\rho\right) + \sum_{r=1}^{n_2} p_1^r (\overline{p_1})^{n_2-r} \binom{n_2}{k} \cdot q_{r+k}\left(x \leqslant \frac{n}{2}\rho\right)$$

上述两项表达式与此前展示的结构 q_{1tx} 相同。对 HARQ 而言，在第一项额外考虑了第一次由 k 个 UE 重传时的中断场景。

由于并无第一次重传（即 $k = 0$），第二次重传后无法解码数据包的概率则取决于 $q_{1tx}(n_2, n/2)$。加上此前的表达式，通过求 $k \in \{0, \cdots, n_1\}$ 个 UE 在第一次重传的时隙传输之和，我们最终可以计算 $n = n_1 + n_2$ 个 UE 两个连续重传的整体错误事件，为

$$q_{2tx} = (\overline{p_0})^{n_1} q_{1tx}\left(n_2, \frac{n}{2}\right) + \sum_{k=1}^{n_1} p_0^k (\overline{p_0})^{n_1-k} \binom{n_1}{k} \cdot \begin{cases} q_k\left(x \leqslant \frac{n}{2}\rho\right) p_{\text{arq}}, \text{ARQ} \\ p_{\text{harq}}(k), \text{HARQ} \end{cases}$$

参照系统使用单频网络（Single-Frequency Network，SFN）传输模式，常见于广播传

输。在此模式下，UE 会以等传输功率来传输同一资源中的相同信号。由于没有进一步预处理传输信号，来自不同 UE 的信号添加到接收机内，但并不连贯。由于缺少 UE 之间的协作，所以无法获得分集增益。因此，SFN 方案的性能难以提升，但该方案较为简单。按照相似的分析方式，我们可获得 SFN 场景的相应分析表达式。

3. 评估

当以高稳定性为目标时，BS 应当选择低误码率解码方案。我们将 UE 成功接收基站多播数据包的概率设定为 $p_0 = 0.95$。误码率与信道中断有关，对处于瑞利衰落的单一用户而言，$q_1(x \leq \rho) = 5\%$ 的中断率会导致 $\rho = -13$dB 的信道增益，因此我们将其选为评估的工作点。图 5.24a 分别展示了一次和二次重传，以及 SFN 参照场景下的错误事件。SFN 参照系统显示出了饱和，因为该系统可通过用户协作实现子集增益。尽管单次重传的可靠性较差，HARQ 仍可实现两个数量级的改善。然而，协同方案显示错误事件随着协同用户数量 n 的改变而变化，在 HARQ 场景下最终体现出可带来每位用户一个数量级的变化。ARQ 曲线的斜度不及 HARQ 曲线斜度，反映出 ARQ 的分集阶数比 HARQ 少。对比单次重传（1rtx），二次重传 HARQ 为 4 个用户（$n = 4$）的情况下带来了一个数量级的增益，而当用户数量 $n = 7$ 时则带来两个数量级的增益。

图 5.24b 展示了当 V2V 信道有不同功率级别时，单次重传的错误事件和 HARQ 二次重传的错误事件。由于篇幅有限，此处未展示本案例的详细分析，感兴趣的读者可参阅参考文献［54］。$n = 8$ 个相临 UE 的功率偏移矢量（即每条 V2V 连接的路径损耗衰减因子）为 $[1,1,2,2,4,4,6,6]^T$。单次重传（1rtx）的功率偏移估值表明，相较于参照案例中每条 V2V 信道等功率，上述因素导致了更明显的性能衰减。且当协同用户数量为 $n = 8$ 时，可以产生两个以上数量级的耗损。协同 HARQ 方案基于两类集群策略评估：一类是 n 个 UE 根据各自功率偏移程度而在两个子集内平均分布；而另一类中，则是一个子集包含更强的 UE（即 $n/2$ 个功率偏移最小的 UE），另一子集包括最弱的 UE（即 $n/2$ 个功率偏移最大的 UE）。对比用户集群的不同案例可发现，如果信号最强的用户排在第二个进行传输，则可达到最优性能的状态。其原因在于，第二个集合中的用户会有更高概率收到原始数据包（由于他们能够监听第一次重传），因此他们重传的可能性也大幅提升。由于信号最强的用户使用了比其他用户更好的 V2V 信道，所以提升了传输成功的概率，继而提升了可靠性。最后，我们注意到，与对照场景中的等功率 V2V 信道相比，该用户组别内两次 HARQ 重传性能降级，降幅超过两个数量级，就此而言，其优势较单次重传更为明显。

4. 系统设计

上文主要聚焦于链路级性能，特别关注基于 SL 和 V2N 联合操作的可靠性增强。本节重点讨论系统设计方面问题，包括无线协议设计案例及系统级仿真结果。

设备发现过程是用来决定设备之间信道条件、评估建立直连通信链路的可能性的过程，是实现 V2N 界面联合操作和可靠性增强的必经之路。由于通信是我们关注的重点，本节假设我们已完成设备发现阶段。换言之，参与的 UE 已经发现对方，辅助 UE（UE 将接收到的信号转发给目标 UE 或 BS）与目标 UE 之间的链接状态良好，能够建立直连通信链路。

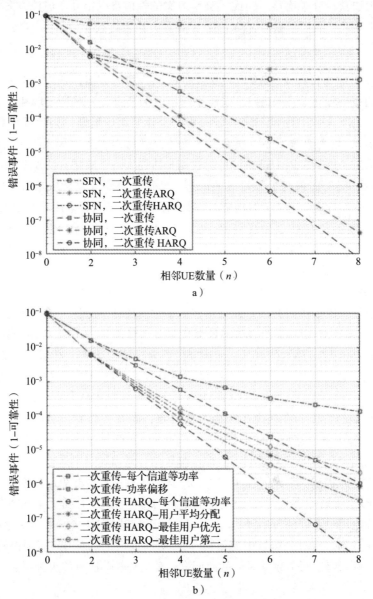

图 5.24　相邻 UE 协同传输提升可靠性，其中 a 为等信道功率，而 b 则有功率偏移。来源：© 2019 IEEE.，参考文献［54］

为在系统级上对 V2N 界面和直连通信链路界面提供高效的协作支持，就有必要加强无线接入网络等级协议。图 5.25 展示了直接 SL 通信的无线协议栈示例。在这个示例中，仅展示了一个方向的从发送机 UE（Tx UE）到接收机 UE（Rx UE）的通信链。需要注意的是，Rx UE 应当能够区分两种情况：（i）Rx Ue 自行接收来自直连通信链路的数据包；（ii）一旦接到请求，通过 SL 接收的数据包需要进一步转发到 BS。本文假设 SL 用来在上行链路方向上增强通信可靠性。具体而言，于第一次从 Tx UE 发起的重传期间，BS 和 Rx UE 将继续解码收到的数据包。由于深衰落信道或强干扰导致 BS 要求重传数据包，Tx UE 和 Rx UE 可以向 BS 重传相同的数据包。我们可将一个标识数据添加到 PDCP 层，从而能够识别数据包的最终目标。如此一来，在成功解码和在底层处理后，一旦 UE 在 PDCP 层通过直连通信链路接收数据包，如果 BS 要求 UE 进行重传，那么 UE 可以知道数据包需要转发给 BS。

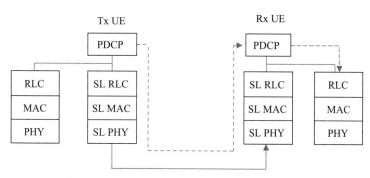

图 5.25　协议栈示例（虚线：数据包派送路径）

上述在 PDCP 层携带标识数据仅仅是一个例子。理论上讲，标识数据也可通过其他方式传递，例如通过 MAC 控制元素甚至物理层信号。在 Rx UE 侧，依据检测到的标识数据，UE 将决定是否向上层转发接收到的数据包或保持在 RAN 内解码数据包，然后待 BS 请求时再转发。

接下来，我们将以图 5.26 为例，讨论使用直连通信链路辅助实现可靠 UL 传输的过程。示例假设 UE1 和 UE2 已发现对方，且信道状况良好，能够建立直连通信链路。此外，BS 将两个 UE 均分配至同一组 ID，比如，当有两个以上 UE 作为辅助 UE 时，SL_RNTI（直连通信链路无线网络临时标识符）主要用于识别设备对或直连通信链路。

图 5.26 中，假设 UE1 有可供传输的 UL 数据包。在向 BS 发出调度请求（SR），并向 BS 指示有直连通信链路可用于增强稳定性后，BS 发出 UL 资源授权。同一次传输中，BS 和 UE2 将接收来自 UE 的数据包。如果数据检测失败，BS 能够分配重传至 UE1 和 UE2 的资源。接下来，UE1 和 UE2 可向 BS 发送相同的数据包。很明显，这样的好处是当重传次数大于一次时，能有有效降低延迟。同时，这样做还有助于提升前述章节提到的 URLLC 的一个重要性能指标——系统的可靠性。如图 5.26 所示，详细的步骤展示如下：

1）UE1 以正常方式向 BS 发送 UL 资源请求（如调度请求 SR）。同时，UE1 指示直连通信链路可以辅助 UL 重传，增强其可靠性。当然，在发现过程中，BS 也可能选择和设置 UE2 去提前辅助 UE1，如果这样，则 UE1 的 SR 无须指示来自 UE2 的辅助请求。

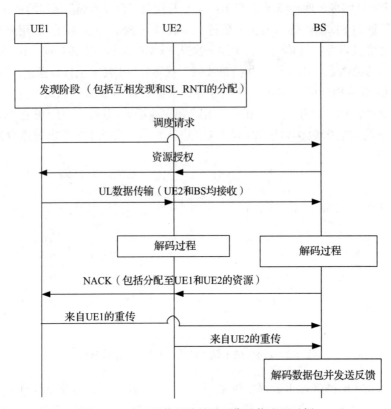

图 5.26 直连通信链路辅助可靠通信流程示例

2）BS 以 SL_RNTI 作为目标识别，从下行链路控制信道向 UE1 分配资源。因此，UE2 也可解码控制信息，并了解 UE1 用来发送 UL 数据的物理资源。

3）UE1 在分配的资源中发送数据包。由于 BS 和 UE2 均已知资源信息，因此 UE2 能够接收和解码相同的数据包。由于 UE1 和 UE2 之间距离较短，UE1 成功解码数据包的概率高于 BS。

4）如果 BS 无法正确解码第一次传输，则发送反馈信号，即 HARQ-NACK。分配的 HARQ-ACK 资源对 UE1 和 UE2 而言均为已知。根据操作模式，分配给 UE1 和 UE2 的资源可能相同，也可能不同。比如，UE1 和 UE2 发出的重传可使用 SFN 类型的 UL 传输（即 UE1 和 UE2 共享相同的资源和传输形式）以节约资源，见参考文献［50］中的讨论。分配给 UE1 和 UE2 的资源也可能不同。这种情况下，UE1 和 UE2 的传输形式就会不同。

5）UE1 和 UE2 重传完全相同的数据包。

6）BS 接收来自 UE1 和 UE2 重传的数据包。

为了评估 UL 直连通信链路辅助的可靠通信的性能，我们进行了系统级仿真。以参考文献［55］中描述的公路场景为例，模拟中沿着 2km 公路内部署三个 BS。假设数据流量模式为周期性流量，数据包长度为 160 字节，到达周期为 100ms。仿真中采用国际电联 ITU-Veh-A 衰落信道模型[11]，系统带宽为 10MHz，中心载频为 2GHz。关键仿真参数见表 5.3。

表 5.3　系统级仿真参数列表

参数	值
路径损耗（PL）模型	PL（dB）＝A＋B log（d）; d＝BS-UE（距离）; A: 128.1dB; B: 37.6dB
载波频率	2GHz
BS 数量	3
UE 数量	可变
流量模式	数据包长度 160 字节，传输周期为 100ms
带宽	10MHz
双工方案	FDD
子载波间隔	15kHz
快速衰落模型	ITU-Veh-A
MIMO	1×2

数据包丢失指在两次 HARQ 重传后仍无法正确发送的数据包。以数据包丢包率为例，如图 5.27 所示，针对不同数量 UE 工作状态下，从所有 UE 中任选一个作为辅助 UE，建立与目标 UE 的直连通信链路。对比使用直连通信链路辅助和不使用直连通信链路辅助的丢包率，使用直连通信链路辅助功能的网络性能至少提升了 3 倍。

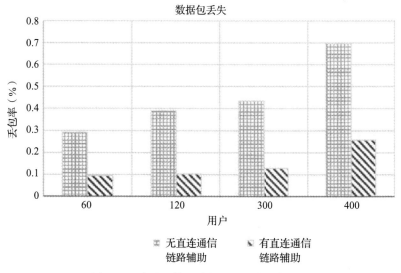

图 5.27　直连通信链路辅助的可靠通信性能

5.3.2   全双工

传统无线通信受到半双工通信方式的限制。因此，无线设备无法用同波段同时进行发射和接收。这是因为发射信号功率通常比接收信号功率大几十分贝，导致自干扰非常高，阻碍了接收机电路"监听"其他节点发出的信号。在过去十年里，自干扰消除（Self-Interference Cancelation，SIC）技术取得了长足发展，为实现全双工无线通信创造了机会。全双工无线通信能够让无线收发两用机使用同波段同步发射和接收信号。SIC技术的种类多样，技术原理涵盖从天线到基带各个方面。

- 无源射频隔离（Passive RF isolation）：将发射机和接收机天线物理分开一定距离，两者之间的路径损耗自然会导致无源隔离达到几十分贝。然而，受尺寸和成本限制，现代蜂窝通信系统通常需要将发射和接收天线搭配使用。其他无源隔离方式则依靠使用不同搭配的传输和接收天线极化，而达到 10 ～ 20dB 隔离。此外，无源隔离还可通过使用三端口环形器和电平衡双工器实现，三端口环形器通常有 10 ～ 20dB 隔离，双工器可在 2.4GHz ISM 频段（工业、科学和医用频段）上最高达到 53dB 隔离[56]。

- 主动射频自干扰消除（Active RF SIC）：经过无源频射隔离后，自干扰的程度可能依然过高，这会导致接收链上的低噪声放大器（low-noise amplifier，LNA）饱和。常用的解决办法是在射频信号进入 LNA 之前，使用额外辅助发射机复制发送信号，以进一步消除自干扰。由于自干扰涉及来自天线周边散射环境及天线本身的信道响应，为让主动射频自干扰消除达到最佳效果，在建立辅助消除信号时，应将信道响应考虑在内。信道估计、辅助信号建立和干扰消除过程都需要包括基带和射频在内的闭环运作。主动射频自干扰消除通常可以提供 20 ～ 60dB 自干扰衰减。

- 主动数字自干扰消除（Active digital SIC）：在射频自干扰消除后，剩余的自干扰降至模数转换器（Analog to Digital Converter，ADC）的动态范围内，可再通过数字信号处理进一步消除干扰。通过数字信号处理最高可实现 30dB 的自干扰消除。

- 光纤自干扰消除（Optical SIC）：有一种新型的自干扰消除方法，是先通过马赫－曾德尔调制器将射频信号转成光纤信号，再使用光纤信号处理实现自干扰消除[57]。这种技术可支持带宽更高、噪声更低，以及载波频率更高的调节范围。GenXComm公司正尝试将此商业化。

目前全双工无线通信原型机通过结合多种自干扰消除技术可达到整体最高 110dB。全双工无线通信的直接益处是使频谱效率和数据吞吐量翻倍。除此之外，还可避免一些系统开销，例如频分全双工中的双工频段间隔和时分双工（Time-Division Duplex，TDD）的保护时隙。接下来将介绍在 C-V2X 中采用全双工无线通信技术进行蜂窝连接及直连通信链路连接所带来的优势。

C-V2X 中全双工无线通信的优势

CAD 旨在提高道路安全、交通效率和驾驶舒适度。这需要 C-V2X 在使用者高移动性及高密度情况下支持高可靠性、高数据吞吐量以及保持低延迟。对于 CAD 来说，全双工无线通信是一项具备良好前景和使用功能的技术，在以下几方面的应用中极具潜力。

（1）高机动低响应延迟

在 V2X 通信中，快速信道衰落无可避免。利用全双工技术可以通过重复使用信源发射 ACK/NACK 信息，无须等待额外控制信道资源反馈。这样做可以极大降低 HARQ 往返时间以及端到端延迟。在极端示例中，全双工无线通信可达到与速率无关的信道编码和适配[57]，接收机可以在成功解码的瞬时发送确认。这样一来，不仅延迟减低，而且还能达到更高的频谱效率和数据吞吐量。

另一方面是通过全双工无线通信可在快速衰落时降低信道时效性，从而加快 CSI 反馈，这对广泛采用多输入多输出和波束成形的 5G 尤为有帮助。快速移动的全双工 UE 可以立即反馈 CSI 或传输其他上行链路 / 直连通信链路信号来协助对应设备迅速调节传输参数（波束、资源块、MCS 等）。

（2）基于直连通信链路的避撞优化

C-V2X 直连通信链路模式 4（LTE-V）和模式 2（NR-V2X）通信依赖于基于感知的半持续调度，SPS 主要根据正交频分复用多址技术（Orthogonal Frequency Division Multiple Access，OFDMA）。相比较，基于 IEEE 802.11p 的 V2X 依靠先听后送策略，该策略基于带有冲突避免的载波侦听多路访问，以及请求发送（Request To Send，RTS）和允许发送（Clear To Send，CTS）机制。这些设计实质上是基于在发射机上感知干扰，但实际上需要防止干扰的是接收机。因此，发射机上基于感知的机制导致了众所周知的隐藏节点问题：附近的接收节点无法被有效检测，以及发生信号冲突。特别是在节点密度大或信道环境复杂的情况下，隐藏节点的问题尤为严重。

有了全双工无线，就能从根本上解决这个问题。例如，接收的一个节点可以同步广播信标，重复利用接收资源让周围的节点保持沉默，以保护更高优先级数据可以被持续接收。尽管在 SPS 和 RTS/CTS 机制中的资源保存可以部分解决隐藏节点的问题，但与全双工的同步方法相比，这种解决方式不够灵活和有效。

（3）低延迟高吞吐的中继协同

传统的中继器以全双工方式充当放大及转发中继器，其完全依赖于施主天线和重播天线通过室内 / 室外分开放置，以及详尽的设计来实现严格隔离，从而保证天线前后比（前后定向天线的功率增益比例）降至最低。SIC 技术可以让中继节点通过单一共享发射 / 接收天线转发信号。让发射接收可同步进行，无论采用何种转发技术，中继节点的数据吞吐量和频谱效率可翻倍。

特别是 C-V2X 直连通信，全双工无线让车载单元或 RSU 协同从其他节点转发数据，同时可以避免干扰正在进行的数据接收。与 OFDMA 结合，全双工中继将会更加有效率和灵活。例如，中继节点可以根据它们在频率选择性衰落的增益，以及干扰情况和冲突概率来选择用于发射和接收的子信道。

（4）C-V2X 认知全双工通信

在认知频谱共享的场景下，全双工收发两用机可让一台 UE 持续不断监测无线电频谱，以及立刻感知频谱使用中拥有更高优先级和继承权的主用户所发射的信号。如此一来，认知 UE 可在需要时立刻停止发射，降低对主用户干扰的概率。这个方案可以让直连通信来利用上行链路频谱资源进行通信。此外，通过全双工运作，不间断频谱感应可以取代专有感应周期。因此，当出现更高优先级或安全攸关的其他 V2X 业务时，设备能立即空出相应频谱资源。

（5）无干扰邻频处理

SIC 技术还能够在相邻频道上进行同步发射和接收信号，移除了大量的带外泄漏。这样一来，便可避免传统 FDD 中的大量双工间隔。对于蜂窝通信，可以基于 5G 灵活的时隙格式来更高效率地调度上行链路及下行链路资源[9]。对于直连通信，这种做法能够让专用频段内的不同业务之间更好地共存，例如 5.9GHz 频带[58]。KUMU Networks 已开发出可实现相邻频道 SIC 的产品。

（6）V2X 全双工无线通信的可行性

尽管全双工无线通信技术还未足够成熟进行大规模商业化，但与智能手机等个人设备相比，这项技术用于车载设备时存在的实际问题较少[58]：

- 与智能手机或物联网设备相比，设备和天线的微型化并不是主要的问题。通过将天线放置在汽车主体的不同位置，可以实现显著的无源隔离。
- 车载设备中对于成本要求相对宽松[58]，可以采用高质量的频射部件达到更好的 SIC 效果。
- 与智能手机或物联网设备相比，OBU 或 RSU 的电源供应限制较宽松，可以承担更强的信号处理。

5.4　本章总结

本章探讨了 CAD 和 CRU 服务中 V2X 通信中无线接口设计的几个关键方面。主要的设计挑战在于如何在非常高的用户移动性的情况下持续提供稳定、高度可靠的通信连接。

首先，波束成形技术将窄波束应用于毫米波频段，需要快速波束跟踪和调整。本章介绍了三种不同的波束成形技术方案，分别基于单播、多播和广播三种不同的通信类型。单播方案代表在高移动性下通过波束优化流程来提高波束方向，利用空间相关性的遗传算法进行快速波束追踪。多播方案基于一个全新的框架结构。该框架结构的搭建是为了应用可适应和增强的波束管理技术，从而能够对多播传输的波束集进行选择，以及对重传给多播用户的子集进行重新选择，进而达到降低延迟和信令开销的目的。广播方案研究了在空间、时间和频域中分配候选波束，找到了获取广播信息所要求的延迟和波束探测开销之间的折中方案。

其次，通过对协议栈底层的扩展，本章介绍了为 V2V 直连通信提供的定制化无线电接口设计。针对高移动性场景下导频开销和频谱效率之间的权衡开展理论分析，并设计了具有一定鲁棒性的接收机算法；在特定的移动场景下，为导频和数据符号进行最终的资源分配计算。之后本章总结了 V2V 直连通信设计的最近进展。在 V2X 直连通信链路参考信号的设计方面，本章概述了 5G NRV2X 所需要的不同信号类型的总体情况，并解释了如何根据用户速度调节这些参考信号的开销。对于通过直连通信链路同步 UE，本章提出了 5G NRV2X 同步信号，并对其进行进一步的拓展，让关于优先级的关键信息能在同步过程非常初期阶段便可获取。为了解决直连通信中 UE 间的调度和功率控制问题，需要引入一个集中式的无线资源管理（Radio Resource Management，RRM）方案，旨在寻找最佳无线资源配置进行 V2V 通信，来获取最大数量的连接 UE。

最后，本章呈现并阐述了通过 V2V 直连通信链路进行的短距通信所产生的全新通信概念。关于 UE 协同，本章说明了相邻 UE 协同通过上行链路和下行链路发送数据，通过适当地牺牲系统成本换来显著提高的通信可靠性。此外，针对该领域的最新技术，本章分析了全双工相关技术内容与概念，并进一步阐述了全双工技术与 V2V 通信中的未来应用的很高的相关性。

参考文献

1 mmMagic Project Deliverable 6.6. (2017). Final mmMAGIC system concept. Available at https://bscw.5g-mmmagic.eu/pub/bscw.cgi/d215278/mmMAGIC-D6.6.pdf

2 Guo, H., Makki, B., and Svensson, T. (2017). A genetic algorithm-based beamforming approach for delay-constrained networks. In: *Proceedings of IEEE Int'l Symposium on Modeling and Optimization in Mobile, Ad Hoc and Wireless Networks*.

3 Guo, H., Makki, B., and Svensson, T. (2018). Genetic-algorithm based beam refinement for initial access in millimeter-wave mobile networks. *Wiley-Hindawi Wireless Communications and Mobile Computing, Special Issue on Recent Advances in 5G Technologies: New Radio Access and Networking*.

4 Qiao, J., Shen, X., Mark, J. W., and He, Y. (2015). MAC-layer concurrent beamforming protocol for indoor millimeter-wave networks. *IEEE Transactions on Vehicular Technology* 64 (1): 327–338.

5 Hur, S., Kim, T., Love, D. J., et al. (2011). Multilevel millimeter wave beamforming for wireless backhaul. In: *Proceedings of IEEE Global Communications Conference*: 253–257.

6 Gao, X., Dai, L., Yuen, C., and Wang, Z. (2016). Turbo-like beamforming based on Tabu search algorithm for millimeter-wave massive MIMO systems. *IEEE Transactions on Vehicular Technology* 65 (7): 5731–5737.

7 Chen, L., Yang, Y., Chen, X., and Wang, W. (2011). Multi-stage beamforming codebook for 60GHz WPAN. In: *Proceedings of 6th Int'l ICST Conference on Communications and Networking in China (CHINACOM)*: 361–365.

8 Chen, S., Hu, J., Shi, Y., Peng, Y., Fang, J., Zhao, R., and Zhao, L. (2017). Vehicle-to-everything (v2x) services supported by LTE-based systems and 5G. *IEEE*

Communications Standards Magazine 1 (2): 70–76.

9 3GPP. (2019). Physical layer procedures for control. TS38.213, V15.6.0.

10 Giordani, M., Mezzavilla, M., and Zorzi, M. (2016). Initial access in 5G mmWave cellular networks. *IEEE Communications Magazine* 54 (11): 40–47.

11 3GPP. (2016). Study on LTE-based V2X services. TR 36.885, V14.0.0.

12 3GPP. (2018). Study on evaluation methodology of new vehicle-to-everything (V2X) use cases for LTE and NR (Release 15). TR 37.885 V15.2.0.

13 M., Fallgren et al., "Multicast and Broadcast Enablers for High-Performing Cellular V2X Systems," in *IEEE Transactions on Broadcasting* 65 (2): 454–463.

14 Roger, S., Martin-Sacristan, D., Garcia-Roger, D. et al. (2019). Low-latency layer-2-based multicast scheme for localized V2X communications. *IEEE Transactions on Intelligent Transportation Systems* 20 (8): 2962-2975.

15 Nekovee, M., von Wrycza, P., Fresia, M. et al. (2015). Millimeter-wave based mobile radio access network for fifth generation integrated communications (mmMAGIC). In: *Proceedings of European Conference on Networks and Communications (EuCNC)*.

16 Li, Y., Luo, J., Castaneda, M., Stirling-Gallacher, R., Xu, W., and Caire, G. (2018). On the beamformed broadcasting for millimeter wave cell discovery: performance analysis and design insight. *IEEE Transactions on Wireless Communications* 17 (11): 7620–7634.

17 Li, Y., Luo, J., Castaneda, M. et al. (2017). Analysis of broadcast signaling for millimeter wave cell discovery. In: *Proceedings of IEEE 86th Vehicular Technology Conference (VTC Fall)*.

18 Ozdemir, M. K., and Arslan, H. (2007). Channel estimation for wireless OFDM systems. *IEEE Communications Surveys and Tutorials* 9 (2): 18–48.

19 Siomina, I., Furuskär, A., and Fodor, G. (2009). A mathematical framework for statistical QoS and capacity studies in OFDM networks. In: *Proceedings of IEEE 20th Int'l Symposium on Personal, Indoor and Mobile Radio Communications (PIMRC)*.

20 Sesia, S., Toufik, I., and Baker, M. (2011). *LTE – The UMTS Long Term Evolution: From Theory to Practice*, 2e. Wiley.

21 Fodor, G., Pap, L., and Telek, M. (2019). Recent advances in acquiring channel state information in cellular MIMO systems. *Infocommunications Journal* 11 (3): 2–12.

22 Gesbert, D., Kountouris, M., Heath Jr. R. W., Chae, C.-B., and Salzer, T. (2007). Shifting the MIMO paradigm: from single-user to multiuser communications. *IEEE Signal Processing Magazine* 24 (5): 36–46.

23 Marzetta, T. (2010). Noncooperative cellular wireless with unlimited numbers of base station antennas. *IEEE Transactions on Wireless Communications* 9 (11): 3590–3600.

24 Médard, M. (2000). The effect upon channel capacity in wireless communications of perfect and imperfect knowledge of the channel. *IEEE Transactions on Information Theory* 46 (3): 933–946.

25 Hassibi, B., and Hochwald, B. M. (2003). How much training is needed in multiple-antenna wireless links? *IEEE Transactions on Information Theory* 49 (4): 951–963.

26 Kim, T., and Andrews, J. G. (2005). Optimal pilot-to-data power ratio for MIMO-OFDM. In: *Proceedings of IEEE Global Communications Conference*.

27 Kim, T. and Andrews, J. G. (2006). Balancing pilot and data power for adaptive

MIMO-OFDM systems. In: *Proceedings of IEEE Global Communications Conference.*

28 Marzetta, T. (2006). How much training is needed for multiuser MIMO? In: *Proceedings of IEEE Asilomar Conference on Signals, Systems and Computers (ACSSC).*

29 Laiyemo, A. O. (2018). *High speed moving networks in future wireless systems.* PhD dissertation, Oulu University, Finland.

30 Liang, L., Peng, H., Li, G. Y., and Shen, X. S. (2017). Vehicular communications: a physical layer perspective. *IEEE Transactions on Vehicular Technology* 66 (12): 10647–10659.

31 Fodor, G., Marco, P. D., and Telek, M. (2015). Performance analysis of block and comb type channel estimation for massive MIMO systems. In: *Proceedings of 1st Int'l Conference on 5G for Ubiquitous Connectivity.*

32 Mehana, A. H., and Nosratina, A. (2012). Diversity of MMSE MIMO receivers. *IEEE Transactions on Information Theory* 58 (11): 6788–6805.

33 Eraslan, E., Daneshrad, B. and Lou, C.-Y. (2013). Performance indicator for MIMO MMSE receivers in the presence of channel estimation error. *IEEE Wireless Communications Letters* 2 (2): 211-214.

34 Guo, K., Guo, Y., Fodor, G., and Ascheid, G. (2014). Uplink power control with MMSE receiver in multi-cell MU-Massive-MIMO systems. In: *Proceedings of IEEE Int'l Conference on Communications (ICC)*: 5184–5190.

35 Abrardo, A., Fodor, G., Telek, M., and Moretti, M. (2019). MMSE receiver design and SINR calculation in MU-MIMO systems with imperfect CSI. *IEEE Wireless Communications Letters* 8 (1): 269–272.

36 Moghadam, N. N., Shokri-Ghadikolaei, H., Fodor, G. et al. (2017). Pilot precoding and combining in multiuser MIMO networks. In: *Proceedings of IEEE Int'l Conference on Acoustics, Speech and Signal Processing (ICASSP).*

37 Zhao, P., Fodor, G., Dan, G., and Telek, M. (2018). A game theoretic approach to setting the pilot power ratio in multi-user MIMO systems. *IEEE Transactions on Communications* 66 (3): 999–1012.

38 Zhao, P., Fodor, G., Dan, G., and Telek, M. (2019). A game theoretic approach to uplink pilot and data power control in multicell multiuser MIMO systems. *IEEE Transactionson Vehicular Technology* 68 (9): 8707–8720.

39 Fodor, G., Marco, P. D., and Telek, M. (2015). On minimizing the MSE in the presence of channel state information errors. *IEEE Communications Letters* 19 (9): 1604–1607.

40 Fodor, G., Marco, P. D., and Telek, M. (2016). On the impact of antenna correlation and CSI errors on the pilot-to-data power ratio. *IEEE Transactions on Communications* 64 (6): 2622–2633.

41 Petrovic, D., Rave, W., and Fettweis, G. (2007). Effects of phase noise on OFDM systems withand without PLL: characterization and compensation. *IEEE Transactions on Communications* 55 (8): 1607–1616.

42 Molisch, A. F. (2005). *Wireless Communications.* Wiley.

43 Dahlman, E., Parkvall, S., and Sköld, J. (2018). *5G NR: The Next Generation Wireless Access Technology.* Academic Press.

44 Manolakis, K., Xu, W., and Caire, G. (2017). Synchronization signal design and hierarchical detection for the D2D sidelink. In: *IEEE 51st Asilomar Conference on Signals,*

Systems and Computers.

45 Hisham, A., Yuan, D., Ström, E.G., and Brännström, F. (2020). Adjacent channel interference aware joint scheduling and power control for V2V broadcast communication. Accepted for publication, *IEEE Trans. on Intelligent Transport Systems.*

46 Peng, B., Hu, C., Peng, T. et al. (2013). A resource allocation scheme for D2D multicast with QoS protection in OFDMA-based systems. In: *Proceedings of IEEE 24th Int'l Symposiumon Personal, Indoor, and Mobile Radio Comm. (PIMRC).*

47 Soret, B., Mogensen, P., Pedersen, K.I., and Aguayo-Torres, M.C. (2014). Fundamental tradeoffs among reliability, latency and throughput in cellular networks. In: *Proceedings of IEEE Global Communications Conference.*

48 Popovski, P., Nielsen, J. J., Stefanovic, C., de Carvalho, E., Ström, E. G., et al. (2018). Wireless access for ultra-reliable low-latency communication: principles and building blocks. *IEEE Network* 32 (2): 16–23

49 Johansson, N.A., Wang, Y.E., Eriksson, E., and Hessler, M. (2015). Radio access for ultra-reliable and low-latency 5G communications. In: *IEEE Int'l. Conference on Communications Workshops (ICC).*

50 Aygun, B., Mandelli, S., Wild, T. et al. (2017). Side-link assisted hybrid automatic repeat request for ultra-reliable low latency communications. In: *21st Int'l. ITG Workshop on Smart Antennas.*

51 Laneman, J.N., and Wornell, G. W. (2003). Distributed space-time-coded protocols for exploiting cooperative diversity in wireless networks. *IEEE Transactions on Information Theory* 49 (10): 2415–2425.

52 Yiu, S., Schober, R., and Lampe, L. (2006). Distributed space-time block coding. *IEEE Transactionson Communications* 54 (7): 1195–1206.

53 Dammann, A., and Kaiser, S. (2001). Performance of low complex antenna diversity techniques for mobile OFDM systems. *In: 3rd Int'l. Workshop on Multi-Carrier Spread-Spectrum & Related Topics.*

54 Schellmann, M., and Soni, T. (2019). Ultra-reliable V2X communication: On the value of user cooperation in the sidelink. In: *IEEE European Conference on Networks and Communications (EuCNC).*

55 5GCAR Project Deliverable 3.1. (2018). Intermediate 5G V2X Radio. Available at https://5gcar.eu/deliverables/

56 Manuzzato, E., Tamminen, J., Turunen, M. et al. (2016). Digitally-controlled electrical balance duplexer for transmitter-receiver isolation in full-duplex radio. In: *22th European Wireless Conference.*

57 Han, X., Huo, B., Shao, Y. et al. (2017). RF self-interference cancellation for full-duplex communication with microwave photonic technique. *In: Int'l. Topical Meeting on Microwave Photonics (MWP).*

58 Campolo, C., Molinaro, A., Berthet, A. O., and Vinel, A. (2017). Full-duplex radios for vehicular communications. *IEEE Communications Magazine* 55 (6): 182–189.

第6章

网 络 增 强

Toktam Mahmoodi[一]、Ricard Vilalta[二]、Apostolos Kousaridas[三]、Massimo Condoluci[四]和 Panagiotis Spapis[三]

人们普遍认为，汽车行业将受益于 5G 蜂窝网络的发展。汽车行业的网联自动驾驶和网联道路交通参与者服务涉及广泛的应用场景，也对超低延迟通信、超高数据速率传输和实时服务提供等提出了严格的要求。显然，V2X 正持续影响 5G 需求和架构设计，包括系统架构增强、安全性和隐私性等方面。鉴于 C-V2X 的部分技术解决方案具有广泛的适用性，本章将其作为重点，同时也会重点关注必要的网络增强。

我们将简要阐述 V2X 网络系统和架构，包括 5 个方面的架构增强，为灵活和敏捷的 V2X 通信网络建立了基础：

1）基于一组标准化类型的网络切片［包括增强型移动宽带（eMBB）、高可靠低延迟通信（URLLC）和大规模机器类型通信（mMTC）］实现的 V2X 网络切片范式的应用。

2）车载切片架构与网络功能虚拟化（NFV）和软件定义网络（SDN）的关系。

3）云化架构，使无线电接入网络（RAN）的设计更具灵活性，RAN 侧功能可置于不同网络域，无线和基带功能可在中心云和分布式实体之间进行分离。

4）通过在基站和用户设备（Uu 空口）之间的无线电接口形成本地端到端（E2E）无线数据链路以增强网络流程，实现相关设备之间快速且有保障的本地化数据流量传输，满足其服务质量（QoS）要求和 V2X 通信特点。

5）解决多运营商环境下 V2X 通信的问题，因为 V2X 通信终端设备不会仅在单个运

㊀ 伦敦国王学院（英国）。
㊁ 加泰罗尼亚电信技术中心（西班牙）。
㊂ 华为德国研究中心（德国）。
㊃ 爱立信研究院（瑞典）。

营商网络下使用。

6.1 ～ 6.5 节将依次介绍上述 5 个方面的架构增强。6.6 节总结了本章内容。

6.1　网络切片

相比于前几代移动通信网络，5G 网络将支持更加广泛的应用场景，使得蜂窝网络需要支持的通信需求和数据流量模式出现明显的差异化。从流量特性的角度看来，这些场景可以分为三类：eMBB、URLLC 和 mMTC，反映了对高传输速率、低延迟高可靠性、增强的覆盖范围和海量连接等不同特性的需求。

对于单一的通用网络而言，满足上述异构的需求极具挑战性。基于这种情况，网络切片代表了一种新的架构范式，可构建一种通信系统——这种系统虽然基于相同物理基础设施，但由一组并行运行且相互独立的切片组成。每个切片都可被视为一种端到端的逻辑网络，分别提供特定的网络功能和网络特性，满足预定义的服务需求。许多标准组织和联盟都在讨论网络切片，包括 3GPP、ETSI、ITU 和 NGMN，这方面的工作概述详见参考文献 [1]。

接下来，我们将简要介绍 3GPP 网络中的网络切片，并详细讨论针对 V2X 场景定制的网络切片功能。

6.1.1　网络切片和 3GPP

针对移动网络运营商（MNO）的服务域，网络切片由用户设备、RAN、核心网络的控制平面和用户平面［从用户平面功能（UPF）到数据网络接口］等实体组成。网络切片本身支持为不同应用采用差异化的 QoS 等功能。具体来讲，在一个网络切片内，可以为不同的应用分配特定的承载（在 RAN 之中）和流量（在核心网络中），这些承载和流量可以按照不同的优先级进行处理，实现同一片关联应用中的业务区分。

总体而言，3GPP 研究范围内的网络切片可分为用于 RAN 的切片和用于核心网络的切片。由于频谱资源的限制，用于 RAN 的网络切片面临巨大挑战，需要进行细致的频谱管理，避免出现诸如在不同切片之间过度切分频段导致效率低等问题 [2]。根据 RAN 切片涉及的无线协议栈层次，可大致分为三种切片类型：

1）切片之间流量全面隔离，即所有网络切片之间共享传输功能，但其他所有功能都是特定于部分切片的（即每个网络切片在物理层之上都有各自独立的无线协议栈）。尽管这种类型的切片可以实现最高程度的流量隔离，但也会导致 RAN 资源的灵活性变差。

2）中等程度的流量隔离和切片定制。所有切片共用物理（PHY）层和介质访问控制（MAC）层，但无线链路控制（RLC）层及以上层均为独立。

3）通过高级 QoS 处理进行 RAN 共享。实现这种类型需要在核心网络进行切片，不同的切片可共享 RAN，通过使用高级 QoS 机制在 RAN 级别实现流量处理的差异化。尽管这种类型的切片具备明显的复用增益，但对于确保流量隔离来讲是最具挑战性的。

从 3GPP 角度来讲，RAN 中的切片是通过适当的无线资源管理实现的，例如在 MAC 层采用合理的调度机制。但是，3GPP 并未标准化诸如调度方式等无线资源管理方法，而是留给了实现和配置。为保证空口的灵活性以满足各种要求，5G 无线接入网（NG-RAN）提供了若干增强功能，在满足业务要求的同时可以保证进行灵活配置，以实现适当程度的 RAN 切片。这些增强功能包括：

- 灵活的参数集，支持同一频带内的 URLLC、eMBB 和 mMTC 业务同时传输并采用不同的无线资源配置；
- 用于快速、灵活调度的微时隙（例如 URLLC），以及用于紧急 URLLC 传输的下行链路抢占机制，可允许 URLLC 业务抢占低优先级服务资源；
- 减少调度开销的免授权上行链路，适用于 URLLC 业务。

从核心网角度来看，可以通过诸如 SDN 和 NFV（随后将在本章详细介绍）之类的技术实现网络切片[3]。为了充分利用软件化和虚拟化⊖的优势，在进行 5G 系统核心网络功能设计时，从 4G 系统的网络节点转换成为网络功能。这种设计方法去除了对具有运行定制固件的专用硬件的特定网络节点的实现和部署的依赖，转而通过在虚拟化环境中运行的软件实现网络功能。由此，网络部署、实例化和重新配置变得更为灵活，同时，通过使用为特定服务定制的特殊功能补充特定网络功能也成为可能。当然，也可以利用这些增强功能在核心网完成网络切片，考虑如下情况：

1）在切片中仅实例化必要的网络功能，或某网络功能的必要功能或软件组件（例如某个特定网络切片可能不需要某些网络功能或某个网络功能的部分特性）。每个网络功能将会被分配足够的计算、存储和网络资源，用以满足其承载的业务服务等级协议（SLA）。这也使得有高可靠性、可用性要求的网络切片的网络功能具备更高程度冗余。

2）结合服务需求，可以灵活高效地进行网络功能部署。例如基于不同的延迟要求，可以将网络功能部署在中心云、边缘云或者区域数据中心等不同位置。同时，用户平面和控制平面网络功能的部署位置也可以不同，例如控制平面网络功能可以位于中心云，而用户平面网络功能可能位于边缘云。

6.1.2 网络切片和 V2X

从服务的角度出发，虽然汽车应用包含丰富的业务类型，但考虑到切片带来的灵活性，可以假设 V2X 场景也可以由 3GPP 已定义的标准类型网络切片（例如 eMBB、URLLC

⊖ 尽管虚拟化是网络切片的重要技术促成因素之一，但某些在硬件实时计算需求方面有严格要求的功能也可能部署在专用硬件上（至少可在早期部署阶段）。

和 mMTC）或其组合提供服务，无须定义新的切片类型。图 6.1 展示了一种 V2X 通信的网络切片配置示例，同时考虑到 V2X 服务可能由不同服务商提供，该示例中也展示了不同切片的可能租户，从相应网络切片所支持的服务中受益的公司、垂直行业、服务提供商等主体，这种多租户的概念在 V2X 场景中得到显著体现。

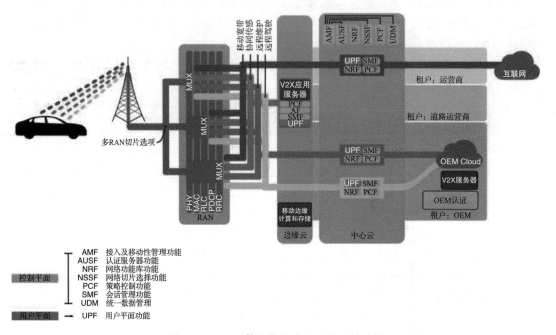

图 6.1　V2X 通信网络切片配置的可能示例

图 6.1 展示的通信基础设施如下。对于 RAN 侧，包括了 6.1.1 节中简要介绍的三种可能的切片选项。核心网络为边缘云和中心云，展现了不同网络功能部署的地理位置。边缘云在用户设备附近，而中心云则位于更远的位置，包含了除特定于某些切片的网络功能外，所有切片公用的网络功能。

图 6.1 展示了三个类别租户：（i）MNO，在图中也称为"运营商"；（ii）道路运营商；（iii）OEM。所有切片⊖均部署在归属于 MNO 且由其管理的相同物理基础设施上。在图 6.1 的案例中，MNO 管理可支持信息娱乐等服务的移动宽带网络切片。

道路运营商关注 C-ITS 服务，如危险警告和车内标牌等。未来，道路运营商还将提供诸如协同感知等更先进的服务，即车辆通过发送和接收实时信息，感知附近车辆或交通参与者的存在和行为。对于协同感知而言，传输的信息对时间和位置均十分敏感，因此要求

⊖　为便于解释，图 6.1 展示了与不同服务相关的网络切片。实际上，一个切片里可能含有多项服务，即一个切片不会专门针对一项服务。

消息传输 / 传递的过程中具备低延迟和高可靠性。在图 6.1 的示例中，网络功能多数配置在边缘云中，尽可能地靠近终端用户以降低延迟。另一种部署则考虑通过中心云为切片分配足够的传输网络资源，从而通过部署在中心云上的网络功能来支持该服务要求。在另一个例子里，交通管理者可以提供协作调度服务，如由 5GCAR 提出的并道辅助[4]，可将网络功能部署于边缘云。

在此架构中，OEM 也可以提供一些服务。图 6.1 展示了两种具备不同服务等级要求的示例，即远程维护和远程驾驶。对于远程维护，OEM 可以通过 eMBB 切片获取车载传感器的数据信息，以提前制定大型车队的维护计划。而对于远程驾驶服务，其要求更为严格。为了向远程驾驶者提供实时视频流和瞬时传感器数据，上行链路要求低延迟、高数据传输速率和高可靠性。同时，为了发送驾驶命令给车辆，下行链路也要求低延迟和高可靠性。在图 6.1 中，上述服务的网络功能位于运营商的中心云，但可以根据不同的目的和冗余度满足两项服务的不同需求。与此同时，在上述两种业务场景中，均可考虑其他的部署方式。比如，OEM 可以在其公司内部部署 V2X 应用服务器，而非托管在运营商的中心云中。

6.2 SDN 的作用和 V2X 中的 NFV

网络切片的灵活性需要 SDN 和 NFV 技术的支持。本节简要介绍这两项技术，并描述 SDN 和 NFV 在网络切片中的作用。

SDN 是一种采用了集中式控制平台的新型网络架构，通过将控制平面逻辑与承载数据平面转发的基础设施分离，实现网络的可编程性。这种控制平面与数据平面的解耦为网络运营商带来了新的好处，例如可通过使用软件驱动的网元替换专用硬件网络设备以节省 CAPEX、通过引入更快的新型服务节省 OPEX。随着 SDN 的发展，出现了许多新型开放标准接口，以支持通过远程、集中的实体（通常定义为 SDN 控制器）对物理设备的转发逻辑进行编程。

另一方面，在 NFV 技术的支持下，可以使用在商用现货（Commercial Off The Shelf，COTS）服务器中动态部署、扩展和迁移的软件应用替代传统的基于专用硬件的网络功能，从而降低网络运营商的 OPEX 和 CAPEX。为实现参考文献［5］中所述的愿景，NFV ETSI ISG 定义了必要的架构和接口，其主要组成如下：

- 虚拟网络功能和网元管理（Element Managers，EM）：VNF 是一种逻辑实体，可以实现在传统非虚拟网络中的网络功能；EM 则对一个或多个 VNF 执行管理。
- NFV 基础设施（NFV Infrastructure，NFV-I）：为 VNF 提供计算、存储和网络的硬件资源。
- NFV 管理和编排系统（Management ANd Orchestration，MANO）：负责在专用 NFV-I 上分配请求的网络服务（定义为一组互连的 VNF）。MANO 由三个部分组成，包括：（i）虚拟化基础设施管理器（Virtualized Infrastructure Manager，VIM），可提供控制 VNF 与基础设施资源交换的功能；（ii）VNF 管理器，负责每个 VNF 的生命周期管理；（iii）NFV 编排器（NFV Orchestrator，NFV-O），负责在 NFV-I 上提供网络服务时的 VNF 的编排与管理。

● 运营支撑系统和业务支撑系统（Operations Support Systems and Business Support Systems，OSS/BSS）：传统网络运营商使用的负责运营、管理、维护和计费等功能的系统。网络服务部署由 OSS/BSS 触发。

ETSI NFV 分析了网络切片数据模型，提供了包括 3GPP 网络切片和 ETSI NFV 网络服务在内的统一数据模型。ETSI 报告[6]指出，可以通过 NFV 网络服务实现网络切片子网，3GPP 网络功能可以描述为 VNF 和物理网络功能（PNF）。参考 NFV 的 MANO 框架，该报告提出在 OSS/BSS 中新增一个网元来进行网络切片生命周期管理。该网元通过 NFV 标准接口连接到 NFV-O 和 EM 上。

报告[6]方便读者从 NFV 编排的角度关注 V2X 网络切片的部署方式。图 6.2 展示了前文网络切片场景中 NFV-O 的位置。鉴于 NFV-O 可根据 OSS/BSS 的请求处理多个网络切片的部署，在该架构中只部署了单个 NFV-O。后面的章节将详细介绍 VNF 功能部署（边缘部署或核心部署）、多接入边缘计算集成，以及对边缘计算功能的移动性支持等相关主题。

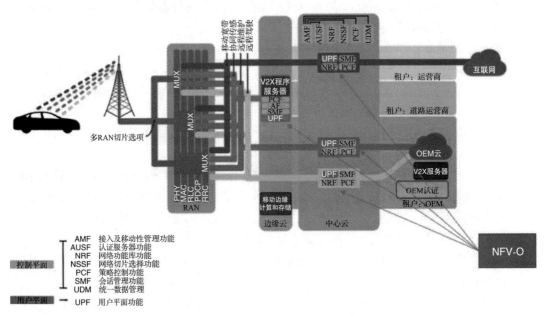

图 6.2　V2X 架构中的 NFV 和网络切片

在网络切片中，端到端连通性极为重要，这也是 SDN 变得至关重要的原因。图 6.3

展示了 SDN 控制器及其如何控制在网络中互连的网元。VNF 部署在 NFV-I 接入点（NFV-I-PoP）之上，网元需要将这些 NFV-I-PoP 相互连接，并为业务 QoS 所需的流量提供相应的网络覆盖。

SDN 在 V2X 网络中将面临以下挑战：

- 为了识别网络流量，需要在已经部署的 SDN 转换器和 SDN 控制器中进行必要的扩展。比如：需要识别通用分组无线服务（GPRS）隧道协议的报头。
- 引入可以作为 QoS 流标识符的网络服务报头[7]。
- 为支持多域服务，需要对 SDN 控制器进行结构扩展。
- 为支持流量迁移，需要对移动性进行拓展。

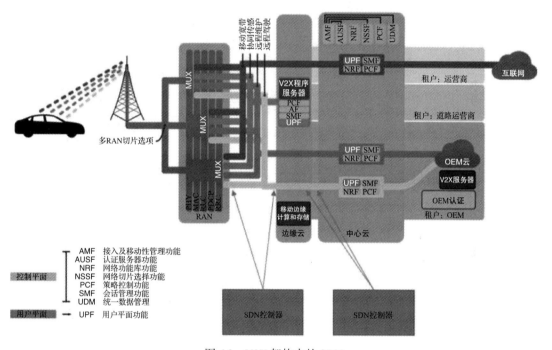

图 6.3　V2X 架构中的 SDN

最后，图 6.4 展示了我们针对 V2X 网络提出的集成式 NFV/SDN 架构，其中包含部署的编排器、NFV-O 和管理器，即虚拟网络功能管理器（VNFM）。该架构旨在支持部署针对特定 QoS 需求和用例定制的网络切片，包括：（i）移动宽带；（ii）协同感知；（iii）远程维护；（iv）远程驾驶。

作为全局服务平台的一部分，NFV-O 负责在多个位于网络边缘或核心的 NFV-I 上部署本地网络服务。此外，NFV-O 还负责建立符合网络切片要求的必要流量，并保证部署的网络服务之间的互联。

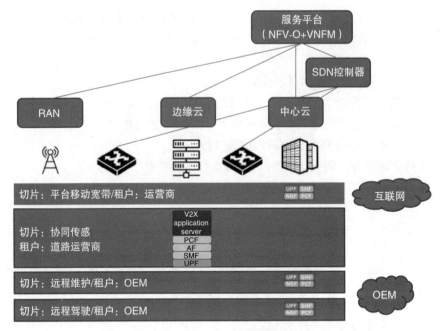

图 6.4 NFV/SDN 集成架构

6.3 云化架构

灵活的网络架构被视为 5G V2X 网络的特征之一，它可以实现多接入技术（RAT）和多链路操作（MLO）的无缝集成，通过其超低延迟和超高可靠性支持严格的汽车通信需求。这种灵活性可体现在基于软件的网络控制[8]、网络功能部署[9] 和灵活的 RAN 设计[10]，如本章前面内容所述，这些特性都可以通过网络切片实现。

RAN 设计的灵活性取决于 RAN 功能在雾中的部署方式，即在中心云和分布式实体之间如何进行无线空口和基带功能的切分。ORAN 联盟的出现，以及对前传链路提供灵活性的方法及其可行性研究[11]，表明了行业急需将这种灵活性进行实践。

3GPP 提供了八种 RAN 功能切分方案[12]。我们在一个实验平台上，选择了其中三种方案并研究其带来的延迟和抖动，包括在 PDCP 层和 RLC 层之间切分、MAC 层与 PHY 层之间切分以及 PHY 层内部切分，参考文献［10］和［13］中进行了更详细的说明。表 6.1 详细阐释了每种切分方案的利弊。这项研究选择了三类典型的 5G 服务业务模型，包括 URLLC，用以传达 CAD 或 CRU 消息；mMTC 业务用以传达车辆传感器信息；eMBB 业务用以承载车载信息娱乐业务[14]。我们假设 RAN 功能切分作为网络切片的一部分，可以通过更加灵活的方式实现。这项研究的目标则是针对 V2X 中不同类型的应用，探究哪种切分方案更加合适。

表 6.1 不同功能切分的优势和劣势

	优势	劣势
PDCP-RLC	● HARQ 部署在无线单元（RU）内，以支持快速重传 ● 前传网络可以处理来自不同承载的，具备不同优先级的业务流量 ● 前传的开销降低	● 只有 RRC 和 PDCP 是集中的 ● 前传流量随着每个承载的用户平面 / 控制平面流量负载的增加而增加
MAC-PHY	● L2 和 L3 层可集中管理 ● 可以将多个承载多路复用到一个传输块中	● CU 的 HARQ 可能难以满足其时间要求 ● 前传的开销取决于 PDCP、RLC 和 MAC 报头以及资源块的大小
PHY 内部	● 架构接近全集中化 ● 前传的负载不由承载或用户设备的数量决定	● 前传负载随着带宽、扇区数和天线数的增加而增加 ● RU 需要收到所有资源元素相关的数据包后才能进行 IFFT，由此带来了较高的延迟

6.4 本地端到端路径

在许多 V2X 场景中（例如协作式通行、传感器信息共享、视频共享、队列内通信），车辆之间可进行直连通信，即 V2V 通信。这种通信方式的特征是局部通信。这意味着参与相同场景的通信车辆均位于相同的地理区域，且尽管可能需要多种传播模式（单播、多播和广播），仍无须访问远程服务器，如 V2X 应用服务器、智能交通系统云服务器等。对于本地化 V2X 通信，基于无线传播条件和 V2V 场景发生的环境，可以选择使用 Uu 空口或 PC5 接口。尤其是在通信车辆之间缺乏 LOS 路径、PC5 无线传播环境差或在车辆高密度带来的 PC5 高干扰等情况下，NR-Uu 接口可以提供有保障的 QoS（例如高可靠性、低延迟等）。

为了满足本地化 CAD 和 CRU 业务的性能要求，快速且有保障地传输本地数据，当前基于 Uu 空口的蜂窝网络解决方案还需要进一步完善。

参考文献 [15] 研究了通过基于 Uu 空口的本地端到端无线数据路径以形成增强的网络过程，可以实现相关设备之间快速且有保障地进行本地化数据流量传输，满足其对应的 QoS 要求和 V2X 通信特性。端到端意味着无线数据路径（用户平面）会建立在相关通信终端之间（即车辆），而本地化则意味着通过基站建立路径。在这个方案中，由于数据流量是本地化的且直接通过基站进行处理，因此采用了具有本地用户平面端点的 UPF 方案，而非到达核心网内的 UPF，不需要核心网节点参与用户平面传输。经由基站实现的本地端到端路径可支持多种通信模式（单播、多播、广播等），无须与其他实体交互，例如多媒体广播多播服务等。尽管在上述方案中数据流量并不经过核心网节点，但在线和离线的计费方法依旧可以使用，尤其是在 5G 系统架构的计费功能（CHF）的支持下。用于建立本地端到端路径的会话管理功能（SMF）也可以触发一些事件，从而支持收集所需的计费信息 [16]。

基于 Uu 空口的本地化通信需要在基站处引入数据路由 / 转发功能，该功能可以实现车辆之间快速且有保障地传输数据包，而无须通过任何核心网实体（即用户平面）的参与。基站中的路由表映射并连接不同用户设备的上行链路和下行链路无线承载，以形成本地的无线传播路径，更快地进行本地化 V2X 业务转发，以此降低用户平面的延迟。基于不同类型流量，基站的路由表将数据分组转发给相同或相邻小区中的一个或多个用户设备（例如多播、单播等）。若用户设备连接到不同小区，则考虑使用 Xn⊖接口进行路径建立和数据包交换，不过该方案仍需进一步研究。图 6.5 展示了上述方案中包含的相关实体和接口。

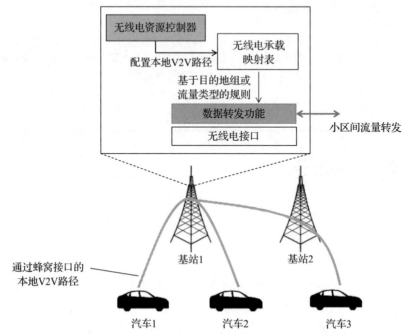

图 6.5　通过蜂窝网络接口的快速 V2V 路径

　　假设有一台用户设备请求使用 RRC 建立（或更新）本地蜂窝 V2V 路径，使用非接入层（NAS）协议支持其本地化 V2X 业务，由此通过本地端到端路径发送 / 接收数据包。此时，用户设备需要在初始化时提供相应 V2V 服务中的服务类型、需要通信的用户设备标识符信息，用于建立通信路径以及配置路由表。基于这些 RRC 或 NAS 消息，核心网接入、移动性管理功能（AMF）和 SMF 功能可以控制这种新型链路（即本地蜂窝 V2V 路径）的建立、修改、释放，以及更新和配置位于基站的路由表，以形成服务于本地化 V2X 业务的基于 Uu 空口的 V2V 路径。

6.5　多运营商支持

　　在 V2X 通信出现的早期阶段，人们便意识到由于不能假设终端设备仅在单个网络运营商下运行，V2X 需要支持在多运营商环境里进行通信[17]。欧洲汽车电信联盟也提出过这个问题[18]，指出用户设备跨域国界也会遇到类似问题，需要和多个运营商沟通。

⊖　Xn 接口是 3GPP 新制定的独立运行的 RAN 节点之间的接口。

5G 汽车协会提出了车联网相关用例[19]，其中多个用例是从全球视角出发设计的，这意味着用户设备需要具备以下能力：

- 跨区域后更换运营商；
- 在多个运营商均提供覆盖的地区保持工作。

部分用例则面临更严格的延迟要求[20]，包括：

- 自动驾驶时的交叉路口左转辅助。该用例通过自动驾驶汽车之间交换驾驶意图实现，从而更加精确地预计可能发生的碰撞事件。该用例的延迟要求为 10ms。
- 基于高清（HD）传感器共享的自动变道。车辆可以使用自己的传感器（比如高清摄像机、激光雷达等）和其他车辆的传感器信息来感知周围环境（例如生成周围环境的 3D 模型），以此安全地执行自动变道。该用例的延迟要求为 10ms。
- 超车辅助。车辆驾驶员可通过由前方远车（RV）发出的视频流看到 RV 车前的视野，判断交通情况后再向 RV 发出超车信号。该用例延迟要求为 50ms。
- 弱势道路交通参与者（VRU）感知。车辆被告知弱势道路交通参与者的存在。该用例延迟要求为 100ms（建议为 20ms）。

为了支持多运营商通信，当前一般的解决方案可以基于可用的 Uu 空口和现有数据路径。因此接入不用运营商的两个设备之间若想要进行通信，其数据必须跨越两个运营商所有域（即接入、回传、核心网）后才能抵达对方，由此引发的延迟是大多数 V2X 通信所支持的用例都无法接受的。另一方面，若使用 Mode 4 的 PC5 接口进行直连通信，需要运营商之间配合进行频谱资源调度以确保信息的正确接收，否则无法确保传输的高可靠性。除此以外，其他的解决方案则需要在运营商之间进行 RAN 共享，或强制设备从一家运营商漫游到另一家。第一种基于 RAN 共享的方案，要求运营商在各个覆盖区域均达成协议以确保网络正常运行；而第二种基于强制漫游的方案，由于切换运营商带来的重新接入流程，可能导致带来无法接受的延迟。考虑到当前网络架构中还存在引入边缘计算的可能性，这个问题会变得更为复杂。

使用 PC5 接口的多运营商 V2X 通信可通过下述方式实现：

1）采用 Mode 1 和 Mode 3，基于同频时分复用（TDM），或保证不同 PLMN 间频率资源不会冲突，但需要通过采用载波切换（会产生中断和延迟）或多接收机链（但会增加开销）的方式得以实现。

2）采用 Mode 2 和 Mode 4，基于同频载波或单独的载波传输，这需要通过采用载波切换（会产生中断和延迟）或多接收机链（但会增加开销）的方式得以实现。同时，当频谱配置发生更新时，运营商需要将更新后的内容直接或间接告知用户设备。

3）上述情况包括在免授权或授权频谱（需要在网络运营商之间就共享载波达成协议）上通过 PC5 接口通信。此时应该使用静态配置，或每次重新配置时需要进行更新。此外，重新配置和载波切换引发的延迟可能导致其无法满足部分延迟要求。同时，若是在授权频谱内通过共享载波的进行通信，需要运营商之间达成一致。

4）基于 Uu 的多运营商 V2X 通信可使用典型的 Uu 空口与接入其他运营商的车辆进

行通信，通过普通的 UPF 功能（即本地路由）或本地数据分流机制支持即可。后一种方式的实现需要基于拓扑的本地数据分流（例如，高速公路的基站需要获取访问权限），这也会增加实现难度。最后，对边缘云的支持也需要纳入考虑，例如在使用高清地图时，连接到由不同运营商运营的边缘云的车辆之间应进行通信。这便要求 MEC 与前述的本地数据分流方案具备相同的机制，以此降低共享信息的时间，或采用共享 MEC 功能等替代方法。此外，为支持多播 / 多播，也需要在两个（或更多）运营商的频谱发送中复制消息。

　　如果多个运营商在某块区域之内达成一致，在这块区域中重组为单个运营商进行运营，那么由于延迟增加或可靠性有限导致的挑战将得到解决。这种将区域划分为多个由单一运营商运营的区域的方法可简化多运营商环境，并实现高效的 V2X 通信。此外，也可考虑探索在该区域涉及的运营商之间公平或按照比例地收取和分摊成本与投资的新方式。这样一来，PC5 通信可由单一运营商高效地实现，无须在多个运营商之间进行复杂的协同。此外，由于只有一家运营商提供服务，也无须进一步增强边缘云的解决方案（如图 6.6 所示）。

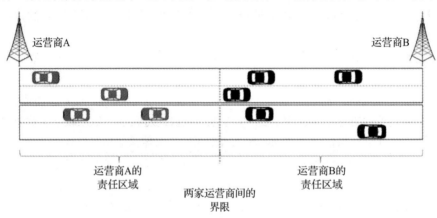

图 6.6　运营商 A 和运营商 B 之间的公路区域分割

　　通常情况下，上述方法要求用户在运营商之间进行切换，或先从已接入的运营商断开连接，再重新连接到另一个运营商。参考文献 [21] 中详细阐述了第一种方法的解决方案，但当前运营商通常没有采用这种方式，而第二种方法会带来其他一些问题。

　　为了最小化用户在跨域时从一家运营商切换到另一家的过渡时间，用户可以预先在所有可用运营商处进行登记。例如，以车辆为例，在它进行本地公用陆地移动网（Home Public Land Mobile Network，HPLMN）的典型连接时，HPLMN 的用户服务器可以通过核心网触发所有其他可用运营商的连接（即进行该的车辆注册）。对于这种连接到所有网络的情况，用户仅被视为"连接"到其中一个网络，而对其他网络处于"空闲"状态。通过预配置或跟踪区域更新（Tracking Area Updates，TAU）的方式，运营商会通过网络向用户设备直接指示当前该接入的运营商。

　　这种解决方案的关键要求之一是确保车辆（即用户）顺利从一家运营商的区域平稳过渡到另一家。因此，我们可以定义过渡区域。对于可收听消息（如应急通知消息）的用户设备，有以下三种选项（如图 6.7 所示）：

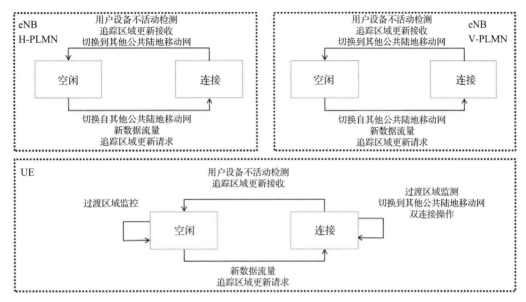

图 6.7 涉及 2 个公共陆地移动网（PLMN）的无线电资源控制（RRC）状态转化

1）用户设备在两个运营商网络中均保持连接态，可以同时接收两个运营商的信令，也可以在调度下与其中一个运营商进行通信，即接收和发送信息。在这种情况下，用户设备需要有两个独立的接收链，需要额外增加成本。

2）用户设备在一个运营商网络中保持连接态，同时对另一运营商网络保持空闲态，但将更加频繁地监听下行链路信道的信令。

3）用户设备在两个运营商网络中均保持空闲态，但与标准运行状态相比，将更加频繁地监听下行链路服务请求。

4）如果用户设备参与主动通信，则不可直接切换运营商，因为：（i）切换会中断通信；（ii）无法保证参与协同的其他用户（即车辆）也会同时切换运营商。因此，在切换新运营商之前，参与主动通信的车辆之间需要先进行协同。

6.6 本章总结

本章概述了一些潜在的网络增强方向，用以促进或改善 CAD 和 CRU 服务的通信传输。这些解决方案拓展了网络切片、SDN、NFV 和云 RAN 等基础设施解决方案，令网络设计、网络过程（可创建更优化的数据路径）和最终的系统级解决方案（支持多运营商连接）更为灵活而敏捷。本章介绍的网络增强功能可以进行单独部署，也可以作为整体部署。在大多数情况下，这些可能的性能增强也并不需要依靠其他解决方案的部署。

参考文献

1 5GCAR. (2018). Initial design of 5G V2X system level architecture and security framework. 5GCAR Deliverable 4.1.

2 Jiang, M., Condoluci, M., and Mahmoodi, T. (2017). Network slicing in 5G: An auction-based model. In: *Proceedings of IEEE International Conference on Communications (ICC).*

3 Condoluci, M. and Mahmoodi, T. (2018). Softwarization and virtualization in 5G mobile networks: benefits, trends and challenges. *Computer Networks* 146: 65–84.

4 5GCAR. (2019). The 5GCAR demonstrations. 5GCAR Deliverable 5.2.

5 ETSI. (2017). Network functions virtualisation (NFV). GS NFV 002, architectural framework, V1.1.1.

6 ETSI. (2017). Network Functions Virtualisation (NFV), Release 3. Evolution and ecosystem; report on network slicing support. GR NFV-EVE 012 V3.1.1.

7 Quinn, P., Pignataro, C., and Elzur, U. (2017). Network Service Header (NSH). IETF draft.

8 Mahmoodi, T. and Seetharaman, S. (2014). Traffic jam: Handling the increasing volume of mobile data traffic. *IEEE Vehicular Technology Magazine* 9 (3): 56–62.

9 Vizzareta, P., Condoluci, M., Machuca, C.M. et al. (2017). QoS-driven function placement reducing expenditures in NFV deployments. In: *Proceedings of IEEE International Conference on Communications (ICC).*

10 Mountaser, G., Condoluci, M., Mahmoodi, T. et al. (2017). Cloud-RAN in support of URLLC. In: *Proceedings of IEEE GLOBECOM.*

11 O-RAN Fronthaul Working Group. (2019). Control, user and synchronization plane specification. Technical Specification ORAN-WG4.

12 3GPP. (2016). Study on new radio access technology: Radio access architecture and interfaces. R3-161687, Draft TR 38.801.

13 Mountaser, G., Rosas, M.L., Mahmoodi, T., and Dohler, M. (2017). On the feasibility of MAC and PHY split in cloud RAN. In: *Proceedings of IEEE Wireless Communications and Networking Conference (WCNC).*

14 5G PPP. (2016). 5G PPP use cases and performance evaluation models.

15 Kousaridas, A. and Zhou, C. (2018). Local end-to-end paths for low latency vehicular communication. In: *Proceedings of IEEE 87th Vehicular Technology Conference (VTC Spring).*

16 3GPP. (2018). Telecommunication management, charging management, 5G data connectivity domain charging. TS 32.255, Release 15.

17 3GPP. (2016). Study on LTE-based V2X services. TS 36.885, Release 14.

18 Jonnaert, E. (2017). EATA - European Automotive and Telecom Alliance. Committee of the Regions – CORAI group.

19 5GAA. (2019). C-V2X use cases: Methodology, examples and service level requirements.

20 5GCAR. (2019). 5GCAR scenarios, use cases, requirements and KPIs. 5GCAR Deliverable 2.1.

21 3GPP. (2019). Procedures for the 5G System (5GS). TS 23.502.

第 7 章

支持 V2X 应用适配的增强

Massimo Condoluci⊖、YunXi Li⊖、Laurent Mussot⊜、Apostolos Kousaridas⊜、Maliheh Mahlouji⊞和 Toktam Mahmoodi⊞

    汽车生态系统由非常广泛的用例组成,涉及安全、车辆运行管理、便利性、自动驾驶、编队行驶、交通效率和环境友好性,以及社会和社区应用等众多方面[1]。在这种情况下,汽车应用的需求极其多样,部分用例需要极高的数据传输速率或者实时服务、超低延迟通信、超高可靠性,甚至需要同时满足所有上述要求。为满足这样多样化的需求,移动网络对无线和核心网均进行了增强以满足其严格的要求,并引入了服务质量(QoS)框架用以支持业务管理,同时,还设计了网络切片功能以支持同时处理不同的垂直业务[1]。然而,除了不同类型的业务需求带来的复杂性以外,车辆应用还需要在复杂多变的场景中提供联网自动驾驶和网联道路交通参与者服务。这种复杂的场景是由复杂的通信方式和通信双方的环境造成的。车辆之间会通过多种通信方式[即短程链路(直连通信,又称 PC5)、远程(Uu)链路或两者联合]进行通信,同时车辆还要与多种类型的对象进行通信,例如道路基础设施、道路交通参与者、边缘和远程云等。因此,V2X 应用的设计将变得更加复杂,例如 CAD 和 CRU 服务,要求其在不影响服务可用性的情况下,能够适应各种部署环境或网络条件。例如,CAD/CRU 服务需要运行在不同配置之下,以适应不同区域的网络能力。另一个例子则是 CAD/CRU 服务需要在运行时调整配置,以保证对车辆移动时带来的网络变化做出及时反应。后一种情况可能涉及更改服务配置(例如将传感器切换到另一组可用的传感器上,更改传输的比特率等)以及更改使用的网络技术(例如在短程或远程链路间进行切换,或同时使用两者)。

⊖ 爱立信研究院(瑞典)。

⊜ Orange Labs Networks(法国)。

⊜ 华为德国研究中心(德国)。

⊞ 伦敦国王学院(英国)。

尽管对于如何设计 V2X 应用的自适应机制主要取决于汽车制造商，但我们仍需要考虑如何增强网络能力以支持 V2X 应用的自适应。本章将讨论支持增强应用自适应的两个主要方面。首先是网络增强，我们将特别关注网络和应用之间交互的增强，包括 V2X 服务需求的网络知识以及针对 V2X 业务的网络能力。其次，本章将讨论如何将这些增强的交互应用于 V2X 用例，聚焦于应用的设计以实现短程和远程（分别为直连通信 PC5 和 Uu）链路的结合使用。这些设计可以辅助应用程序适应不同的网络条件和部署环境。在这种情况下，可在应用层或网络层采用相应的解决方案。尽管本章所介绍的一些技术解决方案具有更为广泛的适用性，但本章所关注的重点应用集中在 C-V2X 领域。

7.1 节将概括 3GPP 支持应用自适应的相关机制，并论述参考文献中提出的应用自适应方法；7.2 节将重点介绍对应用和网络交互的增强；7.3 节将介绍几种结合使用短程和远程链路通信的方案，并进行分析；7.4 节为本章总结。

7.1 背景

3GPP 对 5G 系统的设计包含一系列新特性，其中包括通过支持更有效的应用自适应以增强网络。5G 系统中一个新特性，与应用功能（Application Function，AF）定义有关，AF 允许应用服务器与 3GPP 核心网通过网络开放功能（Network Exposure Function，NEF）进行交互[2]。在此框架下，5G 系统可以向 AF 开放能力与事件接口，增强应用适应网络的能力以及影响网络行为的能力。例如在参考文献［3］中讨论的，AF 可请求以特定的 QoS（例如低延迟或抖动）和优先处理级别来建立与用户设备的数据会话；AF 也可在会话进行时通过提供不同的 QoS 参考参数来改变当前的 QoS。如果 AF 会话可以适应不同的 QoS 参数组合，那么 AF 可能按优先级排序提供包含一个或多个 QoS 参考参数的备选 QoS 配置列表。备选 QoS 配置列表的第一个 QoS 参考参数反映了对 AF 会话的最高优先级 QoS 要求，且包含与服务信息一起提供的相同的 QoS 参考参数。网络利用 AF 提供的上述参数生成关于 QoS 实现的通知。为此，3GPP 在参考文献［2］中定义了通知控制过程。该过程是与 QoS 流相关联的 QoS 参数之一。若该参数被设立，则表示当在 QoS 流的生命周期内无法（或再次）保证 QoS 流的保证流比特率（Guaranteed Flow Bit Rate，GFBR）时，核心网可从 NG-RAN 请求获得通知。如果应用业务能够随着 QoS 的变化而自适应变化（例如若 AF 能够触发速率自适应），则通知控制可以用于保证比特率（Guaranteed Bit Rate，GBR）QoS 流。对于给定的 GBR QoS 流，当通知控制已开启，且 NG-RAN 确定 GFBR 无法再得到保证时，则 NG-RAN 将发送通知，并提供全新的可保证的参数值，包括 GFBR、数据包延迟预算（Packet Delay Budget，PDB）和误包率。如果 NG-RAN 已收到此 QoS 流的备选 QoS 配置并支持该备选 QoS 配置，则 NG-RAN 将进一步检查其当前可保证的 GFBR、PDB 和 PER 参数值是否与任一备选 QoS 配置匹配。若存在匹配，则 NG-RAN 将在对核心网的通知中一并指明，同时 NF 可以向 AF 公开此通知。

3GPP 在参考文献［4］中定义了 AF 对于流量路由的影响。AF 可请求影响协议数据单元（Protocol Data Unit，PDU）会话的用户平面流量的网络路由决策，继而影响业务路由。3GPP 定义的另一个特性是对未来后台数据传输协商的过程。AF 可以与网络协商未来后台数据的传输策略，包括期望传输的时间窗口、相应的计费策略、网络区域信息，以及可选的最大聚合比特率。

与之前的通信系统相比，5G 系统的这些增强功能使网络和应用之间的交互更容易。尽管如此，这种交互主要关注 QoS 的相关特性。虽然这些特性非常重要，但是只代表了 V2X 服务可能需要的应用适应性的一个方面。

网络支持应用自适应的另一个重要方面是，在 CAD/CRU 服务运行时，系统可以根据网络功能及其变化进行调整。在 V2X 场景中，移动的车辆可能经历不同的信道条件、网络负载等，都可能影响其应用效果。综合以上因素，应用自适应的研究主要集中在速率自适应功能上，目前的研究成果有多种实现该功能的路线。其中一条路线主要利用了基于发射机与接收机测量的端到端速率自适应机制[5,6]。具体而言，发送机负责执行端到端自适应功能，而接收机负责发送特定的反馈信息。同时，另一个路线则是基于网络支持的速率自适应，3GPP 也对该路线进行了研究[7]。针对连续媒体传输需求，3GPP 定义了基于超文本传输协议的渐进式下载和动态自适应流（3GP-DASH）框架。该框架定义的两个组件包括：位于后端或设备端的 DASH 客户端，以及位于网络侧的 DASH 感知网元（DASH-Aware Network Element，DANE）。该框架通过在 DASH 客户端与 DANE 之间交换信息，从而提升流媒体会话的效率。这些消息包括有关网络、服务器、代理和缓存的实时运行特征，以及 DASH 客户端的性能和状态信息。不过，尽管速率自适应对于支持应用对网络性能的变化做出自适应调整具有相当重要的作用，但仅具备此能力是远远不够的，网络还需要支持一些其他的功能以支持应用自适应。

另一个关于 CAD/CRU 服务自适应的研究领域是调度。V2X 场景的重点在于设计增强算法从而满足移动场景中的目标服务需求。参考文献［8］中列举了详细的 V2X 场景调度相关研究。大多数参考文献均假设发送给车辆的数据在接收后将立刻被使用。在部分情况下，例如传输高清地图，在车辆接近目标区域之前，相关数据已经被传输给车辆了。这意味着，可以"松弛"数据传输的紧急程度以避免网络拥塞。在这种理念下，以调整文件传输窗口、减少拥塞为出发点，一种为"低优先级"数据传输开发的解决方案应运而生。在这个方向上，低额外延迟背景传输（Low Extra Delay Background Transport，LEDBAT）算法[9]代表了一种典型方案，旨在为应用程序提供"不尽最大努力"的数据传输，以满足无严格的数据传输延迟或吞吐量的应用。LEDBAT 等方法可以在有效保障低优先级数据传输的同时，不会对网络负载产生显著影响，从而降低数据传输成本。该方法已成功应用于软件更新等方面。尽管这类方法具备一定的优势，但由于对于不同的应用，时间/空间的松弛程度并没有统一的界限。因此在虽具备宽松的传输窗口，但业务服务仍需要在有限的传输空间/时间内完成的情况中应用这类方法，也是极具挑战性的。这一点对于部分 V2X

服务（如高清地图更新）至关重要，因为这些服务要求在车辆进入信息所指定的地理区域之前就获得相关数据内容。

应用自适应的另一方面则需要考虑短程和远程链路的结合使用。这种方式可以让应用根据诸如特定服务要求或特定条件等情况，选择最合适的通信接口（或同时使用两种）。通信协议栈里的部分选项可用于实现这种不同通信方式的结合使用，我们将在 7.3 节对这些选项及其优缺点进行相应介绍。

7.2   用于处理 V2X 用例的增强应用和网络之间的交互

如前文所述，应用和网络之间的交互，主要需要考虑支持增强的速率自适应能力和 QoS 相关能力。除速率自适应特性之外，其他相关联的可用信息，在支持应用自适应的同时，还可以支持网络自适应。应用和网络之间交互的增强，在传统的与 QoS 相关的交互基础上进行了扩展，可作为支持 V2X 场景的关键增强特性，特别是对于具有严格业务要求或除 QoS 外还有特殊约束的用例。本节将重点介绍一些应用与网络交互增强的方法，并讨论通过网络和应用之间信息交换扩展对应用适配进行进一步增强的方法。

7.2.1   C-V2X 连接协商

在增强应用与移动网络核心功能之间的交互时需要考虑的一个方面是，信息交换通常侧重于与 QoS 相关的信息，这在 V2X 场景中是必不可少的，但其作用范围可能有限。在协商最优 C-V2X 连接能力时，也应考虑其他相关参数，例如 V2X 用例涉及的移动性，与 CAD/CRU 服务等相关的空间 / 时间信息。此类信息包括 CAD/CRU 服务运行的位置和预计运行时间，以及接收机的当前位置、速度和预期轨迹等。移动网络可以考虑利用上述增强信息来优化 C-V2X 连接。在应用方面，例如在特定区域 / 时间内预期可实现的性能，或在指定截止时间前传输给定消息的网络能力等相关信息也十分重要。这些增强信息提升了网络能力感知，CAD 等服务可以利用这些信息进行汽车驾驶状态（比如速度、路线、自动化水平等）的调整。

C-V2X 连接协商可支持上述交互，增强当前基于 QoS 的协商过程。此外，C-V2X 连接协商通过收集特定服务的信息并将其提供给其他网络功能，继而帮助向网络中引入特定的 V2X 功能，从而将其用于特定服务的增强。

图 7.1 展示了 C-V2X 连接协商的流程和交换的信息。将此流程和信息交互映射到 5G 系统时，CAD/CRU 服务可以被视作连接到某一 AF 以与 5G 核心网交互的 CAD/CRU 应用。C-V2X 连接协商可被视为具有增强版网络功能的 NF，例如 NEF 或策略控制功能（Policy Control Function，PCF）。CAD/CRU 应用提供包含两类信息的描述符：
- 应用信息：
  ▪ 应用类型（如视频、语音、远程控制等）

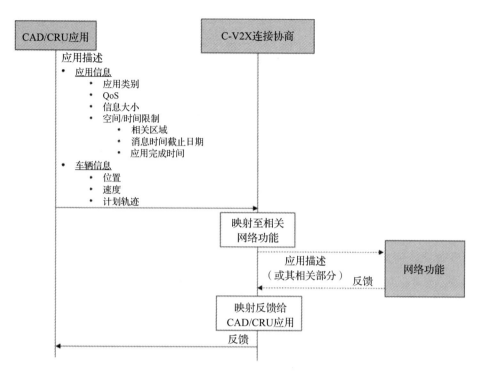

图 7.1　C-V2X 连接协商流程和交换的信息

- QoS 信息。此信息可能以服务需求的形式出现，随后映射到 QoS 配置文件。QoS 信息可以是来自应用的 QoS 要求，也可以是应用请求接收通过移动网络可实现的预期 QoS 相关信息。
- 信息大小。此信息与文件传输（如高清地图采集和软件更新）有关，并且可以指示要传输消息的整体或部分大小。
- 空间限制。为消息的传输提供一个"有效区域"，即某条信息应当在车辆离开 / 进入该区域之前进行传输。此信息还可以说明 CAD/CRU 应用的使用位置（例如车道合并等受限于使用区域的用例）。
- 时间限制。包括消息传输的截止时间和应用的持续时间（应用程序预计运行的时间）。
- 车辆信息：
- 位置（如车辆当前位置）和预计轨迹（如带相关时间戳的航路点）。
- 速度（例如平均速度，或根据预计轨迹中包含的时间戳和航路点所计算出的速度）。

移动核心网中的 C-V2X 连接协商功能将处理应用描述符中所包含的信息，并决定是否可以直接向 V2X 服务提供反馈，或需要联系其他的网络功能。在后一种情况中，

C-V2X 连接协商功能最终将应用描述符翻译给相关的一个或多个网络功能，这些网络功能对其进行处理，随后向 C-V2X 连接协商功能提供反馈，最终提供给 CAD/CRU 应用。基于不同的应用描述符，反馈的内容可能会有所不同。以下列举了几种反馈的示例：(ⅰ) 在特定地点预期可达到的性能；(ⅱ) 消息是否会在相应截止时间之前进行传输；(ⅲ) 在描述符指示的整个应用持续时间内，是否可以满足所需的 QoS。

为更新高精度地图而进行的文件传输，可以作为一个应用于 V2X 用例的 C-V2X 连接协商的代表性示例。在这种情况下，应用描述符包含向车辆传输的数据量、消息传输的截止时间以及车辆的计划轨迹。C-V2X 连接协商提供的反馈会向应用指示能否满足消息传输的截止时间，以及是否开始 / 暂停传输，以实现高效的文件传输。

7.2.2　用例感知的多 RAT 多链路连接

为了管理各种 V2X 用例的业务流量并保证其 QoS，一种可能的解决方案是部署基于多无线接入技术（multi-RAT）的多链路连接。增强应用网络交互看似是实现多 RAT 多链路连接的先决条件。然而，这种解决方案实际上可以为支持不同的 V2X 用例提供更高的灵活性和效率。

多 RAT 多链路连接是早期标准（如 3GPP Rel 12）中定义的双连接解决方案的扩展版本。双连接是指同时使用两个 eNB 提供的无线资源，这两个 eNB 通过 X2 接口连接。多 RAT 多链路连接可以通过一个或多个 RAT，同时使用两个或以上 eNB 的无线资源，由此更智能地使用传输资源以实现更高要求的 V2X 用例。

链路 /RAT 的选择机制有两个备选的思路：首先它可以被理解为一个小区联合问题，沿着这个思路可以产生一个静态的解决方案；或者也可以被理解为一个用例感知的选择问题，从而产生一个动态的解决方案。由于 V2X 流量的移动性和动态性较高，同时不同用例存在不同的 QoS 需求，采用用例感知的选择方法似乎更为合理。需要动态解决的问题是如何将流量映射到最佳链路 /RAT 上（如图 7.2 所示）。

图 7.2　多链路 /RAT 选择问题

由于 V2X 用例及其 QoS 要求各不相同，因此保证这些用例要求的 RAT 和链路的组合也可能多种多样（如图 7.2 所示）。例如，协同安全类别的用例对延迟高度敏感，协同驾驶类的用例极为关注持续覆盖能力，而协作式导航类用例需要更大的网络带宽。

同时使用所有可用链路 /RAT 提供了新的复用和分集增益（额外自由度），降低了无线信道衰落的影响。通过在可用资源块上利用不同链路 /RAT 并发传输数据包，可以充分提高数据传输速率，以此带来复用增益。例如，链路 /RAT 多路复用可适用于协作导航等用例。另一方面，选择最佳链路 /RAT 或通过不同可用链路 /RAT 传输相同数据，可以提升传输的可靠性，实现分集增益。

考虑到车辆的机动性及高度动态的网络拥塞，找到可用链路 /RAT 的最佳组合是十分困难的。链路 /RAT 的选择取决于许多条件，其中最重要的是满足 QoS 要求和提高频谱利用率。同时，RAT 的选择方法也有很多，包括网络驱动、基于策略、设备驱动等方法。这里，我们简要地对这些方法进行介绍：

网络驱动：当会话建立时，或在会话过程中，网络决定选择使用哪个链路 /RAT。

- 优点：基于动态的流量和网络状态，可有效使用链路 /RAT。
- 缺点：会在会话建立中引入额外开销和延迟。

基于策略：在会话过程中，网络设计策略并发送给用户设备，随后用户设备采用这些策略进行流量控制。

- 优点：与网络驱动的方法相比，具备更低的开销 / 延迟。借助网络辅助的方法，可通过阈值反映动态流量并对其进行处理。
- 缺点：鉴于该策略无法直接使用网络的瞬时状态，其效率较低。

设备驱动：用户设备根据从网络获取的信息（例如可用链路 /RAT 的状态）决定选择的链路 /RAT。

- 优点：与网络驱动的方法相比，具备更低的延迟和开销。与前两种方法相比，支持有限的动态流量行为。
- 缺点：鉴于用户设备无法直接使用网络的瞬时状态，其效率较低。

7.2.3　基于位置感知的调度

基于位置感知的调度可用于支持需要在有限的空间 / 时间区域内完成消息传输，但传输窗口较为宽松的场景。在此过程中，移动网络应考虑与数据传输相关的各种信息，包括：

- 消息信息，例如消息大小。
- 空间信息，例如相关区域，是否应该在车辆进入（或离开）相关区域之前完成消息传递（也可以以截止时间的形式）。
- 车辆信息，位置或速度（或计划轨迹，例如具有相关时间戳的轨迹点）。

在空间 / 时间约束范围内可以完成消息传输的前提下，基于位置感知的调度使用这些信息来优化消息的传递（例如动态 QoS 处理）。鉴于上述输入，基于位置感知的调度将提供以下输出：

- 调度信息，例如传输计划等。
- QoS 要求，例如 QoS 配置文件等。该信息经过专门的配置，在提供低优先级传输的同时保证在传输期限内完成传输。这些输出信息可以由移动网络使用或提供给应用使用。在第一种情况下，RAN 或用户平面节点等网络实体可以使用有关传输规划的信息来指示预期的流量负载和相关的 QoS 要求，以对数据传输进行正确的 QoS 处理。例如，对于更加接近空间 / 时间约束范围的车辆，可以提高其数据传输的优先级，以保证及时完成传输。如果基于位置感知的调度向应用提供有关传输计划的信息，则应用就能知道触发消息传输的最佳时间。

在本节其余部分，我们将通过示例进一步探索位置感知调度功能。此示例（如图 7.3 所示）涉及高精地图更新用例，其中需要将不同的消息（即第 1 ~ 2 层和第 3 层）传送到特定车辆。这些消息的数据大小和内容与传输的地图区域互相关联，并且要求在进入这些相关区域之前完成传输。图 7.3 展示了 C-V2X 连接协商和位置感知调度的结合使用。CAD/CRU 应用提供带有应用描述符的 C-V2X 连接协商功能，其中包括要传输的两个消息（第 1 ~ 2 层和第 3 层）的消息信息（相关区域和消息大小）以及车辆信息。C-V2X 连接协商功能处理接收到的应用描述符并计算每条消息的传输期限。C-V2X 连接协商功能向位置感知调度提供消息相关信息（大小和截止时间）以及车辆信息。随后，位置感知调度会基于接收到的信息来运行应用的调度计划。在这个例子中，位置感知调度看到第 1 ~ 2 层消息的大小大于第 3 层消息的大小，并且从地理位置的角度来看，第 1 ~ 2 层消息的相关区域也比第 3 层消息更靠近车辆。基于这些信息，位置感知调度在第 3 层消息传输之前调度第 1 ~ 2 层消息的传输。从网络的角度来看，因为消息传输分布在两个不同的时间窗口中，所以负载可以保持在较低水平。从应用的角度来看，由于在车辆接近相关地理区域之前接收到信息，其应用效果也得到了保障。

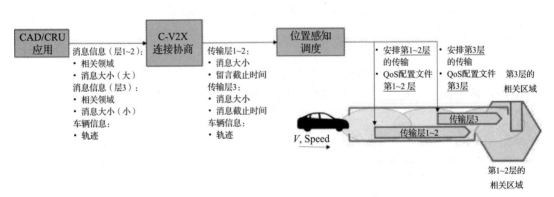

图 7.3　用于高清地图更新的 C-V2X 连接协商和位置感知调度结合使用示例

7.3　直连通信和空口通信的冗余调度器

部分 V2X 用例和安全要求极高的汽车应用的主要挑战之一是在实现高可靠通信（高达 99.999%）的同时，满足几毫秒的低延迟传输。为了提高可靠性，一种常见的方法是在接收方无法成功检索消息时进行重传。虽然我们可以在无线链路级别应用各种技术来改进通信链路，但是极端的无线条件下，通信的可靠性最终仍会降低，无可避免地导致接收机超出相应无线技术的覆盖范围。

一般情况下，通过不同的路径传输相同的消息，可以在任何给定时间克服单一无线链路限制。C-V2X 提供了两种可能的通信路径：通过 PC5 接口进行的直连通信，以及通过 Uu 空口的蜂窝网络通信。这两种接口使用不同的无线频段：直连通信使用 LTE 频段 47（ITS 5.9GHz 频段），Uu 空口通信则可使用多个符合 3GPP 标准的 LTE 或 NR 频段选项。这种异构的网络可能导致各种情况，尤其是两个接口的无线和信道负载条件，以及不同的信号传播行为和通信路径。本节的重点是设计一个多路径协议，或者更具体地说，要设计一个同时使用两个接口的冗余调度器。当前的研究已经清楚地表明，同时使用 Uu 和 PC5 链路可以带来更高的可靠性[10]。如图 7.4 所示，我们以多播和广播方式进行车辆对车辆（V2V）连接为例，实现数据流在两个接口上的复制和传输。

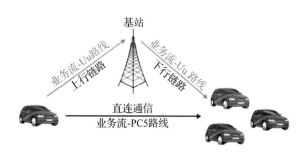

图 7.4　同时通过 PC5 和 Uu 路由的多播 V2V 连接

以下小节是几个关于设计冗余调度器的设想，主要基于 OSI 模型的协议层或遵循 ETSI 的 ITS 架构示例。当然，也可以考虑其他实施选项，在此不再详细讨论。

7.3.1　应用层或设施层

当使用 ETSI ITS 架构[11]时，可以在应用层或设施层部署冗余调度器。在涉及其他 ITS 标准时，例如 IEEE WAVE，也可采用类似的方法。

上述路线应该是最容易实现的路线，并且在设计上将冗余限制在特定的应用子集中。此外，在这种实现方式下，数据的复制与 RAT 无关，意味着数据流可以通过任何可用的无线接口进行路由。不过，这也要求参与通信的所有用户设备应以相同的方式实现 ETSI ITS 协议栈或使用相同的应用，同时进行消息接收的用户设备必须能够支持 Uu 和 PC5 两种接口。这种解决方案部署于协议栈的较高层，无法与最底层进行交互，对其进一步优化可能会受到限制。例如，由于 RAT 故障导致的路由更改需要在协议栈的更高层进行处理，这可能会对反应性（例如延迟发现故障）产生潜在影响。

图 7.5 展示了遵循 ETSI ITS 架构的实施示例。

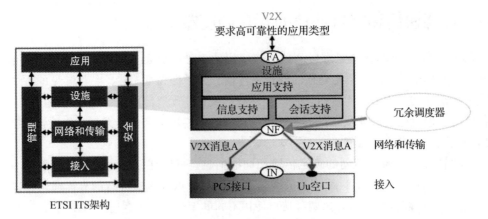

图 7.5　ETSI ITS 架构内冗余调度器在设施层的应用

在设施层复制的消息，例如 DENM[12]，需要使用两个不同的协议栈，最终依靠不同的传输和网络协议进行消息传输。

例如，可以将一些道路安全和交通效率 ITS 应用设计为使用非 IP（non-IP）协议，主要依赖短距离通信技术。例如，在 ETSI ITS 架构中，基本安全应用的典型使用方式是通过双向传输协议（Bidirectional Transport Protocol，BTP）[13]或地理网络协议[14]封装 V2X 信息，或如参考文献[15-16]所述，使用与协议对应的匹配 V2X 消息族中的非 IP 类型报头（ETSI-ITS 的值设置为 3）。随后与直接配置为传输非 IP SDU 类型的 PC5 接口连接，如图 7.6 所示。

另一种方式则是通过 Uu 空口使用不同的网络和传输协议栈传输相同的消息，如图 7.7 所示。

V2X消息 （CAM、DENM等）
BTP
地理网络
非IP报头 （V2X消息族）
PDCP （非IP SDU类型）
RLC
MAC
PHY

V2X消息 （CAM、DENM等）
UDP/TCP
IP
PDCP
RLC
MAC
PHY

图 7.6　PC5 接口上的典型 ETSI ITS 协议栈 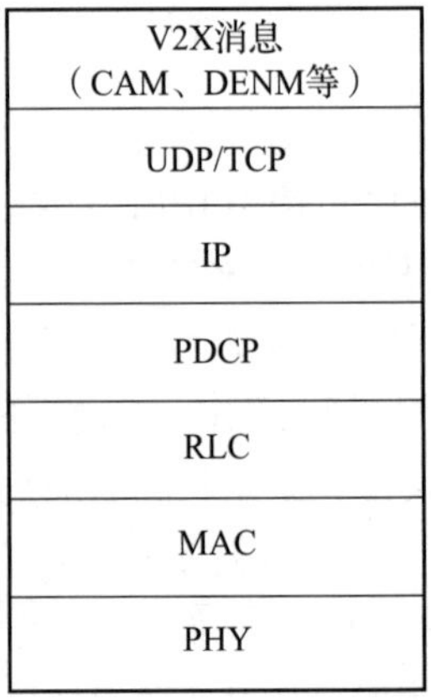　　　　图 7.7　Uu 空口上的典型 ETSI ITS 协议栈

　　然而，基于现有的 ETSI ITS 标准，目前 C-ITS 的安全和证书策略需要引入地理网络层，这需要 UDP 或 TCP 承载有效载荷之前，把整个协议栈纳入地理网络层（V2X 消息、BTP、地理网络）。5GAA 也提出和规定了使用远程蜂窝 Uu 空口（简称 Uu-CSP）实现 C-ITS 的通信系统配置文件，如图 7.8 所示。Uu-CSP 的主要范围是协调更高层的配置文件，以确保使用不同通信技术的 C-ITS 的互操作性，例如短程和远程通信。

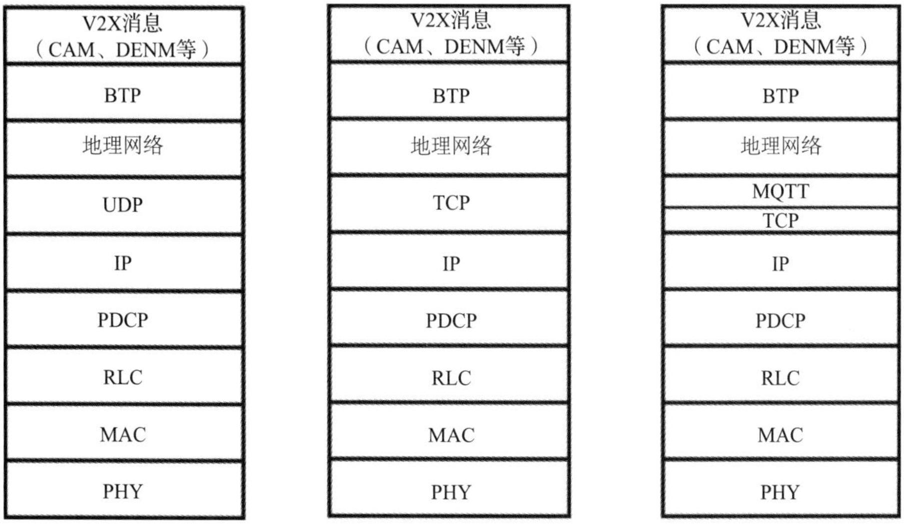

V2X消息 （CAM、DENM等）	V2X消息 （CAM、DENM等）	V2X消息 （CAM、DENM等）
BTP	BTP	BTP
地理网络	地理网络	地理网络
UDP	TCP	MQTT
		TCP
IP	IP	IP
PDCP	PDCP	PDCP
RLC	RLC	RLC
MAC	MAC	MAC
PHY	PHY	PHY

图 7.8　通过 Uu 空口支持 Uu-CSP 的 ETSI ITS 协议栈示例

　　ETSI-ITS WG5 中仍有一个正在进行的研究项目[17]，评估设施层的消息签名以解决前文提到的限制。一般而言，如果在更高层对消息复制进行管理，则必须考虑如何有效处理所有可能的不同协议栈。

7.3.2　传输层

　　另一种可行的方式是将冗余调度策略配置在传输层，依靠适当的多路径协议，使 Uu 和 PC5 接口传输相同数据流。

　　目前 TCP/IP 模型已经包含了多路径冗余协议，例如多路径 TCP[18] 和基于 UDP 的 QUIC（Quick UDP Internet Connections）多路径扩展[19]。传输层的冗余调度相较于前述设施层的实现所具备的优势是，当运行在同一用户设备上的其他非车辆应用有相关需求时，也可以从该调度能力中受益。图 7.9 展示了该实现方法。

　　另一方面，多路径传输协议目前仅针对 IP 流量而设计，有效地排除了非 IP 流量，后者在 ITS 系统中通常基于短程通信实现。图 7.10 展示 ETSI ITS 架构的情况，其中冗余调度程序应用于 UDP/TCP 级别，因此仅适用于 IP 流。

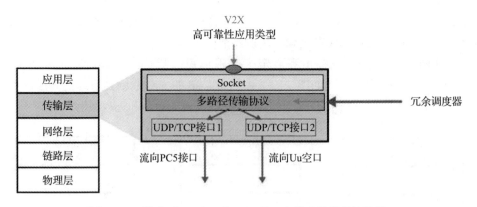

图 7.9　IP 模式下 Uu 空口和 PC5 接口上的多路径传输协议

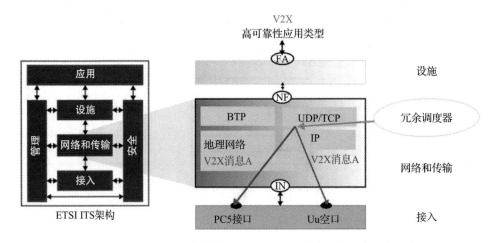

图 7.10　在 ETSI ITS 架构内的 UDP/TCP 级别应用的冗余调度程序

如 7.3.1 节所示，涵盖非 IP 流，以及将 V2X 消息 /BTP/ 地理网络协议栈封装到 UDP/TCP 数据包中，在技术上是可行的，但这样做无疑会带来额外开销并导致效率低下。

此外，在 ITS 标准的进一步修订中可能会出现不同于当前 PC5 接口连接的实现方式。这些修订可能需要将 PC5 接口配置为直接在 IP 模式下工作，或者也可能扩展 ETSI ITS 标准[13] 以引入其他类型的传输，例如基于地理网络的 IPv6 数据包（已在参考文献［20］中详细介绍）。在这种情况下，参考文献［16］中指定的 V2X 消息族除了适用于当前的 BTP 协议（于参考文献［20］第 1 子部分中定义）以外，还需要适用于 IPv6 数据包，这称为地理网络到 IPv6 适配子层（GN6ASL）。图 7.11 总结了这一情况。

最后，与设施层的实现类似，由于传输层的冗余调度器位于协议栈的较高层，在链路饱和时将停止优化。

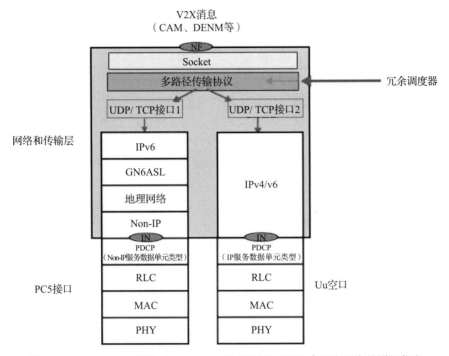

图 7.11　在 ETSI ITS 架构内的 UDP/TCP 级别应用的冗余调度程序的详细信息

7.3.3　RRC 层

鉴于现有标准化组件的可用性，RRC 层也是实现冗余调度器的可行位置。RRC 是为版本 14 的半持续调度定义的，可以同时支持 Uu 空口和 PC5 接口。此外，直连通信的模式 3 可支持跨载波调度，这也为 Uu+PC5 模式的扩展提供了基础。

然而，我们很难估计在 RRC 层实现冗余调度器功能所带来的影响。此外，RRC 层的冗余调度器要求 eNB 或 gNB 紧密互连，以实现车辆到基础设施（V2I）或车辆到网络再到基础设施（V2N2I）这两个接口的高效重复使用。

7.4　本章总结

本章讨论了 V2X 服务应用适配的增强功能，概述了 3GPP 在 5G 网络中引入的允许应用影响网络决策的特征，重点介绍了与 QoS 相关的协商。我们还总结了一些参考文献中提出的支持应用自适应的方法，重点在于速率自适应和其他面向性能的参数。此外，本章还介绍了一些网络和应用之间交互的增强，这些增强可以使网络更加了解 V2X 业务的相关需求，也使得应用更加了解针对 V2X 业务的网络能力，为此，我们展示了如何将这种增强的交互应用于 V2X 用例的示例。最后，本章回顾了几种结合使用短程和远程链路的设计方案，可用于增强应用在不同网络条件和部署环境下的自适应能力。

应用和移动网络之间授权的信息交换有望实现更先进的应用自适应机制，这种机制不仅关注性能的自适应，而且关注车辆的自适应（速度、轨迹等信息）。加强这种信息交换能力，可使 CAD/CRU 应用获取特定时间或特定区域的预期网络性能，然后使用此类信息协商 C-V2X 连接。同时，移动网络可以优化资源使用，以便在任何流量和负载条件下为应用提供最佳服务[21]。例如，应用和移动网络之间的授权信息交换，可以使移动网络根据应用需求和网络条件有选择地将不同的流量引导到最合适的链路，从而实现了完全的多链路多 RAT 连接。此外，可通过使用多个链路和提高数据速率来增强传输的可靠性。

参考文献

1 5GAA. (2019). C-V2X use cases: Methodology, examples and service level requirements. White paper.

2 3GPP. (2017). Group services and system aspects; system architecture for the 5G system. TS 23.501, Stage 2, Release 15, v15.0.0

3 3GPP. (2019). Policy and charging control framework for the 5G system (5GS). TS 24.501, Stage 2, Release 16, v16.2.0.

4 3GPP. (2019). Group services and system aspects; procedures for the 5G system (5GS). TS 23.502, Stage 2, Release 16, v16.0.2.

5 Alvestrand, H., Lundin, H., and Holmer, S. (2012). A Google congestion control algorithm for real-time communication on the world wide web. Tech. Rep. 3, IETF.

6 Johansson, I. (2014). Self-clocked rate adaptation for conversational video in LTE. ACM SIGCOMM Capacity Sharing Workshop.

7 3GPP. (2017). Dynamic adaptive streaming over HTTP (3GP-DASH). TS 26.274, Release 15.

8 Sami, M., Noordin, N.K., Khabazian, M. et al. (2016). A Survey and Taxonomy on Medium Access Control Strategies for Cooperative Communication in Wireless Networks: Research Issues and Challenges. *IEEE Communications Surveys & Tutorials* 18 (4): 2493–2521.

9 Ros, D. and Welzl, M. (2013). Assessing LEDBAT's delay impact. *IEEE Communications Letters* 17 (5): 1044–1047.

10 Lianghai, J., Weinand, A., Han, B., and Schotten, H. (2018). Multi-RATs support to improve V2X communication. In: *Proceedings of IEEE Wireless Communications and Networking Conference (WCNC)*.

11 ETSI. (2010). Intelligent Transport Systems (ITS), communications architecture. EN 302 665, v1.1.1.

12 ETSI. (2014). Intelligent transport systems (ITS); vehicular communications; basic set of applications; part 3: specifications of decentralized environmental notification basic service. EN 302 637-3, v1.2.2.

13 ETSI. (2017). Intelligent transport systems (ITS); vehicular communications; geonetworking; part 5: transport protocols; sub-part 1: basic transport protocol. EN 302

636-5-1, v2.1.1.

14 ETSI. (2017). Intelligent transport systems (ITS); vehicular communications; geonet-working; part 4: geographical addressing and forwarding for point-to-point and point-to-multipoint communications; sub-part 1: media-independent functionality. EN 302 636–4-1, v1.3.1.

15 3GPP. (2017). Universal Mobile Telecommunications System (UMTS); LTE; proximity-services (ProSe) user equipment (UE) to ProSe function protocol aspects. TS 24.334, Stage 3, Release 14.

16 3GPP. (2017). LTE; user equipment (UE) to V2X control function; protocol aspects. TS 24.386, Stage 3, Release 14.

17 ETSI. (2018). Intelligent transport systems (ITS); security; pre-standardization study on ITS facility layer security for C-ITS communication using cellular Uu interface. ETSI ITS WG5 WI on TR 103 630.

18 IETF. (2013). TCP extensions for multipath operation with multiple addresses. RFC 6824.

19 De Coninck, Q. and Bonaventure, O. (2017). Multipath QUIC: Design and evaluation. In: *Proceedings of 13th International Conference on emerging Networking EXperiments and Technologies (CoNEXT)*.

20 ETSI. (2013). Intelligent transport systems (ITS); vehicular communications; geonet-working; part 6: internet integration; sub-part 1: transmission of IPv6 packets over geonetworking protocols. EN 302 636-6-1, v1.2.1.

21 Ye, Q., Li, J., Qu, K. et al. (2018). End-to-end quality of service in 5G networks: examining the effectiveness of a network slicing framework. *IEEE Vehicular Technology Magazine* 13 (2): 65–74.

第 8 章

无线电定位与视觉定位技术

Kai Cordes[⊖]、Hellward Broszio[⊖]、Henk Wymeersch[⊜]、Stephan Saur3[⊕]、Fuxi Wen[⊜]、Nil Garcia[⊜]和 Hyowon Kim[⊗]

近些年，非卫星定位系统作为基于位置服务的关键推动因素之一，吸引了众多研究人员和产业界的兴趣。在这方面中，各界已经针对家庭、办公室、仓库、工厂和医院环境中的众多应用场景开发了多种解决方案以及商业产品。对于 5GCAR 而言，其主要关注的领域是定位在 V2X 中的应用。3GPP 标准化小组也启动了有关该主题的工作项目，以授权使用 5G 技术来打造可随时随地使用的、可靠的、准确的定位系统。在涉及无网联道路交通参与者的场景中，定位则通过额外的传感器（例如摄像机）完成。

本章概述为网联自动驾驶汽车定位功能量身定制的、最先进的基于无线电和视觉的定位方法。具体而言，我们将指出传统解决方案的技术与性能要求，以及基于时间、基于角度和基于视觉的定位方法的技术细节。所提出的方法中一些密切遵循 LTE 和 NR 标准，另一些则展示更多创新性解决方案，可以实现高精度定位。最后，本章将模拟每种解决方案的优缺点。

不同的移动通信标准通过基于测量的方式提供了位置估计能力，例如，2G 和 3G 中的小区识别文件（cell-Identity Document，cell-ID），以及 3G 和 4G 中基于到达时间差（Time-Difference-Of-Arrival，TDOA）的专用定位参考信号[1]。4G 提供了高可用性，但由于带宽有限，分辨率较低，这使得移动定位能力仅适用于特定的一些应用，例如，紧急呼叫定位以及与全球定位系统相结合的室外郊区定位。大带宽在超宽带（Ultra-Wide Bandwidth，UWB）定位技术中得到了广泛的探索，但严重依赖专用基础设施，可用性有限[2]。随着

⊖ 维斯科达有限公司（德国）。
⊜ 查尔姆斯理工大学（瑞典）。
⊚ 诺基亚贝尔实验室（德国）。
⊗ 汉阳大学（韩国）。

更高载波频率的可用性增大，我们通过三个相互关联的论点[3]说明这样的技术仍可带来新的机会：(ⅰ)有限的衍射和高频下电磁波难以穿透物体使信道稀疏，这从一开始就降低了对分辨率的需求；(ⅱ)在给定区域内可以使用更多的天线单元，从而获得更高的角分辨率；(ⅲ)更大的可用带宽导致更好的延迟分辨率。综合起来，这三种复合效应可降低定位误差。类似地，已解析的多径干扰可用于生成部分环境地图，但通常精度较低。参考文献［4］和参考文献［5］分别针对 60GHz 的 802.11 标准和 200GHz 以上的频率给出了实验结果，并在参考文献［6］中列出了其他实验架构。

在过去的 40 年中，基于视觉的目标检测、定位和跟踪一直是一个广泛的研究领域。最近，计算机视觉取得了重大进展，为自动驾驶提供了新的应用。基于摄像机的系统价格低廉、部署简单。计算机视觉和机器学习算法为对象检测、分类和重建提供了高效、准确的解决方案。现有的许多用来监控高速公路和城市区域的摄像机可用来实现各种应用，例如，估计速度、计数车辆、识别车牌和分析交通。单目视觉的车辆定位是一个活跃的研究领域[7-15]。

在 5GCAR 项目中，基于视觉的车辆定位的目标用例是协作式并道（如图 8.1 所示）。其目的是在一组车辆之间共享和协调驾驶轨迹，以提高交通安全和效率[16]。为此，车辆的准确定位能力至关重要。车辆定位需要观察的区域较为广阔，因此目标可能距离摄像机很远。在参考文献［17］中已验证以 100km/h 的行驶速度进行变道时，感知系统至少需要 100m 的感知范围。在自动协作式驾驶意图用例中，需要为所有参与的网联汽车计算建议的轨迹。未配备自定位技术的非网联（即非通信）汽车需要使用基于摄像机的定位。在协作式并道期间必须考虑它们，以计算网联汽车的轨迹建议。因为只有所有参与车辆之间均可进行协作才可以实现自动驾驶的联合操作。如第 2 章（参见表 2.2 和表 2.3）所述，准确的车辆定位是最重要的关键性能指标。基于视觉定位的挑战是为广大的目标区域设计一个准确的实时定位系统。这可以通过最小化部署安装工作［例如在车道交叉口附近的位置（桅杆等）安装少量摄像机］并研发易于重复使用的校准程序来实现。

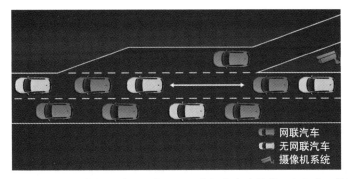

图 8.1 在协作式并道用例中，计算轨迹建议以实现汇入车辆的自动并道。主车道上的网联汽车在考虑无网联汽车的情况下，协同为汇入的车辆打开一个间隙。无网联汽车的准确外部定位是至关重要的

8.1 节将介绍无线电定位技术；8.2 节将介绍视觉定位技术；8.3 节将给出相应结论。

8.1　无线电定位技术

在本节中，我们描述无线电定位的主要要求以及版本 16 如何满足这些要求，并介绍 5GCAR 的相关研究，展示使用更高载波频率所带来的潜力。最后，我们阐述无线电定位的几个挑战。

8.1.1　用例与需求

步入自动驾驶时代，道路交通参与者的精准定位越来越重要。我们需要针对多种情景考虑多方面的问题。首先，所需的定位精度（真实位置和估计位置之间的平均距离）取决于用例。此外，定位精度描述一系列测量值如何围绕其均值分布。这些用例需求通常组合为定位误差必须小于某个阈值的测量值的百分比。情景多样性的第二个重要来源是环境。与乡村环境相比，密集的城市场景中每单位面积的道路交通参与者可能要多得多。同时，在高速公路上时，道路交通参与者会以更高的速度行驶（但道路所有交通参与者在给定车道上都朝同一方向移动，可以简化位置估计方法）。此外，用例的实用程度也取决于环境。自动泊车和弱势道路交通参与者保护可能适用于市中心，但不适用于高速公路。没有一种定位方法适合所有用例、性能要求和场景。因此我们将看到不同方法的混合使用。

在 5G 的范畴内，3GPP 工作组已经确定并描述了 V2X 通信领域中需要了解道路交通参与者位置的各种用例[18-19]。以下是一些最典型的用例。

- 交通监控、管理和控制：此类服务由地方当局监管，以优化交通流量并向道路交通参与者提供相关建议。为此，需要足够精度地确定道路交通参与者的绝对二维位置，识别车道信息（行驶方向横向 1m，纵向 3m）[18]。
- 道路交通参与者收费：此用例会跟踪道路交通参与者以根据道路基础设施使用情况收取费用。所需的精度与交通监控相同[18]。
- 编队：此用例用于协调一组车辆的行为，使得车辆可以像火车一样移动，好像用虚拟绳索系住一样。车辆之间的相对距离和方向的可靠控制是一项至关重要的需求，而绝对位置则不太重要。所需的相对定位精度为行驶方向横向 10cm 和纵向 50cm[19]。
- 高级驾驶：这个用例族汇总了自动驾驶所要求的各个方面，例如协同避撞和并道。它具有与编队相似的需求[19]。

需要注意的是，这些用例研究并不仅仅局限于基于无线电接入技术的定位方法。它们可以通过任何其他方式（雷达、视频、传感器共享）进行补充，以实现最终的性能目标。然而，5G 系统有望提供通信信道、测量支持和网络架构框架。除了定位精度之外，延迟、更新速率、数据速率、可用性、可靠性和支持的道路交通参与者数量也是实现这些用例的重要性能指标。本章重点介绍定位精度。

8.1.2　新空口 Rel 16 中的无线电定位技术

3GPP 最近在 Rel 16[20]中完成了一项关于基于无线电的定位的工作项目。该规范包括参考信号设计、测量和程序。简而言之，其支持以下定位方法：

- 下行到达时间差（DownLink Time Difference Of Arrival，DL-TDOA）。
- 上行到达时间差（UpLink Time Difference Of Arrival，UL-TDOA）。
- 下行发射角（DownLink Angle Of Departure，DL-AOD）。
- 上行发射角（UpLink Angle Of Departure，UL-AOD）。
- 上行到达角（UpLink Angle Of Arrival，UL-AOA）。
- 多小区往返时间（Multi-Cell Round Trip Time，MC-RTT）。

在这里，我们讨论 Rel 16 定位的两个主要特征：下行链路定位参考信号（DownLink Positioning Reference Signal，DL-PRS）设计和 PRS 资源集的定义。

下行链路定位参考信号[21]是 Rel 16 工作项中规定的新参考信号。LTE 有两个主要增强功能，第一个是解决无线电资源的分配。NR 为频率梳的大小和 PRS 符号的数量提供了更大的灵活性。在 LTE 中，频率梳大小（定义了 PRS 资源网格的子载波数量，相当于相互正交的 PRS 资源的数量）被固定为 6，而在 NR 中子载波数量则可自由地被配置为 2、4、6 和 12。图 8.2 说明了用于 comb-2、comb-4 和 comb-6 的 DL PRS 资源网格。适当地选择时间方向上的 PRS 符号的数量可以生成等效的 comb-1 模式。等效 comb-1 意味着 PRS 可传输覆盖所有子载波，即使其分布在多个后续的正交频分复用符号上。在密集的城市环境中，可使用众多不同的正交 PRS 资源（在本例中为 comb-12）来降低干扰水平。而其缺点是完全等效的 comb-1 模式的测量需要 12 个符号。在网络节点较少的乡村环境中，人们会选择较小的频率梳尺寸——在本例中为 2 或 4，因为这样对干扰管理的需求较少。现

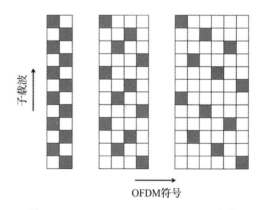

图 8.2　NR DL PRS comb-2、comb-4 以及 comb-6 资源分配模式

在等效 comb-1 模式分别囊括了 2 个和 4 个符号。然而，随着网络节点密度的降低，PRS 可能会较难完成覆盖。因此，PRS 符号的数量需要独立于频率梳尺寸进行配置，并且需要可以重复使用。例如，利用 12 个符号、持续时间和尺寸为 4 的频率梳配置可实现 PRS 的三次重复，从而增加覆盖范围。

NR PRS 的第二个主要创新点是定义包含具有相同配置的 PRS 资源的 PRS 资源集。这一技术的出发点是单个 PRS 资源的传输只对应一个波束方向，而一个 PRS 资源集通过在不同方向上传输 PRS 来覆盖整个区域。这种机制被称为 PRS 波束扫描。图 8.3 展示了

具有三组 PRS 资源的 PRS 资源集示例。因此，除了时间和频率之外，还可以通过协调来自多个传输点的 PRS 资源集来控制空间域中的干扰。在上行方向上，则使用探测参考信号进行定位。配置资源网格的可能性与 DL-PRS 类似。

图 8.3 根据波束方向分类的三组 PRS 资源形成的 PRS 资源集

扩展测量[22]——在 5G 系统中支持 Rel 16 定位方法的全套测量方法如下：

- 下行相对信号时差（DL Relative Signal Time Difference，DL-RSTD）：从一对网络节点到达道路交通参与者的时间差。

- 上行相对到达时间（UL Relative Time Of Arrival，UL-RTOA）：网络节点上 SRS 相对于参考时间的到达时间。

- 上行到达角（UL Angle Of Arrival，UL-AOA）：SRS 接收的角度。

- UE Rx-Tx 时间差以及 gNB Rx-Tx 时间差：这些是确定道路交通参与者和多个网络节点之间的 RTT 所必需的。

- 下行 PRS 参考信号接收强度（DL PRS Reference Signal Received Power，DL PRS-RSRP）：在道路交通参与者处进行测量，表明相应下行链路测量的可靠性。

- 上行 SRS 参考信号接收强度（UL SRS Reference Signal Received Power，UL SRS-RSRP）：在道路交通参与者处进行测量，表明相应上行链路测量的可靠性。

这些测量（或它们的一个子集）通过定位协议提供给网络中的位置管理功能（Location Management Function，LMF）。LMF 负责参数配置，例如，DL PRS 的频率梳大小、向道路交通参与者分发所需的辅助数据、收集测量报告、确定道路交通参与者的位置并将结果提供给应用程序。

3GPP 将在 Rel 17 中研究 Rel 16 定位方法的性能潜力，并将在需要时进行进一步的功能增强以满足性能要求。目前 Rel 16 中的方法无法支持在编队或超车等场景中对两个道路交通参与者进行高度准确的相对定位。其原因是从一个道路交通参与者到另一个道路交通参与者间，基于直接信号传输测量的直连通信辅助定位技术还不成熟。因此，5GCAR 已经开发了 Rel 16 后续的解决方案，我们接下来将介绍此技术。

8.1.3　Rel 16 后续演进的无线电定位方法

定位系统的目标是在给定运动模型的情况下根据测量值跟踪车辆的运动状态。状态包含车辆的位置（包括经度、纬度和高度）以及环境中地标的位置（例如，产生强无线电反射的建筑物和物体）。测量包括传统的到达时间（差）[T（D）OA]，以及到达角（AOA）（如果接收机有多个天线）和发射角（AOD）（如果发射机有多个天线）。这些测量与系统状态呈现出简单但高度非线性的关系。测量的质量（即在分辨率和噪声方差方面）取决于接收到的信号质量。这意味着可以通过适当的信号设计来调整定位质量。最后，还有动态模型和车载传感器辅助。无线电定位系统的架构和信号流各异（例如，基于上行链路、下行链路或直连通信路传输），但通常循环通过五个不同的阶段：状态预测、信号优化、传输过程、测量过程和状态更新。在本节中，我们将深入探讨其中的三个阶段：信号优化、测量过程和状态更新。但首先，我们将描述信道中有助于提升测量分辨率的显著特点。

1. 毫米波信道

信道决定了测量模型，因此在开发定位方法之前，我们首先需要介绍毫米波信道的特点。由于在较高载波频率下波长更短，因此由许多天线组成的多输入多输出系统可以压缩更小的尺寸，从而能够在基站上使用大型阵列。由于阵列孔径较大，具有许多天线的基站可以非常准确地估计多条路径的角度。事实上，毫米波信道可以被认为是简约的，因为只有少数多径分量携带不可忽略的能量。毫米波传播的特点是散射有限、没有衍射和阴影，以及只有少数传播路径存在。因此，每条路径都是传播环境的函数，并以信道增益、到达角、发射角和延迟为特征，如图 8.4 所示。当波形撞击的表面足够光滑时，传播路径具有确定性镜面反射性质；当表面相对粗糙时，传播路径具有随机漫射 / 散射性质，或两者的组合。因此，一般来说，除了视距路径之外，每条路径都包含一组具有相似角度和延迟的路径簇。当路径簇在角度或延迟方面无法解析时，它们会导致接收功率波动，这是参考文献［23］中通常假设的模型。另一方面，当路径簇可解析时，它们可能携带有关环境的有用信息。

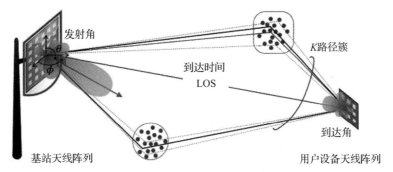

图 8.4 5G 毫米波信道的特点是传播路径很少，每个路径都可能对应一组射线。每条射线都提供 AOA、AOD 和 TOA 方面的信息

2. 信号设计

在下行链路定位中，基站发出一系列 M 导频，每个导频都有不同的预编码。用户设备接收此类已知导频（已在协议中定义）以估计最强路径的 AOA、AOD、TOA 和信号强度。在本节中，我们将研究可以确保最佳 AOA 和 AOD 估计精度的最佳预编码器。

无论是在初始访问还是跟踪阶段，估计毫米波信道的最常见程序是使用发射机或接收机进行波束信道扫描[24-26]，通过检测接收功率最大的时间识别正确的波束对。此方法虽然直观，但此类波束无法确保最佳 AOA 或 AOD 估计精度。据我们所知，毫米波预编码的参考文献没有阐明过在发射机执行最佳预编码时 AOA 和 AOD 估计方面的核心约束。

为了找到最佳的传输预编码器来估计单路径信道的 AOD 和 AOA，假设已知 AOD 和 AOA 位于特定的角度范围内[27]。这种关于 AOD/AOA 信道状态信息的先验知识可在初始访问阶段或通过跟踪 AOD/AOA 获得。为了从特定估计量抽象分析，我们使用克拉美 – 罗界（Cramér-Rao Bound，CRB）作为适用于高 SNR 的 AOD 和 AOA 方差的代理度量。确定 AOD 可推导出从基站到用户设备的方向，确定 AOA 可推导出从用户设备相对于基站的方向。因此，出于命名目的且不失一般性，我们将 AOD 上的 CRB 称为发射方向误差界（Direction Error Bound，DEB），将 AOA 上的 CRB 称为接收方向误差界（Orientation Error Bound，OEB）。最佳预编码器是在先验范围内最小化最坏情况 DEB 或 OEB 的结果。该问题可被重新表示为一个凸优化问题，并且由于我们可得到凸问题的准确解，因此我们可获得最佳预编码器的准确解而不仅仅是近似值。

图 8.5 绘制了三种不同标准的最佳预编码器：a 优化 AOA 和 AOD 时的最佳预编码器；b 仅优化 AOD 时的最佳预编码器；c 仅优化 AOA 时的最佳预编码器。基站处的不确定性范围为 10°。AOD 最佳预编码器则显示出了大量的波纹。其直观的解释是用户设备通过观察 M 个训练序列的接收信号强度变化和相位变化来识别 AOD。因此，为了提高 AOD 估计精度，近距离角的预编码器增益和相位必须尽可能不同。AOA 最佳预编码器使朝向用户设备的阵列增益最大。最后，AOD-AOA 最佳预编码器在增益和 "纹波" 方面提供了 AOD 最佳和 AOD 最佳预编码器之间的权衡。

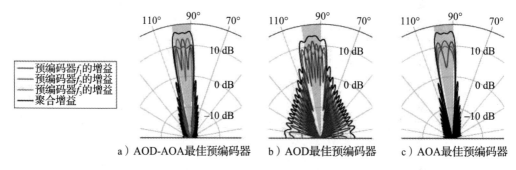

a）AOD-AOA最佳预编码器   b）AOD最佳预编码器   c）AOA最佳预编码器

图 8.5　导频数 M=3 情况下的最佳预编码器的波束模式

此处所提出的预编码器最吸引人的一点是它们是信道估计的最佳选择，尽管生成方式复杂。我们可以通过存储这种预编码器的预计算码本来降低复杂性。在天线阵列为模拟前端的情况下，预编码器被限制为单位幅度，并且只能修改它们的相位。由于所提出的预编码器是不受约束的，因此它们只能应用于数字阵列。因此对于模拟阵列，我们必须在优化中添加额外的约束。

3. 测量过程

路径簇可以通过多种方式进行表征。传统方法考虑了统计模型，其中通过角度和延迟域中的均值与扩散范围对路径簇进行建模[28]。使用这样的模型，二阶估计方法可以在没有导频数据的情况下准确估计路径簇的均值和扩散范围[29]。然而，我们仍然缺少用于快速估计信道参数及其扩散范围的一阶方法。5G 毫米波定位要么仅考虑 LOS 路径，要么将多径视为纯镜面反射[30]。标准 5G 毫米波信道估计主要基于压缩感知方法[23]，其在适当的区域中使用稀疏性表达或者通过张量分解，其中主高阶奇异值与主信号路径是相关的[31]。这些方法不考虑角度或延迟的簇内扩展。基于张量的方法可用于估计 5G 毫米波信道，以恢复每个非视距簇中各个路径的角度和延迟[32]。无论这些簇中有没有镜面反射分量，这些角度和延迟随后都将被用于定位和建图，如图 8.6 所示。

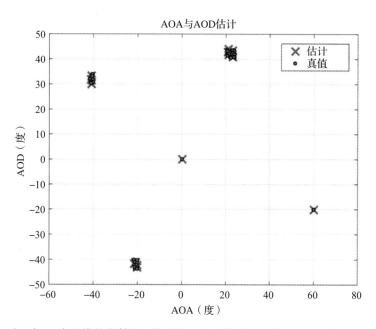

图 8.6　对于有 32 个天线的发射机和接收机，显示信道中路径的 AOA 和 AOD（点），以及通过基于张量的方法估计的结果。该方法可以确定主要路径簇

4. 定位、建图与跟踪

得益于 5G 在定位方面的优势[33]，用户设备可以通过从基站发送的下行信号获得准确的信道估计参数，例如 TOA、AOA 和 AOD。尽管可以使用这些准确的信道估计参数作为测量值，但由于参考文献［34］中提到的挑战，估计用户设备位置并非易事：即使用户设备上配备了惯性传感器，用户设备的航向也不是完全已知的；用户设备和基站之间不完美的时钟同步会导致钟差。因此需要估计用户设备位置、航向和钟差。此外，可以通过将测

量与传播环境中的对象相关联来构建地图，然后用户设备便可使用对应于该对象的测量。然而，这种同步定位和建图（Simultaneous Localization And Mapping，SLAM）存在包括漏检、由于杂波导致的误报和数据关联的不确定性（即 5G 测量中缺少与来源相关的标签）之类的诸多困难。

5G 定位、映射和跟踪的问题可以用不同的方法来解决：通过使用几何关系，使用参考文献［35］中的贝叶斯或非贝叶斯方法或通过优化[36]来估计用户和地图的状态。但是此方法中没有考虑漏检、误报和数据关联的不确定性等问题。在参考文献［34］中使用了基于消息传递（Message Passing，MP）的方法，并通过在因子图上进行置信传播实现了一种 SLAM 方法。参考文献［34-37］中的方法需要明确的数据关联，但没有考虑数据关联中的不确定性。联合概率数据关联方案是在参考文献［37］中用 MP 方法实现的。此外，参考文献［38-39］开发了针对 SLAM 问题的随机有限集方法。但是如图 8.7 所示，这些方法尚未应用于 5G 场景中。在 5G 场景中，传播环境被抽象为反射面（如墙壁）和散射点（SP）（如小障碍物）的组合。反射面由固定的虚拟锚点（VA）进行参数化。这些不同类型的对象造成了多径测量噪声。参考文献［40］介绍了一种用于 5G 定位、建图和跟踪的方法。该方法由多模型概率假设密度（Probability Hypotheses Density，PHD）滤波器和地图融合例程组成。在多模型 PHD 滤波器中，用户设备（UE）估计其状态以及其所能观测到的地图，该地图随后将被集成到基站（BS）中。然后 UE 重新使用集成的地图信息来提高 SLAM 性能。

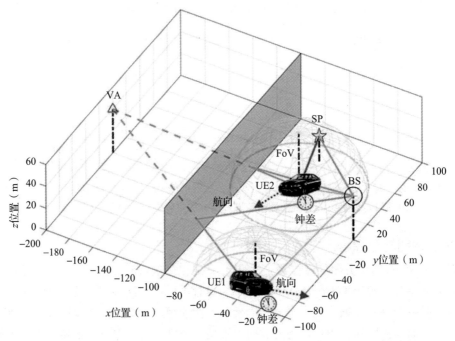

图 8.7　具有传播环境（基站、虚拟锚点和散射点）和两个车辆（位置、航向和钟差）的场景。半球表示 UE 的 FoV

为了对比所引入方法的效率，我们测试了一个包含两辆车的场景，其中包含了由 1 个 BS、4 个 VA 和 4 个 SP 组成的环境及其产生的所有传播路径。VA 没有视场（FoV），但 SP 具有有限的视场。UE 状态估计的性能通过平均绝对误差（Mean Absolute Error，MAE）和均方根误差（Root Mean Square Error，RMSE）来评估。对于建图性能，我们通过计算广义最优子模式分配（Generalized Optimal Sub-Pattern Assignment，GOSPA）距离来评估。图 8.8 展示了如下四种情况下 UE 状态估计的性能：（i）仅使用 UE 动力学模型执行预测；（ii）仅使用 LOS 测量执行 UE 估计；（iii）执行多模型 PHD 过滤器；（iv）执行多模型 PHD 过滤器和地图融合例程。很明显，当重用传播环境时，性能会有所提升。图 8.9 展示了 SP 的建图性能。结果表明，当地图信息被协同使用时，建图性能得到了提高。

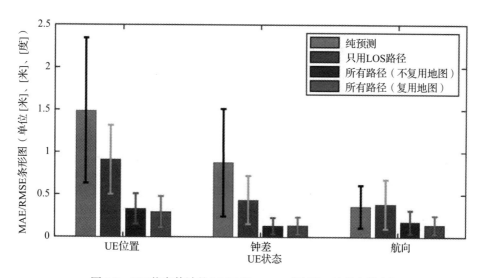

图 8.8　UE 状态估计的 MAE 和 RMSE（位置、钟差和航向）

作为 5G 场景的扩展，未来的研究者可以考虑以下车载网络所带来的挑战：（i）将其他 UE 视为移动 SP；（ii）具有高强度杂波和高误检率的多小区；（iii）使用采集到的 5G 测量稀疏地执行 SLAM（例如多重扫描），而不是在每帧都进行。

8.1.4　技术组件补充

5GCAR 花费了大量精力开发可以替代或与 8.1.3 节中所介绍的框架相结合的补充方法。轨迹和碰撞预测是为 VRU 保护应用量身定制的。在不久的将来，自动驾驶和人工驾驶车辆需要在充斥着行人、自行车和滑板车的密集城市场景下的街道中共存。利用 5G 移动无线电网络避免碰撞是一个令人向往的新应用。首先，我们需确定未来某个时间点（通常在 0.5 ~ 3s 之间，以下称其为时间窗口）上道路交通参与者位置的概率密度函数（Probability Density Function，PDF）。为此，我们需要建立其运动模型，例如，假设道路交通参与者将沿车道以恒定速度移动[41]。PDF 的形状与很多要素相关,其至少取决于道路交通参与者的大小(它在地面上的投影)、它的速度和时间窗口大小。显然,时间窗口越大,PDF 就会变得越模糊。道路交通参与者之间发生碰撞的概率是根据这两个 PDF 计算得出的。直观地讲,通过 PDF 的重要扇区的重叠区域可计算出碰撞概率,如图 8.10 所示。当碰撞概率超过阈值时,应用会发送警报消息。仿真结果表明,一个好的折中方案是将时间窗口设置为 2 秒左右,警报阈值为 90%。以极短的反应时间为代价,我们几乎可以消除误报[42]。

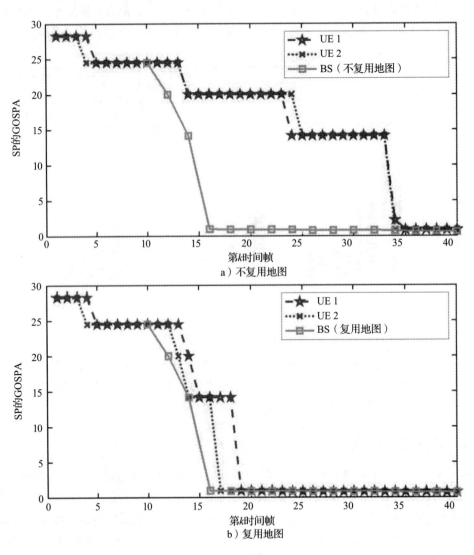

图 8.9   SP 的平均 GOSPA

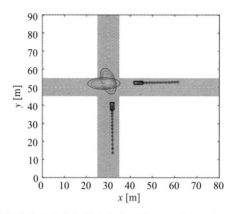

图 8.10　碰撞概率的图示：两个道路交通参与者未来位置的 PDF 叠加。经 Marouan Mizmizi 博士许可转载

　　两辆车之间的高精度相对定位足以满足许多 V2X 相关应用的需求，例如超车和编队行驶。5GCAR 研究了多阵列 V2V 相对定位（3.5GHz 和 28GHz 直连通信传输）的性能界限。主要成就是阐明了角度测量与延迟测量相比的重要性及其对版本 17 及更高版本中参考信号设计的潜在影响。28GHz 频段由于可以将更多的天线装入相同的物理区域，所以可以提供更高的角分辨率，从而提供更好的定位精度。图 8.11 展示了当使用 AOA 和 TDOA 或仅使用 AOA 测量时，横向定位误差 PEB_{lat} 和纵向定位误差 PEB_{lon} 与车辆和超车车辆之间纵向偏移 q_y 的关系。在这个例子中，每辆车都有三个天线阵列，并保证至少有一个 LOS 路径连接到另一辆车。我们发现纯 AOA 测量对于超车场景是足够的。对于车辆编队用例，与 TDOA 测量的结合则可提供显著的性能提升[43]。

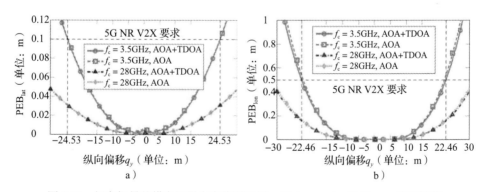

图 8.11　超车场景的横向和纵向定位误差界。经 Anastasios Kakkavas 许可转载

8.1.5　无线电定位方法的局限

　　无线电定位在 5G 网络基础设施的大规模部署下成为一种有吸引力且具有成本效益的解决方案，但技术挑战限制了其可实现的性能，相关挑战在本节进行阐述。对于这些挑战，5GCAR 已深入研究了其替代和补充方案，如 8.1.3 节和 8.1.4 节所述。这些可以成为

5G 规范未来版本（Rel 17 及更高版本）中可能改进的基础。

传统的无线电定位需要确保道路交通参与者和足够多的网络节点之间存在良好传播环境。距离过远可能导致信干噪比过低，从而导致可链接的节点数量减少，特别是发射功率较低的上行链路。例如，为了确定道路交通参与者的二维位置，理论上至少需要两次 TDOA 测量，即至少需要三个网络节点参与该过程。鉴于位置管理功能可以确定和选择最可靠的测量，预期精度会随着可用测量数量的增加而增加。除可链接的网络节点数量外，网络节点间的几何关系对定位精度都有显著影响。以角度测量为例，同样 1° 的角度测量误差会随着发射机和接收机之间距离的增加而导致定位误差增大。同样，一个固定的时间测量误差会因几何位置关系的不同而导致不同的定位误差。这种效应被称为几何精度衰减因子（Geometric Dilution Of Precision，GDOP）。

时间测量的一个特殊要求是所有传输（下行）或接收（上行）网络节点之间需要精确同步。我们应该清楚地认识到 1ns 的未知时钟偏移就对应了 30cm 的距离误差，尤其是在 V2X 所假设的宏蜂窝网络中，实现这种水平的同步精度并非易事。一个密切相关的难点是需要准确了解网络节点天线面板的位置。当道路交通参与者的目标位置精度需求小于 1m 时，仅使用 GPS 进行网络节点位置校准是不够的。

另一个挑战是发射机和接收机之间的移动无线电信道。接收到的信号会受到无线电波的反射、衍射和散射等影响。通常，脉冲响应以一系列峰值为特征，每个峰值代表一个传播路径。由于直接 LOS 甚至可能被障碍物挡住，通信的主路径可能不是第一个到达的路径，这会对时间和角度测量产生误导。这一问题可以通过使用毫米波频谱和更高带宽来解决（参见 8.1.3 节）。

最后，在密集的城市环境中，用于时间测量的导频信号的可用性有限——导频在 3GPP 的定义中被称为 PRS。3GPP 在 Rel 16 中特别设计了一个主题来解决这个问题。在下行链路中，彼此靠近的网络节点将不相交的无线电资源用于 PRS。正交性可以在时间（通过静默模式）和频率（使用不同的子载波组，如图 8.2 所示）上实现。然而，每个网络节点与其他网络节点共享其 PRS 资源，重叠的覆盖区域最终会导致干扰。PRS 干扰可以通过使用伪噪声序列和具有波束成形的空间分离来减轻（如图 8.3 所示）。PRS 干扰也限制了可实现的定位精度。

8.1.6　小结

无线电定位由于可以复用现有的移动通信基础设施，是一种值得期待的方法。在版本 16 中，虽然 3GPP 指明了一组方法，但是这些方法仍然需要证明它们可以满足 V2X 用例的性能要求。这些方法依靠 AOA、AOD、TOA 和 TDOA 测量的组合来提供横向和纵向的高精度定位。此类测量还允许对环境中的地标（反射表面和散射点）进行建图。信道估计方法可以从接收到的波形中获得这些测量值，并将其作为定位和 SLAM 算法的输入。我们还阐明了无线电定位的几个挑战和局限性，例如同步要求和来自不同传播路径的干扰的影响。

对于定位与建图的误差度量指标，本节中对于定位使用了均方根误差，而对于地标使用了广义最优子模式分配值。5GCAR 在版本 16 之后开发了互补的解决方案，可以实现绝对定位小于 1m 和相对定位小于 10cm 的精度。

8.2　视觉定位技术

本节将评估基于视觉的车辆定位可达到的精度。本节将 5GCAR 协作式并道用例中使用一系列单目摄像机实现的车辆定位精度与文献中实现的精度进行比较。

当前从单目视频进行车辆定位的方法结合了机器学习技术来估计对象的二维[7-8]或三维边界框[10-15]。由于 2D 模型较为常用并经过了广泛的训练与验证，因此大多数 3D 模型会首先使用基于 2D 的位置先验，而在第二步中将其定位扩展到 3D[11-15]。大多数使用机器学习的 3D 定位方法都是在 KITTI[9]等公开数据集上进行训练和评估的。该数据集通过人工标定为位于车顶上的摄像机提供车辆的真实位置。

对于误差评估，本节使用平均定位精度（Aaverage Localization Precision，ALP)[12, 14, 15]作为指标，测量定位对象与基准提供的地面真实位置之间的距离。如果到真实位置的 3D 距离小于阈值 t_{ALP}，则认为对象的位置是正确的。正确匹配的比率决定了 ALP。当前的方法显示，在 $t_{ALP}=1m$ 的条件下 ALP 介于 34% ～ 71%，$t_{ALP}=2m$ 时 ALP 介于 54% ～ 90%[12, 14, 15]，具体取决于观察到的场景的难度。KITTI 基准测试中使用的摄像机安装在行驶中的汽车顶部。与 5GCAR 项目中使用的数据相比，由于摄像机的高度较小，KITTI 中的视角更具挑战性。另一方面，KITTI 基准测试仅包括最大 70m 的车辆距离，而 5GCAR 场景中到物体的距离要大得多。

8.2.1　车辆定位系统构建

对于协作式并道用例，道路上的车辆使用路边摄像机系统进行定位。摄像机系统由一系列单目摄像机组成，这些摄像机的视野中有小的重叠区域。这些视图包含了相关的场景内容的共视区域，这是并道用例所必需的。

处理流程图如图 8.12 所示。参考文献［44］中指出，车辆定位的步骤包括检测、跟踪和最终的 3D 定位。对象检测器会计算车辆在图像中的位置。车辆跟踪和 3D 定位需使用先前标定好的摄像机参数信息。跟踪过程会对下一张图像中对象的位置进行预测。时域中的滤波一般采用卡尔曼滤波器。系统对来自摄像机的每帧同步图像输入都会计算车辆属性，这影响了更新率这一 KPI（参见 8.1.1 节）。延迟是由图像捕获到处理完成之间的时间决定的（如图 8.12 所示）。如果捕获和处理各需要一帧，那么延迟就是 67ms（假设摄像机帧速率为 30Hz）。车辆属性包括定位、航向、速度和加速度，以及表示图像捕获时间点的时间戳。需要时间戳的原因是，当路侧系统将摄像机的定位结果发送给网联汽车（即具有自定位技术的汽车）时，车辆需要进行数据融合处理。由于系统的延迟是已知的，因此可以将正确的图像捕获时间用于融合。

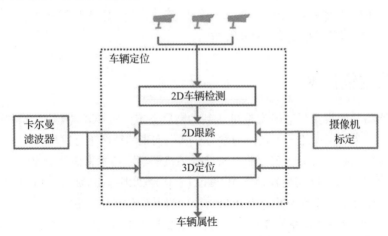

图 8.12　基于视觉的车辆定位工作流程。摄像机系统根据图像中的 2D 车辆检测、摄像机标定和卡尔曼滤波计算车辆属性，例如定位、航向和速度

本例中观察区域包括主车道和进入车道，最远范围为 180m。为了覆盖摄像机图像中所需的视觉范围，我们部署了三个摄像机。它们安装在两个 10m 高的桅杆上。桅杆之间的距离为 24m。安装在第一根桅杆上的两个摄像机观察主车道。它们的目标分别是在短距离（小焦距 f=8mm 的摄像机 1）和长距离（大焦距 f=25mm 的摄像机 2）定位车辆。第二根桅杆上的第三个摄像机（f=8mm 的摄像机 3）观察进入车道。摄像机视图如图 8.13 所示。图 8.14 展示了从标定后的摄像机计算的俯视图。

图 8.13　三个摄像机的同步视图，焦距分别为 f=8mm（左图、右图）和 f=25mm（中图）。我们跟踪了背景上的特征用于补偿桅杆的晃动，而车辆上的特征轨迹则用来提供稳定的跟踪。这些图像的摄像机视野如图 8.14 右图所示

8.2.2　多摄像机标定

为了确定摄像机平面中的局部点 $p \in \mathbb{R}^2$ 与全局坐标系中对应的三维点 $P \in \mathbb{R}^3$ 之间的映

射，需要准确的摄像机标定参数。这些参数包括外参与内参。其中摄像机外参表示摄像机坐标系相对于世界坐标系的旋转和平移；而摄像机内参，例如焦距和像素尺寸，则描述了摄像机的本征参数。摄像机标定程序需要负责确定这些参数，它们对最终系统的准确性有很大的影响。

图 8.14　车道合并目标区域有两条主车道和一条加速车道。左图显示了俯视图，而右图则是通过前文所提出的多摄像机标定方法计算得出的，其计算数据来自安装在两个桅杆上的三个摄像机。右侧图像中的中、窄和宽摄像机视图分别对应于图 8.13 中的左侧、中间和右侧图像

在 5GCAR 项目中，我们使用 GPS RTK 对道路上的地标以及摄像机间的相对位置进行测量标定，并将道路地标作为视觉标定参考点[45]。标定中，应确保地标的位置可以清晰地投影至每个摄像机的视野中，例如车道线的边缘和交通标志的基点等。这些位置是在图像中手动注释的。在标定过程中，GPS 坐标被转换为本地坐标系[46]。标定过程是通过最小化重投影误差完成的，即使三维点 P_j 在摄像机 $A_k \in \mathbb{R}^{3 \times 4}$ 的重投影 $p_{j,k} = A_k P_j$ 和图像 k 中该地标点的位置 $\hat{p}_{j,k}$ 的距离之和最小：

$$\varepsilon_{\mathrm{RMSE}} = \sum_{j=1}^{J_k} d(\hat{p}_{j,k}, p_{j,k})^2 \qquad (8.1)$$

从最小化重投影误差 $\varepsilon_{\mathrm{RMSE}}$ 可得摄像机投影矩阵 A_k ——用于将 3D 点映射到图像点。要将图像点映射到 3D 点，需要点的深度。在本项目中，对于道路上的一个点，深度是通过将相应的视线与地平面相交来计算的。图 8.14 右图中摄像机图像投影到地平面视角的俯视图展示了计算得到的摄像机参数。

8.2.3　车辆检测

尽管基于深度学习的方法可以在检测步骤中估计对象的 3D 模型，但这些方法中的大

多数使用成熟的 2D 对象检测器[7-8]来生成对象位置的先验。由于缺乏大型数据库，3D 模型方法仅在 KITTI 数据集[9]上进行训练和评估。对于车道合并用例，则需要显著不同的视角。因此我们遵循了 2D 检测、2D 跟踪和 3D 定位的组合方法[44]。YOLOv3-608 检测器[8]通过其广泛学习的网络可以提供准确的 2D 检测，因此我们将该方法用于车辆检测。这一方法可以实时地以边界框的形式提供目标甄别。示例结果如图 8.15 所示。

a）   b）

图 8.15　观察主车道的摄像机（摄像机 1 和摄像机 2）的车辆检测及其检测概率示例

8.2.4　车辆跟踪

我们使用车辆区域中检测到的特征点对车辆进行鲁棒跟踪[47]。该方法结合前一帧中的定位和速度来预测下一张图像中的特征点，从而实现稳定跟踪。基于特征的对象跟踪提供了鲁棒的结果，尤其是在受遮挡和缺失检测的情况下。特征跟踪轨迹的示例如图 8.16 所示。背景上的特征点用于估计背景运动，以补偿由于风而引起的桅杆晃动。

a）摄像机1   b）摄像机2

图 8.16　基于摄像机 1 和摄像机 2 中每个检测到的对象的特征点轨迹进行车辆跟踪

8.2.5　车辆定位

全局坐标系中车辆的 3D 定位使用来自摄像机标定的 2D-3D 对应关系。由于摄像机的视角相对较高（10m），2D 边界框的重心近似于 3D 边界框的重心。因此，我们通过将 2D 边界框的中心投影到高度为 h_r 的平面上来获得 3D 定位。投影平面的高度大于 0 可以解释为对重心近似的误差补偿[44]。8.2.6 节中展示的实验使用 $h_r=0.7$m。这种方法无法顾全不同的车辆形状。

最终的跟踪结果融合了来自三个摄像机的计算结果，为场景中的每辆车提供定位。为了融合不同摄像机所检测到的同一目标，我们使用摄像机视图中的重叠区域。来自不同视角的车辆目标与在全局坐标系中有着最小 3D 距离的目标进行关联。如前所述，这个 3D 位置是通过将 2D 图像位置投影到全局坐标系中高度为 h_r 的参考平面得来的。

8.2.6　精度评估

在 5GCAR 的演示中，共有五辆汽车参与了协作式并道，其中三辆车配备了自定位技术（我们的实验使用了 Emlid Reach M+RTK 模块）。这些车辆的车载单元负责将全球导航卫星系统 RTK 数据（定位、航向）与车辆测量（速度、加速度、偏航率）相结合。GNSS RTK 单元从 RTK 服务器接收校正信号，并使用位于车顶的 GNSS RTK 天线（安装在车辆重心的上方）。GNSS RTK 模块的更新率为 5Hz。在大多数情况下，GNSS RTK 精度是符合要求的。然而，在实验过程中出现了一些明显不准确之处。该模块还根据 GNSS RTK 位置计算了车辆的航向。速度、加速度和偏航率的测量值由车载系统确定，并与来自 OBU 的数据同步。车辆数据通过蜂窝网络发送到服务器，并使用网络时间协议（Network Time Protocol，NTP）和 UNIX 时间戳执行与视频数据的同步。其中一辆网联汽车（标致 5008）行驶在汇入车道上。另外两辆网联汽车（沃尔沃 V60、标致 DS7）应该为准备汇入的车辆（标致 5008）拉开车距。测试中还有两辆非网联汽车：对于并道用例，它们的位置只能由路侧摄像机系统给出。为了准确评估基于视觉的定位能力，我们主要关注这三辆网联汽车。而对于整个协作式并道场景，该系统最多可以定位五辆车。

并道场景的车辆定位示例结果如图 8.17 所示，显示了关于时间 t（以秒为单位）的 x 和 y 位置（以米为单位）。网联汽车为 V60、5008 和 DS7，5008 是汇入车道上的车辆。2、3、4 号车是基于视觉给出的定位结果，在图中与其自身的 GNSS RTK 定位结果重合展示，例如车 2 位置对应于 DS7 GNSS RTK 位置。1 号与 5 号对应于本例中非网联汽车。

为了详细分析定位误差，我们匹配了来自视频和 GNSS RTK 的车辆位置，并计算它们的距离 d（5008）、d（DS7）和 d（V60）。这些结果如图 8.18 所示，采用 GNSS RTK 定位作为真值。正值表示车辆的估计距离过远，负值表示车辆距离过近。由于投影定位无法考虑车辆形状（尤其是高度）造成的影响，因此误差 d 的范围因车型而异。对于所展示的并道示例，基于视觉的定位和 GNSS RTK 定位之间的最大距离约为 2m。该距离随着车辆与摄像机 d_{VC} 之间的距离增大而略有增加。

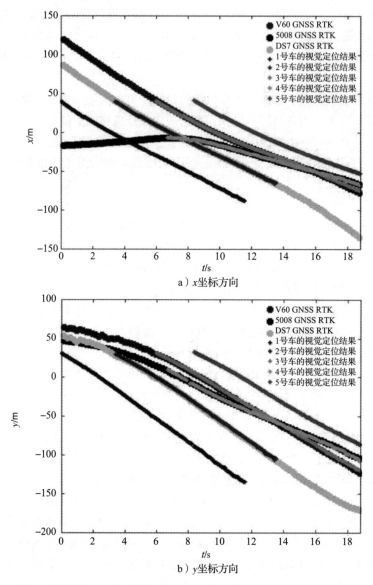

a）x 坐标方向

b）y 坐标方向

图 8.17　随着时间的推移，并道期间车辆的定位。较大的圆点表示 GNSS RTK 结果
（三辆网联汽车），而十字表示基于视觉的定位（五辆参与车辆）

图 8.19 展示了对更大数据集[48]（即来自三组不同时间的共 20 个视频）的评估。如 8.2 节所述，我们得到了 ALP[12, 14, 15]，计算正确车辆位置的数量，即定位误差分别小于 $t_{ALP}=$

1m 和 t_{ALP}=2m 的情况。正确匹配的比率决定了 ALP，如图 8.19a 所示。检测到车辆的绝对数量（每个视频中每辆车大约 250 次检测），如图 8.19b 所示。两种测量都对车辆和摄像机之间的距离 d_{VC} 进行了可视化。由于此距离 d_{VC} 仅对一个参考位置有效，因此此评估仅限于位于同一樯杆上的两台摄像机（摄像机 1 和摄像机 2），并使用樯杆位置作为参考。这些摄像机主要观察主车道（图 8.13），从而也可观察到所有参与的车辆。

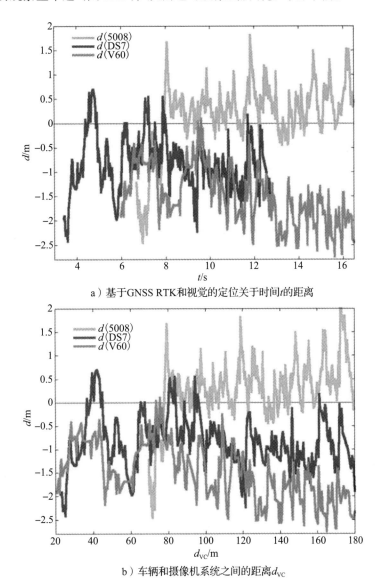

a）基于GNSS RTK和视觉的定位关于时间t的距离

b）车辆和摄像机系统之间的距离d_{VC}

图 8.18　基于 GNSS RTK 和视觉的定位关于时间 t 的距离（a）和车辆与摄像机系统之间的距离 d_{VC}（b）的可视化。由于摄像机的位置是固定的（图 8.13），d_{VC} 随 t 增加

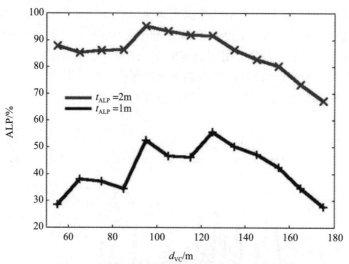

a）使用GNSS RTK作为真值评估20个视频序列和三辆网联汽车的ALP

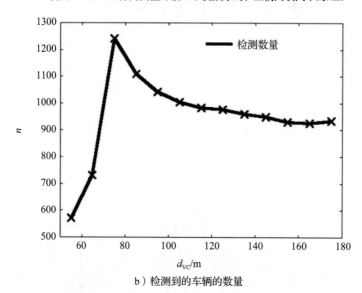

b）检测到的车辆的数量

图 8.19　对更大数据集的评估，这两组测量都是根据车辆位置和摄像机系统
之间的不同距离 d_{VC} 而分段评估的

　　测试结果显示，系统在 90m 和 130m 之间的距离上实现了最高的精度。在 t_{ALP}=2m 时，ALP 仍能保持较高水平即使在距离很远（170m<d_{VC}<180m）的情况下，ALP 也为 67%。对于 t_{ALP}=1m，定位精度明显较低。由于采用多摄像机方式，近距离使用小焦距摄像机，远距离使用大焦距摄像机，距离大于 130m 时精度不会降低太多。与车辆定位的最新技术（8.1.1 节）相比，本节所提出的实时方法凭借其较大的检测范围（50m<d_{VC}<180m）提供了具有竞争力的性能：虽然在 t_{ALP}=1m 时精度不能令人满意（ALP 为 37.8%），但当

t_{ALP}=2m 时，其可提供 81.6% 的 ALP。我们分析 t_{ALP}=1m 时不令人满意的精度是由于没有考虑车辆模型的变化（图 8.18），以及 GPS RTK 定位的不准确导致的真值的不可靠。

8.2.7　小结

本节使用了来自多个摄像机的单目视觉为协作式并道应用评估了基于视觉的车辆定位方法。主要特点有：（i）通过使用具有不同视角的多个摄像机的组合以及根据应用而特殊设计的摄像机焦距，实现对轨迹规划所需区域的覆盖；（ii）通过确保算法的实时定位性能，满足轨迹建议应用的在线计算与分发需求。定位方法包括在 2D 图像领域中基于机器学习的对象检测、2D 定位到 3D 全局坐标系的投影。

车辆定位基于每个图像中的 2D 检测，并通过高精度的摄像机标定来将其映射到 3D 坐标系。3D 定位中，我们使用图像中的 2D 重心来近似车辆的 3D 重心。为了补偿投影误差，我们使用高度为 h_r 的参考平面实现 3D 全局坐标系的投影。

定位评估使用 ALP 作为误差度量。结果显示所提出的方法的精度与最先进的车辆定位方法相当，同时还提供了充足的实时处理性能以确保竞争能力。

8.3　本章总结

本章介绍了两种定位车辆的方法：基于 5G 无线电的定位和使用外部传感器（路侧视觉系统）的定位。5G 无线电定位由于可以复用现有的移动通信基础设施而成为一种值得期待的方法。它不需要专用设备或信号，并且可以搭载在现有的通信基础设施上。与仅可以测量延迟的 4G 相比，5G 中的角度测量能力为提高分辨率和准确性，以及使用多径信息提供了新的可能。5GCAR 已开发出了互补的解决方案，以满足绝对定位精度小于 1m、最佳条件下相对定位精度小于 10cm 的需求。但是，诸如时间同步精度不足和 NLOS 等场景仍可能会限制该系统的性能。

基于视觉的定位需要额外的基础设施（摄像机安装），但好在摄像机位置可以灵活部署。在 5GCAR 项目中，我们选择了 10m 高的桅杆进行安装，从而避免了 NLOS 情况。即使车辆和摄像机之间的距离很远（在评估测试中为 180m），精度也可以达到小于 1m。由恶劣的天气（例如雾天）或光照不足（黎明、夜晚）造成的低能见度情况可能会导致基于视频定位的定位精度的性能下降。在良好的环境下，与基于无线电的定位相比，视觉定位可以达到更高精度和更高可靠性。由于机器学习技术将为 3D 定位提供持续改进的算法与模型，因此我们可预计在不久的将来，视觉定位的准确性将会进一步提高。同时，在 5GCAR 项目中使用基于视觉的车辆定位的主要动机是对非网联道路交通参与者进行定位。在这种情况下，使用额外的传感器（例如路侧摄像机）是不可避免的。

考虑到两种传感器类型的优势和局限性，使用传感器融合将这两种方法组合应该会进一步提高定位的精度和可靠性。

参考文献

1 Campos, R.S. (2017). Evolution of positioning techniques in cellular networks, from 2G to 4G. *Wireless Communications and Mobile Computing*.

2 Sahinoglu, Z., Gezici, S., and Guvenc, I. (2008). *Ultra-Wideband Positioning Systems*. Cambridge University Press.

3 del Peral-Rosado, J.A., Raulefs, R., López-Salcedo, J.A., and Seco-Granados, G. (2017). Survey of cellular mobile radio localization methods: from 1G to 5G. *IEEE Communication Surveys and Tutorials* 20 (2): 1124–1148.

4 Palacios, J., Casari, P., Assasa, H., and Widmer, J. (2019). LEAP: location estimation and predictive handover with consumer-grade mmWave devices. In: *Proceedings of IEEE Conference on Computer Communications*, 2377–2385.

5 Aladsani, M., Alkhateeb, A., and Trichopoulos, G.C. (2019). Leveraging mmWave imaging and communications for simultaneous localization and mapping. In: *Proceedings of IEEE International Conference on Acoustics, Speech and Signal Processing (ICASSP)*, 4539–4543.

6 del Peral-Rosado, J.A., Seco-Granados, G., Raulefs, R. et al. (2018). Whitepaper on new localization methods for 5G wireless systems and the internet-of-things. Research Gate: Technical Report.

7 Ren, S., He, K., Girshick, R., and Sun, J. (2015). Faster r-cnn: towards real-time object detection with region proposal networks. In: *Advances in Neural Information Processing Systems* (eds. C. Cortes, N.D. Lawrence, D.D. Lee, et al.), 91–99. Curran Associates.

8 Redmon, J. and Farhadi, A. (2017). YOLO9000: better, faster, stronger. In: *Proceedings of IEEE Conference on Computer Vision and Pattern Recognition*.

9 Geiger, A., Lenz, P., and Urtasu, R. (2012). Are we ready for autonomous driving? the KITTI vision benchmark suite. In: *Proceedings of IEEE Conference on Computer Vision and Pattern Recognition*.

10 Chen, X., Kundu, K., Zhang, Z. et al. (2016). Monocular 3d object detection for autonomous driving. In: *Proceedings of the IEEE Conference on Computer Vision and Pattern Recognition*, 2147–2156.

11 Mousavian, A., Anguelov, D., Flynn, J., and Kosecka, J. (2017). 3d bounding box estimation using deep learning and geometry. In: *Proceedings of the IEEE Conference on Computer Vision and Pattern Recognition*, 7074–7082.

12 Chabot, F., Chaouch, M., Rabarisoa, J. et al. (2017). Deep manta: a coarse-to-fine many-task network for joint 2d and 3d vehicle analysis from monocular image. In: *Proceedings of the IEEE Conference on Computer Vision and Pattern Recognition*, 2040–2049.

13 Xu, B. and Chen, Z. (2018). Multi-level fusion based 3d object detection from monocular images. In: *Proceedings of the IEEE Conference on Computer Vision and Pattern Recognition*, 2345–2353.

14 Xiang, Y., Choi, W., Lin, Y., and Savarese, S. (2015). Data-driven 3d voxel patterns for object category recognition. In: *Proceedings of the IEEE Conference on Computer Vision and Pattern Recognition*, 1903–1911.

15 Li, B., Ouyang, W., Sheng, L. et al. (2019). Gs3d: an efficient 3d object detection framework for autonomous driving. In: *Proceedings of the IEEE Conference on Computer*

Vision and Pattern Recognition, 1019–1028.

16 Sequeira, L., Szefer, A., Slome, J., and Mahmoodi, T. (2019). A lane merge coordination model for a V2X scenario. In: *Proceedings of IEEE European Conference on Networks and Communications (EuCNC)*, 198–203.

17 Luo, Y., Xiang, Y., Cao, K., and Li, K. (2016). A dynamic automated lane change maneuver based on vehicle-to-vehicle communication. *Transportation Research Part C: Emerging Technologies* 62: 87–102.

18 3GPP. (2018). Study on positioning use cases. TR 22.872, Release 16, v16.1.0.

19 3GPP. (2018). Study on enhancement of 3GPP support for 5G V2X services. TR 22.886, Release 16, v16.2.0.

20 3GPP. (2019). New WID: NR positioning support. RP-190752, Release 16, 3GPP TSG RAN Meeting #83, Shenzhen, China, March.

21 3GPP. (2019). Change request for 3GPP 38.211 (NR; physical channels and modulation). R1-1913661, Release 16, 3GPP TSG-RAN WG1 Meeting #99, Reno, NV, November.

22 3GPP. (2019). Change request for 3GPP 38.215 (NR; physical layer measurements). R1-1913663, Release 16, 3GPP TSG-RAN WG1 Meeting #99, Reno, NV, USA, November.

23 Alkhateeb, A., El Ayach, O., Leus, G., and Heath, R.W. (2014). Channel estimation and hybrid precoding for millimeter wave cellular systems. *IEEE Journal of Selected Topics in Signal Processing* 8 (5): 831–846.

24 Xiao, Z., He, T., Xia, P., and Xia, X.-G. (2016). Hierarchical codebook design for beam-forming training in millimeter-wave communication. *IEEE Transactions on Wireless Communications* 15 (5): 3380–3392.

25 Nitsche, T., Cordeiro, C., Flores, A.B. et al. (2014). IEEE 802.11 ad: directional 60 Ghz communication for multi-gigabit-per-second wi-fi. *IEEE Communications Magazine* 52 (12): 132–141.

26 Wang, J., Lan, Z., Sum, C.-S. et al. (2009). In: *Proceedings of IEEE 70th Vehicular Technology Conference Fall*, 1–6.

27 Garcia, N., Wymeersch, H., and Slock, D. (2017). Optimal precoders for tracking the AoD and AoA of a mmWave path. ArXiv.

28 Fleury, B.H. (2000). First-and second-order characterization of direction dispersion and space selectivity in the radio channel. *IEEE Transactions on Information Theory* 46 (6): 2027–2044.

29 Yucek, T. and Arslan, H. (2008). Time dispersion and delay spread estimation for adaptive OFDM systems. *IEEE Transactions on Vehicular Technology* 57 (3): 1715–1722.

30 Shahmansoori, A., Garcia, G.E., Destino, G. et al. (2018). Position and orientation estimation through millimeter-wave MIMO in 5G systems. *IEEE Transactions on Wireless Communications* 17 (3): 1822–1835.

31 Zhou, Z., Fang, J., Yang, L. et al. (2016). Channel estimation for Millimeter-wave multiuser MIMO systems via PARAFAC decomposition. *IEEE Transactions on Wireless Communications* 15 (11): 7501–7516.

32 Wen, F., Kulmer, J., Witrisal, K., and Wymeersch, H. (2019). 5G positioning and mapping with diffuse multipath, ArXiv.

33 Wymeersch, H., Seco-Granados, G., Destino, G. et al. (2017). 5G mmWave positioning for vehicular networks. *IEEE Wireless Communications* 24 (6): 80–86.

34 Wymeersch, H., Garcia, N., Kim, H. et al. (2018). 5G mmWave downlink vehicular positioning. In: *Proceedings of IEEE Global Communications Conference*, 206–212.

35 Yassin, A., Nasser, Y., Al-Dubai, A.Y., and Awad, M. (2018). MOSAIC: simultaneous localization and environment mapping using mmWave without a-priori knowledge. *IEEE Access* 6: 68932–68947.

36 Palacios, J., Casari, P., and Widmer, J. (2017). JADE: zero-knowledge device localization and environment mapping for millimeter wave systems. In: *Proceeding of IEEE International Conference on Computer Communications*, 1–9.

37 Meyer, F., Kropfreiter, T., Williams, J.L. et al. (2018). Message passing algorithms for scalable multitarget tracking. *Proceedings of IEEE* 106 (2): 221–259.

38 Durrant-Whyte, H. and Bailey, T. (2006). Simultaneous localization and mapping: part I. *IEEE Robotics and Automation Magazine* 13 (2): 99–110.

39 Mullane, J., Vo, B.-N., Adams, M.D., and Vo, B.-T. (2011). A random-finite-set approach to Bayesian SLAM. *IEEE Transactions on Robotics* 27 (2): 268–282.

40 Kim, H., Granström, K., Gao, L. et al. (2019). 5G mmWave cooperative positioning and mapping using multi-model PHD. ArXiv.

41 Mizmizi, M., Mandelli, S., Saur, S., and Reggiani, L. (2018). Robust and flexible tracking of vehicles exploiting soft map-matching and data fusion. In: *Proceedings of IEEE 88th Vehicular Technology Conference (VTC Fall)*.

42 Saur, S., Mizmizi, M., Otterbach, J. et al. (2020). 5GCAR demonstration: vulnerable road user protection through positioning with synchronized antenna signal processing. In: *Proceedings of 24th International ITG Workshop on Smart Antennas (WSA)*.

43 Kakkavas, A., Castañeda Garcia, M.H., Stirling-Gallacher, R.A., and Nossek, J.A. (2018). Multi-array 5G V2V relative positioning: Performance bounds. In: *Proceedings of IEEE Global Communications Conference (GLOBECOM)*.

44 Cordes, K., Nolte, N., Meine, N., and Broszio, H. (2019). Accuracy evaluation of camera-based vehicle localization. In: *Proceedings of IEEE Int'l Conference on Connected Vehicles and Expo (ICCVE)*, 1–7.

45 Cordes, K. and Broszio, H. (2019). Constrained multi camera calibration for lane merge observation. In: *Proceedings of Int'l Conference on Computer Vision Theory and Applications (VISAPP)*, 529–536.

46 Vermeille, H. (2002). Direct transformation from geocentric coordinates to geodetic coordinates. *Journal of Geodesy* 76 (8): 451–454.

47 Shi, J. (1994). Good features to track. In: *1994 Proceedings of IEEE Conference on Computer Vision and Pattern Recognition*, 593–600.

48 Cordes, K. and Broszio, H. (2021). Vehicle lane merge visual benchmark. To be published in: *Proceedings of IEEE Int'l Conference on Pattern Recognition (ICPR)*.

第 9 章

信息安全和隐私

Rémi Theillaud[⊖]、Marc Lacoste[⊖]、David Armand[⊖]和 Yvan Rafflé[⊖]

信息安全和隐私是 V2X 通信应用的两个关键因素。C-V2X 的信息安全和隐私需要从多个的角度跨多个运营商域（域内和域外接口）来考虑，如图 9.1 所示：

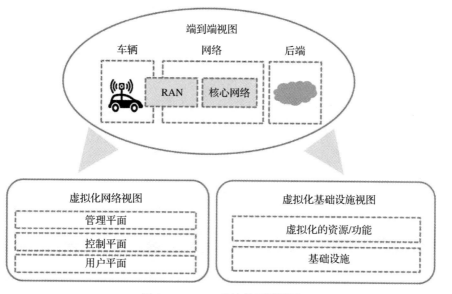

图 9.1　C-V2X 系统的不同视图

- 端到端的角度。用户设备、无线电接入网络、核心网络和云。
- 虚拟基础设施角度。基础设施和虚拟资源或功能（由移动网络运营商或其他租户拥

⊖　Orange Labs Services（法国）

有：第三方 / 虚拟网络运营商）域。

- 虚拟网络角度。软件定义网络 / 网络功能虚拟化管理平面、控制平面和数据平面域。

部分信息安全和隐私威胁并不是 V2X 特有的，也在 5G 中存在：

- 拒绝服务攻击，如通过干扰无线电接入网络，通过信令交换使 CP 过载，或在设备中安装恶意软件（例如僵尸网络）；
- 对跨无线电接入网络数据的匿名性和隐私性的威胁；
- SDN/NFV 控制器 / 协调器被破坏或滥用（如冒充租户）[1]；
- 网络切片隔离不佳导致数据泄漏或资源耗尽。

由于恶意活动的存在，必须为合法的 V2X 用户和应用提供额外的信息安全和隐私保证：

- 认证、授权和审计（Authentication，Authorization，and Accounting，AAA）也是用来验证任何 V2X 参与者在当前时间和位置的行为正常，并遵守 V2X 机构授予的权限的关键信息安全功能。其包括了车载单元或路侧单元、多接入边缘计算应用。V2X 权限管理可能要求设备向相关机构注册（全球的每个地区 / 国家或相关委托机构等），之后设备被授予以下权限：普通车辆与特殊车辆（紧急车辆、道路运营车辆、警车、公共交通 / 运输车辆等）；收费区路侧单元、交通信号灯、道路施工公告等。
- V2X 消息重放：消息可能被攻击者在同一地点、不同时间重放（例如，由紧急车辆或警车合法发送的信息可能被重放）。消息也可能在不同的地点被重放，导致所谓的虫洞攻击。
- 还需要考虑多运营商环境下的责任归属，或者更广泛地说，多租户、多服务或多国家 / 立法环境中的责任归属问题。

在本章，我们通过对不同的通信格式和接口进行更详细的研究来说明 C-V2X 的信息安全。其中包括 V2N，车辆与移动网络以更传统的形式通信；V2V，也就是车辆之间直接通信；V2I，即车辆与支持无线的路侧基础设施通信。

接下来，9.1 节从 V2N 通信的角度讨论 C-V2X 信息安全；9.2 节讨论 V2V/V2I 交互；9.3 节回顾其他方法；9.4 节进行小结。

9.1　V2N 信息安全

我们将在 9.1.1 节回顾车辆信息安全挑战，在 9.1.2 节探讨隔离面临的挑战。随后，我们将在 9.1.3 节介绍软件定义车联网（Software-Defined Vehicular Networking，SDVN）的一些优势和局限。

9.1.1　信息安全挑战

网联自动驾驶生态系统有个简单的三层结构，即车辆、网络 / 边缘和云。车辆层包括相互通信的汽车；网络 / 边缘层包含蜂窝网络和智能运输系统基础设施；云层包括形成后端系统的云（或云联盟）。

连接性和自主性水平的提高带来了严峻的信息安全、功能安全和数据保护挑战。最近不断增加的攻击事件[2-4]证明了车辆也可能成为黑客的目标。在安全领域，一个亟待解决的主要问题是功能安全与信息安全之间的差距：网联汽车是一个信息物理系统，会引发功能安全和信息安全之间的交互漏洞，而迄今为止功能故障（车辆的意外事故）和信息威胁（黑客的恶意入侵）是分开处理的。CAD 也是数据型生态系统的核心：车辆和乘客的数据被收集、分析，并通过多种渠道与 CAD 生态系统的所有利益相关者共享。然后，无论是在静态或传输过程中，必须艰难地在信息完整性（对车辆的功能安全至关重要）和驾驶员与乘客的隐私之间做出权衡[5]。安全挑战的一些根本原因如图 9.2 所示，这同时也可能是关键业务机会的来源。

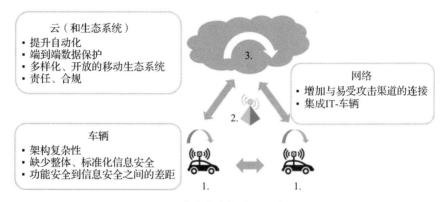

图 9.2　信息安全挑战的根本原因

对车辆而言，目前嵌入式架构的复杂性和脆弱性是一个关键的弱点——特别是管理功能安全的汽车机械系统（发动机、电池、轮胎、转向系统等）的电控单元（Electric Control Unit，ECU）和数字过程控制器激增：现代汽车可能配有 100 个以上的 ECU，以及大量相互连接的异构车载总线硬件架构。在网络层，连接应该是高度隔离的，且还应检测和缓解有关网络隔离的异常情况。在云端，虚拟化和网络安全需要与车侧的需求相协调，以保证从车辆到云的端到端隔离。生态系统的信息安全保障还包括移动性、互操作性和责任归属。为了应对这些挑战，需要针对完整的数据生命周期提供全面的保护，包括软件和硬件、车辆、网络和云等。

9.1.2　隔离挑战

接下来将描述系统隔离和网络隔离方面遇到的挑战。

1. ECU 间的系统隔离

传统车辆中的信息安全关键 ECU 通过易受攻击的车载总线连接（例如 CAN 总线、车载以太网），并通过弱保护网关连接到面向互联网的系统（例如信息娱乐系统）。因此，威胁存在于这种架构的各个方面：ECU 到 ECU 之间、通信总线上以及网关。目前已经有许多网络分段解决方案用于保护此类车载架构，例如，引入防火墙或强化通信协议。不过截至目前，此方面仍然是主要弱点。

随着高性能计算架构的进步，ECU 被分为多个域，例如高级驾驶辅助系统、信息娱乐、信息安全、雷达。汽车由具有高计算能力的域控制器（包括图形处理单元）进行监督，这些控制器将其所在域与其他域隔离开来。我们必须在域之间明智地权衡，例如在信息安全和能源效率之间取得平衡。

ECU 也被虚拟化为轻量级执行环境（例如虚拟机、容器）。一些云隔离上的困难会影响车内域的隔离状况。现在其他领域（例如航空电子设备）的解决方案已经成熟，例如分区管理程序或开源虚拟化（车规级 Linux），这些是推动管理程序层功能安全、信息安全和可靠通信的关键因素。尽管操作系统或虚拟机管理程序不安全，但一些可信执行技术［例如英特尔软件保护扩展（Software Guards eXtension，SGX）飞地技术、ARM 信任区技术］都使用基于硬件的机制，可为隔离应用程序敏感数据提供第一级防御。但是，这些机制仍然容易受到侧信道攻击，需要在应用、系统和硬件层采取缓解措施[6-7]。

2. 网络切片间的隔离

可编程 5G 基础设施中的逻辑网络功能可以分组为一个切片，以满足特定服务在功能（安全性、移动性）或性能（延迟、吞吐量）方面的需求[8]。

由于对第三方的开放性，需要切片间隔离来保证每个租户的性能并保持安全性[9]。这种隔离可以通过以下方式部署：（i）使用不同的物理资源；（ii）使用虚拟化分离共享资源；（iii）在执行访问控制策略的租户之间共享资源。但每个租户可能会在其具有不同安全参数的切片之间共享资源，从而构成重大威胁。

端到端隔离是网络切片的固有属性，特别是域间（技术、管理）切片，可促进从服务提供商到终端用户的服务传递[9]。因此，切片组合了属于不同基础设施提供商的资源，并统一了各种网络层或技术。而这一过程需要跨越设备、边缘和云的端到端安全管理平面。

最后，切片间隔离会涉及多个利益相关者，例如道路管理部门、市政、OEM、网络运营商和服务提供商。由于汽车用例通常是多租户的，因此需要强大的多级访问控制，但目前此需求尚未达成一致。

9.1.3　软件定义的车联网信息安全

以下小节描述了软件定义的车联网信息安全。我们首先介绍其原理和架构，随后介绍信息安全优势和威胁。

1. 原理和架构

SDVN 将 SDN 应用于车载网络，使其更具可编程性和灵活性[10]。其思想是将车辆和道路基础设施的元素表示为数据平面中的网络交换机，而 SDN 控制器管理车载网络。典型的 SDVN 架构如图 9.3 所示。

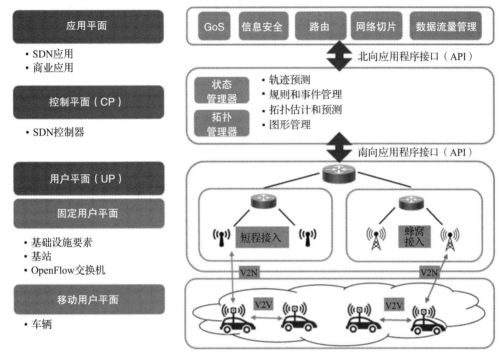

图 9.3 SDVN 架构

应用平面包含网络服务和应用。CP 包括 SDN 控制器，以逻辑上集中的方式管理网络。它维护所有车载网络交换机的状态（包括车辆位置、速度和网络连通性）和当前网络拓扑状态信息。数据平面包含网络资源：所有车辆、RSU 和基站都被抽象为 SDN 交换机。

2. 信息安全优势和威胁

SDVN 有助于更平稳地管理车辆信息安全和功能安全，可有效赋能诸多汽车网络安全服务，例如车载安全 – 入侵检测、防火墙、OTA、安全审计 –5G 连接安全 – 网络隔离和切片、网络异常检测，以及用于车辆信息安全、数据保护网络的编排级服务等。基于 SDVN 的监控还有助于通过对威胁自动驾驶汽车行为的意外和恶意故障的监控与反应来弥合功能安全与信息安全之间的差距。更广泛地，结合 SDVN 和边缘技术的架构有助于解决汽车部署困难：满足实时要求的上下文感知、使用雾单元来提高可扩展性和管理车辆之间的切换。

然而，来自未经授权实体的错误信息的传播可能导致严重事故[11]。SDN 控制器仍然是中央决策点。应该使用纵深防御方法对其进行强有力的保护。紧耦合 SDN 层也促进了威胁在层之间的传播。因此，层之间的应用程序接口（Application Programming Interface，API）应该得到强化和标准化。最后，底层数据平面中的车辆移动性和开放性将 SDN 威胁放大到控制和应用平面。数据平面的两层都应该通过实施身份验证进行保护。

这种影响也可能同时涉及信息安全和功能安全。由于 CAD 生态系统由紧密集成的系统组成，子系统中的故障可能会传播到其他子系统继而发生级联故障，从而使恢复变得异常困难。同样，针对车辆决策逻辑的网络威胁也需要受到重视。如果数据完整性受到损害，机器学习算法的漏洞（例如噪声注入攻击）可能会在信息安全方面造成灾难性的后果。

9.2　V2V/V2I 信息安全

欧盟和美国的安全架构都遵循以下原则：依靠公钥基础设施向车载单元和路侧单元（以下称为终端实体）提供数字证书——这是美国安全凭证管理系统所采用的术语。

V2X 数字证书格式在欧盟标准[12]和美国标准[13]中均有定义⊖。最新的参考文献 [12]标准现在基于参考文献 [14]。

每个 EE 都分别配有两种证书：

- 长期证书，又名注册证书，由 EE 在注册阶段收到。此长期证书不为 V2X 消息签名，而是为发送给 PKI 机构的请求签名（尤其是获取和下载假名证书的请求）。
- 多个短期证书，又名假名证书或授权凭证（Authorization Tickets，AT），通常每周 20 个，由 EE 用于为消息签名。出于隐私目的，EE 会定期更改其身份，这需要更改其当前的假名证书，因此每周会提供 20 个假名证书。

数字证书由 PKI 颁发机构［称为证书颁发机构（Certificate Authority，CA）］签发：注册证书由注册颁发机构（Enrollment Authority，EA）——又称注册证书颁发机构（Enrollment Certificate Authority，ECA）或长期证书颁发机构（Long-Term Certificate Authority，LTCA）签发。假名证书由假名证书颁发机构（Pseudonym Certificate Authority，PCA）（又称授权机构）签发。该机制是递归的，EA 和 PCA 使用他们的证书来签发注册证书和假名证书。因此，PKI 体系结构定义了一个权限机构树：一个父权限机构对其子权限机构的证书进行签发。顶部是一个根权限机构，其证书受到所有实体的信任。

PKI 还定义了终端实体用于连接到不同权限机构以及权限机构之间进行交换的协议。欧盟协议版本见参考文献 [15-16]，美国版本协议见参考文献 [17]。

数字证书规定了：

- 一个用于验证的公钥：V2X 消息的接收方使用此公钥来验证消息的签名（如果验证成功，则证明消息的发送方拥有关联的私钥）。

    注意：这只适用于显式证书。在美国，注册证书和假名证书是隐式证书：此类证书仅指定重建值，而不是验证公钥和（证书）签名（因此隐式证书比显式证书短）。重建值允许重建公钥；如果它允许成功验证接收到的消息签名，那么它也证

⊖　V2X 数字证书格式的中国标准为"YD/T 3957-2021 基于 LTE 的车联网无线通信技术 安全证书管理系统技术要求"。——译者注

明证书是由预期的权威颁发的。
- 一个（可选的）用于加密的公钥，可用于加密专供该证书所有者使用的数据（只有相关私钥的所有者才能解密数据）。
- 地理有效性（例如一个或多个国家）。
- 时间有效性。
- 特定服务特定权限（Service-Specific Permission，SSP），表明证书是否允许为特定的 V2X 消息或 V2X 消息中的特定内容进行签名。

当收到签名的 V2X 消息时，接收者必须以加密方式验证签名，并执行相关性（例如关于时间或位置）检查和一致性（针对 SSP）检查。

欧盟和美国都使用基于椭圆曲线的密码操作：椭圆曲线数字签名算法用于签名，椭圆曲线集成加密方案（Elliptic Curve Integrated Encryption Scheme，ECIES）用于加密。关联的散列值和密钥长度为 256 位或 384 位。

所有公钥 / 私钥对都需要由硬件安全模块生成，以确保私钥不会被泄露。因此，基于私钥的签名和解密加密操作由 HSM 执行。

9.2.1　隐私

欧盟委员会授权法案草案[18]有一个"基本权利"部分，强调 C-ITS 服务必须遵守欧盟关于个人数据保护的法律，特别是通用数据保护条例。

个人数据包括识别个人身份的数据，例如驾驶员、乘客或车主，包括其姓名、电话号码或电子邮件地址，以及车牌号或序列号。个人数据还包括地理位置数据、里程、驾驶方式和其他技术性车辆数据。

GDPR 不适用于真正的匿名数据，前提是匿名化机制不可逆，且无法通过交叉引用多个数据源识别某人。在这种情况下，定位数据具有挑战性，例如某人每天从家到工作单位走相同路线可能被识别。

在这种情况下，需要仔细考虑获取什么样的数据，是否应当存储这些数据；如果需要，那么存储多长时间。必须执行数据最小化原则，例如，天气预报应用程序或地图分发应用程序不需要收集准确的位置。

除非需要提供服务，否则不得存储数据。此外，除非数据主体明确同意，否则不得与其他实体共享数据。

迄今为止已经标准化的 V2X 协议和消息均支持采用假名：包括协议标识符和地址，以及安全证书。因此，上述三项信息均无法与人或车辆产生关联。此外，标准要求具有隐私需求的 V2X 设备（例如私人车辆或智能手机）需定期更改标识符、地址和证书，例如 IPv6 地址或基于 3GPP 接入技术的直连链路第 2 层（即介质访问控制）地址。关于安全策略的授权法案[18]提出了一种触发此类身份更改的算法。

使用假名与匿名化策略并不完全相同。如果要报告异常行为，必须存在可以将假名与其注册证书（即真实身份）相关联的实体，以便可以撤销该注册，并且不会为存在异常行为的设备签发更多假名证书，即采用假名需要由 PKI 的某些机构来逆推。

请注意，授权法案[18]并未解决 V2X 设备、协议和应用程序如何遵守 GDPR；它只声明它们必须遵守。因此，汽车制造商可能必须为驾驶员提供禁用 V2X 的能力。因此，应明确 GDPR 对 V2X 的适用性；出于安全相关应用的考虑，法规应允许安装在车辆或其他交通参与者设备始终发送最少的一组信息，以便最小集合的一组安全关键服务可以运行。

例如，网联自动化移动服务感知消息属于授权法案[18]中引用的协作式智能交通系统消息，预计对许多的下一代（即所谓的 Day 2）安全应用产生重要影响。目前尚不清楚使用短距离广播通信发送 CAM 消息是否符合 GDPR，但即使他们使用了假名，其内容也会被欧盟委员会保留。下一代协同传感消息很可能会引起类似的担忧。

另一方面，其他 V2X 服务（如车道合流、远程停车等）可能需要车主或驾驶员的明确同意。

9.2.2　欧盟安全架构

要获得假名证书，EE 需要：

- 在 EA 注册，这是"引导"过程。对于 OBU，此注册过程将预计由汽车制造商执行，并提供车辆的规范标识符（和相关的公钥）。
- 向注册机构（EA）申请注册证书（如图 9.4 所示）。该请求使用与注册的规范标识符关联的公钥进行签名。

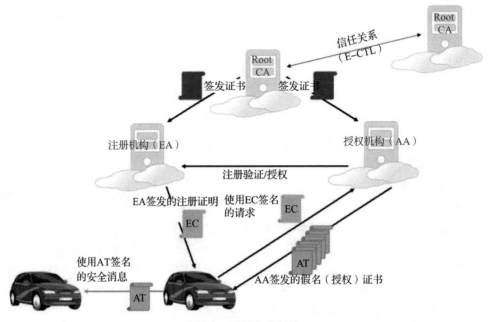

图 9.4　欧盟安全架构

- 申请假名证书（如图 9.4 所示）：每周 20 个，这样 OBU 即使在一段时间无法连接到 PKI 也可以继续为消息签名。此类请求使用注册证书进行签名。

PKI 协议的设计方式为，AA 在回复假名证书（AT）请求时，不知道（也无法跟踪）发出请求的 EE 的身份。因此，AA 无法判断两个 AT 是否已分配给同一个 EE。同样，EA 不知道为给定的 EE 生成了哪些 AT。因此，EA 和 AA 的隐私都得到了保证。

为了签名 V2X 消息，EE 计算签名并将其证书附到消息后（签名和证书是参考文献［12］中定义的安全信封的一部分）。出于带宽考虑，特定规则适用于 CAM 消息（通常由车载单元以 10Hz 发送）：证书并非附加到每个消息，可以由其 HashedId8（证书哈希值的低 8 位字节）替换。参考文献［12］定义了一种机制，通过该机制，一个 OBU 可以从其他 OBU 请求缺失的证书。

PKI 协议支持另外两个关键功能：

- 允许 EE 定期请求证书撤销列表（Certification Revocation Lists，CRL）。CRL 指定证书的 HashedId10 列表（证书哈希值的低 10 位字节），并允许识别已被撤销的证书（因此由此类证书签名的消息不应被接受）。
- 允许 EE 定期请求最新证书信任列表，CTL 提供了 PKI 机构证书和接入点，例如统一资源定位器（Unified Resource Locators，URL）。

第三个重要功能（还在标准化中）允许异常行为上报（如图 9.4 所示）。

9.2.3　美国安全架构

要获得假名证书，EE 需要：

- 申请注册证书（如图 9.5 所示）。这一步预计将由汽车制造商执行。
- 触发生成假名证书（如图 9.5 所示）。这个请求发出一次（正常情况下），用注册证书签名，请求批量生成假名证书。

如果接受请求，SCMS PKI、RA 和 PCA 将一起生成三年的假名证书周批次证书（每周批次包含 20 个证书——更准确地说，20 个加密和签名的证书）。

整个过程基于所谓的"蝶形密钥"流程运行。EE 发送的初始请求指定了 PKI 用于生成两组密钥的两个种子公钥（和一些额外的加密材料）。一组用于加密每个证书响应，另一组用于生成在每个假名证书中的公共验证密钥。此过程需要与两个种子公钥关联的两个私钥。

- 重建私钥，允许对每个证书响应进行解密。
- 重建与每个假名证书关联的私钥（并使用该证书签名消息）。请注意，本章节仅是概述，相关描述已被简化。关键点是只有 EE 的 HSM 存储了两个种子私钥，才能解密证书响应并使用假名证书。
- 每周下载一批假名证书。EE 可以根据需要下载任意数量的批次——如果有足够的存储容量，则可一次性下载所有三年时间的数量。

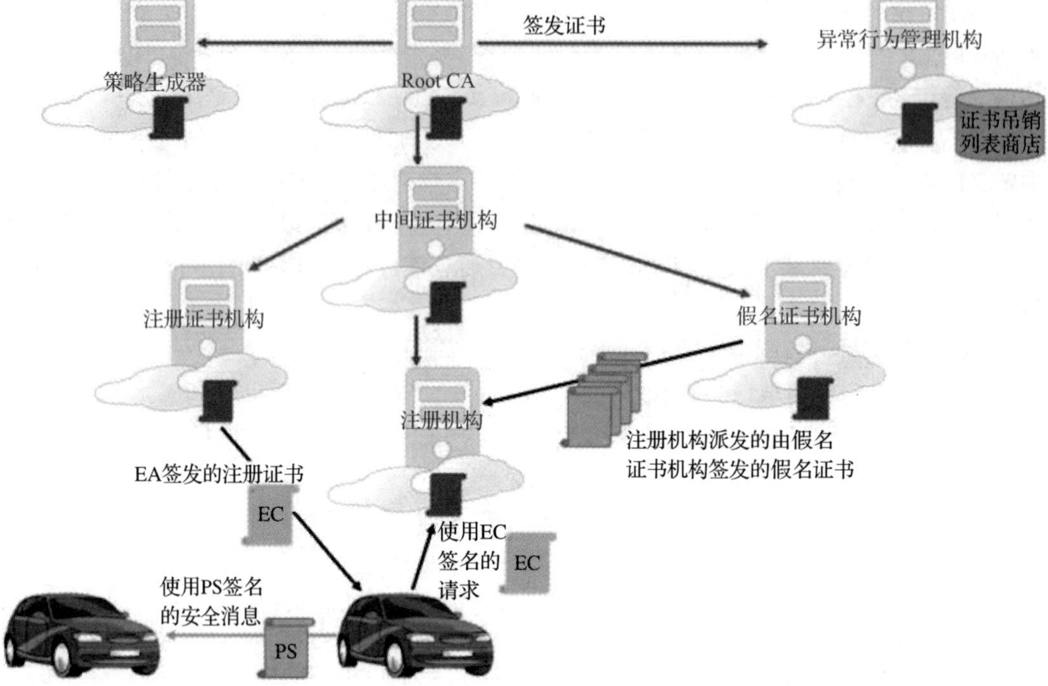

图 9.5　美国安全架构（又名 SCMS）简化图

PKI 协议的设计方式使得 PCA 无法识别（也无法跟踪）发出请求的 EE 身份。因此 PCA 无法判断两个假名证书是否已分配给同一个 EE。类似地，RA 不知道为给定的 EE 生成了哪些假名证书。因此，RA 和 PCA 的隐私都得到了保证。

为了签署 V2X 消息，EE 计算签名并将其证书附加到消息后（签名和证书是参考文献 [13] 中定义的安全信封的一部分）。出于带宽考虑，特定规则适用于基本安全消息（通常由 OBU 以 10Hz 的频率发送）：证书并非附加到每个消息，而是可以由其 HashedId8（证书哈希值的低 8 位字节）代替。参考文献 [13] 定义了一种点对点证书分发（Peer-to-Peer Certificate Distribution，P2PCD）机制，一个 OBU 可以从其他 OBU 请求任何缺失的证书（如图 9.5 所示）。

PKI 协议支持另外两个关键功能：

- 允许 EE 定期请求 CRL。CRL 允许识别已被撤销的证书（因此由此类证书签名的消息不应被接受）。CRL 指定了证书的 HashedId10 值（证书哈希值的低 10 位字节）或其链接值种子。使用链接值种子可以一次撤销一组证书。两个链接机构（需要两个机构是因为要确保每一个机构本身不能通过链接值识别假名证书属于哪个特定的

EE）负责为生成的假名证书生成链接值。通过链接值种子可以验证证书的链接值是
否匹配，并验证证书是否被撤销。
- 允许 EE 定期请求最新的本地证书链文件（Local Certificate Chain File，LCCF），
LCCF 提供了 PKI 机构证书和访问点（例如 URL），允许 EE 定期请求最新的本地策
略文件（Local Policy File，LPF）。

第三个重要功能（仍在标准化中）允许向 SCMS 异常行为管理机构（Misbehavior Authority，
MA）报告异常行为。

9.3　替代方法

信息安全和隐私是 V2X 通信和应用程序的两个关键因素，但必须考虑其对通信带宽
和延迟的影响。例如，某些安全操作可能会带来过多的延迟而不能够满足用例的延迟要
求，例如使用 HSM 或通用用户身份模块对所有消息进行签名。另一个例子是 V2X 消息需
要嵌入符合欧盟委员会 ITS 安全和证书政策的签名和完整证书，以验证自己并声明它们的
权限，这需要额外的带宽。

端到端安全有如下的替代方法：对于给定的应用程序，在车辆和应用服务器之间或在
两辆或更多辆车之间建立通信会话。这样做的好处是权限验证和签名只发生在最初的消息
中。一旦就会话加密密钥完成同步，进一步的消息交换就只需加密步骤了。

这种方案适用于 V2N（用户设备到 V2X 服务器应用）和一对一 V2V/V2I 应用（V2I
是指车辆和道路基础设施之间的双向通信）。但它并不适用于一对多 V2V 或 V2I 应用（例
如，用于交换感知消息）。一种可行的方法是依靠后台的中央实体来执行强身份验证和授
权检查，为特定服务和想要加入该服务的 UE 提供会话密钥（或多个有时限的会话密钥）。
拥有来自后台的共享密钥可以证明发送 UE 是可信的。这是 3GPP 用于临近服务中一对多
安全通信的整体方法。

作为一种备选方案，中央实体可以被一个在特定 V2X 应用范围内发挥特定作用的 UE
所取代（例如一个编队中的头车）。在这两种情况下，必须确保在 V2X 服务需要时可以使
用假名。

9.4　本章总结

欧洲、美国和其他国家 / 地区的许多试点项目已经展示了使用各自标准化机构定义的
V2V 与 V2I 安全协议与公钥基础设施。值得注意的是，V2N 可用于支持设备和机构之间
的 PKI 协议交换。然而，我们仍需要一个可扩展的、具有成本效益的、高效的解决方案来
增强当前标准。按照现行立法的要求，实现隐私保护也是如此。

对于 V2N，鉴于未来智能车载网络面临的一系列信息安全和隔离挑战，SDVN 为机器学习和人工智能的发展方向带来了启发[19]：广泛的方法、技术和工具越来越受到关注，它们可以解决诸如高移动性、强大的网络动态、严格和异构的服务质量要求、保障性和安全性等问题。

参考文献

1 ONF. (2015). Principles and practices for securing software-defined networks. TR-511.

2 ENISA. (2019). Cyber security and resilience of smart cars.

3 Ren, K., Wang, Q., Wang, C. et al. (2019). The security of autonomous driving: threats, defenses, and future directions. *Proceedings of the IEEE* 108 (2): 357–372.

4 Upstream Security. (2020). Global automotive cybersecurity report.

5 Karnouskos, S. and Kerschbaum, F. (2018). Privacy and integrity considerations in hyper-connected autonomous vehicles. *Proceedings of the IEEE* 106 (1): 160–170.

6 Bazm, M., Lacoste, M., Sudholt, M., Menaud, J.M. (2017). Side-Channels Beyond the Cloud Edge: New Isolation Threats and Solutions. In: *Proceedings of IEEE Cyber Security in Networking Conference (CSNet)*.

7 Bazm, M., Sautereau, T., Lacoste, M. et al. (2018). Cache-based side-channel attacks detection through intel cache monitoring technology and hardware performance counters. In: *Proceedings of 3rd IEEE International Conference on Fog and Mobile Edge Computing (FMEC)*.

8 Ordonez-Lucena, J., Ameigeiras, P., Lopez, D. et al. (2017). Network slicing for 5G with SDN/NFV: concepts, architectures, and challenges. *IEEE Communications Magazine* 55 (5): 80–87.

9 Afolabi, I., Taleb, T., Samdanis, K. et al. (2018). Network slicing and softwarization: a survey on principles, enabling technologies and solutions. *IEEE Communications Surveys and Tutorials* 20 (3): 2429–2453.

10 Ku, I., Lu, Y., Gerla, M. et al. (2014). Towards software-defined VANET: architecture and services. In: *Proceedings of 13th Annual Mediterranean Ad Hoc Networking Workshop (MED-HOC-NET)*.

11 Akhunzada, A. and Khan, M.K. (2017). Toward secure software defined vehicular networks: taxonomy, requirements, and open issues. *IEEE Communications Magazine* 55 (7): 110–118.

12 ETSI. (2017). Intelligent transport systems (ITS); security; security header and certificate formats. TS 103 097 v1.3.1.

13 IEEE. (2016). IEEE standard for wireless access in vehicular environments— security services for applications and management messages. Std 1609.2.

14 IEEE. (2017). IEEE standard for wireless access in vehicular environments— security services for applications and management messages amendment 1. Std 1609.2a.

15 ETSI. (2016). Intelligent transport systems (ITS); security; ITS communications security architecture and security management. TS 102 940 v1.2.1.

16 ETSI. (2018). Intelligent transport systems (ITS); security; trust and privacy management. TS 102 941 v1.2.1.

17 Crash Avoidance Metrics Partnership. (2016). Security credential management system proof–of–concept implementation. EE Requirements and Specifications Supporting SCMS Software Release 1.2.

18 European Commission. (2019). Commission Delegated Regulation (EU) of 13.3.2019 supplementing Directive 2010/40/EU of the European Parliament and of the Council with regard to the deployment and operational use of cooperative intelligent transport systems.

19 Liang, L., Ye, H., and Li, G.Y. (2019). Toward intelligent vehicular networks: a machine learning framework. *IEEE Internet of Things Journal* 6 (1): 124–135.

第 10 章

现状、建议与展望

Mikael Fallgren⊖、Markus Dillinger⊖、Toktam Mahmoodi⊜和 Tommy Svensson⊛

如第 1 章所述，只要存在可分享周边环境感知信息的来源，无论驾驶员还是自动驾驶汽车的感知能力都会大大提升，从而支持实现安全、高效的智能交通系统。网络连接与信息共享能力是网联自动驾驶服务的重要推动力。此外，非 ITS 类的面向道路交通参与者的相关服务也在不断发展，这对服务提供商之间的互操作性和信任度提出了更高的要求。本书从业务模式、监管、标准和技术组件等方面讨论了在 C-V2X 支持下实现 CAD 服务的驱动与进展。为了全面实施图 1.1 中概述的路线图，仍需要在各个方面开展进一步工作。本章的其余部分将进一步分享本书原著者根据他们所在领域的经验对未来产生的见解，特别是对于 5GCAR 项目。

10.1 节将分析和预测为了促进 CAD 和 CRU 服务推广所需要开展的 C-V2X 下一阶段研发和标准化需求。10.2 节将从监管、制造、运营多个维度对利益相关者提出加速 CAD 生态系统建设的建议。10.3 节将总结和展望服务于 CAD 的 C-V2X 所面临的挑战和机遇。

10.1 C-V2X 和 CAD 生态系统的未来前景

尽管前面章节已经讨论了 C-V2X 系统的方方面面，但未来十年，在将 C-V2X 完全集成到商业化的 CAD 系统之前，仍然有许多超出 5G 之外的研发工作要做，例如 6G 和 3GPP 后续版本等。由于 3GPP 不同版本之间的兼容性，相应研发工作可以不断地融入移动网络的标准化，新的车辆和新的道路交通参与者通常可以与旧版本进行通信，反之亦然。

⊖ 爱立信研究院（瑞典）。

⊖ 华为德国研究中心。

⊜ 伦敦国王学院（英国）。

⊛ 查尔姆斯理工大学（瑞典）。

在本节中，我们还将描绘 CAD 系统的其他部分以及服务于 CRU 服务和社会的其他智能系统的愿景。C-V2X 是 CAD 系统的核心子系统，CAD 的其他子系统还包括例如支持协作功能安全和隐私的先进物理基础设施。

10.1.1 C-V2X 未来的研发与标准化需求

前述章节从业务模式、标准化、频谱和信道建模、C-V2X 无线电接口、网络架构，以及 C-V2X 应用适配、定位、安全与隐私等方面介绍了支持 CAD 服务的 C-V2X 技术。本节我们将仍然围绕上述各个方面明确进一步的研发需求和尚未提及的内容。

第 2 章：

- 关于如何网联的更加完整、可持续发展的业务模式观点，涉及电信运营商、道路运营商、OEM、智慧城市运营商、停车场、保险公司等。例如新服务如何改变汽车、电信和其他利益相关者的价值链。
- ITS 以外的业务模式创新，特别是出行即服务，例如车辆共享、协同旅行、端到端运输，以及如何能够从网联获益。
- C-V2X 相关技术组件的商业化分析及其重要性。

第 3 章：

- 推进标准组织之间的国际协调，从无线到汽车行业等多个方向，以及支持车辆实现 CAD 服务的物理和数字基础设施。
- 协调不同地理区域的监管，以确保跨越国境的时候具有成本可控、可靠和不间断的服务。
- 未来几年用于高级别 CAD 服务（例如策略联合、群组启动、车辆数据实时云端处理等）的 3GPP 解决方案，这是实现最具挑战的 V2X 需求的技术选择。

第 4 章：

- 在城市、郊区和乡村地区不同环境，以及不同车辆密度条件下，评估各类别 V2X 服务所需求的 1GHz 以下以及 1 ～ 7GHz 频谱需求。例如，700MHz 频段由于其覆盖良好而对 C-V2X 具有价值，但相对应地每赫兹的价格更高。
- 确定所需频谱的位置以及频谱质量（例如授权或免授权频谱）。短距离解决方案（V2V、V2I 以及 V2P）和远程解决方案（V2N）具有不同的频谱需求。
- 3GPP 技术报告中已经讨论了许多现有的信道建模成果，但需要进一步对新的 C-V2X 频谱进行评估，并纳入 3GPP 信道模型。

第 5 章：

- 目前的研究假设车辆上的用户设备是标准用户设备，需要进一步研究在车辆当中集成 5G 以及其他无线技术，例如毫米波频段时的天线设计。
- V2V、V2I、V2P 直连通信和（部分）覆盖范围外通信的设计、评估和性能分析。
- 提供覆盖范围外 C-V2X 替代覆盖方案的自组织网络设计和分析。

- 具有分布式基带处理和天线系统的车载 UE，以提高频谱效率和可靠性，实现 C-V2X 的无蜂窝大规模 MIMO。
- C-V2X 与其他潜在技术方案的共存，例如基于车载蓝牙等技术短程通信。

第 6 章：

- 设计和评估用于不同类别 CAD 服务的网络切片，特别是需要低延迟和超可靠性的服务。
- 研究基础设施的软件化、虚拟化和云化，以进一步灵活地满足不同服务质量要求。
- 利用 V2X 的多链路连接特性，通过优化网络驱动链路选择来支持用例的不同需求。此外，还需要更多的工作来了解车辆中 UE 分布式架构在收发器和网络层面的挑战和影响。
- 无论每辆车连接到哪个移动网络运营商或道路运营商，多运营商支持对于为车辆和道路交通参与者实现无缝、低延迟的通信服务是必要的。终端网络域、接入能力、核心功能以及车辆上的分布式多接入边缘计算仍然面临挑战。

第 7 章：

- 网络和应用之间的信息交换可以增强应用适应性并优化网络，从而提升服务交付能力。然而，许多自动驾驶应用协议以及它们如何与底层协同工作还有待开发和标准化。需要更多的工作来研究如何为不同的应用定制信息交换。
- CAD 消息通过多域传输基础设施在不同参与者之间进行交互。每个基础设施都在例如带宽和延迟等方面有自己的特点。然而，目前尚不清楚哪些机构应该负责确保多域传输基础设施和参与者之间的互操作性。

第 8 章：

- 针对所有交通场景和路况获得足够的相对和绝对定位精度。
- 不仅针对弱势道路交通参与者，还可对所有道路交通参与者将精准定位与运动预测相结合。
- 用于定位和运动预测的系统开销并没有受到太多关注。因此，针对定位消息的上报方式（周期性、事件触发抑或是两者联合）的优化仍然是一个挑战。
- 多传感器融合技术，包括全球定位系统（GPS）、视频、低功耗精确定位以及短程和远程通信。

第 9 章：

- 需要进一步研究以了解 CAD 新应用将如何遵守欧洲的《通用数据保护条例》等法规，与协同感知消息、协同传感消息、定位、策略联合、传感器共享等相关，以及车主同意等问题。
- 欧洲、美国和其他国家的许多试点项目已经展示了使用各自标准化机构定义的 V2V 和 V2I 安全协议和公钥基础设施。然而，在公开讨论中并未充分解决隐私方面的问题。

- 通过识别隐藏关系和学习缓解措施，机器学习和人工智能已展示了作为新安全机制的潜力。与软件定义的车联网相结合为解决未来智能车载网络的广泛安全和隔离等挑战提供了新手段。

10.1.2 CAD 和 CRU 服务的其他广泛研究方向

过去几年中，在提升道路安全性和交通效率方面，CAD 的研究和创新工作起到重要作用，包括技术、系统和应用等方面开展的研发、测试和验证等工作。尽管有可用的技术解决方案，但其成熟度不尽相同，并且需要被整合到自动化运输的生态系统中。此外，从高级驾驶辅助系统向更高级别的自动化的演进还需要大量的努力，其中网联能力有助于控制成本并增加额外的安全性和功能，以扩展传感器的感知范围。

如 1.1.3 节所述，C-V2X 不仅支持 CAD，还支持许多其他 CRU 服务，例如信息娱乐、OTA 软件更新、用于主动维护和诊断的 OEM 云、天气预报、污染监测、道路使用收费、道路维护、停车场业务支持、围绕停放车辆的服务（例如停车效率、汽车充电和安防）、保险、广告、车队管理、汽车共享以及面向一体化移动网络的物流[1]。

为了充分探索 C-V2X 带来的这些机遇，需要关联其他更广泛的研究方向。本小节总结了 CAD（参考文献［2］中进一步阐述）和 CRU 服务中一些仍然存在的挑战。这些仍存在的挑战所在的关键领域被归类为：网联解决方案（C）、设备设计（D）、系统顶层设计（例如涉及网络运营商和 OEM)(S)、监管和法规（RL）：

- 从技术、可信和商业视角来看，通过无线通信，协作的功能安全性涉及不止一个道路交通参与者。(C)
- 更敏捷的 C-V2X 无蜂窝大规模 MIMO 的车载网络。这即用于提高频谱效率和可靠性的多链路合作，包括演进车载网络和移动网络控制传输网络。(C)
- 将车载传感器数据处理和策略计算卸载到边缘或其他车辆。(C)
- 进一步细化 CAD 系统的技术需求和验证方案，以现实可实现的复杂性实现关键性能指标（如延迟和抖动）要求。(C)
- 基于内容的 5G 无线资源管理，从而支持更高效、可靠和可扩展的海量 CAD 系统和 CRU。(C)
- 协调移动通信、网络和汽车之间的 CAD 通信标准。(C)
- 毫米波和可见光技术的物理集成，用于网联汽车中的通信和传感（例如雷达和激光雷达）。(D)
- 车内（由乘客网络和汽车零部件网络组成）无线电接口和无线电接入网络，以最大限度地提高关键性能指标。(D)
- 探索 C-V2X 如何进一步实现更安全的 CAD 系统以及车载无线网络。例如，直连通信的底层增强安全机制，以及如何最好地将 V2N 安全机制用于直连通信和车载网络。(D)

- 升级现有的物理基础设施，并为未来的车辆部署相关数字道路基础设施（无线、道路沿线的 IT 基础设施）。（S）
- 环境感知的整体处理策略。收集的大数据必须考虑数据的时效性、处理时间、存储、数据清洗和分类、通信要求、安全和隐私等方面。（S）
- 利用人工智能，通过对象分类来改善道路交通参与者的环境感知，同时增强 SAE 分级当中自动驾驶车辆的决策策略。（S）
- 当人类驾驶员与自动驾驶汽车或机器人驾驶员一起上路时，由于信息和决策的异构性而造成的复杂交通管理，有许多开放的技术挑战需要解决。还需要额外的驾驶员培训、驾驶执照认证和交通规则修改。（S）
- 在通往更高 SAE 等级的道路上，一个问题是系统应该如何以最聪明的方式与人类进行互动。人机交互相关研究仍需开展，从各种法律和环境的限制下的单项功能设置到全自动驾驶。（S）
- 跨境、跨 OEM、跨 MNO、跨利益相关者以及跨域的消息语义、格式、协议（数据治理）的开发、协调和标准化。（S）
- 利益相关者的责任需要进一步澄清和协调，以确保与保险相关的责任和条款。通过 C-V2X 支持的行车记录仪监控和轨迹跟踪等技术能力，可以辅助仲裁。（RL）
- 与 CAD 服务相关的所有数据处理工作都必须符合数据保护政策。（RL）

在所有这些方向，还需要开发测试和认证策略，利用许多利益相关者的努力和资源组织 CAD 测试。只有当所有参与者都认同共同目标并针对相同的移动目标、解决方案、服务和用例努力时才能成功。当大家都希望这样做，就可以制定一个共享的路线图和议程作为最大限度一致性和互补性的基础，来应对各种技术、监管和业务挑战。为此目的，必须就用例的优先级和所有功能、技术和非技术推动因素，以及其他先决条件的细节达成一致，以利于这些用例的发展。

10.2　对利益相关者的建议

为了在 V2X 领域成功部署和采用 5G 及更高版本，所有利益相关者都必须参与其中。第一，MNO 负责提供连接即服务，满足不同用例的性能等级需求。第二，OEM 负责定义需求、装配车辆，并且利用网联性来促进更高层的应用，例如自动驾驶的车辆控制系统。第三，监管机构的关键任务是提供一个法律框架，激励基础设施建设和服务部署，实现 5G 及更高版本在 V2X 领域成功应用。第四，电信供应商和道路运营商等其他利益相关者也参与其中，共同推动技术创新，确保稳定、持续的道路服务等级。

CAD 不仅包含复杂汽车和电信技术的大量挑战，还包含了人类行为、道德伦理、交通管理策略、公平竞争和责任等问题。因此，必须制定政策和法规，将移动即服务与行业政策、生态和替代能源转型、社会和就业挑战，以及物流链向智能联运模式的演进等相结合。鉴于 CAD 有能力应对从交通安全和效率到环境等重要社会挑战，它将在欧洲或全球运输政策中发挥重要作用。特别是混行道路交通环境下，CAD 通过道路交通参与者之间的安全互动，提升了整体的交通安全，尤其是 VRU 应用。同样，面对跨境互操作方面的挑战，公共部门认识到有必要促进相互间政策互认和协调。政策法规应保证所有利益相关者之间的互操作性（例如语义、消息格式、元数据和定位信息）。此外，实施开放道路测试的共同的认证准则和互认对于降低技术和管理障碍至关重要。

下面，我们将针对这些重要的利益相关者及其相互间活动提出建议。

10.2.1　移动网络运营商

本小节介绍对移动网络运营商的建议，概述各种网络共享方案，然后是网联汽车服务的新商业模式，最后是漫游和运营商之间的合作。

1. 网络共享方案

不同的网络共享方案意味着 ITS 服务提供商在 C-V2X 投资方面的不同回报周期。取决于国家监管机构在网络共享方面的允许程度，以及运营商提供网络共享的意愿，我们将看到对投资回报的重大影响。在监管或竞争压力下，所有用户似乎不太可能在一条道路上只能使用一个移动网络运营商，因此网络共享对于降低基础设施投入和促进网联自动出行的商业化将是至关重要的。

对于移动网络运营商而言，5G 的到来意味着大量的电信基础设施投资。5G 使能的网络共享能力是缩短投资周期的基础解决方案，并且有利于服务连续性。目前确定了四种可选的网络共享方案：被动基础设施共享、不包括频谱共享的主动基础设施共享、包括频谱共享的主动基础设施共享，以及核心网络共享。5G 的新特性之一是网络切片，网络切片运营商可以为 ITS 或者网联自动出行服务提供指定切片来分摊成本，可能是网络共享的一个好解决方案。

对于有成本效益要求的 C-V2X 服务，移动网络运营商应在监管框架下进一步探索和分析网络共享的好处。

2. 网联汽车服务的新商业模式

近期的一份电信供应商报告[3]表明："在智能手机市场，消费者愿意为 5G 支付额外 20% 的费用。"同样来自电信市场的声音说："如果维持当前的千兆字节付费模式，网联家庭和汽车所带来的商机将不会出现。"

我们以 2.5 节中描述的 OTA 升级为例，来说明 C-V2X 用例的潜在盈利模式。OTA 是一种汽车和电信利益相关者应该可以实现双赢的服务，需要一个新的商业模式使之成为现实。这项业务对终端用户和 OEM 都具有重要价值，终端用户可以在首次购买之后升级新的功能；OEM 不仅可以增加新功能，还可以在无须将车辆带回 4S 店的情况下解决部分软件问题。虽然用户可能不会为安全、bug 修复等强制更新付费，但他们愿意为新增加的功能付费。

下一代汽车的新型车载电子电气架构将能够管理大量数据。例如，某OEM[4]宣布其新型电气架构的处理能力高达每小时4.5TB。欧盟专员蒂埃里·布雷顿表示，"自动驾驶汽车将产生数TB的数据，可用于相关的创新性出行服务以及维修和保养。相关创新工作需要汽车数据能够安全且合理的方式进行共享。"在网联汽车发展模式中，更多的车载数据交换意味着环境中数据转移需求的增长。数据共享是未来几年电信市场的发展机遇。

3. 漫游和运营商之间的合作

欧盟委员会等国际组织必须引导数字化单一市场战略，以促进不同国家之间网联汽车的移动出行，降低漫游成本和技术障碍（欧洲已开始取消移动漫游费）。应该有一个清晰并同质的解决方案，允许同一位置的所有车辆可以从可信来源接收相同的完整信息，这些信息可以是通信层面或者服务层面的，并且满足吞吐量和延迟等要求。

运营商、垂直行业合作伙伴、设备供应商、水平技术提供者和道路运营商之间的合作将有助于C-V2X部署的持续成功。为保证无缝的服务质量，运营商之间需要协调综合预测性服务质量，协议需要考虑高优先级低延迟消息和MEC分布式计算服务的结合路由，以及采用5G网络切片技术实现差异化服务管理等。以C-V2X网络切片框架为例，所有运营商须同意采用一套功能集来对C-V2X切片进行适当编排。同时，在没有移动网络基础设施的情况下，V2V和V2I直连通信可以使用免授权频谱，但是目前还不确定是否要协调授权和免授权频谱之间的通信。

这些重大的技术和法规挑战必须得到解决，当前和未来的C-V2X研究项目应该有助于技术困难的澄清并制定相应的解决方案。

10.2.2　原始设备制造商

本小节介绍对OEM的建议，进一步讨论网联车外传感器、网络支持的车辆数据处理平台以及汽车行业标准化。

1. 网联车外传感器

汽车行业OEM将采用5G及更高版本作为消费电子标准，但该技术的部署时间表将取决于客户利益以及现有4G技术无法支持实现的新应用（例如SAE L4自动驾驶）的附加值。这主要是由于部署所涉及的额外成本和复杂性，需要依汽车行业严格的功能安全需求对新的通信模块进行集成和测试。

汽车行业不应该将C-V2X技术仅仅用于自动驾驶，网联也是辅助驾驶的额外补充。C-V2X可以看作汽车的另外一个ADAS传感器。当前自动驾驶的商业模式和成本预算尚不清晰，这使得利益相关者难以决定是否采用5G技术。然而，如果将C-V2X看作另一种ADAS传感器，则它可以作为车载传感器的补充，辅助人类驾驶或者机器驾驶，从而缩短其部署周期并增加部署数量。网联车外传感器需要一个车载网络来管理防火墙延迟，确保车载和车外传感器实现及时的数据融合。

如果在全球范围内部署单一技术支持汽车行业应用，就会降低 5G 调制解调器等设备成本。相反，选择不同的解决方案会分割市场投资，且延迟 5G 部署应用。此外，同时采用不同的技术会增加成本和技术挑战，例如物理空间和天线安装等。

2. 网络支持的车辆数据处理平台

自从网联汽车问世以来，OEM 定义了一种通过网联实现车辆外部世界互动的新模式，拓展了车辆的属性和功能。车辆拓展的基本理念始于提升驾驶便利性的基础功能，终极理念是实现车载传感器和策略处理的完全卸载。车辆拓展需要大容量、低延迟的网络连接。由于车辆与 OEM 云相连，因此 OEM 不能再将车辆作为孤立元素开发。目前，OEM 应用已经形成了一个满足用户需求的中心云，例如终端预处理设置和电动汽车充电控制等。

除了通过 C-V2X 集成车外（远程）传感器之外，我们还可以考虑将车辆数据处理平台转移到网络侧（例如通过 5G 通道）。事实上，OEM 之间仍然存在不同观点，尤其是在传统公司和新造车势力之间。车辆拓展将数据处理转移到车外需要当前 5G 尚不具备的大容量和低延迟服务能力。

随着 5G 时代的到来，我们必须考虑两个主要推动因素：MEC 和作为 ADAS 传感器的网联能力。MEC 提供了 OEM 应用动态部署的新可能。OEM 应用的架构应当支持依据数据流量密度、危险事件、天气条件、网络性能以及成本等标准来创建、维护和撤销应用实例。

另外，正如本节所强调的，网联能力可作为一个车外传感器。这意味着 ADAS 应用不再严格地在车上进行开发：决策将在车上完成，但补充信息可来自车辆外部，并且提供从各种渠道整合而来的非视距信息以及从其他车辆收到的新规则。从长远来看，车载传感器处理和车辆驱动信息必将转移到网络（例如 MEC），以节省车载能源和平台成本。

3. 汽车行业标准化

需要对现有汽车行业的标准进行修改，以满足跨 OEM 数据交互实现协作驾驶等需求。ISO TC204 WG14 制定了许多标准来描述当前的 ADAS 功能，例如 ISO 15622 定义了基于车载传感器 / 执行器系统的自适应巡航控制（ACC）等 ADAS 功能的最小性能要求。TC204 标准制定侧重于协作式 ADAS，例如 ISO 20035 协同自适应巡航控制，考虑车载和 V2X 信息以执行更具预测性的增强型 ACC。

在 V2X 通信标准方面，从 2006 年至今，ETSI 和 IEEE/SAE 已经制定了 ITS 堆栈所需的标准，且独立于任何无线技术。这些标准可以在 C-V2X（LTE 和 5G）技术领域部分重复使用，仅需要在接入层适配和协议栈管理方面进行一些调整，特别是控制直连通信和 Uu 空口（车辆和移动设备之间的网络接口）来优化道路安全、交通效率相关的消息路由。但是，车辆点对点协商与确认等更高级别用例的应用协议仍需进一步制定。

由于 5G 及更高等级技术将用于自动驾驶汽车通信，因此 ISO 26262 等标准将考虑汽车安全完整性等级（Automotive Safety Integrity Level，ASIL）A 或 B 的软件和硬件约束条件。

10.2.3　监管

本小节重点介绍监管的下一步工作，旨在协调不同国家和地区的交通法规。此外，本小节将进一步讨论 C-V2X 在汽车方面的监管，以支持在国际道路环境实现 CAD 服务。在确保符合个人信息保护法规要求的同时，监管需要关注出于商业或者社会目的的道路交通参与者数据货币化。由监管所约定的 CAD 服务频谱需求、相关数据数率和延迟性能等将导致不同的部署和覆盖要求。

1. 网络部署、覆盖及道路基础设施

C-V2X 生态系统构建，需要部署电信基础设施，道路也应具有蜂窝网络覆盖。一些国家在 5G 频段分配当中提出了严格的性能和部署要求，以保证所有道路上的最低吞吐量。

在欧洲的一些国家，交通信号灯和相应信息已经联网可用。大多数情况下，道路基础设施只是部分连接到中央控制中心，需要额外进行升级以提供更高等级安全类服务。市场上可用于交通控制器的升级包括额外的通信接口，以支持管理、分析和为车辆提供更高级别安全类服务。与道路基础设施通信设备相关的政策因国家而异，每个国家的道路运营商都可以选择特定的技术来分发 V2I 安全消息。5GAA 对不同信号灯信息分发方案的经济性进行了研究，发布了白皮书[5]，指出使用现有蜂窝网络技术具有显著优势。

2019 年 9 月上旬，欧洲汽车制造商协会（ACEA）发布了 2019～2024 年声明[6]，描述了出行转型的关键要素，其中一个章节致力于要求欧盟推动道路交通变得更智能、便捷。主要建议与消除监管障碍和实现数字通信基础设施（V2X）的快速部署相关。

5G 及 V2X 部署所需的投资、商业模式和回报尚不明确。在没有明确的经济效益情况下，移动网络运营商（包括道路基础设施运营商）难以开展只服务于 ITS 服务的网络部署。但是，5G 网络可以同时为其他 CRU 服务和 ITS 服务提供支撑。

5G PPP 汽车工作组首次估算了高速公路沿线部署 5G V2X 的情况，包括资本支出和运营支出以及收入[7]。这项工作可以对 5G V2X 领域提供所需需求和服务费用的指导。

目前，正在进行的战略部署议程（SDA）工作包含了移动网络（V2N）和路侧单元（V2I）[8]，正在考虑 C-V2X 如何在欧洲和全球支持实现 CAD 服务。

2. 监管的简化与协调

欧盟委员会的一项重要议题是根据智能交通系统指令（2010/40/EU 号令）起草的授权法案[9]。该文件制定了欧洲调整吸纳 C-ITS 和自动驾驶的框架。征求意见稿版本于 2019 年 1 月发布，于 2019 年 7 月被否决。一些行业参与者对于该法案并未致力于技术中立而表示了巨大的担忧，法案支持特定的、单一的基于 Wi-Fi 的技术路径（ITS-G5）。在 2020 年 7 月的欧洲无线电频谱委员会的公告中[10]，期望 LTE-V2X 将作为另外一种可使用欧洲 ITS 频段的短距离无线通信技术。与此同时，在 2019 年 1 月的消费电子展（CES）上，

福特宣布从 2022 年开始在美国采用 C-V2X。在欧洲，大众汽车推出了配备 ITS-G5 的最新一代高尔夫。这些情况将对所需的互操作性产生重大影响。在中国，政府已决定采用 C-V2X，提出 5G 部署支持智能网联汽车战略实施的路线图，13 个 OEM 计划于 2020 年底到 2021 年初部署 C-V2X 技术[11]。此外，美国 FCC 于 2020 年 11 月决定采用 C-V2X[21]。

C-ITS 服务必须遵守欧盟有关个人数据保护的法律，尤其是 GDPR。该问题尚未完全解决，例如 CAM 的传输。因此，汽车制造商不得不为驾驶员提供一个禁用 V2X 的能力。GDPR 对于 V2X 的适用性需要被明确。出于安全类应用的目的，法规应当允许车辆和其他道路参与者设备发送最小信息单元。该问题也可能是 MEC 部署的瓶颈。在欧洲，如果欧盟委员会推动 CAM 通道，那么来自不同国家服务器的数据将不受限制地进行迁移。

另外，基于假名的 ITS 消息广播的安全策略是一个重要的市场机会，但每一辆车的成本不可忽视[12]。因此，这也很有可能成为 OEM 采用直连通信的另一个障碍。

3. 数据共享和货币化

GDPR 已经成为数字领域保护个人隐私的全球性参考法规，为解决公民对互联网公司使用其个人数据的担忧提供了一个法律框架。

互联网巨头已经成功掌握了如何将数据货币化。OEM（尤其是在网联汽车之后）和移动网络运营商掌握着大量的用户数据。这两个领域目前都受到了严格的监管，以确保客户的隐私。欧盟已经确认了这一情况，正在着手在保证满足隐私要求的前提下进行相应改善（参见参考文献 [13]）。

另外，监管在尊重数据隐私的前提下，为实现基于 ITS 数据数字化的盈利商业模式提供了空间。我们可以参考一下在西班牙政府要求下的西班牙三家主要移动网络运营商的创新性研究[14]。该项研究的目的是分析西班牙公民在 2019 年 7 ～ 12 月期间的主要流动趋势，从而吸取宝贵经验来帮助改善公共服务。依据欧洲 GDPR 等要求，数据被匿名化以遵守隐私保护法规。这引起了西班牙媒体的争议性讨论。然而，数据是人工智能和机器学习的基础，如果不将数据作为信息源利用，欧盟将落后于其他地区和互联网巨头们。一种潜在的方法是对 ITS 服务匿名化所有的车辆数据，例如车载视频摄像机必须在数据上传到网络处理之前删除面部等个人数据。

4. 频谱

欧盟正在举行 5G 频段拍卖，韩国和美国等其他地区也是一样。意大利、西班牙和德国等重要电信市场已经完成了一部分工作，提供了大量可用的频谱资源。

聚焦欧洲，许多国家正在考虑对 2G/3G 和 4G 使用的频率进行再分配。5G 的主要候选频段是 3G 的 2.1GHz 和 2.6GHz 频段，因为这些频段的带宽非常适合用于 5G 服务。该频段在欧洲也是协调统一的，有可能重新用于 5G 的补充下行链路。由于该频段在室外场景和建筑物中的良好覆盖，因此被广泛用于 IMT 应用[15]。这应由监管机构推动并在

DSM 框架保护下进行协调。

5GAA 发表了一项关于智能交通系统频谱需求的研究[16]，对 Day 1 和高级别 ITS 用例（如 CAD）所需的频率资源进行了估计。远程通信带宽预估分别为 50MHz（< 1GHz 频段）和 500MHz（1 ~ 7GHz 频段）；短程通信带宽预估为 75MHz（5.9GHz 频段）。参考文献[16]介绍了频谱需求的详细信息，其中对短程和远程通信所支持的特定应用进行了重点描述。面临的挑战将是确定具体哪些频段可以分配给 V2X 使用。

全球移动通信系统协会发布了一份以欧洲为主的报告[17]，结论是更高的频谱价格与更昂贵、更低质量的移动宽带和无法挽回的用户福利损失有关。这对于 V2X 通信也至关重要，成本将成为 5G 落地应用的主要障碍。

700MHz 频段由于其传播特性，可以用于改善蜂窝网络覆盖，对于 C-V2X 用例具有特别的价值[18]。该频段于 2020 年在欧洲投入使用。在迄今为止的频谱拍卖中，该频段在意大利的每赫兹价格达到了特别高的值。这将成为该频段新用例（例如 C-V2X）的一个成本障碍，因为运营商会希望自己在频率资源上的投资可以获得可观的回报。相比较应该参考亚洲的方案，频段的部署优先级高于价格。

一些实体，例如美国总务管理局和美国联邦通信委员会，正在寻找上述范围以外的新频段。但即使它们最终能够被协调和分配，也将有很长的市场上市周期。

尽管 DSM 期望有一个通用的频率分配框架，但事实上，欧洲尚没有针对国家层面频谱拍卖的共同说明。一些国家会对频率使用严格规定的性能和部署要求，而另外一些国家根本没有要求。尽管像 GSMA 的行业组织会提供频谱拍卖的最佳实践[19]，但过程尚未协调一致。这应该是监管机构的优先考虑事项。

在免授权频段，欧洲对于 5.9GHz 频段的投用仍然存在疑问。2019 年 7 月授权法案的否决产生了不确定性，但是相关公告[10]也将允许 C-V2X 使用欧盟 ITS 频段，以保持短程通信的技术中立。两种技术共同使用必将引发关于共存的讨论和商定。欧洲汽车供应商协会发表了一份关于短程通信技术的立场文件[20]，支持不同技术的共存、互操作和兼容，反对 5.9GHz 频段的分段和隔离，这恰恰与 FCC 的最新决定[21]相反。

10.2.4　供应商与认证

由于 C-V2X 的新要求，我们需要新的网络和无线特性提供给 MNO、汽车 OEM、数据中心运营商和道路基础设施运营商等。其他，例如 AI 处理软件提供商和高清地图提供商，也是生态的重要组成。CAD 集成解决方案需要获得认证以确保满足社会和安全需求。然而，由于世界各地法规的不同，我们可以看到不同的市场状况和不同的利益相关者参与。此外，对于 CAD 的端到端解决方案，设备或者软件提供商所提供的元件应当必须通过相应认证。我们判断，目前还没有一个机构能够对 C-V2X 和相应车辆认证提供一个全局方法。因此，我们预见未来需要一个新的 CAD 机构，能够与所有的利益相关者形成合作伙伴关系，包括监管机构、汽车行业和电信行业。

10.3　展望

交通系统的安全和效率领域同时吸引了私营和公共部门的共同参与，并将持续投入。安全方面主要侧重于减少严重以及致命的事故，旨在限制任何类型的伤害。对效率而言，则需要考虑很多方面。能源效率的重点是避免资源浪费，从而限制污染，同时满足用户从 A 点到 B 点的移动需求。效率的另一个方面是降低城市人口稠密地区的拥堵和出行时间。

汽车领域的一些发展和未来趋势已经在实现提高能源效率和减少污染，例如电动汽车及其电池在未来几年将继续发展。电动汽车的广泛使用也促进了电网的规划和管理。另一个趋势是共享车辆数量的增加，这不仅降低了整体车辆密度和拥堵，而且还可以通过将车辆转移到人口密集区域外的停车位来进一步改善效率。随着车辆和基础设施数据的广泛应用，对于道路和停车场等资源的全局优化使用将替代个体驾驶员的决策，然后这些全局决策信息会通过数字化网联基础设施下发给驾驶员。

最终的性能提升可以通过移动即服务解决方案来实现，用户可以获得一个定制化的目的地到达方案，例如在最短的时间内、以最少的污染影响、使用各种交通工具。人们可以根据需求更换交通工具（例如道路车辆、火车、轮船和飞机），毫不费力地实现从 A 到 B 的移动。货物同样也可以以类似的方式进行运输，例如采用无人机在卡车和船上进行安排和调度。最后，伴随着协同和融合发展趋势，车辆可以成为高级移动节点和移动通信基础设施的一部分。由于交通运输服务需要进行多年部署，我们相信 5G 和 6G 之外，作为 C-V2X 一部分的 V2X 也将为 OEM、利益相关者、社会所需要的 CAD 解决方案做出显著贡献。此外，如 1.1.1 节所述，CAD 服务也将扩展为更广泛的协作、网联和自动化出行服务。

受 2020 年新冠疫情的影响，行业投资随之减少，市场分析表明市场后期投资调整势头强劲。同样，众多机构已经预测了汽车自动化领域的投资增长，以及疫情后 CAD 解决方案市场参与者的数量会增多[22]。尽管 2020 年的新冠疫情可能会加快行业对采用自动驾驶出租车等高等级自动驾驶车辆的转变和社会接受度，但这也可能会在一段时间内引发对于共享汽车平台和使用公共交通的担忧。

总体而言，可以预见到 C-V2X 赋能的 CAD 将带来交通方式的模式转变，并将在更安全的道路、更短的个人通勤时间、更清洁的空气等方面带来重要的社会优势，解决全球日益增长的气候变化问题。

参考文献

1 Fallgren, M., Dillinger, M., Alonso-Zarate, J. et al. (2018). Fifth-generation technologies for the connected car: capable systems for vehicle-to-anything communications. *IEEE Vehicular Technology Magazine* 13 (3): 28–38.

2 5GCAR. (2019). 5GCAR: executive summary, White paper, version 1.0.

3 Ericsson.(2019). 5G consumer potential.

4 Lienert, P. (2019). GM digital vehicle platform debuts, enables adoption of future technologies: Installed on newly-unveiled Cadillac CT5, with rollout to most GM vehicles globally by 2023.

5 5GAA. (2019). C-ITS vehicle to infrastructure service: how C-V2X technology completely changes the cost equation for road operators.

6 ACEA. (2019). Leading the mobility transformation: The future of the EU auto industry.

7 5G PPP Automotive Working Group. (2019). Business feasibility study for 5G V2X deployment.

8 5G PPP Automotive Working Group. (2019). 5G strategic deployment agenda for connected and automated mobility in Europe. Initial proposal.

9 Official Journal of the European Union. (2019). Regulation (EU) 2019/153204 of the European Parliament and of the council.

10 EU Radio Spectrum Committee. (2008). Draft Commission Implementing Decision on the harmonised use of radio spectrum in the 5 875-5 935 MHz frequency band for safety-related applications of intelligent transport systems (ITS) and repealing Decision 2008/671/EC.

11 Huawei. (2019). 13 auto makers jointly published commercial roadmap: launching mass production C-V2X car from 2020.

12 5GCAR. (2019). Automotive use cases and connectivity challenges, business models and spectrum related aspects. Deliverable D2.3.

13 Donkin, C. (2017). EC privacy law overhaul targets messaging services. Mobile World Live.

14 Maqueda, A. (2019). El INE seguirá la pista de los móviles de toda España durante ocho días. EL PAÍS.

15 Marks, P., Lavender, T., Wongsaroj, S., and Hogg, T. (2015). Global momentum and economic impact of the 1.4/1.5 GHz band for IMT. GSMA Spectrum.

16 5GAA. (2020). Working group standards and spectrum. Study of spectrum needs for safety related intelligent transportation systems – day 1 and advanced use cases. TR S-200137, Version 1.0.

17 Marsden, R. and Ihle, H-M. (2017). Effective spectrum pricing in Europe: Policies to support better quality and more affordable mobile services, GSMA Spectrum.

18 5GCAR. (2019). 5GCAR intermediate report on V2X business models and spectrum. Deliverable D2.2.

19 GSMA. (2019). Auction best practice: GSMA public policy position.

20 CLEPA. (2018). CLEPA position on short range V2V, V2P and V2I within C-ITS communication technologies (5.9 GHz frequency band).

21 W. Wiquist. (2020). FCC Modernizes 5.9 GHz Band for Wi-Fi and Auto Safety. *FCC News*.

22 Hausler, S., Heineke, K., Hensley, R. et al. (2020). The impact of COVID-19 on future mobility solutions. McKinsey.

技术缩略语表

英文缩略语	英文全称	中文说明
1G	First Generation	第一代移动通信技术
2D	Two-Dimensional	二维
2G	Second Generation	第二代移动通信技术
3D	Three-Dimensional	三维
3G	Third Generation	第三代移动通信技术
3GP-DASH	3GPP defined the progressive download and dynamic adaptive streaming over hypertext transfer protocol	3GPP 定义的自适应流媒体传输协议
3GPP	3rd Generation Partnership Project	第三代合作伙伴计划
4G	Fourth Generation	第四代移动通信技术
5G	Fifth Generation	第五代移动通信技术
5G PPP	5G infrastructure Public Private Partnership	5G 基础设施公私合作伙伴关系
5GAA	5G Automotive Association	5G 汽车协会
5GCAR	5G Communication Automotive Research and innovation	5G 通信汽车研究与创新
5GMF	Fifth Generation Mobile Communication Promotion Forum	第五代移动通信推广论坛
6G	Sixth Generation	第六代移动通信技术
AA	Authorization Authority	授权权限
AAA	Authentication, Authorization, and Accounting	认证、授权和审计
ABG	Alpha-Beta-Gamma	α-β-γ
ACC	Adaptive Cruise Control	自适应巡航控制
ACEA	European Automobile Manufacturers Association	欧洲汽车制造商协会
ACI	Adjacent Channel Interference	邻频干扰
ACIR	ACI Ratio	邻道干扰比率
ACK	ACKnowledgment	肯定应答
ACMA	Australian Communications and Media Authority	澳大利亚通信和媒体管理局
AD	Autonomous Drive	自动驾驶
ADAS	Advanced Driver-Assistance Systems	高级驾驶辅助系统
ADC	Analog to Digital Converter	模数转换器
AF	Application Function	应用功能
AGC	Automatic Gain Control	自动增益控制
AI	Artificial Intelligence	人工智能
ALP	Average Localization Precision	平均定位精度

（续）

英文缩略语	英文全称	中文说明
AMF	Access and Mobility Management Function	接入及移动性管理功能
AOA	Angle Of Arrival	到达角
AOD	Angle Of Departure	发射角
API	Application Programming Interface	应用程序接口
APT	Asia-Pacific Telecommunity	亚太电信
AR	Augmented Reality	增强现实
ARCEP	Autorité de Régulation des Communications Electroniques et de Ia Postes（i.e. French Telecommunications Regulatory Authority）	法国电信监管局
ARIB	Association of Radio Industries and Businesses	无线工业和商业协会
ARQ	Automatic Repeat reQuest	自动重复请求
AS	Automotive Supplier	汽车供应商
ASIL	Automotive Safety Integrity Level	汽车安全完整性等级
AT	Authorization Ticket	授权凭证
ATIS	Alliance for Telecommunications Industry Solutions	电信行业解决方案联盟
AUSF	AUthentication Server Function	认证服务器功能
AV	Autonomous Vehicles	自动驾驶汽车
AWGN	Additive White Gaussian Noise	加性高斯白噪声
BAM	Broadcast Announce Message	广播通知消息
BEREC	Body of European Regulators and Electronic Communications	欧洲电子通信监管机构
BLER	Block Error Rate	误块率
BM	Beamformed Multicast	波束成形多播
BOF	Beginning Of Frame	帧起始
BOS	Beginning Of Symbol	符号起始
bpcu	bit-per-channel-use	每通道使用位
BS	Base Station	基站
BSM	Basic Safety Message	基本安全消息
BSS	Business Support Systems	业务支持系统
BTP	Bidirectional Transport Protocol	双向传输协议
C-ITS	Cooperative ITS	协作式智能交通系统
C-V2X	Cellular V2X	蜂窝车联网
CA	Certificate Authority	证书颁发机构
CACC	Cooperative Adaptive Cruise Control	协同自适应巡航控制系统
CAD	Connected Automated Driving	网联自动驾驶
CAFÉ	Clean Air For Europe	欧洲清洁空气计划
CAM	Cooperative Awareness Message	协同感知消息
CAN	Controller Area Network	控制器局域网
CAPEX	CAPital EXpenditures	资本支出

（续）

英文缩略语	英文全称	中文说明
CAV	Connected and Autonomous Vehicles	网联自动驾驶汽车
CBTC	Communication-Based Train Control	基于通信的列车控制
CCAM	Cooperative, Connected, and Automated Mobility	协作、网联和自动化出行
CCI	Co-Channel Interference	同频干扰
CCSA	China Communications Standards Association	中国通信标准化协会
CD	Code-Division	码分
CDD	Cyclic Delay Diversity	循环延迟分集
CDF	Cumulative Distribution Function	累积分布函数
CE	Control Element	控制元件
CEN	European Committee for Standardization	欧洲标准化委员会
CEPT	European Conference of Postal and Telecommunications Administrations	欧洲邮电管理委员会
CES	Consumer Electronics Show	消费电子展
CHF	CHarging Function	充电功能
CNMC	Comisión Nacional de los Mercados y la Competencia (i.e. National Commission of Markets and Competition)	西班牙国家市场和竞争委员会
COTS	Commercial Off The Shelf	商用部件法
CP	Control-Plane	控制平面
CPE	Common Phase Error	共相误差
CPM	Collective Perception Message	协同传感消息
CRB	Cramér-Rao Bound	克拉美 – 罗界
CRL	Certification Revocation List	证书吊销列表
CRS	Cell-specific Reference Signal	小区参考信号
CRU	Connected Road User	网联道路交通参与者
CS	Conservative Scenario	保守场景
CSI	Channel State Information	信道状态信息
CSI-RS	CSI Reference Signal	CSI 参考信号
CSIR	CSI at the Receiver	接收机 CSI
CSIT	CSI at the Transmitter	发射机 CSI
CSMA	Carrier Sense Multiple Access	载波侦听多路访问
CSMA/CA	Carrier Sensing Multiple Access with Collision Avoidance	带有冲突避免的载波侦听多路访问
CSP	Communication Service Provider	通信服务提供商
CT	Core Network and Terminals TSG of 3GPP	3GPP 的核心网和终端 TSG
CTL	Certificate Trust List	证书信任列表
CTS	Clear To Send	允许发送
CU	Cooperative User	协同用户
D2D	Device-to-Device	设备到设备
DANE	DASH-Aware Network Element	DASH 感知网络元素

（续）

英文缩略语	英文全称	中文说明
DCC	Decentralized Congestion Control	去中心化拥塞控制
DEB	Direction Error Bound	发射方向误差界
DENM	Decentralized Environmental Notification Message	分布式环境通知消息
DL	DownLink	下行链路
DMRS	Demodulation Reference Signal	解调参考信号
DOA	Difference Of Arrival	到达差
DS	Delay Spread	延迟传播
DSM	Digital Single Market	数字化单一市场
DSRC	Dedicated Short-Range Communications	专用短程通信
DTT	Digital Terrestrial Television	数字地面电视
E	Evolution	进化
E-UTRA	Evolved UTRA	演进的 UTRA
E2E	End-to-End	端到端
EA	Enrollment Authority	注册授权
EATA	European Automotive Telecom Alliance	欧洲汽车电信联盟
EC	Enrollment Certificate	注册证书
ECA	Enrollment Certificate Authority	注册证书机构
eCall	emergency Call	紧急电话
ECC	Electronic Communications Committee	电子通信委员会
ECDSA	Elliptic Curve Digital Signature Algorithm	椭圆曲线数字签名算法
ECIES	Elliptic Curve Integrated Encryption Scheme	椭圆曲线集成加密方案
ECU	Electric Control Unit	电控单元
eD2D	enhanced D2D	增强型 D2D
EDCA	Enhanced Distributed Channel Access	增强型分布式通道访问
EE	End Entity	终端实体
EIRP	Effective Isotropic Radiated Power	等效全向辐射功率
EM	Element Manager	元素管理器
EN	European Norm	欧洲标准
eMBB	enhanced Mobile BroadBand	增强型移动宽带
eNB	evolved Node B	演进型节点 B
eSIM	embedded SIM	嵌入式 SIM 卡
eUICC	enhanced UICC	增强型 UICC
ETC	Electronic Toll Collection	电子收费
ETSI	European Telecommunications Standards Institute	欧洲电信标准协会
eURLLC	enhanced URLLC	增强型 URLLC
EV	Electric Vehicles	电动汽车
eV2X	enhanced V2X	增强型 V2X
FAD	Fully Automated Drive	全自动驾驶

（续）

英文缩略语	英文全称	中文说明
FCC	Federal Communications Commission	美国联邦通信委员会
FD	Frequency-Division	分频
FDD	Frequency-Division Duplex	频分双工
feD2D	further enhanced D2D	进一步增强的 D2D
FF	Fast Fading	快速衰落
FoV	Field of View	视野
FR	Frequency Range	频率范围
FSPL	Free Space Path-Loss	自由空间路径损耗
FSS	Fixed Satellite Service	固定卫星服务
GA	Genetic Algorithm	遗传算法
GBR	Guaranteed Bit Rate	保证比特率
GBS	Geometry-Based Stochastic	基于几何的随机
GDOP	Geometric Dilution Of Precision	几何精度衰减因子
GDPR	General Data Protection Regulation	《通用数据保护条例》
GFBR	Guaranteed Flow Bit Rate	保证流比特率
GI	Guard Interval	保护间隔
GN6ASL	GeoNetworking to IPv6 Adaptation Sub-Layer	地理网络到 IPv6 适配子层
gNB	next generation Node B	下一代基站
GNSS	Global Navigation Satellite System	全球导航卫星系统
GOSPA	Ggeneralized Optimal Sub-Pattern Assignment	广义最优子模式分配
GP	Guard Period	保护期
GPRS	General Packet Radio Services	通用分组无线服务
GPS	Global Positioning System	全球定位系统
GPU	Graphics Processing Unit	图形处理单元
GSA	General Services Administration	美国总务管理局
GSM	Global System for Mobile Communications	全球移动通信系统
GSMA	GSM Association	全球移动通信系统协会
GTP	GPRS Tunneling Protocol	GPRS 隧道协议
HAD	Highly Automated Driving	高度自动驾驶
HARQ	Hybrid Automatic Repeat reQuest	混合自动重复请求
HD	High Definition	高清晰度
HPBW	Half Power BeamWidth	半功率波束宽度
HPLMN	Home Public Land Mobile Network	本地公用陆地移动网
HSM	Hardware Security Module	硬件安全模块
IA	Initial Access	初始访问
ICI	Inter-Carrier Interference	载波间干扰
ICT	Information and Communication Technology	信息和通信技术
ICV	Intelligent and Connected Vehicle	智能网联汽车

（续）

英文缩略语	英文全称	中文说明
ID	Identity Document	身份证件
IEEE	Institute of Electrical and Electronics Engineers	电气与电子工程师协会
IEEE-SA	IEEE Standards Association	IEEE 标准协会
IMT	International Mobile Telecommunications	国际移动通信
IoT	Internet-of-Things	物联网
IP	Internet Protocol	互联网协议
IPR	Intellectual Property Rights	知识产权
ISG	Industry Specification Group	行业规范组
ISM	Industrial, Scientific and Medical	工业、科学和医疗
ISO	International Organization for Standardization	国际标准化组织
ITS	Intelligent Transport System	智能交通系统
ITS-AP	ITS Application Provider	ITS 应用提供商
ITS-S	ITS Station	智能交通站
ITU	International Telecommunication Union	国际电信联盟
ITU-R	ITU Radiocommunication Sector	国际电信联盟无线电通信部门
ITU-T	ITU Telecommunication Standardization Sector	国际电信联盟电信标准化部门
iUICC	integrated UICC	集成 UICC
KPI	Key Performance Indicator	关键性能指标
L	Level	等级
LCCF	Local Certificate Chain File	本地证书链文件
LDPC	Low-Density Parity Check	低密度奇偶校验
LEDBAT	Low Extra Delay BAckground Transport	低额外延迟背景传输
LEK	Electronic Communications Act	瑞典电子通信法
LMF	Location Management Function	位置管理功能
LNA	Low-Noise Amplifier	低噪声放大器
LOS	Line-Of-Sight	视距
LPF	Local Policy File	本地策略文件
LS	Least Square	最小二乘法
LSF	Large-Scale Fading	大规模衰落
LTCA	Long-Term Certificate Authority	长期证书颁发机构
LTE	Long Term Evolution	长期进化
LTE-V	LTE-Vehicular（the V2X part of LTE in 3GPP）	车载 LTE（3GPP 中 LTE 的 V2X 部分）
M-MIMO	Massive MIMO	大规模多输入多输出
MU-MIMO	Multi-User MIMO	多用户多输入多输出
MA	Misbehavior Authority	异常行为管理机构
MAC	Medium Access Control	媒体访问控制
MAE	Mean Absolute Error	平均绝对误差
MANO	NFV Management and Orchestration	NFV 管理和编排

（续）

英文缩略语	英文全称	中文说明
MAP	MAP data	地图数据
MBMS	Multimedia Broadcast Multicast Service	多媒体广播多播服务
MC	Multi-Cell	多小区
MCD	Multimedia Content Dissemination	多媒体内容传播
MCS	Modulation and Coding Scheme	调制和编码方案
MEC	Multi-access Edge Computing（formerly mobile edge computing）	多接入边缘计算（原移动边缘计算）
MIC	Ministry of Internal Affairs and Communications	日本总务省
MIIT	Ministry of Industry and Information Technology	中国工业和信息化部
MIMO	Multiple Input Multiple Output	多输入多输出
MMSE	Minimum MSE	最小 MSE
mMTC	massive Machine Type Communication	海量机器通信
MNO	Mobile Network Operator	移动网络运营商
MP	Message Passing	消息传递
MPC	Multi-Path Component	多路径分量
MSE	Mean Squared Error	均方误差
MSP	Mobility Service Provider	移动服务提供商
multi-RAT	multiple RAT	多 RAT
NACK	Negative-ACKnowledgment	否定应答
NAS	Non-Access Stratum	非接入层
NB-IoT	NarrowBand IoT	窄带物联网
NCU	Non-Cooperative User	非协同用户
NCS	Non-Conservative Scenario	非保守方案
NEF	Network Exposure Function	网络曝光功能
NF	Network Function	网络功能
NFV	Network Function Virtualization	网络功能虚拟化
NFV-I	NFV Infrastructure	NFV 基础设施
NFV-I-PoP	NFV-I Points of Presence	NFV-I 接入点
NFV-O	NFV Orchestrator	NFV 编排器
NG-RAN	New Generation RAN	新一代 RAN
NGMN	Next Generation Mobile Networks	下一代移动网络
NGV	Next-Generation V2X	下一代 V2X
NLOS	Non-Line-Of-Sight	非视距
NLOSv	Vehicular-NLOS	车辆 NLOS
NR	New Radio	新无线电
NRF	Network function Repository Function	网络功能库功能
NSSF	Network Slice Selection Function	网络切片选择功能
NTP	Network Time Protocol	网络时间协议

（续）

英文缩略语	英文全称	中文说明
OBU	On-Board Unit	车载单元
OCC	Orthogonal Cover Code	正交覆盖码
OEB	Orientation Error Bound	接收方向误差界
OEM	Original Equipment Manufacturer	原始设备制造商
OFDM	Orthogonal Frequency Division Multiplexing	正交频分复用
OFDMA	Orthogonal Frequency Division Multiple Access	正交频分多址
OLOS	Obstructed LOS	受阻的视距
OPEX	OPeration EXpenditures	运营开支
ORAN	Open RAN	开放式 RAN
OS	OFDM Symbols	OFDM 符号
OSI	Open Systems Interconnection	开放系统互连
OSS	Operations Support Systems	运营支持系统
OTA	Over-The-Air	空中下载
OTDOA	Observed TDOA	TDOA 观测
OTT	Over-The-Top	通过互联网直接向用户提供服务的供应商
P2PCD	Peer-to-Peer Certificate Distribution	点对点证书分发
PBCH	Physical Broadcast CHannel	物理广播频道
PBMCH	Physical Broadcast Multicast Channel	物理广播多播信道
PC5	shortrange cellular communication（ProSe direct communication interface 5）	短距离蜂窝通信（ProSe 直接通信接口 5）
PCA	Pseudonym Certificate Authority	假名证书机构
PCF	Policy Control Function	策略控制功能
PDB	Packet Delay Budget	数据包延迟预算
PDCCH	Physical Downlink Control CHannel	物理下行控制信道
PDCP	Packet Data Convergence Protocol	分组数据汇聚协议
PDF	Probability Distribution Function	概率分布函数
PDP	Power Delay Profile	功率延迟曲线
PDU	Protocol Data Unit	协议数据单元
PER	Packet Error Rate	误包率
PHD	Probability Hypotheses Density	概率假设密度
PHY	PHYsical	物理层
PKI	Public Key Infrastructure	公钥基础设施
PL	Path-Loss	路径损耗
PLMN	Public Land Mobile Network	公共陆地移动网
PMR	Professional Mobile Radio	专业移动电台
PNF	Physical Network Function	物理网络功能
ProSe	Proximity Service	临近区域服务
PRS	Positioning Reference Signal	定位参考信号

（续）

英文缩略语	英文全称	中文说明
PS	Public Safety	公共安全
PSBCH	Physical Sidelink Broadcast CHannel	物理直连通信广播信道
PSID	Provider Service IDentifier	提供者服务标识符
PSM	Personal Safety Message	个人安全消息
PT-RS	Phase-Tracking Reference Signal	相位跟踪参考信号
PTS	Swedish Post and Telecom Authority	瑞典邮政和电信管理局
QAM	Quadrature Amplitude Modulation	正交调幅
QoS	Quality of Service	服务质量
QUIC	Quick UDP Internet Connections	快速 UDP 互联网连接
R	Revolution	革命
R&D	Research and Development	研究与开发
RA	Registration Authority	注册机构
RAN	Radio Access Network	无线电接入网
RAT	Radio Access Technology	无线电接入技术
RB	Resource Block	资源块
RE	Resource Element	资源元素
REL	RELease	版本
RF	Radio Frequency	无线频率
RLAN	Radio Local Area Network	无线局域网
RLC	Radio Link Control	无线链路控制
RMa	Rural Macro	乡村宏小区
RMSE	Root Mean Square Error	均方根误差
RRC	Radio Resource Control	无线电资源控制
RRM	Radio Resource Management	无线资源管理
RS	Reference Signal	参考信号
RSC	Radio Spectrum Committee	无线电频谱委员会
RSPG	Radio Spectrum Policy Group	无线电频谱政策组
RSRP	Reference Signal Received Power	参考信号接收功率
RSTD	Relative Signal Time Difference	相对信号时差
RSU	Road-Side Unit	路侧单元
RTK	Real Time Kinematics	实时动态（载波相位差分）
RTOA	Relative Time Of Arrival	相对到达时间
RTS	Request To Send	发送请求
RTT	Round Trip Time	往返时间
RTTT	Road Transport and Traffic Telematics	道路运输和交通远程信息处理
rtx	retransmission	重传
RV	Remote Vehicle	远程车辆
Rx	Receiver	接收机

（续）

英文缩略语	英文全称	中文说明
Rx UE	Receiving UE	接收机用户设备
S-PSS	Sidelink Primary Synchronization Signal	直连通信主同步信号
S-SSS	Sidelink Secondary Synchronization Signal	直连通信次同步信号
SA	System Architecture	系统架构
SAE	Society of Automotive Engineers	美国汽车工程师学会
SAE-C	SAE for China	中国汽车工程学会
SC-FDMA	Single-Carrier Frequency Division Multiple Access	单载波频分多址
SCMS	Security Credential Management System	安全凭证管理系统
SDA	Strategic Deployment Agenda	战略部署议程
SDL	Supplemental DownLink	补充下行链路
SDN	Software-Defined Network	软件定义网络
SDO	Standards Developing Organization	标准制定组织
SDU	Service Data Unit	服务数据单元
SDVN	Software-Defined Vehicular Networking	软件定义的车载网
SF	Shadow Fading	阴影衰弱
SFN	Single-Frequency Network	单频网络
SGX	Software Guards eXtensions	软件防护扩展
SI	Study Item	学习项目
SIC	Self-Interference Cancelation	自干扰消除
SIG	Special Interest Group	特殊兴趣小组
SIM	Subscriber Identity Module	用户身份识别模块
SINR	Signal-to-Interference-plus-Noise Ratio	信干噪比
SL	SideLink	直连通信
SL_RNTI	SideLink Radio Network Temporary Identifier	直连通信无线网络临时标识符
SLA	Service Level Agreement	服务水平协议
SLAM	Simultaneous Localization And Mapping	同步定位与建图
SLS	Service-Level Specification	服务级别规范
SLSS	SideLink Synchronization Signal	直连通信同步信号
SM	Secure Message	安全消息
SMF	Session Management Function	会话管理功能
SNR	Signal-to-Noise Ratio	信噪比
SP	Scattering Point	散射点
SPAT	Signal Phase And Timing	信号相位和时序
SPS	Semi-Persistent Scheduling	半持续调度
SR	Scheduling Request	调度请求
SRS	Sounding Reference Signal	探测参考信号
SSE	Sum Spectral Efficiency	总频谱效率
SSF	Small-Scale Fading	小范围衰落

（续）

英文缩略语	英文全称	中文说明
SSP	Service-Specific Permission	特定服务的权限
STBC	Space-Time Block Codes	时空分组码
TAU	Tracking Area Update	追踪区域更新
TC	Technical Component	技术组件
TC-ITS	Technical Committee ITS	技术委员会
TCO	Total Cost of Ownership	总拥有成本
TCP	Transmission Control Protocol	传输控制协议
TCU	Telematic Control Unit	远程信息处理控制单元
TD	Time-Division	时分
TDD	Time-Division Duplex	时分双工
TDM	Time-Division Multiplexing	时分复用
TDOA	Time Difference Of Arrival	到达时差
TF	Task Force	专案组
TG	Task Group	任务组
TIM	Traveler Information Message	旅客信息消息
TLM	Trust List Manager	信任列表管理器
TOA	Time Of Arrival	抵达时间
TOD	TeleOperated Driving	远程自动驾驶
TR	Technical Report	技术报告
TRP	Transmission/Reception Point	发送／接收点
TS	Technical Specification	技术规格
TSDSI	Telecommunications Standards Development Society, India	印度电信标准发展协会
TSG	Technical Specification Group	技术规范组
TTA	Telecommunication Technology Association	电信技术协会
TTC	Telecommunication Technology Committee	电信技术委员会
TTI	Transmission Time Interval	传输时间间隔
Tx	Transmitter	发射机
Tx UE	Transmitting UE	发射机用户设备
UC	Use Case	用例
UDP	User Datagram Protocol	用户数据报协议
UDM	Unified Data Management	统一数据管理
UE	User Equipment	用户设备
UICC	Universal Integrated Circuit Card	通用集成电路卡
UL	UpLink	上行链路
UMa	Urban Macro	城市宏观
UMi	Urban Micro	城市微观
UMFUS	Upper Microwave Flexible Use Service	高端微波灵活使用业务

（续）

英文缩略语	英文全称	中文说明
UMTS	Universal Mobile Telecommunications Service	通用移动电信服务
UP	User-Plane	用户平面
UPF	User-Plane Function	用户平面功能
URL	Unified Resource Locator	统一资源定位器
URLLC	Ultra-Reliable Low Latency Communication	低时延高可靠通信
USB	Universal Serial Bus	通用串行总线
USIM	Universal Subscriber Identity Module	通用用户身份模块
UTC	Coordinated Universal Time	协调世界时
UTRA	Universal Terrestrial Radio Access	通用地面无线接入
UWB	Ultra-Wide Bandwidth	超宽带
V2I	Vehicle-to-Infrastructure	车辆与基础设施
V2N	Vehicle-to-Network	车辆与网络通信
V2P	Vehicle-to-Pedestrian	车辆与弱势道路交通参与者通信
V2V	Vehicle-to-Vehicle	车辆与车辆
V2X	Vehicle-to-Everything	车联网
VA	Virtual Anchor	虚拟锚点
VANET	Vehicular Adhoc NETwork	车载专用网络
VIM	Virtualized Infrastructure Manager	虚拟化基础设施管理器
VNF	Virtual Network Functions	虚拟网络功能
VNFM	Virtual Network Function Manager	虚拟网络功能管理器
VR	Virtual Reality	虚拟现实
VRU	Vulnerable Road User	弱势道路交通参与者
VRUP	Vulnerable Road User Protection	弱势道路交通参与者保护
VUE	Vehicle UE	车载用户设备
WAS	Wireless Access System	无线接入系统
WAVE	Wireless Access in Vehicular Environments	车载环境中的无线接入
WG	Working Group	工作小组
WLAN	Wireless Local Area Network	无线局域网
WLL	Wireless Local Loop	无线本地环路
WRC	World Radio Conference	世界无线电通信大会
WSMP	WAVE Short Message Protocol	WAVE 短消息协议